Ruth Deutscher
Gerhard Fieseler
Harry Maòr
´Hrsg.)

W0229801

Lexikon der sozialen Arbeit

Verlag W. Kohlhammer
Stuttgart Berlin Köln Mainz

CIP-Kurztitelaufnahme der Deutschen Bibliothek

Lexikon der sozialen Arbeit / Ruth Deutscher ... –
1. Aufl. – Stuttgart, Berlin, Köln, Mainz : Kohlhammer, 1978.
(Wissenschaft + [und] Soziale Praxis)
ISBN 3-17-002487-6
NE: Deutscher, Ruth [Hrsg.]; Fieseler, Gerhard [Hrsg.]; Maòr, Harry [Hrsg.]:

Kohlhammer

Wissenschaft
+Soziale Praxis

Vorwort

An die Stelle der »sozialen Frage« früherer Zeiten ist längst die Thematik der »sozialen Arbeit« getreten, die immer engere Beziehungen zu den neuen Sozialwissenschaften, ihren Begriffen, Terminologien, Konzeptionen und Systemen, aber auch ihren Gesetzen, Techniken und Handlungsanweisungen knüpft. Die Herausgeber und Mitarbeiter des vorliegenden Werkes haben versucht, den oft komplizierten Wortschatz der heutigen sozialen Arbeit in die Alltagssprache zu übersetzen, und zwar in die Sprache des Lesers, den wir uns im besten Sinn des Wortes als interessierten Laien und engagierten sozialen Helfer vorstellen. Die Aufnahme der Hauptstichworte gebot bei der Fülle des Materials und der Knappheit des Raums eine leider sehr strenge Ökonomie. Die qualitativen und quantitativen Akzente, die hier zu setzen waren, mußten mit den praktischen und theoretischen Aspekten in Einklang gebracht werden, die der modernen sozialen Arbeit Bedeutung, Sinn und Aktualität verleihen. Die Herausgeber waren ferner darauf bedacht, daß sich Erklärungen und Informationen ungefähr die Waage hielten. Oft mußte ein in der Literatur vorkommender Begriff einem selteneren, dafür aber brauchbareren das Feld räumen. Die Hauptstichworte und die im Sachregister zusätzlich angeführten Verweisungsworte, die erstere in oft neuen Zusammenhängen ergänzen und erweitern, sollten – ohne der Zahl Tausend eine besondere mystische Bedeutung zuzuschreiben – genügen, um dem Benutzer des Lexikons, das nicht nur konsultiert, sondern auch gelesen werden kann, den Weg zum Fachstudium zu ebnen. Unsere nach Tätigkeitsfeldern und Schwerpunkten der sozialen Arbeit gegliederte Auswahlbibliographie – eine unter vielen – beruht nicht zuletzt auf der Weisheit der guten Redensart, daß mehr weniger gewesen wäre. Die für die Sachwortartikel verwendete einschlägige Literatur ist größtenteils in dieser Leseliste enthalten.

Wenn der aufmerksame Benutzer dieses »Lexikons der sozialen Arbeit« gelegentlich Überschneidungen und auch Auslassungen konstatieren wird, so ist das nach der wohlerwogenen Überzeugung der drei Herausgeber in der Tat der Preis, der für eine fruchtbare theoretische Vielfalt und Freiheit der Standpunkte entrichtet werden muß.

Die Herausgeber

Inhalt

Mitarbeiterverzeichnis

A. G.	Adrian Gaertner	Dipl. soz., Planer
B. B.	Barbara Böcher	Sozialarbeiterin
Ch. S.	Christoph Sachße	Prof. Dr. iur., Hochschullehrer
D. Oe.	Dieter Oelschlägel	Dipl. päd., Planer
E. R.	Ewald Rumpf	Dr. phil., Hochschullehrer
E. Sch.	Ernst Schläpfer	Sozialarbeiter
F. K.	Fritz Kissler †	Sozialarbeiter
F. Sp.	Fritz Spitzer	lehrender Sozialarbeiter
F. T.	Florian Tennstedt	Prof. Dr. disc. pol., Hochschullehrer
G. F.	Gerhard Fieseler	Prof. Dr. iur., Hochschullehrer
H. F.	Hans Georg Flickinger	Dr. phil., Hochschullehrer
H. M.	Harry Maòr	Dr. phil. habil., Hochschullehrer
H. R.	Hartmut Radebold	Prof. Dr., Hochschullehrer
J. K.	E. Jürgen Krauß	Sozialarbeiter grad.
L. N.	Lothar Nellessen	Prof. Dr., Hochschullehrer
M. M.-S.	Manfred Müller-Stüler	Dr. med., ärztl. Leiter einer sozialpsychiatrischen Beratungsstelle
M. Z.	Manfred Zalfen	Sozialarbeiter grad., Diplompädagoge
N. P.	Norbert Pasquay	Prof., Dipl. soz., Hochschullehrer
P. L.	Paul Lüth	Dr. med., Arzt für Allgemeinmedizin, Lehrbeauftragter für Sozialmedizin
R. D.	Ruth Deutscher	lehrende Sozialarbeiterin
R. F.	Reinhard Flach	Sozialarbeiter
R. S.	Rolf Schwendter	Dr. phil., Dr. iur., Dr. rer. pol., Hochschullehrer
S. F.	Stephan Freiger	Prof., Hochschullehrer
S. H.	Sabine Hering	Dr. phil., Planerin
T. M.	Toni Müller	lehrende Sozialarbeiterin
V. M.-S.	Viktoria Müller-Stüler	Dr. med., Nervenfachärztin
W. B.	Walther Bühler	Dr. phil., Anthroposophische Gesellschaft Deutschland
W. U.	Wilhelm Ullenhof	Heimleiter

Kurzer bibliographischer Wegweiser
durch die Gebiete der sozialen Arbeit

Abweichendes Verhalten

Eberhard, K./G. Kohlmetz, Verwahrlosung und Gesellschaft, Göttingen 1973. – Lüderssen, K./F. Sack (Hg.), Seminar: Abweichendes Verhalten, 4 Bde., Frankfurt/M. 1975 ff. – Moser, T., Jugendkriminalität und Gesellschaftsstruktur, Frankfurt/M. 1976[5]. – Opp, K.-D., Abweichendes Verhalten und Gesellschaftsstruktur, Neuwied 1974. – Sack, F./R. König (Hg.), Kriminalsoziologie, Frankfurt/M. 1974[2]. – Schmidtobreick, B. (Hg.), Kriminalität und Sozialarbeit, Freiburg/Brsg. 1972. – Wiswede, G., Soziologie abweichendes Verhaltens, Stuttgart 1973.

Altenarbeit/Altenhilfe

Bericht zur Lage der Psychiatrie in der Bundesrepublik Deutschland. Zur psychiatrischen und psychotherapeutisch-psychosomatischen Versorgung der Bevölkerung (= Psychiatrie-Enquête), (Deutscher Bundestag, 7. Wahlperiode, Drucksache 7/4200, 1975). – Fülgraff, B., Offene Hilfen für Alte und Pflegebedürftige, in: Blohmke, M. u. a. (Hg.), Handbuch der Sozialmedizin, Bd. III, 808–845, Stuttgart 1976. – Goeken, A., Aus- und Fortbildung der Mitarbeiter in der Altenhilfe, akt. geront. 3, 1973, 653–657. – Gruppenarbeit mit älteren Menschen, Freiburg/Brsg. 1969. – Haag, G., Zur Bedeutung ambulanter Dienste in der Altenhilfe, BdW 6 (1972), 132–138. – Kallmeyer, G., Lernen im Alter, Grafenau 1976. – Lehr, U., Psychologie des Alterns, Heidelberg 1977[3]. – Lowy, L. u. a., Der ältere Mensch in der Gruppe, Freiburg/Brsg. 1971. – Martin, E./J.-P. Junod (Hg.), Ein kurzes Lehrbuch der Geriatrie, Bern 1975. – Narr, H., Soziale Probleme des Alters, Stuttgart 1976. – Oesterreich, K., Psychiatrie des Alterns, Heidelberg 1975. – Radebold, H./H. Bechtler/I. Pina, Psychosoziale Arbeit mit älteren Menschen, Freiburg/Brsg. 1973. – Schmitz-Scherzer, R., Alter und Freizeit, Stuttgart 1973. – Tews, H. P., Soziologie des Alterns, Heidelberg 1971. – Tismer, K.-G. u. a., Psychosoziale Aspekte der Situation älterer Menschen, Bd. 28 der Schriftenreihe des Bundesministers für Jugend, Familie und Gesundheit, Stuttgart 1975.

Ausbildung

Curriculumarbeitsgruppe an der Gesamthochschule Kassel (Hg.), Studienmodell für soziale Berufe, Neuwied 1973. – Hackewitz, W. von, Zur Entwicklung der Ausbildung für soziale Berufe, in: Prisma Sonderheft Nr. 4, Gesamthochschule Kassel, Februar 1977.

Behinderte

Baier, H. (Hg.), Beiträge zur Behindertenpädagogik in Forschung und Lehre, Rheinstetten 1976. – Bleidick, U. u. a., Einführung in die Behindertenpädagogik, 3 Bde., Stuttgart 1977. – Jansen, G. W., Die Einstellung der Gesellschaft zu Körperbehinderten, Rheinstetten 1974[2]. – Klee, E., Behinderten-Report, Frankfurt/M. 1976[5]. – ders., Behinderten-Report II, 1976. – Lüth, P., Sprechende und stumme Medizin, Frankfurt/M., New York 1974. – Lutz, J., Kinderpsychiatrie, Zürich, Stuttgart 1972[4]. – Mitscherlich, A./T. Brocher/O. von Mering/K. Horn (Hg.), Der Kranke in der modernen Gesellschaft, Köln 1970[3]. – Runde, P., Die soziale Situation der psychisch Behinderten und ihrer Rehabilitation, München 1971. – Seywald, A., Physische Abweichung und soziale Stigmatisierung, Rheinstetten 1976. – Thimm, W. (Hg.), Soziologie der Behinderten, Neuburgweiler 1975[3]. – Weinläder, H., Leistungen Behinderter im Urteil Nichtbehinderter, Rheinstetten 1976.

Berufsberatung

Luckmann, T./W. M. Sprondel (Hg.), Berufssoziologie, Köln 1972. – Zenke, K. G., Berufswahl. Handbuch für die Berufswahlvorbereitung, Grafenau 1977.

Betriebsfürsorge

Dahrendorf, R., Industrie- und Betriebssoziologie, Berlin 1967. – Girmes, M., Die Sozialarbeiterin im Industriebetrieb, Weinheim 1970.

Bewährungshilfe

Grieswelle, G., Sozialarbeit, Pädagogik und Jugendstrafrecht, Stuttgart 1972. – Ossowski, L., Zur Bewährung ausgesetzt. Berichte über Versuche kollektiver Bewährungshilfe, München 1972.

Bürgerinitiativen

Ebert, T., Gewaltfreier Aufstand. Alternative zum Bürgerkrieg, Frankfurt/M. 1970. – Friedmann, Y., Machbare Utopien, Frankfurt/M. 1977. – Grossmann, H. (Hg.), Bürgerinitiativen – Schritte zur Veränderung?, Frankfurt/M. 1971. – Haffner, S. u. a., Bürger initiativ, Stuttgart 1974. – Kaufmann, F. X. (Hg.), Bürgernahe Gestaltung der sozialen Umwelt, Meisenheim 1977. – Mayer-Tasch, P. C., Die Bürgerinitiativbewegung, Reinbek b. Hamburg 1976.

Casework (Einzelfallhilfe)

Hege, M., Engagierter Dialog. Ein Beitrag zur sozialen Einzelhilfe, München, Basel 1974. – Hollis, F., Soziale Einzelhilfe als psychosoziale Behandlung, Freiburg/Brsg. 1971. – Kamphuis, M., Die persönliche Hilfe in der Sozialarbeit unserer Zeit, Stuttgart 1973[4]. – Perlman, H. (Hg.), Soziale Einzelhilfe als problemlösender Prozeß, Freiburg/Brsg. 1973[3]. – Pfaffenberger, H. (Hg.), Grundbegriffe und Methoden der Sozialarbeit, Neuwied 1969[2]. – Zeller, D., Soziale Einzelhilfe, eine Standortbestimmung. Schriftenreihe der Schule für Sozialarbeit, Zürich 1971.

Eheberatung

Böckle, F./F. Greinacher/J. Betz, Ehe in der Diskussion. Was hat die Kirche zur Ehe zu sagen?, Freiburg/Brsg. 1970. – Gesellschaft für wissenschaftliche Gesprächspsychotherapie (Hg.), Die klientenzentrierte Gesprächstherapie, München 1975. – Herbert, W./F. Jarvis, Kleiner Leitfaden der Eheberatung, Freiburg/Brsg. 1972. – A. Mandel/K. H. Mandel/E. Stadter/D. Zimmer, Einübung in Partnerschaft durch Kommunikationstherapie und Verhaltenstherapie, 2 Bde., Bd. 1: Einübung der Liebesfähigkeit. Praxis der Kommunikationstherapie für Paare, München 1976[3]. – O'Neill, N. u. G., Die offene Ehe, Reinbek b. Hamburg 1975.

Emanzipation, Interesse, Partizipation

Arbeitsgruppe »Anleitstudium«, Partizipation als Lernziel, Pullach b. München 1975. – Dallmayr, W. (Hg.), Materialien zu Habermas' Erkenntnis und Interesse, Frankfurt/M. 1974. – Greiffenhagen, M. (Hg.), Emanzipation, Hamburg 1973. – Gronemeyer, R., Integration durch Partizipation?, Frankfurt/M. 1973. – Grossmann, H. (Hg.), Bürgerinitiativen – Schritte zur Veränderung?, Frankfurt/M. 1971. – Habermas, J., Erkenntnis und Interesse, Frankfurt/M. 1973[2]. – Hartfiel, G. (Hg.), Emanzipation – Ideologischer Fetisch oder reale Chance?, Opladen 1975. – Hoffmann, H./N. Partellus, Demokratie als Nebenprodukt, Versuch einer öffentlichen Planung, München 1971. – Klaus, G./M. Buhr (Hg.), Philosophisches Wörterbuch, Leipzig 1964 (Stichwort: »Interesse«). – Mollenhauer, K., Erziehung und Emanzipation, München 1968. – Müller, C. W./D. Oelschlägel, Gruppendynamik und Emanzipation, in: Hartfiel (Hg.), aaO. – Nevermann, K., Stichwort »Partizipation«, in: Päd. extra (Hg.), Kritisches Lexikon der Erziehungswissenschaft und Bildungspolitik, Reinbek b. Hamburg 1975. – Offe, C., Sachzwang und Entscheidungsspielraum, in: Stadtbauwelt 23/1969. – Sielert, U., Emanzipatorische Jugendarbeit,

Rheinstetten 1976. – Wittig, H. (Hg.), Bildung und Erziehung. Studientexte zur Marx'schen Bildungskonzeption, Paderborn 1968.

Entwicklungsländer

Boettcher, E. (Hg.) Entwicklungstheorie und Entwicklungspolitik, Tübingen 1964. – Eisenstadt, S. N./Y. Azmon, Sozialismus und Tradition, Tübingen 1977. – Gather, G./U. von Pufendorf, Die Dritte Welt als Bildungsaufgabe, Frankfurt/M. 1969. – König, R., u. a. (Hg.) Aspekte der Entwicklungssoziologie, Köln, Opladen 1970. – Mende, U., Internationale Sozialarbeit, Neuwied 1972 (enthält u. a. die Anschriften zahlreicher Organisationen der Entwicklungshilfe auf dem Gebiet der Sozialarbeit).

Erholungsfürsorge (s. a. Gesundheitsdienste)

Hahn H. (Hg.), Jugendtourismus. Beiträge zur Diskussion über Jugenderholung und Jugendreisen, München 1965. – Heise, F./K. Franke (Hg.), Der vorzeitig verbrauchte Mensch, Stuttgart 1964.

Erziehungsbeistandschaft

Becker, W., Erziehungsbeistandschaft nach dem Jugendwohlfahrtsgesetz, Stuttgart, Köln 1974[2]. – Iben, G., Von der Schutzaufsicht zur Erziehungsbeistandschaft, Weinheim 1967.

Erziehungsberatung

Aichhorn, A., Erziehungsberatung und Erziehungshilfe, Bern 1959. – Brezinka, W., Erziehung als Lebenshilfe, Stuttgart 1972[8]. – Funkkolleg (Hg.) Beratung in der Erziehung, Weinheim 1976. – Junker, H., Das Beratungsgespräch. Zur Theorie und Praxis kritischer Sozialarbeit, München 1973.

Familienberatung und -therapie

Bratt, N., Gespräch und Behandlung in der sozialen Arbeit, Weinheim 1971. – Neidhardt, F., Die Familie in Deutschland, Opladen 1975[4]. – Richter, H. E., Patient Familie, Hamburg 1970. – Sager, C. J./H. S. Kaplan (Hg.), Handbuch der Ehe-, Familien- und Gruppentherapie, München 1973. – Satir, V., Familienbehandlung Kommunikation und Beziehung in Theorie, Erleben und Therapie, Freiburg/Brsg. 1973. – Zuk, G. H., Familientherapie, Freiburg/Brsg. 1975.

Freizeitpädagogik

Andreae, C. A., Ökonomik der Freizeit, Hamburg 1970. – Gieseke, H. (Hg.), Freizeit- und Konsumerziehung, Göttingen 1974[3]. – Lehmann, J./G. Portele, Simultanspiele in der Erziehung, Weinheim 1976. – Nickel, H.-W., Rollenspielbuch. Theorie und Praxis des Rollenspiels, Recklinghausen 1972. – Opaschowski, H. W. (Hg.), Freizeitpädagogik in der Leistungsgesellschaft, Bad Heilbrunn 1973[2]. – ders., Pädagogik der Freizeit, Bad Heilbrunn 1976. – Schmitz-Scherzer, R., Sozialpsychologie der Freizeit, Stuttgart 1975. – Scheuch, E. K./R. Meyersohn (Hg.), Soziologie der Freizeit, Köln 1972.

Gefährdetenhilfe

Deutscher Verein für öffentliche und private Fürsorge (Hg.), Die Hilfe für Gefährdete in der Verantwortung der Gesellschaft, Frankfurt/M. 1965. – Krimm, H. (Hg.), Der gefährdete Mensch in der Sicht der Wissenschaften, Stuttgart 1970. – Pétersen, K., Hilfen für Gefährdete, Frankfurt/M. 1968.

Gefangenenfürsorge

Busch, M., Sozialarbeit im Strafvollzug?, in: Schmidtobreick, B. (Hg.): Kriminalität und Sozialarbeit, Freiburg/Brsg. 1972. – Busch, M./G. Edel (Hg.), Erziehung zur Freiheit durch Freiheitsentzug, Neuwied 1969. – Engel, S. W., Zur Metamorphose des Rechtsbrechers, Grundlagen einer Behandlungslehre, Stuttgart 1973. – Harbordt, S., Die Subkultur des Gefängnisses, Stuttgart 1972². – Müller-Dietz, H., Strafvollzug und Gesellschaft, Bad Homburg 1970. – Ohm, A., Persönlichkeitswandel unter Freiheitsentzug, Berlin 1964.

Gemeinwesenarbeit

Alinsky, S. D., Leidenschaft für den Nächsten, Gelnhausen, Berlin 1973. – ders., Die Stunde der Radikalen, Gelnhausen, Berlin 1974. – Beugen, M. van, Agogische Intervention, Freiburg/Brsg. 1972. – The Calouste Gulbenkian Foundation (Hg.), Gemeinwesenarbeit und sozialer Wandel, Freiburg/Brsg. 1972. – Freire, P., Pädagogik der Unterdrückten, Stuttgart 1972². – Hubel, U. u. a., Praktisch-theoretische Fragestellungen für eine Theoriebildung von Gemeinwesenarbeit, Berlin 1976 – Müller, C. W./P. Nimmermann (Hg.), Stadtplanung und Gemeinwesenarbeit, München 1973². – Ross, M. G., Gemeinwesenarbeit, Berlin 1976. – (s. weiterhin S. 83).

Gesundheitsdienste, Sozialmedizin

Blohmke, M. u. a., Handbuch der Sozialmedizin, Bd. 1–3, Stuttgart 1976/77. – Ferber, C. von, Gesundheit und Gesellschaft, Stuttgart 1971. – ders., Soziologie für Mediziner, Berlin 1975. – Eichner, H./R. Neuhaus, Krankenkassen und Sozialarbeit, Bonn-Bad Godesberg 1977. – Giesecke, K., Sozialhygiene, Sozialmedizin, Präventive Medizin, Gesundheitshilfe, Neuwied 1976. – Lüth, P., Kritische Medizin, Reinbek b. Hamburg 1977². – Schaefer, H./M. Blohmke, Sozialmedizin. Einführung in die Ergebnisse und Probleme der Medizin-Soziologie und Sozialmedizin, Stuttgart 1972. – Statistisches Bundesamt (Hg.), Das Gesundheitswesen der Bundesrepublik Deutschland, 3 Bde., Stuttgart 1968.

Gruppendynamik

Däumling, A. M./J. Fengler/L. Nellessen/A. Svensson, Angewandte Gruppendynamik, Stuttgart 1974. – Fengler, J., Verhaltensänderung in Gruppenprozessen, Heidelberg 1975. – Fritz, J., Emanzipatorische Gruppendynamik, München 1974. – Hofstätter, P. R., Gruppendynamik, Hamburg 1971. – Nellessen, L. (Hg.), 12 Jahre Gruppendynamik in Deutschland. Bilanz und Perspektiven, Zeitschrift Gruppenpsychotherapie und Gruppendynamik, 1977, 12,1/2. – Sader, M., Psychologie der Gruppen, München 1976. – Sbandi, P., Gruppenpsychologie. Einführung in die Wirklichkeit der Gruppendynamik, München 1975².

Heimerziehung und andere Formen öffentlicher Erziehung

Ahlheim, R. u. a., Gefesselte Jugend–Fürsorgeerziehung im Kapitalismus, Frankfurt/M. 1971. – Bäuerle, W./J. Markmann (Hg.), Reform der Heimerziehung–Materialien und Dokumente, Weinheim 1974. – Bonhoeffer, M./P. Widemann (Hg.), Kinder in Ersatzfamilien, Stuttgart 1974. – Eckensberger, D., Sozialisationsbedingungen der öffentlichen Erziehung, Frankfurt/M. 1971². – Kupffer, H. (Hg.), Einführung in Theorie und Praxis der Heimerziehung, Heidelberg 1977. – Liebel, M. u. a., Jugendwohnkollektive–Alternative zur Fürsorgeerziehung?, München 1972. – Schmidt-Traub, S., Rollenkonflikte der Heimerzieher, Weinheim 1975. – Wenzel, H., Fürsorgeheime in pädagischer Kritik, Stuttgart 1973². – Werner, W., Vom Waisenhaus zum Zuchthaus, Frankfurt/M. 1969.

Jugendarbeit

Bast, H. u. a. (Hg.), Gewalt gegen Kinder – Kindesmißhandlungen und ihre Ursachen, Reinbek b. Hamburg 1975. – Bierhoff, B., Theorie der Jugendarbeit, München 1975. – Böhnisch, L. (Hg.), Jugendarbeit in der Diskussion, München 1973. – Damm, D., Politische Jugendarbeit, München 1975. – Kupffer, H., Jugend und Herrschaft, Heidelberg 1974. – Lessing, H./M. Liebel (Hg.), Jugend in der Klassengesellschaft, Heidelberg 1974.

11

Jugend- und Erwachsenenbildung

Autorenkollektiv, Berufliche Sozialisation und gesellschaftliches Bewußtsein jugendlicher Erwerbstätiger, Frankfurt/M. 1973. – Axmacher, D., Erwachsenenbildung im Kapitalismus. Ein Beitrag zur politischen Ökonomie des Ausbildungssektors in der BRD, Frankfurt/M. 1974. – Feidel-Mertz, H., Zur Ideologie der Arbeiterbildung, Frankfurt/M. 1972[4]. – ders., Erwachsenenbildung seit 1945, Köln 1975. – Kürzdörfer, K., Kirche und Erwachsenenbildung, Bad Heilbrunn 1977. – Pöggeler, F., Erwachsenenbildung im Wandel der Gesellschaft, Frankfurt/M. 1971. – ders. (Hg.), Handbuch der Erwachsenenbildung, Bde. 1–4, 6, Stuttgart 1974 ff. – Prokop, E./G. M. Rückriem, Erwachsenenbildung – Grundlagen und Modelle, Weinheim 1969.

Jugendhilfe

Bundesminister für Jugend, Familie und Gesundheit (Hg.), Mehr Chancen für die Jugend. Zu Inhalt und Begriff einer offensiven Jugendhilfe, Stuttgart 1974. – ders., Dritter Jugendbericht, Bonn 1972. – Fluk, E., Jugendamt und Jugendhilfe im Spiegel der Fachliteratur – Analyse und Kritik der Diskussion 1950–1970, Forschungsbericht des Deutschen Jugendinstituts, München 1972. – Gernert, W., Jugendhilfe, München 1973. – Jordan, E. (Hg.), Jugendhilfe, Weinheim 1975. – Reimann, H. u. H., Die Jugend, München 1975.

Jugendrecht, Jugendstrafrecht

Brunner, R., Jugendgerichtsgesetz, Berlin 1975[4]. – Bundesminister für Jugend, Familie und Gesundheit (Hg.), Diskussionsentwurf eines Jugendhilfegesetzes, Bonn-Bad Godesberg 1973. – Jordan, E. (Hg.), Jugendhilfe, Weinheim 1975. – Kaiser, G., Gesellschaft, Jugend und Recht, Weinheim 1977. – ders., Jugendkriminalität, Weinheim 1977. – Mollenhauer, P., Jugendhilferecht I, Stuttgart 1976[2]. – Oberloskamp, H./U. Adams, Jugendhilferechtliche Fälle für Studium und Praxis, Frechen 1977 (zu beziehen durch Helga-Maria Papenheim, St. Magdalenenstr. 48, 5020 Frechen). – Potrykus, G., Jugendwohlfahrtsgesetz, München 1972[2] (Nachtrag 1974). – Schaffstein, F., Jugenstrafrecht, Stuttgart 1975[5].

Krankenhausfürsorge

Adam, W., Modernes Krankenhaus, Köln 1973[2]. – Butrym, Z., Sozialarbeit im Gesundheitsbereich, Freiburg/Brsg. 1972. – Schell, W., Staatsbürger- und Gesetzeskunde für Krankenpflegepersonen und sonstiges nichtärztliches Fachpersonal, Stuttgart 1976[2]. – Swertz, P., Grundbegriffe der Soziologie für Krankenpflegekräfte, Freiburg/Brsg. 1973[3].

Kriminologie

Arbeitskreis junger Kriminologen, Kritische Kriminologie, München 1974. – Brusten, M., Prozesse der Kriminalisierung. Ergebnisse einer Analyse von Jugendamtsakten, in: Gesellschaftliche Perspektiven der Sozialarbeit, hg. v. Otto, H.-U./S. Schneider, Neuwied 1973. – Feest, J., Stichwort »Kriminologie«, in: Görlitz, A. (Hg.), Handlexikon zur Rechtswissenschaft, München 1972. – Kaiser, G., Kriminologie, Karlsruhe 1976[3]. – Kaiser, G./F. Sack/H. Schellhoss, Kleines kriminologisches Wörterbuch, Freiburg/Br. 1974 (mit ausführlichen Literaturangaben). – Kaufmann, H., Kriminologie, Bd. 1 u. 3, Stuttgart 1971 u. 1977. – Ostermeyer, H., Die bestrafte Gesellschaft, Ursachen und Folgen eines falschen Rechts, München 1975.

Kultursoziologie

Claessens, D. u. K., Kapitalismus als Kultur, Düsseldorf 1973. – Fromm, E., Anatomie der menschlichen Destruktivität, Stuttgart 1974. – Huizinga, J., Homo Ludens, Reinbek b. Hamburg 1956. – McClelland, D. C., Motivation und ihre Kultur, Bern 1967. – Popper, K. R., Die offene Gesellschaft und ihre Feinde, 2 Bde., München

1975⁴. – Reinisch, L. (Hg.), Vom Sinn der Tradition, München 1970. – Riesman, D./ R. Denney/N. Glazer, Die einsame Masse, Reinbek b. Hamburg 1972. – Roszak, T., Gegenkultur, München 1973. – Schoeck, H., Die Soziologie und die Gesellschaften, Freiburg 1964². – Wössner, J. (Hg.), Religion im Umbruch, Stuttgart 1972.

Obdachlosigkeit

Aich, P./O. Bujard, Soziale Arbeit – Beispiel Obdachlose, Köln 1972. – Christiansen, U., Obdachlos weil arm, Giessen 1975². – Graf, P./Ch. Raiser/M. Zalfen, Sozialarbeit im Obdachlosenbereich, Berlin 1976. – Hess, H., Zur Soziologie der Obdachlosen – Elemente strukturellen Zwanges in der Reproduktion von Armut, in: Hollstein, W./M. Meinhold, Sozialarbeit unter kapitalistischen Produktionsbedingungen, Frankfurt/M. 1973. – Iben, G., Randgruppen der Gesellschaft – Untersuchungen über Sozialstatus und Erziehungsverhalten obdachloser Familien, 2 Bde. München 1974³. – Zöllner, W., Obdachlos durch Wohnungsnot, Reinbek b. Hamburg 1973.

Pflegekinderwesen und Adoption

Bonhoeffer, M./P. Widemann (Hg.), Kinder in Ersatzfamilien, Stuttgart 1974. – Dührssen, A., Heimkinder und Pflegekinder in ihrer Entwicklung, Göttingen 1973⁵. – Goldstein, J./A. Freud/A. Solnit, Jenseits des Kinderwohls, Frankfurt/M. 1974. – Kongreß Kinder in Ersatzfamilien, Thesen – Diskussionen – Ergebnisse, Internationale Gesellschaft für Heimerziehung, Frankfurt/M. 1976. – Roth-Stielow, K., Adoptionsgesetz, Adoptionsvermittlungsgesetz, Stuttgart 1976.

Politikwissenschaft

Dahrendorf, R., Gesellschaft und Demokratie in Deutschland, München 1971. – Fetscher, I., Politikwissenschaft, Frankfurt/M. 1968. – Grauhan, R. R., Lokale Politikforschung, 2 Bde., Frankfurt/M. 1975. – Kress, G./D. Senghaas (Hg.), Politikwissenschaft, Frankfurt/M. 1975³. – Meschkat, K./O. Negt (Hg.), Gesellschaftsstrukturen, Frankfurt/M. 1973. – Narr, W. D./C. Offe, Wohlfahrtsstaat und Massenloyalität, Köln 1975. – Offe, C., Strukturprobleme des kapitalistischen Staates, Frankfurt/M. 1972. – Schlangen, W. (Hg.), Politische Grundbegriffe, Stuttgart 1977.

Politische Ökonomie

Eynern, G. von (Hg.), Wörterbuch zur politischen Ökonomie, Opladen 1973. – Salin, E., Politische Ökonomie, Geschichte der wirtschaftspolitischen Ideen von Platon bis zur Gegenwart, Zürich 1967.

Problematische Familien

Boszormenyi-Nagy, J. u. a., Familientherapie – Theorie und Praxis, 2 Bde., Reinbek b. Hamburg 1975. – Feldmann, W., Sozialtherapie, Essen 1970. – Lidz, T., Familie und psychosoziale Entwicklung, Frankfurt/M. 1971. – Schmidt-Relenberg, N./ C. Luetkens/K.-J. Rupp, Familiensoziologie, Stuttgart 1976.

Professionalisierung

Blinkert, B. u.a., Berufskrisen in der Sozialarbeit, Weinheim 1976. – Böhnisch, L./ H. Lösch, Das Handlungsverständnis des Sozialarbeiters und seine institutionelle Determination, in: Otto, H.-U./S. Schneider, Gesellschaftliche Perspektiven der Sozialarbeit, Bd. 2, Neuwied 1973. – Combs, A. W./D. Avila/W. W. Purkey, Die helfenden Berufe, Stuttgart 1975. – Helfer, I., Die tatsächlichen Berufsvollzüge der Sozialarbeiter Frankfurt/M. 1971. – Maòr, H., Soziologie der Sozialarbeit, Stuttgart 1975. – Otto, H.-U./K. Utermann, Sozialarbeit als Beruf, München 1971.

Prostitution

Pongratz, L., Prostituiertenkinder. Umwelt und Entwicklung in den ersten acht Le-

13

bensjahren, Stuttgart 1964. – Röhr, D., Prostitution, Frankfurt/M. 1972. – Schmidt, G./V. Sigusch, Zur Frage des Vorurteils gegenüber sexuell devianten Gruppen, Stuttgart 1967.

Rechtsgrundlagen der sozialen Arbeit

Danzig, H., Kindschaftsrecht, Neuwied 1974. – Fieseler, G., Rechtsgrundlagen sozialer Arbeit, Stuttgart 1977. – Gastiger, S., Gesetzestexte für Sozialarbeit und Sozialpädagogik (Loseblatt-Werk), Freiburg/Brsg. 1971 ff. – ders., Funktion des Rechts in Sozialarbeit/Sozialpädagogik, Stuttgart 1974. – Kühnel, R./J. Randzio, Recht der sozialen Arbeit, München 1976 (Gesetzessammlung mit Einführungen und Hinweisen). – Schleicher, H., Jugend- und Familienrecht, München 1975[2]. – Schlüter, U., Rechtsgrundlagen der Sozialen Sicherung, Stuttgart 1974.

Rehabilitation

Bleidick, U., Pädagogik der Behinderten, Grundzüge einer Theorie der Erziehung behinderter Kinder und Jugendlicher, Berlin 1977[3]. – Bundesminister für Arbeit und Sozialordnung (Hg.), Werkstätten für Behinderte, Bonn 1976. – Cartager, H., Heilen ohne zu entwerten, Stuttgart 1970. – Deutsche Zentrale für Volksgesundheitspflege (Hg.), Der Patient drinnen und draußen, 1969. – Jochheim, K. A./J. F. Scholz (Hg.), Rehabilitation, 3 Bde., Stuttgart 1975. – Lauter, H./J.-E. Meyer (Hg.), Der psychisch Kranke und die Gesellschaft, Stuttgart 1971.

Religion

Kahl, J., Das Elend des Christentums oder Plädoyer für eine Humanität ohne Gott, Reinbek b. Hamburg 1976. – Onna, B.van/M. Stankowski, Kritischer Katholizismus, Frankfurt/M. 1969. – Pflüger, P.-M. (Hg.), Religiöse Erfahrung im Ausbruch aus den Traditionen, Stuttgart 1977. – Schmitt, R., Religiöse Erziehung – ohne Erfolg?, Weinheim 1971. – Stolberg, D., Seelsorge praktisch, Göttingen 1971. – Thilo, H.-J., Beratende Seelsorge, Göttingen 1975[2].

Resozialisation

Deimling, G. (Hg.), Sozialisation und Rehabilitation Sozial Gefährdeter und Behinderter, Neuwied 1973. – Hirscher, E. Resozialisierung junger Rechtsbrecher durch Strafvollzug, München–Basel 1970, Basel 1972. – Hohmeier, J., Aufsicht und Resozialisierung, Stuttgart 1973. – Müller-Dietz, H., Wege zur Strafvollzugsreform, Frankfurt 1972.

Säuglingsfürsorge

Koch, R., Berufstätigkeit der Mutter und Persönlichkeitsentwicklung des Kindes, Köln 1973. – Nave-Herz, R. (Hg.), Das Dilemma der Frau in unserer Gesellschaft. Der Anachronismus in den Rollenerwartungen, Neuwied 1975[2]. – Schücking, B., Wir machen unsere Kinder krank. Aus der Sicht des Familienarztes, München 1971. – Verein für öffentliche und private Fürsorge (Hg.), Die Mutter in der heutigen Gesellschaft, (1964).

Schulfürsorge

Hechinger, F. M. (Hg.), Vorschulerziehung als Förderung sozialbenachteiligter Kinder, Stuttgart 1972[2]. – Ingenkamp, K., Die schulpsychologischen Dienste in der Bundesrepublik Deutschland, Weinheim 1966. – Zulliger, H., Schwierige Kinder, Bern 1970[6].

Sonderpädagogik

Bleidick, U. u. a., Einführung in die Behindertenpädagogik, 3 Bde., Stuttgart 1977. – Goedman, M. H./H. Koster, Was tun mit diesem Kind?, Weinheim 1973[2]. – Hesse, G./H. Wegener (Hg.), Enzyklopädisches Handbuch der Sonderpädagogik und ihrer Grenzgebiete, 3 Bde., 1969[3].

14

Soziale Planung und Verwaltung

Bourgett, J./N. Preusser/R. Völkel, Jugendhilfe und Kommunale Sozialplanung, Weinheim 1977. – Kühn, D., Kommunale Sozialplanung, Stuttgart 1975. – Prüss, K.-P./A. Tschoepe, Planung und Sozialplanung, Weinheim 1974. – Willms, B., Planungsideologie und revolutionäre Utopie, Stuttgart 1969.

Sozialforschung

Atteslander, P., Methoden der empirischen Sozialforschung, Berlin 1975[4]. – König, R. (Hg.), Das Interview. Formen, Technik, Auswertung, Köln 1972[8]. – Koolwijk, J. von/M. Wieken-Mayser, Techniken der empirischen Sozialforschung, 8 Bde., München 1974 ff.

Sozialgeschichte

Aubin, H./W. Zorn, Handbuch der deutschen Wirtschafts- und Sozialgeschichte, Bde. 1 u. 2, Stuttgart 1976. – Grebing, H., Geschichte der sozialen Ideen in Deutschland, München 1969. – Hofmann, W., Ideengeschichte der sozialen Bewegung des 19. und 20. Jahrhunderts, Berlin 1971. – Wehler, H.-U. (Hg.), Moderne deutsche Sozialgeschichte, Köln 1970.

Sozialhilfe

Flottmann, W., Sozialhilfe, Darmstadt 1975[2]. – Freudenthal, H., Sozialhilferecht, Herford 1976[2]. – Mergler, O./G. Zink, Bundessozialhilfegesetz, Kommentar, Köln 1975[2]. – Ostermann, W., Sozialhilfe, Köln 1975. – Scherpner, H., Theorie der Fürsorge, Göttingen 1974[2]. – Strang, H., Erscheinungsformen der Sozialhilfebedürftigkeit, Stuttgart 1970. – Tiesler, E., Sozialhilfe 1 und 2, Karlsruhe 1974 und 1977.

Sozialisation

Walter, H. (Hg.), Sozialisationsforschung, 3 Bde., Stuttgart 1973 ff. – Wurzbacher, G. (Hg.), Sozialisation und Personalisation, Reihe: Der Mensch als soziales und personales Wesen, Bd. 1: Beiträge zu Begriff und Theorie der Sozialisation, Stuttgart 1974[3].

Sozialpädagogik

Bäuerle, W., Sozialarbeit und Gesellschaft, Weinheim 1970. – Huppertz, N., Elternarbeit vom Kindergarten aus: didaktische und methodische Möglichkeiten in der Sozialpädagogik, Freiburg/Brg. 1975[6]. – Mollenhauer, K., Einführung in die Sozialpädagogik, Weinheim 1976[6]. – Stauch, U., Der Kinderhort und seine sozialpädagogischen Aufgaben in der Gegenwart, Donauwörth 1977. – Vahsen, F., Einführung in die Sozialpädagogik, Stuttgart 1975. – Wolf, A., Zur Geschichte der Sozialpädagogik im Rahmen der sozialen Entwicklung, Donauwörth 1977.

Sozialphilosophie

Corman, G./F. Rudolph, Menschenwürdige Gesellschaft. Katholische Soziallehre. Evangelische Sozialethik, München 1968. – Jonas, F., Sozialphilosophie der industriellen Arbeitswelt, Stuttgart 1974[2]. – Marcuse, L., Philosophie des Glücks, Zürich 1972. – Topitsch, E., Sozialphilosophie zwischen Ideologie und Wissenschaft, Neuwied 1971[3]. – Wönner, J., Mensch und Gesellschaft, Berlin 1963.

Sozialpolitik

Achinger, H., Sozialpolitik als Gesellschaftspolitik, Frankfurt/M. 1971[2]. – Ferber, C. von, Sozialpolitik in der Wohlstandsgesellschaft, Hamburg 1967. – ders./F. X. Kaufmann (Hg.), Soziologie und Sozialpolitik, Opladen 1977. – Lührs, G./T. Sarrazin/F. Spreer/M. Tietzel, Kritischer Rationalismus und Sozialdemokratie, 2 Bde., Berlin, Bonn, Bad Godesberg 1975, 1976. – Murswieck, A. (Hg.), Staatliche Politik im Sozialsektor, München 1976.

Sozialpsychiatrie

Dörner, K./U. Plog (Hg.), Sozialpsychiatrie. Psychisches Leiden zwischen Integration und Emanzipation, Neuwied 1972. – Gleiss, I./R. Seidel/H. Abholz, Soziale Psychiatrie? Zur Ungleichheit in der psychiatrischen Versorgung, Frankfurt/M. 1973. – Keupp, H. (Hg.), Der Krankheitsmythos in der Psychopathologie, München 1972. – Materialsammlung I–IV zur Enquête über die Lage der Psychiatrie in der BRD, Bde. 9, 10, 16 u. 17 der Schriftenreihe des Bundesministers für Jugend, Familie und Gesundheit, Stuttgart 1973 u. 1974. – Parow, E., Psychotisches Verhalten und Umwelt, Frankfurt/M. 1972. – Strotzka, H., Einführung in die Sozialpsychiatrie, Reinbek b. Hamburg 1972. – Tausch, R., Gesprächspsychotherapie, Göttingen 1970.

Sozialpsychologie

Erikson, E. H., Kindheit und Gesellschaft, Stuttgart 1974[5]. – Fromm, E., Der moderne Mensch und seine Zukunft, Frankfurt/M. 1970. – Gerth, H./C. W. Mills, Person und Gesellschaft, Frankfurt/M. 1970. – Hofstätter, P. H., Sozialpsychologie, Berlin 1973[5]. – Mitscherlich, A., Auf dem Weg zur vaterlosen Gesellschaft, München 1968.

Sozialrecht

Bley, H., Sozialrecht, Frankfurt/M. 1975. – Bundesminister für Arbeit und Sozialordnung (Hg.), Übersicht über die soziale Sicherung, Bonn 1975[10]. – Burdenski, W./B. von Maydell/W. Schellhorn, Kommentar zum Sozialgesetzbuch Allgemeiner Teil, Neuwied 1976. – Gottschick, H./D. Giese, Das Bundessozialhilfegesetz, Köln 1977[6]. – Luber, W. (Hg.), Deutsche Sozialgesetze (Loseblatt), Percha 1977. – Matthes, J., Gesellschaftspolitische Konzeptionen im Sozialhilferecht, Stuttgart 1964. – Tennstedt, F., Verrechtlichung und Ökonomisierung in der Sozialpolitik, in: Murswieck, A. (Hg.), Staatliche Politik im Sozialsektor, München 1976.

Sozialtherapie

Heinz, W./S. Korn, Sozialtherapie als Alibi?, Frankfurt/M. 1973. – Steller, M., Sozialtherapie statt Strafvollzug, Köln 1977.

Sozialversicherung

Bley, H., Sozialrecht, Frankfurt/M. 1975. – Brackmann, K., Handbuch der Sozialversicherung (Loseblatt), Bonn-Bad Godesberg 1969 ff. (Stand: 1977). – Bundesministerium für Arbeit und Sozialordnung (Hg.), Übersicht über die soziale Sicherung (in der Bundesrepublik Deutschland), Bonn 1975[10]. – Tennstedt, F., Sozialgeschichte der Sozialversicherung, in: Blohmke, M. u. a. (Hg.), Handbuch der Sozialmedizin, Bd. 3, Stuttgart 1976.

Statistik

Beiner, F., Statistik für Sozialwissenschaftler I, Düsseldorf 1975. – Clauß, G./ H. Ebner, Grundlagen der Statistik für Psychologen, Pädagogen und Soziologen, Frankfurt/M. 1975[2]. – Eberhard, K., Einführung in die Statistik für soziale Berufe, Neuwied 1969. – Wolf, W., Statistik. Eine Einführung für Sozialwissenschaftler, Bd. 1, Weinheim 1974.

Strafvollzug, Straffälligenhilfe

Calliess, R. P./H. Müller-Dietz, Strafvollzugsgesetz, München 1977. – Kaiser, G./ H. Schöch/H.-H. Eidt/H.-J. Kerner, Strafvollzug, Karlsruhe 1974. – Schwind, H.-D./G. Blau (Hg.), Strafvollzug in der Praxis, Berlin 1976.

Subsidaritätsprinzip

Emmelius, H., Das Rangverhältnis von Staat, Gemeinde und freier Gesellschaft bei der Wahrnehmung wohlfahrtsfördernder Aufgaben, Dissertation, Bonn 1964. –

Köttgen, A., Das umstrittene Mandat zur Jugendpflege, Die öffentliche Verwaltung, 1961, 1 ff. – Matthes, J., Gesellschaftspolitische Konzeptionen im Sozialhilferecht. Zur soziologischen Kritik der neuen deutschen Sozialgesetzgebung, Stuttgart 1964. – Rendtdorff, T., Kritische Erwägungen zum Subsidiaritätsprinzip, Der Staat 1962, 405 ff. – Ridder, H., Heimaufsicht und Selbstorganisation, Rechtsgutachten für den Senator für Familie, Jugend und Sport, Berlin, Neuer Rundbrief 2/1973, 64 ff.

Suchtkrankenfürsorge

Gädeke, R./J. Gehrmann, Drogenabhängigkeit bei Kindern und Jugendlichen, Stuttgart 1973. – VomScheidt, J., Drogenabhängigkeit – zur Psychologie und Psychotherapie, München 1973. – Schulz, P., Drogenscene. Ursachen und Folgen, Frankfurt/M. 1974.

Supervision

Argelander, H., Gruppenprozesse. Wege zur Anwendung der Psychoanalyse in Behandlung, Lehre und Forschung, Reinbek b. Hamburg 1972. – Caemmerer, Dora von, Praxisberatung (Supervision). Ein Quellenband, Freiburg/Brsg. 1970. – Gaertner, A. (Hg.), Supervision. Unterlagen und Referate zum 3. Kongress, Modellversuch »Soziale Studiengänge« an der GhK, Kassel 1970. – Huppertz, N., Supervision, Neuwied 1975. – Kamphuis, M., Die persönliche Hilfe in der Sozialarbeit unserer Zeit, Stuttgart 1973[4]. – Kersting, H. J., Kommunikationssystem Gruppensupervision. Aspekte eines Lernlehrverfahrens, Freiburg/Brsg. 1975. – Lapassade, G., Gruppen, Organisationen, Institutionen, Stuttgart 1972. – Melzer, G., Praxisanleitung und Praxisberatung in der Sozialarbeit. Deutscher Verein, Frankfurt/M. 1972[2]. – Strömbach, R./P. Fricke/H. B. Koch, Supervision. Protokolle eines Lernprozesses, Gelnhausen, Berlin 1975. – Zeller, D., Supervision, Jahresbericht der Schule für Soziale Arbeit, Zürich 1963.

Telefonfürsorge

Harsch, H., Theorie und Praxis des beratenden Gesprächs, München 1974[2]. – Thomas, K., Handbuch der Selbstmordverhütung. Psychopathologie, Psychologie und Religionspsychologie einschließlich der Eheberatung und Telefonseelsorge, Stuttgart 1964.

Verwaltung

Flamm, F., Sozialwesen und Sozialarbeit in der Bundesrepublik Deutschland, Frankfurt 1976[2]. – ders./S. Gastiger, Die Verwaltung der Sozialarbeit, Freiburg/Brsg. 1975[4]. – Vogel, M. R., Die kommunale Apparatur der öffentlichen Hilfe, Stuttgart 1966.

Verwaltungsrecht, Kommunalrecht, Amtshaftung

Bender, E., Staatshaftungsrecht, Karlsruhe 1974[2]. – Bückmann, W, Verfassungsfragen im Rahmen der Reform im örtlichen Bereich, Berlin 1962. – Erichsen, H.-U./W. Martens (Hg.), Allgemeines Verwaltungsrecht, Berlin 1975. – Forsthoff, E., Lehrbuch des Verwaltungsrechts, München 1973[10]. – Kübler, H., Das Gemeinderecht in den Ländern der BRD, Berlin, Heidelberg 1972. – Luhmann, N., Öffentlich-rechtliche Entschädigung rechtspolitisch betrachtet, Berlin 1965. – Münch, I. von (Hg.), Besonderes Verwaltungsrecht, Berlin 1976[4]. – Papenheim/Baltes, Verwaltungsrecht für die soziale Praxis, Frechen 1977[3] (zu beziehen durch Helga-Maria Papenheim, St. Magdalenenstr. 48, 5020 Frechen). – Schwarze, J., Der funktionale Zusammenhang von Verwaltungsverfahrensrecht und verwaltungsgerichtlichem Rechtsschutz, Berlin 1974. – Soell, H., Das Ermessen der Eingriffsverwaltung, Heidelberg 1973. – Ule, C. H./F. Becker, Verwaltungsverfahren im Rechtsstaat, Köln, Berlin 1964. – Wallrath, M., Die Selbstbindung der Verwaltung, Berlin 1968.

Vorschulerziehung

Baumgartner, A./D. Geulen (Hg.), Vorschulische Erziehung, 2 Bde., Weinheim 1975. – Belser, H. u. a., Curriculum-Materialien für Vorschule und Eingangsstufe, 3 Bde., Weinheim 1975. – Hölterschinken, D., Vorschulerziehung. Dokumentation zur Elementarerziehung in einer sich wandelnden Gesellschaft, Freiburg/Brsg. 1975. – Redaktion »betrifft: erziehung« (Hg.), Wider die falsche Vorschulerziehung, Weinheim 1973.

Zeugnisverweigerungsrecht

Barabas, F./T. Blanke/C. Sachße/U. Stascheit (Hg.), Jahrbuch der Sozialarbeit 1976, Reinbek b. Hamburg 1975. – Fieseler, G., Rechtsgrundlagen sozialer Arbeit, Stuttgart 1977.

Fachzeitschriften

Archiv für Wissenschaft und Praxis der sozialen Arbeit. Vierteljahreshefte zur Förderung von Jugend-, Sozial- und Gesundheitshilfe. Hg.: Deutscher Verein für öffentliche und private Fürsorge/Frankfurt/M. Erscheint: vierteljährlich.

Bewährungshilfe. Fachzeitschrift für Bewährungs-, Gerichts- und Straffälligenhilfe. Hg.: Deutsche Bewährungshilfe e. V./Bonn. Erscheint: vierteljährlich.

Blätter der Wohlfahrtspflege. Fachzeitschrift für Sozialarbeit und Sozialpädagogik in der Bundesrepublik Deutschland. Hg.: Wohlfahrtswerk für Baden Württemberg/Stuttgart. Erscheint: monatlich.

Caritas. Die Zeitschrift für Caritasarbeit und Caritaswissenschaft. Hg.: Deutscher Caritasverband/Freiburg. Erscheint: zweimonatlich.

»das behinderte kind«. Organ der Bundesarbeitsgemeinschaft »Hilfe für Behinderte« e. V., 4000 Düsseldorf, Kirchfeldstr. Hg.: Arbeitskreis Hilfe für das behinderte Kind. Erscheint: zweimonatlich.

Der Sozialarbeiter. Zeitschrift des Deutschen Berufsverbandes der Sozialarbeiter und Sozialpädagogen e. V./Essen. Erscheint: zweimonatlich.

Deutsche Jugend. Zeitschrift für Jugendfragen und Jugendarbeit. Hg.: Edmund Duda u. a. in Verbindung mit dem Deutschen Bundesjugendring/München. Erscheint: monatlich.

Erziehung und Klassenkampf. Zeitschrift für marxistische Pädagogik. Hg.: Sozialistisches Redaktionskollektiv/Frankfurt/M. Erscheint: unregelmäßig (jedoch mindestens viermal jährlich)

Forum Jugendhilfe. Mitteilungen der Arbeitsgemeinschaft für Jugendhilfe. Hg.: Arbeitsgemeinschaft für Jugendhilfe (Mitglied der Internationalen Vereinigung für Jugendhilfe/Genf). Erscheint: unregelmäßig (ca. viermal im Jahr).

Gefährdetenhilfe. Aktuelles aus Theorie und Praxis. Hg.: Gesamtverband der Nichtseßhaftenhilfe e. V./Bethel. Erscheint: vierteljährlich.

Heilpädagogische Forschung. Zeitschrift für Erziehung und Unterricht behinderter Kinder und Jugendlicher. Hg.: Helmut von Bracken u. a./Berlin. Erscheint: dreimal jährlich.

Kriminologisches Journal. Hg.: Arbeitskreis Junger Kriminologen/München. Erscheint: vierteljährlich.

Monatsschrift für Kriminologie und Strafrechtsreform. Hg.: R. Sieverts, H. Stutte, H. Schüler-Springorum/Köln. Erscheint: sechsmal jährlich.

Nachrichtendienst des Deutschen Vereins für öffentliche und private Fürsorge. Hg.: Hans Achinger. Verlag: Eigenverlag des Deutschen Vereins für öffentliche und private Fürsorge/Frankfurt/M. Erscheint: monatlich.

Neue Praxis. Kritische Zeitschrift für Sozialarbeit und Sozialpädagogik. Hg.: Hanns Eyferth u. a./Neuwied. Erscheint: vierteljährlich.

Neuer Rundbrief. Informationen über Familie, Jugend und Sport. Hg.: Senator für Familie, Jugend und Sport/Berlin. Erscheint: vierteljährlich.

päd. extra sozialarbeit. Hg.: pädex VerlagsGmbH Frankfurt. Erscheint: monatlich.

Recht der Jugend und des Bildungswesens. Zeitschrift für Schule, Berufsbildung und Jugenderziehung. Hg.: Ingo Richter und Holger Knudsen/Neuwied. Erscheint: zweimonatlich.

»rehabilitationsforschung«. Internationales wissenschaftliches Archiv für erfahrungswissenschaftliche Forschung zur medizinischen, pädagogischen und psychosozialen Rehabilitation Behinderter. Erscheint: vierteljährlich.

Sonderpädagogik. Vierteljahresschrift über aktuelle Probleme der Behinderten in Schule und Gesellschaft. Hg.: G. Heese, A. Reinartz/Berlin. Erscheint: vierteljährlich.

Sozial. Zeitschrift des Berufsverbandes der Sozialarbeiter/Sozialpädagogen – Bundesverband e. V. (BSS) Essen. Erscheint: vierteljährlich.

Soziale Arbeit. Deutsche Zeitschrift für soziale und sozialverwandte Gebiete. Hg.: Senator für Arbeit und Soziales/Berlin in Zusammenarbeit mit dem Deutschen Zentralinstitut für soziale Fragen/Berlin. Erscheint: monatlich.

Soziale Sicherheit. Zeitschrift für Sozialpolitik. Sozialpolitische Monatszeitschrift der Gewerkschaften/Köln. Erscheint: monatlich.

Soziale Welt. Zeitschrift für sozialwissenschaftliche Forschung und Praxis. Hg.: Arbeitsgemeinschaft Sozialwissenschaftlicher Institute e. V./Göttingen. Erscheint: monatlich.

Sozialmagazin. Zeitschrift für Sozialarbeit und Sozialpädagogik. Hg.: Julius Beltz KG/Weinheim. Erscheint: monatlich.

Sozialpädagogik. Hg.: W. Arnold u. a./Gütersloh. Erscheint: zweimonatlich.

Sozialpädagogische Blätter. (Früher: Blätter des Pestalozzi-Fröbel-Verbandes). Hg.: Pestalozzi-Fröbel-Verband/Heidelberg. Erscheint: zweimonatlich.

Theorie und Praxis der sozialen Arbeit. Hg.: Arbeiterwohlfahrt Bundesverband e. V. Bonn. Erscheint: monatlich. Früherer Titel:»Neues Beginnen«.

Unsere Jugend. Zeitschrift für Jugendhilfe in Praxis und Wissenschaft/München. Erscheint: monatlich.

Zeitschrift für Heilpädagogik. Hg.: Verband deutscher Sonderschulen/Nienburg. Erscheint: monatlich.

Zeitschrift für Sozialhilfe. Monatszeitschrift für Sozialrecht, öffentliche und freie Wohlfahrtspflege, Jugendwohlfahrt und verwandte Gebiete/Percha. Erscheint: monatlich.

Zeitschrift für Strafvollzug und Straffälligenhilfe. Hg.: Gesellschaft für Fortbildung der Strafvollzugsbediensteten/Wiesbaden. Erscheint: jährlich vier Hefte.

Zentralblatt für Jugendrecht und Jugendwohlfahrt. Organ des Deutschen Instituts für Vormundschaftswesen. Hg.: Beitzke, Günther, u. a./Köln. Erscheint: monatlich.

Abenteuerspielplatz (auch: Aktiv-, Bau- oder Robinson-Spielplatz). Ein A. ist ein pädagogisch betreuter Spielplatz, auf dem die Kinder aktiv und verändernd tätig sein können und spielend lernen sollen, für die Veränderung ihrer Lebenlage und ihrer Umwelt handlungsfähig zu werden. Die Idee des A. wurde entwickelt von dem Dänen C. Th. Sörensen aufgrund der alltäglichen Beobachtung, daß die Kinder nicht auf den für sie entworfenen Spielplätzen spielten, sondern viel lieber auf Baustellen und Schutthalden die phantasievollsten Spiele erfanden. 1943 wurde in Kopenhagen der erste »Gerümpelspielplatz« eröffnet. Allerdings konnte es nicht genügen, den Kindern einfach den Sperrmüll zur Verfügung zu stellen; es mußten weitere Aktionsmöglichkeiten eingeplant werden. So entstanden die Bauspielplätze in Dänemark, die »Adventure Playgrounds« in England und die Robinson-Spielplätze in der Schweiz. Erst 1967 entstand – nicht ohne die auch pädagogischen Impulse der Studentenbewegung – der erste deutsche A. im Märkischen Viertel in Berlin. Inzwischen gibt es in Berlin über 30 A.; die Zahl in der BRD ist nicht festzustellen. Fast alle A. sind aufgrund von Bürgerinitiativen entstanden.

Der A. sollte ausreichend groß sein; als optimal werden 5000–8000 qm angegeben. Er muß ein festes Gebäude mit Spielräumen, Werkstätten, Betreuerraum, Toiletten, Wasser-, Strom- und Telefonanschluß haben. Das Gelände sollte unterschiedlich strukturiert sein: große Flächen (z. B. zum Ballspielen), Hügel, Täler; Rasen- und Sandflächen. Wasser- und Feuerstellen, Buddel- und Klettermöglichkeiten sollten vorhanden sein. Vor allem sollten Möglichkeiten zum Bauen gegeben werden. Ein A. wird nie ein endgültiges Gesicht haben, sondern von den spielenden Kindern immer neu gestaltet werden. So stellt er ein Gegenmilieu von starkem Aufforderungscharakter zur total vorgeplanten Umwelt der Kinder dar. Durch die vielfältigen Möglichkeiten ist eine freiere Auseinandersetzung der Kinder mit dem Material, dem Werkzeug, dem Platz gegeben und die Möglichkeit »vielfältige soziale Kontakte« geboten. Die Erfahrungen, die die Kinder auf dem A. sammeln, sollen Motivation zur Umweltveränderung auch außerhalb des A. schaffen. Allerdings besteht die Gefahr, daß der A. seine emanzipatorische Wirkung verliert und bloße Kompensation bleibt, wenn er nicht in enger Verbindung mit der umgebenden Realität bleibt. So müssen die Konflikte mit Anwohnern und Behörden aufgearbeitet, Eltern, Lehrer und andere Bewohnergruppen in die Arbeit einbezogen werden. Kernstück des A. ist die pädagogische Betreuung. Der Betreuer ist gleichzeitig Organisator und Planer, Erzieher und Spielgefährte, er soll Initiativen entwickkeln und Lernfelder für solidarisches Handeln strukturieren.   *D. Oe.*

Adoption. Seit dem Inkrafttreten des Gesetzes über die Annahme als Kind und zur Änderung anderer Vorschriften am 1. 1. 1977 wird die A., durch die ein Eltern- und Kindverhältnis begründet wird, vom Vormundschaftsgericht ausgesprochen. Mit diesem Dekretsystem ist das mehrspurige und daher schwerfällige und langwierige Verfahren abgelöst worden, nach dem die »Annahme an Kindes Statt« durch notariell abgeschlossenen und vormundschaftsgerichtlich bestätigten Vertrag zustandekam (Vertragssystem). Das neue Adoptionsrecht ist weiterhin in den – freilich grundlegend geänderten – §§ 1741-1772 BGB nach Voraussetzungen, Verfahren (§§ 1741-1753) und Wirkungen (§§ 1754-1758) der A. sowie nach Voraussetzungen (§§ 1759-1763) und Wirkungen (§§ 1764-1766) der Aufhebung der A. geregelt. Die §§ 1767-1772 BGB, welche die Annahme Volljähriger betreffen, bedürfen hier keiner Darstellung.

Das neue A.recht trägt dem Umstand Rechnung, daß sich die soziale Bedeutung der A. seit Entstehung des BGB geändert hat. Aus einem Rechtsinstitut, das der Erhaltung des Familiennamens und Familienvermögens des Annehmenden diente, ist ein »Instrument sozialpädagogischer Hilfen für minderjährige Kinder« geworden, das dem Recht auf eine dem Art. 2 GG gemäße Erziehung dadurch gerecht werden soll, daß das angenommene Kind in einer »harmonischen und lebenstüchtigen Familie« aufwachsen kann (BT-Dr. 7/3061, S. 15). War anfangs das Erfordernis der Kinderlosigkeit seitens des Annehmenden absolut und mußte er mindestens 50 Jahre alt sein, so konnte seit 1950 von dem Erfordernis der Kinderlosigkeit Befreiung erteilt werden und wurde (1961 und 1973) das Mindestalter zweimal herabgesetzt. Erst das neue Gesetz strich das Erfordernis der Kinderlosigkeit, von dem freilich die Vormundschaftsgerichte bereits nach früherem Recht großzügig Befreiung erteilten, und stellt die A. durch ein Ehepaar in den Vordergrund. Die Annahme durch eine Einzelperson bleibt zulässig (vgl. § 1741 BGB).

Nicht möglich ist die gemeinschaftliche Annahme durch nicht verheiratete Paare. Bei der Adoptionsvermittlung ist darauf zu achten, daß das einzelne Kind mit zu ihm passenden Adoptiveltern zusammengeführt wird und es so ein »beständiges und ausgeglichenes Zuhause« erhält (BT-Dr. 7/3061, 28). Dabei wird es eher erwünscht sein, wenn das angenommene Kind mit Geschwistern aufwachsen kann (ebd., 29). Das »Wohl des (jeweiligen) Kindes« ist nunmehr »oberster Bewertungsmaßstab« im Adoptionsrecht. Dementsprechend ist die A. minderjähriger Kinder seit dem 1. 1. 1977 »Volladoption«: Das adoptierte Kind erlangt nun die volle Rechtsstellung eines ehelichen Kindes, dessen Verwandschaftsverhältnis zu den bisherigen Verwandten erlischt – bisher verloren die Eltern nur die elterliche Gewalt und das Verkehrsrecht – und für das mit den Verwandten des (der) Annehmenden erstmals eine Verwandtschaft begründet wird. Auch der automatische Erwerb der deutschen Staatsangehörigkeit mit der A. durch einen Deutschen dient der vollen Eingliederung in die Adoptivfamilie.

Wie die A. nur dann zulässig ist, wenn sie dem Wohl des Kindes dient, kann sie – während dessen Minderjährigkeit – nur dann vom Vormundschaftsgericht aufgehoben werden, wenn dies aus schwerwiegenden Gründen zum

Wohl des Kindes erforderlich ist (§ 1763 I). Der erhöhte Bestandsschutz durch Einschränkung der Aufhebungsgründe (vgl. §§ 1760 II) bedeutet u. a., daß der Irrtum des Annehmenden über persönliche Eigenschaften des Adoptivkindes in Zukunft unbeachtlich ist. Eine Aufhebung im Interesse des Annehmenden ist auch bei großen Erziehungsschwierigkeiten (selbst bei schwerer Kriminalität gegen die Adoptiveltern) nicht vorgesehen, es soll so »jeder Überlegung, das angenommene Kind sei nicht das eigene Kind, der Boden entzogen werden« (BT-Dr. 7/3061, 27).   *G. F.*

Adoptionsvermittlung. Die Zusammenführung von Adoptionsbewerbern und Kindern unter 18 Jahren zur Vorbereitung der Adoption als besondere fachliche Leistung der Jugendhilfe ist Aufgabe der Jugendämter und Landesjugendämter, die über eine A.-Stelle bzw. eine zentrale Adoptionsstelle verfügen. Auch die nach Landesrecht anerkannten A.-Stellen der großen Wohlfahrtsverbände (Diakonisches Werk, Deutscher Caritasverband, Arbeiterwohlfahrt) sowie sonstiger Organisationen dürfen Adoptionen vermitteln. Die Beschränkung der A. auf A.-Stellen, die mit mindestens einer hauptamtlichen Fachkraft zu besetzen sind, ist einer der Schwerpunkte des am 1. 1. 1977 – zugleich mit dem neuen materiellen Adoptionsrecht – in Kraft getretenen Gesetzes über die Vermittlung der Annahme als Kind (A.gesetz). Ausgehend von der Erkenntnis, daß die A. »ein schwieriges und komplexes Gebiet der Jugendhilfe (ist), das neben vielfältigen Kenntnissen z. B. des sozialen, psychologischen, pädagogischen und juristischen Bereichs insbesondere auch die Fähigkeit zu gezielter Gesprächsführung, zu sachgerechter Beurteilung der Motivation der Adoptionsbewerber und fachliches Verständnis für die leiblichen Eltern verlangt« (BT-Dr. 7/3421, 16 f.), sucht das Gesetz einen gleichen Standard fachlich qualifizierter A. zu gewährleisten durch die bereits erwähnte Konzentration der A. auf A.-Stellen, durch das Gebot partnerschaftlicher Zusammenarbeit aller an der Adoption beteiligten Stellen der öffentlichen und der freien Jugendhilfe, durch die Beschränkung der A. auf Fachkräfte (§ 3 AdVermiG) – vgl. auch das Vermittlungsverbot des § 5 AdVermiG und die Bußgeldvorschriften des § 14 – sowie durch die Einführung des Anerkennungsverfahrens. Da die besonders schwierigen (Beratungs-)Aufgaben, die den zentralen Adoptionsstellen der Landesjugendämter in § 11 AdVermiG zugewiesen sind (u. a. der überregionale Ausgleich bei der Zusammenführung von Adoptionsbewerbern mit schwer zu vermittelnden Kindern) das Zusammenwirken verschiedener Fachdisziplinen erfordert, ist eine (freilich nicht notwendig hauptberufliche) Besetzung mit Kinderärzten oder Kinderpsychiatern, Psychologen mit Erfahrungen auf dem Gebiet der Kinderpsychologie, Juristen sowie Sozialpädagogen oder Sozialarbeitern mit mehrjähriger Berufserfahrung vorgesehen (im Gegensatz zum Regierungsentwurf freilich bloße Soll-Vorschrift). Der weitergehende Reformvorschlag, interdisziplinär besetzte Adoptionskommissionen einzurichten (Pechstein, Mende), wurde nicht Gesetz, weil dies mit »unvertretbarem

Verwaltungsaufwand« verbunden gewesen wäre und die Organisationshoheit der Länder berührt hätte (BT-Dr. 7/3421, 25).

Der Gesetzgeber hat auch nicht der Forderung entsprochen, die 1962 von den Landesjugendämtern aufgestellten, in der Praxis nicht immer ausreichend beachteten Adoptionsrichtlinien in das AdVermiG aufzunehmen. § 7 verpflichtet die A.-Stelle lediglich zur unverzüglichen – möglichst bereits vorgeburtlichen – Aufnahme sachdienlicher Ermittlungen bei den Adoptionsbewerbern, bei dem Kind und seiner Familie, sobald der Stelle bekannt wird, daß für ein Kind die A. in Betracht kommt. Entsprechend dem Ziel der »Zusammenführung von ›Kindern ohne Eltern‹ mit zu ihnen passenden ›Eltern ohne Kinder‹« hat die Vermittlungsstelle besonders zu prüfen, ob die Adoptionsbewerber »unter Berücksichtigung der Persönlichkeit des Kindes und seiner besonderen Bedürfnisse« für die Annahme des betreffenden Kindes geeignet sind. Eine Rechtsverordnung des Bundesministers für Jugend, Familie und Gesundheit wird nähere Einzelheiten über die A. enthalten. Neue Praxiserfahrungen oder neue wissenschaftliche Erkenntnisse können so leichter legitimiert werden. Nach § 8 AdVermiG darf das Kind erst dann zur Eingewöhnung (nicht etwa »auf Probe«) in Pflege gegeben werden, wenn feststeht, daß die Adoptionsbewerber für die Annahme des Kindes geeignet sind. § 9 normiert einen Rechtsanspruch aller Beteiligten auf Beratung und Unterstützung sowie eine entsprechende Gewährleistungspflicht der Jugendämter im Rahmen ihrer Gesamtverantwortung. Von gezielter Beratung und nachgehender Betreuung verspricht man sich die erfolgreiche Vermittlung auch älterer Heimkinder mit Hospitalismusschäden. Das Bestreben, möglichst vielen Kindern ein Leben im Heim zu ersparen, wird in Vorschriften wie §§ 10 I, 12, 19 II AdVermiG deutlich. *G. F.*

AG SPAK *(Arbeitsgemeinschaft Sozialpolitischer Arbeitskreise).* »Die A. ist ein bundesweiter Zusammenschluß einer Vielzahl von Projektgruppen, Bürgerinitiativen und Einzelpersonen, die aktiv in der Arbeit im Reproduktionsbereich stehen und zwar in folgenden vier Projektbereichen: a) Strafvollzug/Fürsorgeerziehung, b) Obdachlosen/Stadtteilarbeit, c) psychisch Kranke, d) Jugendzentren.« (Selbstdarstellung in: Sozialmagazin, Sept. 1976). Die A. ist eine Basisgruppenorganisation, d. h. sie ist der organisatorische Zusammenschluß von Gruppen, die praktisch und theoretisch auf lokaler Ebene in den genannten Bereichen tätig sind. Die Arbeit geschieht sowohl im institutionellen als auch im vorinstitutionellen Bereich. »Die A. hat sich aus den Caritaskreisen der Katholischen Studentengemeinde (KSG) und den sozialen Arbeitsgruppen der Evangelischen Studentengemeinde (ESG) entwickelt. Diese Kreise leiteten ihre Arbeit aus einem christlichen Verständnis ab.« (ebd.). Im Gefolge der Studentenbewegung kam es auch in diesen Kreisen zu einer Veränderung. Es wurden politökonomische und sozialisationstheoretische Fragen diskutiert. Es vollzog sich eine starke Hinwendung zur theoretischen Arbeit und eine

Verdammung der Praxis als aussichtslose »Handwerkelei«. Im Laufe dieser Zeit veränderte sich auch der Name der Gruppen in »Sozialpolitische Arbeitskreise« (SPAK). Nach dieser Phase erfolgte die erneute Zuwendung zum jeweiligen Arbeitsfeld, verbunden mit der inzwischen entwickelten Fähigkeit, die Projektarbeit ansatzweise auf einer Ebene abstrakt-gesellschaftskritischer Kategorien einzuschätzen. Die A. führt für die Basisgruppen Tagungen auf Bundesebene durch und organisiert Regionaltreffen, die die Arbeitszusammenhänge der Gruppen entwickeln helfen. Sie ist weiterhin Herausgeber einer Materialreihe und einer Informationsschrift. Ein Archiv zur Sammlung praxisbezogener theoretischer Beiträge ist im Aufbau. Kontaktadressen: Geschäftsstelle der A. Elsässerstraße 9, 8 München 8. – A. (Publikationen), Friesenstraße 13, 1 Berlin 61.   *B. B.*

Aktionsforschung (auch: action research, Handlungsforschung). Zumindest in Deutschland nimmt die A. als ein relativ neues Konzept innerhalb der *empirischen Sozialforschung* ihren Ausgangspunkt von der Kritik der empirischen Sozialwissenschaften. Der Begriff »action research« ist auf Kurt Lewin zurückzuführen, der damit eine Position gegen die traditionelle psychologische Forschung bezog. Lewin wandte sich *gegen die isolierte Betrachtung von Sachverhalten*, er wollte sie als Produkte einer Kombination von »Konstruktionselementen« sehen. D. h. einzeln zu untersuchende Sachverhalte sind abhängig von dem Feld, in dem sie vorkommen und damit von der Gesamtheit aller Randbedingungen, die den Untersuchungsgegenstand beeinflussen. Diese Randbedingungen gelten demgegenüber in der empirisch-analytischen Forschung als Störvariablen, die auszuschalten sind. Lewin wandte sich weiterhin *gegen die Trennung von Aktion im Sinne unwissenschaftlicher Praxis und wissenschaftlichem Forschen.* Er betonte die Notwendigkeit, im Forschungsprozeß selbst verändernd auf das zu erforschende Feld einzuwirken im Sinne sozialer Praxis. Damit wird unmittelbar das Interesse angesprochen, das sich mit Forschung verbindet. Es muß gefragt werden: Wem nutzt Forschung? Diese Frage wird durch Lewin und die Rezeption seines Ansatzes in den USA nicht beantwortet. Ein exemplarisches amerikanisches action-research-Projekt – die Hawthorne Studie – war auf reibungslose Produktionsabläufe und Erhöhung von Arbeitszufriedenheit im Sinne des human-relation-Ansatzes gerichtet.
In der bundesdeutschen Diskussion gibt es nun Positionen, die über die bis jetzt formulierten Elemente von A. hinausgehen und vor allem nach dem Verwertungszusammenhang von Forschungsergebnissen fragen (Fuchs, Nagel, Preuss-Lausitz, Haag, Krüger u. a., C. W. Müller etc.). Sie erweitern die Kriterien der A. um drei weitere Postulate: a) Forderung nach Beteiligung der von Forschung Betroffenen. Dies ist in letzter Konsequenz der Versuch, die Trennung von Forschungssubjekt (Forscher) und Forschungsobjekt (Erforschter) aufzuheben. b) Im Gegensatz zu den Postulaten der traditionellen Sozialforschung sollen die Untersuchten den Forschungsprozeß nicht unverändert durchlaufen, sondern dieser For-

schungsprozeß wird schon als Strategie zur Veränderung gesellschaftlicher Probleme und als gemeinsamer Lernprozeß von Forschern und Erforschten gesehen. c) Der Forschungsgegenstand soll ein gesellschaftlich relevantes Problem sein.

Die Umsetzung dieser Postulate weist u. a. auf vier zentrale Probleme hin:1. Die traditionelle und systematische Trennung von Wissenschaft und Alltagshandeln. Das Alltagshandeln ist zwar Gegenstand der Sozialwissenschaft, das Wissen darüber wird aber in den Institutionen des Wissenschaftssystems (Universitäten, Forschungsinstitute etc.) isoliert, d. h. es gelangt nicht an die Adressaten, um die es in den Forschungsergebnissen geht, sondern das Wissen verbleibt im Kreise der Forscher und wird von dort aus selektiv an Entscheidungträger aus Industrie und Politik weitergegeben. 2. Die Aufhebung der Trennung zwischen Wissenschaft und Alltagshandeln, wie sie der A.ansatz anstrebt, macht es nötig, verfestigte Rollenmuster in einem langwierigen Kommunikationsprozeß zwischen Forschern und Bevölkerung zu verändern. Die Legitimationsschwäche der Forschungsgruppe, die aus der Absicht resultiert, keine Ziele und Methoden vorgeben zu wollen, sondern diese in der Konsensbildung mit den Betroffenen zu formulieren, ruft bei den Betroffenen die Angst hervor, die eigentlichen Ziele und Absichten verschwiegen zu bekommen und doch letztendlich nur »Versuchskaninchen« zu sein. 3. Der Anspruch der A., bei den Interessen der Betroffen anzusetzen, diese aber gleichzeitig, soweit sie Bestandteil einer zu kritisierenden Realität sind, verändern zu wollen, wirft ein weiteres zentrales Problem auf. Hier geht es um den dialektischen Zusammenhang einer Theorie, die in der Lage ist, Realität zu kritisieren, und einer Praxis, die bei der Realität ansetzen muß, um für die Betroffenen Zusammenhänge aufzudecken, und die Theorie zu überprüfen. (Krüger/ Klüver in: Haag u. a. (Hg.): Aktionsforschung, München 1972). 4. Als viertes Problem soll die Übertragbarkeit der Ergebnisse der A. genannt werden, deren Repräsentativität empirisch nicht nachgewiesen werden kann. Die Konsequenz des A.ansatzes weist darauf hin, daß Repräsentativität der Forschung neu zu definieren ist. Sie wird hergestellt dadurch, daß eine Identifikation mit den Problemen und Problemlösungen der am A.prozeß beteiligten Betroffenen durch andere Betroffene möglich wird (Stickelmann in: Hinge u. a., Handlungsforschung im Schulfeld, München 1975).

Es kann hier nicht beschrieben werden, wie A. »gemacht« wird. Dazu sei hingewiesen auf die Darstellung und Diskussion von A.projekten im Stadtteil (Märkisches Viertel: C. W. Müller u. a.; Osdorfer Born: Haag u. a.), in Schule und Lehrerbildung (Heinze u. a., Mack/Volk) und in der Arbeit mit Gastarbeitern (Bülow). Anhand dieser Analysen kann auch die Diskussion um die Weiterführung des A.ansatzes am besten verfolgt werden.

D. Oe./S. H.

Altenarbeit/Altenhilfe. Der Anteil der über 65-Jährigen an der Gesamtbevölkerung mit 60,7 Mio Einwohnern der BRD beträgt z. Zt. 13,5%, davon sind 62% Frauen, 38% Männer. (Die über 60-Jährigen erreichen bereits einen Anteil von 18,5%!) Die Lebenssituation eines größeren Teiles dieser Altersgruppe ist charakterisiert durch eine unzureichende finanzielle Versorgung (so verfügten z. B. 1971 31% der über 65-jährigen Frauen und 8% der über 65-jährigen Männer über ein Monatseinkommen unter DM 300.–), ungenügende Wohnverhältnisse (ungenügend schallisoliert, ohne Zentralheizung, ungenügend gegen Kälte und Feuchtigkeit geschützt, zu klein und zu teuer, zu hoch gelegen und ohne Badegelegenheit), durch einen sich verschlechternden Gesundheitszustand bei gleichzeitigem Vorliegen mehrerer Erkrankungen (Multimorbidität) und bei ansteigender Vereinsamung und Isolierung (Tismer u. a. 1975, Fülgraff 1976) (ca. 3,8% leben in Altenheimen und Altenpflegeheimen, Goeken 1973.) Dazu leiden ca. 25-30% der über 65-Jährigen an psychischen Störungen und Erkrankungen im weitesten Sinne, von denen höchstens 1% einer stationären und ca. 14% einer ambulanten Behandlung bedürfen (Psychiatrie-Enquête 1975). Zusätzlich wird geschätzt, daß ca. 25% soziale und pflegerische Hilfsmaßnahmen benötigen, von denen 9-10% dauernd pflegebedürftig sind (Goeken 1973, Tismer u. a. 1975).

Die A. hat erst in den letzten 10-15 Jahren ihre heutige Ausprägung und Differenzierung mit der Zielsetzung »Hilfe zur Selbsthilfe« durch aktivierende Hilfsmaßnahmen und »so lange wie mögliches Verbleiben im gewohnten selbstgewählten sozialen Bereich« (Fülgraff 1976, Narr 1976) im Gegensatz zur verwahrenden, betreuenden und versorgenden Einstellung früherer Zeiten erreicht. So stand in der vorindustriellen Gesellschaft bis Ende des 19. Jahrhunderts die Heimunterbringung der »Alten, Siechen und Kranken« im Vordergrund und danach die Rentengesetzgebung für Arbeitnehmer mit Festsetzung der gesetzlichen Altersgrenze (1889). In den folgenden Jahrzehnten kam es einerseits zur ständigen Erweiterung des Kreises der Rentenberechtigten bei einer zunehmend differenzierten und umfassenderen Heimunterbringung und Pflege.

Die Zeit nach 1960 ist charakterisiert durch die Absicht einer umfassenden sozialen Sicherung aller älteren Bürger in der Bundesrepublik in verschiedenen Bereichen durch a) Erlaß von Gesetzen, Richtlinien und Empfehlungen zur Altenhilfe mit bundesweiter Gültigkeit (BSHG § 75, Altenhilfe, 1971, 1969, 1974; Richtlinien des Bundesministeriums für Wohnungsbau 1964, 1971; Heimgesetz 1975 u. a. m.); b) Aufbau und Ausbau der ambulanten Pflegedienste, teilweise in Form von Sozialstationen; c) durch Erstellung von Altenplänen durch Städte und Bundesländer; d) weitere Differenzierung und Verbesserung des Wohnungs- (Altenwohnung, Altenwohnheim) und Heimangebotes.

Ungefähr seit 1970 kommt es u. a. aufgrund der gesetzgeberischen Maßnahmen und der Umsetzung von Ergebnissen sozialwissenschaftlicher Untersuchungen in Altenpläne zu einer zunehmenden Anerkennung der

Dringlichkeit ambulanter Arbeit. Dabei entfallen auf den Bereich der Altenhilfe mehr die betreuenden, pflegenden, versorgenden und rehabilitativen Maßnahmen, während unter dem Bereich *Altenarbeit* mehr Beratung, Information, Bildungs- und Aktivierungsmaßnahmen verstanden werden. Damit ergeben sich für soziale Berufe folgende Aufgaben (Haag 1972, Fülgraff 1976): 1. *Beratung:* in sozialen und psychosozialen Schwierigkeiten, in Renten-, Unterbringungs- und Rechtsfragen, zusätzlich bei der Haushaltsführung und Wohnungseinrichtung, bei der Interessen- und Aktivitätsgestaltung im Alter, bei der Pflege von Angehörigen usw. 2. *Gesundheitsfürsorgerische Maßnahmen:* durch Organisation von Kranken-Haushaltshilfen, Mahlzeitendiensten auf Rädern und mobilen Diensten für den häuslichen Bereich, durch Gesundheits-, Ernährungs- und Erholungsberatung bei Durchführung von entsprechenden Erholungsmaßnahmen, durch Angebote von Sport und Gymnastik, durch Mitarbeit in Tagesstätten und Tageskliniken mit therapeutischen, rehabilitativen und prophylaktischen Angeboten, durch Mitarbeit in geronto-psychiatrischen und entsprechenden sozialpsychiatrischen Einrichtungen, durch Mitarbeit in Allgemeinkrankenhäusern, geriatrischen Kliniken und Rehabilitationseinrichtungen. 3. *Kommunikationshilfen/Bildungsmaßnahmen:* durch Organisation von Besuchs- und Abholdiensten, durch Angebot geselliger, kultureller Veranstaltungen und von »Freizeit-Angeboten«, von Kursen und Bildungsmaßnahmen wie z. B. zur Vorbereitung auf das Altern, durch Durchführung von Ausflugfahrten, Besichtigungen u. a.; durch Mitarbeit in Clubs, Tagesstätten und Werkstätten für Ältere. 4. *Persönliche und technische Hilfen:* durch Organisation von Notrufdiensten, Telefonketten, durch Organisation von Einkaufs-, Wäscheabhol- und Reparaturdiensten, durch Einrichtung von Verleihstellen für Hilfsmittel für Ältere, durch Organisation von Nachbarschaftshilfen, durch Kursangebote zur Haushaltsführung und zur häuslichen Pflege usw. 5. *Hilfen zur Wohnungsversorgung/Heimunterbringung:* Beratung und Vermittlung für Altenwohnungen/Altenwohnheime und zur Unterbringung in Heimen; Wahrnehmung von Leitungs- oder Kontrollfunktionen in halboffenen und geschlossenen Alteneinrichtungen und Heimen oder Mitarbeit bei entsprechenden aktivierenden Hilfen. 6. *Informations/Vermittlungsdienste:* durch entsprechende Informations- und Öffentlichkeitsarbeit, durch Einrichtung von Vermittlungsstellen, durch Vermittlung von Betätigungs- und Beschäftigungsangeboten. 7. *Planung/Organisation:* durch Mitarbeit bei der Planung und Organisation aller Bereiche der A. (s. Altenpläne). 8. *Fortbildung/Praxisberatung:* durch systematische Fortbildungsangebote für alle sozialen Berufsgruppen nebst entsprechender Praxisanleitung und Supervision, durch Training und Anleitung von ehrenamtlichen Mitarbeitern, durch Beratung von Institutionen und Einrichtungen der A. 9. *Maßnahmen zur Selbstvertretung der Älteren:* durch Hilfestellung zur Selbstvertretung der Älteren im kommunalen Bereich, z. B. in Form von Seniorenräten oder in Institutionen der Altenhilfe, z. B. als Heimbeiräte.

Wissenschaftliche Grundlagen für die A. liefern einerseits die *Gerontologie*, die als interdisziplinäre Wissenschaft den Gesamtprozeß des Älterwerdens erforscht mit ihren Teilbereichen (z. B. Lehr 1972, Psychologie des Alterns; Tews 1971, Soziologie des Alterns) und andererseits die *Geriatrie* als die Altersheilkunde (z. B. Martin/Junot 1975) mit dem Spezialgebiet Alterspsychiatrie (z. B. Oesterreich 1975). Im Gegensatz zu den aufgezeigten zahlreichen Erfordernissen der A. liegen im deutschsprachigen Raum im Vergleich zu den USA, England und Holland nur wenige Ergebnisse zu den Arbeitsformen der Sozialarbeit (Einzelhilfe z. B. Radebold/Bechtler/Pina 1973; Gruppenarbeit z. B. 1969, Lowy u. a. 1971, Gemeinwesenarbeit) und im sozialpädagogischen Bereich zur Didaktik und Pädagogik im höheren Erwachsenenalter (z. B. Kallmeyer u. a. 1976) vor. Ebenso bestehen bisher kaum entsprechende Möglichkeiten der Aus-, Weiter- und Fortbildung für soziale Berufe für diesen Bereich. Teilweise werden diese Aspekte allmählich in die Curricula der entsprechenden Ausbildungsgänge aufgenommen, und zusätzlich werden Fortbildungskurse von den Wohlfahrtsverbänden und vom Deutschen Verein in Frankfurt/M. angeboten. Weiterbildungsmöglichkeiten für soziale und wissenschaftliche Berufe gibt es z. Zt. an keiner Fachhochschule und Hochschule in der BRD. Informationen über Alters-fragen sind in der BRD nur bei wenigen zentralen Institutionen zu erhalten, so beim Kuratorium Deutscher Altershilfe, 5000 Köln 1, An der Pauluskirche 3, und beim Deutschen Zentrum für Altersfragen, 1000 Berlin 30, Rankestraße 17; außerdem für den gesamten sozialen Bereich beim Zentralinstitut für soziale Fragen, 1000 Berlin 33, Miquelstraße 83, und für den Wohnungs- und Heimbereich beim Institut für Altenwohnbau, 5000 Köln 1, An der Pauluskirche 3.   *H. R.*

Amtshaftung. Im A.recht geht es um das Recht des einzelnen Bürgers, im Falle schuldhaften Verhaltens von Organen staatlicher Institutionen den Ersatz des dabei erlittenen Schadens fordern zu können. Der Anspruch auf Schadensersatz ist dabei den zivilrechtlichen Prinzipien der Verschuldenshaftung nachgebildet: nur eine rechtswidrige und schuldhafte Handlung im Rahmen der Ausübung öffentlicher Aufgaben begründet einen Schadensersatzanspruch gemäß §§ 823, 839 BGB. Das bedeutet aber auch, daß der Betroffene den Ersatz des gesamten erlittenen Schadens (einschließlich etwaiger Schmerzensgeldansprüche und Prozeßkosten) verlangen kann. Sind also zumindest die Haftungsgründe des A.rechts dem zivilrechtlichen Schadensersatzrecht nachgebildet, so liegt der entscheidende Unterschied in der Regelung der Haftungsfolgen gemäß § 839 BGB in Verbindung mit Art. 34 GG. Der Staat übernimmt nämlich im Verhältnis zum Geschädigten die Haftung für die Handlungsfolgen seiner Organe; als Geschädigter kann ich mich also direkt an den Staat bzw. den zuständigen Verwaltungsträger halten und meinen Schaden geltend machen. Dieser besonderen Regelung der Schadensfolgen in A.fällen liegen zwei einsichtige Überlegungen zugrunde: zum einen ist die Tätigkeit in der öffentlichen Verwaltung in vielen Fällen mit erheblichen Risiken verbunden (z. B. Entscheidungen des Bauaufsichtamtes, Arbeit mit Kindern und Jugendlichen, Folgen unbeabsichtigt falscher Auskünfte), und es würde die Entscheidungslust der in den Behörden auch des Sozialbereichs Tätigen sehr einschränken, wenn sie das volle Risiko ihrer Handlungen übernehmen müßten; zum anderen soll der geschädigte Bürger auf einen finanzkräftigen Adressaten bei der Schadensregulierung zurückgreifen können und nicht von dem individuellen Leistungsvermögen des Schadensverursachers abhängig sein. Das heißt nun nicht, daß der Staat jedes schuldhafte, also auch vorsätzliche Handeln dekken würde. Zwar ist der Geschädigte gesichert, weil ihm gegenüber der Staat in jedem Fall den Schaden begleicht; aber im Innenverhältnis kann der Staat von seinen Bediensteten Regreß verlangen, wenn diese grob fahrlässig oder gar vorsätzlich gehandelt haben.

Das A.recht scheint, wie der Name andeutet, nur die Tätigkeit von Amtsinhabern, also Beamten, zu decken. Der Name täuscht jedoch; denn das A.recht kennt einen »Beamten«-Begriff, der alle Tätigkeiten umfaßt, die im Rahmen der Erfüllung öffentlicher Aufgaben übernommen werden. Unter die Regelung des A.rechts fallen also neben den Beamten auch Angestellte des öffentlichen Dienstes und im Extremfall Privatpersonen, sofern diese als »Beliehene« öffentliche Aufgaben erfüllen (z. B. Technische Überwachungsvereine). Sozialarbeit fällt also immer dort unter die A.grundsätze, wo sie im Rahmen öffentlicher Verwaltungsträger ausgeführt wird. Folge ist, daß Sozialarbeit im privatrechtlichen Bereich besondere Regelungen der Haftungsfragen, d. h. zumeist eine eigene Privatversicherung erforderlich macht, weil die A. hier nicht eingreift und die Risiken abgedeckt werden müssen (z. B. private Trägervereine im Jugendbildungssektor, Arbeit von privaten Drogenberatungsstellen). Neben der Verschuldenshaftung kennt das A.recht auch die Gefährdungshaftung. Sie tritt – bei gleicher Regelung der Folgen – dort ein, wo allein schon die Gefährlichkeit einer betriebenen Anlage Schäden wahrscheinlich erscheinen lassen (z. B. Betrieb eines Atomkraftwerks, kommunale Versorgungseinrichtungen). Ansprüche aus dem Gesichtspunkt der Gefährdungshaftung sind meist spezialgesetzlich geregelt, z. B. im Atomrecht, § 539 der Reichsversicherungsordnung u. a. Durch Gefährdungshaftung werden Schadensersatzansprüche anerkannt, die nach normalem Haftungsrecht mangels individuell nachweisbaren Verschuldens den Geschädigten nicht weiterhelfen können.

Vom A.recht sind eine Reihe weiterer Ansprüche zu unterscheiden, die dem Bürger aufgrund bestimmter Folgen von Entscheidungen staatlicher Organe zustehen. Es handelt sich hier nicht um eine Verschuldens- oder Gefährdungshaftung, sondern um Schadensausgleichsforderungen, die dem Betroffenen nicht Ersatz des gesamten Schadens, sondern nur einen Interessenausgleich bringen (z. B. Enteignungsentschädigung, Aufopferungsgesichtspunkt etwa bei Impffolgeschäden). Insbesondere der Schadensausgleichanspruch aus Aufopferungsgedanken spielt im Sozialarbeitsbereich eine Rolle, dort nämlich, wo im Rahmen der Interessenwahrnehmung der Klienten dem einzelnen Sozialarbeiter etwa Eigenschäden entstehen. Wir haben es hier aber nicht mit Schadensersatz nach A.regeln zu tun, sondern um eigenständige Ausgleichsansprüche. *H. F.*

Anamnese, soziale ist die individuelle Fallgeschichte des Klienten, die für alle diagnostischen Zwecke, aber auch für die gutachterliche Tätigkeit des Sozialarbeiters (z. B. bei der Gerichtshilfe, der Bewährungshilfe) unerläßlich ist und meistens auch aktenkundig gemacht werden muß. Vom Sozialarbeiter erwartet man hier ein objektives Bild über die wirtschaftlichen Verhältnisse und den Familienrahmen, innerhalb dessen der Klient aufwuchs oder lebt. Heutzutage legt man großen Wert auf die Betonung der psychologischen Behandlung interpersoneller Beziehungen innerhalb der Familie und Umwelt des Klienten, auf emotionale Erschütterungen und Erlebnisse, die sich im Wachstumsprozeß ansammelten, und auf soziologische Aspekte des Lebens in der Gemeinschaft überhaupt. Der Sozialarbeiter ist hier zum Sozialreporter geworden, von ihm werden allerdings umfassende Kenntnisse erwartet, die er selbst bei akademischer Ausbildung nur nach längerer Praxis erwerben kann. Für die Abfassung solcher sozialer Berichte sowie die Eruierung der relevanten Lebensumstände kann es keine festen Regeln geben. Zur Kunst der Gesprächsführung gehören auch viel gesunder Menschenverstand, Einsichtigkeit und Einfühlungsvermögen in die psychologischen und persönlichen Probleme des Klienten und die spezielle rechtliche Sachlage. Obgleich die soziale A. sich von aller Formalisierung fernhalten muß, ist die Verifizierung von Einzelheiten doch notwendig. Daher sollen für die Niederschrift eines ersten Berichts dieser Art, sei es bei der Aufnahme oder während eines Hausbesuchs, nur Fakten vermerkt werden und Interpretationen, sei es des Klienten, sei es des Sozialarbeiters, auf ein Minimum eingeschränkt werden. Eine solche Faktensammlung oder Bestandaufnahme variiert naturgemäß von Fall zu Fall, hängt vom Charakter der Betreuungsorganisation ab. Außer folgenden Daten, die fundamentaler Natur sind (Alter, Herkunft, auch der Eltern, Familienstand, Familiengröße, Wohnungsverhältnisse, häusliche Atmosphäre, Schul- und Berufsausbildung auch der Eltern, Berufswechsel, gegenwärtige Arbeitsverhältnisse, hauptsächliche Wünsche, Hoffnungen, Ängste, Absichten, Bedürfnisse, verwandschaftliche, nachbarschaftliche und freundschaftliche Beziehungen) werden Fragen nach der ehelichen Rolle der Partner, dem Zusammenspiel zwischen Eltern und Kindern, überhaupt aller wichtigen Lebensereignisse (Schwangerschaft, Geburten, Kindergarten, Schule) gestellt, die ein psychologisches Licht auf den Klienten werfen. Es ist mancherorts üblich, solche Daten vom Klienten selbst in einem persönlichen Fragebogen ausfüllen zu lassen. Ergänzt durch medizinische, evtl. psychologische Teile und psychiatrische Daten, bildet die A. die Grundlage für die Diagnose und Prognose, die der Sozialarbeiter in der Einzelhilfe zu stellen hat. *H. M.*

Anpassung ist bewußte Ausrichtung auf ein möglichst reibungs- und konfliktloses Funktionieren innerhalb jedes sozialen Systems. Es geht dabei um befriedigende oder harmonische Beziehungen im gesellschaftlichen Bereich, die, wenn erfolgreich, nicht unbelohnt bleiben. A. erfolgt bewußt, wird aber durch die Sozialisationsprozesse vorbereitet und unbewußt geübt, was meistens ihre autonome Steuerung beeinträchtigt und zu einer solchen »Perfektion« führen kann, daß der ursprüngliche Zweck der A. – ein sozialer Auslesevorgang – in sein Gegenteil verkehrt wird und Inaktivität, Mittelmäßigkeit, Opportunismus etc. noch die mildesten Nachteile sind und aus der A. eine Fehl-A. wird. Nur eine A., die sich die Empfänglichkeit für jeweils neue A.muster bewahrt – das schließt die Nichta. an bisherige Situationen und Berücksichtigung schichtenspezifischer Erfahrungen ein –, kann als sozial wertvoll gelten. *H. M.*

Arbeit, der grundlegende Faktor des menschlichen Zusammenlebens, ja der Menschwerdung und Gesellschaft überhaupt, als körperliche und geistige Tätigkeit unter stets wechselnden sozialgeschichtlichen Formen und Verhältnissen auf die Befriedigung einer unabsehbaren Skala von Bedürfnissen gerichtet, deren Gesamtheit uns als menschliche Zivilisation oder Kultur entgegentritt. Die Abgrenzung zum Spiel oder jeder anderen nicht als A. bezeichneten Tätigkeit, die physiologisch auf derselben Grundlage beruht, läßt sich nur aus den jeweiligen gesellschaftlichen A.- oder Produktionsverhältnissen bestimmen, innerhalb deren die A. des Menschen Gestalt gewonnen hat (A.teiligkeit, Unterordnung und Überordnung der A.funktionen, berufliche Differenzierung, Trennung in körperliche und geistige A., höhere und niedrigere Produktivität der A.). Obwohl aller gesellschaftliche Reichtum durch A. erzeugt wird, ist der Anteil am A.produkt je nach Stellung des Arbeitenden im Produktionsprozeß sehr verschiedenartig; nach sozialistischer Auffassung ist die A. selbst eine Quelle der Ausbeutung des Menschen durch den Menschen geworden. Dies, sowie die moderne Mechanisierung, Rationalisierung und Organisation der A., ob diese nun der Erhöhung des Profits oder der Steigerung der Leistung dient, hat den subjektiven Charakter der A. als schöpferische Tätigkeit insofern verändert, als sie nunmehr als bloßes Mittel des Lebensunterhalts, als Zwang und Qual empfunden wird (»Entfremdete A.«). An solchen negativen, unmenschlichen Erscheinungen fehlt es in der Tat nicht, sie hängen aber in entscheidendem Grad mit den für die meisten Arbeitenden undurchschaubar gewordenen, fremdgesteuerten und geistig wie körperlich erschöpfenden A.vorgängen zusammen.
Für die Sozialarbeit sind hauptsächlich drei Aspekte der menschlichen A., die speziell ihre Klientel betreffen, relevant: 1. A.losigkeit. 2. Krankheitsfall. 3. Ungenügende oder gänzlich fehlende Leistungsmotivation. Zu 1. Nur wenn kein Anspruch auf A.losengeld besteht (wenn z. B. der A.lose die A.losigkeit vorsätzlich oder grobfahrlässig herbeigeführt hat) und die wirtschaftliche Existenz des A.losen und seiner Familie gefährdet ist, tritt

Sozialhilfe ein. Falls aus anderen Gründen (z. B. wegen Nichterfüllung der Anwartschaft) kein A.losengeld bezogen werden kann, gewährt die Bundesanstalt für A., allerdings nur bei Bedürftigkeit, eine tabellenmäßig bestimmte A.losenhilfe. Zu 2.: Der Arbeitende hat ein Recht auf gesundheitlichen Schutz (z. B. bei Unfällen in Betrieben, leistungsmäßiger Überforderung, Mutterschutz für erwerbstätige Mütter, Jugendarbeitsschutzgesetz, Schwerbeschädigtenschutz) und nimmt auch im Falle seiner A.losigkeit an den Leistungen der sozialen Krankenversicherung teil (Krankenhilfe, Krankenpflege, Krankenhauspflege, Arzneikosten, Familienkrankenpflege) Zu 3.: Soweit es sich hier nicht um eine infolge körperlicher oder geistiger Behinderung vorliegende reduzierte A.fähigkeit überhaupt handelt, die einer eigenen Behindertenhilfe (Rehabilitation) bedarf, geht es hier um die Befähigung oder Wiederbefähigung (Resozialisation) von Straffälligen, Alkohol- und Suchtkranken, Nichtseßhaften, Entwurzelten, Obdachlosen, Prostituierten und Asozialen, wo unter tunlichster Ausschaltung obrigkeitlicher Maßnahmen die Methoden der Verhaltenstherapie (Verhaltensänderung, A.einübung, A.gewöhnung) zur Anwendung gelangen. *H. M.*

Arbeiterwohlfahrt (AWO). 1919 von Marie Juchacz im Rahmen der Sozialdemokratischen Partei Deutschlands gegründet, um die Arbeiterschaft, die mehr und mehr an der kommunalen Selbstverwaltung Interesse zeigte, auch an der Wohlfahrtspflege zu beteiligen. Dabei sollten ursprünglich vor allem die sozialen und sozialistischen Anschauungen der Arbeiterschaft zur Geltung kommen, die auf eine gesetzliche Regelung einer staatlichen umfangreichen Wohlfahrtspflege drängten. Unter Hitler aufgelöst, 1946 wiedergegründet, mit Sitz der Hauptgeschäftsstelle (Bundesverband) in Bonn (seit 1952). Die organisatorische Verbindung zur Sozialdemokratischen Partei wurde gelöst. Die A. ist ein Spitzenverband der freien Wohlfahrtspflege und innerhalb der Bundesrepublik in Landesverbände, Bezirksverbände, Kreisverbände und Ortsvereine gegliedert und versteht sich heute als Hilfsorganisation für Menschen aus allen Bevölkerungsschichten. Die Mitgliederzahl in 3500 Ortsvereinen beträgt über 300000. Die A. unterhält 2500 Betreuungsstellen, 500 Heime mit über 45000 Plätzen. Zahl der hauptamtlichen Mitarbeiter über 5000, der ehrenamtlichen Helfer ca. 80000. Schwerpunkte der A. sind Mütter- und Elternkurse, Kindertagesstätten, Altenbegegnungsstätten, Erholungseinrichtungen, Hauspflege- und Gemeindepflegestationen. Die A. gibt außer einer theoretischen Schriftenreihe ihre eigene Zeitschrift (»Theorie und Praxis der sozialen Arbeit«, früher »Neues Beginnen«, 27. Jahrgang) heraus sowie ein Jahrbuch und unterhält einen wöchentlich erscheinenden Pressedienst. Auch die Landesverbände veröffentlichen eigene Monats- und Mitteilungsblätter. *H. M.*

Armut. Ökonomischer und sozialer Zustand, in dem die zur Bestreitung des Lebensunterhalts absolut und/oder relativ notwendigen materiellen und kulturellen Mittel und Güter (Existenzminimum) nicht ausreichen oder zeitweilig oder dauernd fehlen. Für die Sozialarbeit ist die mit A. einhergehende Situation existentieller Not (z. B. unzureichende Ernährung, Bekleidung, Wohnverhältnisse, Gesundheit, Erziehung und Produktivität) auch heute noch der wichtigste Anlaß ihrer Intervention, die prinzipiell durch geeignet erscheinende Hilfsmaßnahmen direkter und indirekter Art auf ihre Beseitigung oder jedenfalls Milderung abzielt. In diesem Zusammenhang muß zwischen psychologisch bedingten Ursachen der A. (z. B. mangelndes Selbstvertrauen, Hoffnungs- und Ratlosigkeit, negative reaktive Charakterbildungen) und soziologisch bedingten Ursachen (z. B. Wirtschaftskrisen und mit ihnen verbundene Arbeitslosigkeit, neue Produktionsweisen, rechtliche und politische Tatbestände) unterschieden werden, wenngleich eine Wechselwirkung zwischen den zwei Faktorenreihen nicht übersehen werden darf. Eine dritte Kausalreihe wird von akzidentiellen Ursachen (z. B. Naturkatastrophen, Krankheit, Invalidität, Tod des Ernährers) gebildet. Der Sozialarbeit sind nur die psychologischen und akzidentiellen A.erscheinungen zugänglich, sie kann mit ihren Mitteln wirtschaftliche und politische Strukturen nicht verändern. Obgleich es auf eine Tautologie hinausläuft, wenn man sagen wollte, daß »A. von der A.« komme oder »A. wiederum A.« erzeuge, dürfte die allgemeine Feststellung der modernen Sozialisationsforschung zutreffen, daß sich die Lebensweisen der A. und die kulturellen Modalitäten der A. in der Nachfolgegeneration fortsetzen. Hier tut sich das weite Gebiet der verschiedenen A.theorien auf, die Zusammenhängen zwischen A. und abweichenden Verhaltensweisen, familiärer Desorganisation, Dissozialität, Asozialität und Kriminalität nachspüren, Phänomenen, die im Rahmen der Sozialarbeit, da abgeleiteter Natur, individuell behandelt und beeinflußt werden können.   *H. M.*

Ärzte im öffentlichen Dienst. Hierzu werden alle beamteten und angestellten Ärzte kommunaler, Landes- oder Bundesdienststellen oder von Instituten und Anstalten des öffentlichen Rechtes gerechnet z. B. Ärzte an öffentlichen Krankenhäusern, bei der Bahn, Post, beim Bundesgrenzschutz, der Polizei oder Bundeswehr, bei den Justizbehörden (Strafvollzug), in den Versorgungsämtern, Arbeitsämtern, bei der Landesversicherungsanstalt (LVA) und Krankenkassen im vertrauensärztlichen Dienst, im öffentlichen Gesundheitswesen als Landesarzt, bei den Wehrerfassungsbehörden oder als Gerichtsärzte.   *M. M.-S.*

Assimilation, soziale ist von der Anpassung insofern verschieden, als hier der sozial und kulturell wichtige Prozeß gemeint ist, mittels dessen soziale Traditionen, Werte, Gefühle und Verhaltensweisen von einer Gruppe, Schicht oder Klasse durch eine andere übernommen werden. Dieser Vorgang enthält zahlreiche Elemente der Interpretation und Fusion, die dann erst ein gemeinsames Geschichts- und Kulturbewußtsein ermöglichen und ungleichartige soziale Gruppen zu einer größeren Einheit verschmelzen können. Die moderne Gesellschaft, die mit Hilfe ihrer Kommunikationsmedien und Technik eine immer größere Ähnlichkeit von Ideen und Lebensweisen erzeugt, ist dem Assimilationsprozeß, der bei der Übernahme völlig fremder Kulturen auch Akkulturation genannt wird, besonders stark ausgesetzt, was auch gelegentlich zu Rückschlägen führen kann (etwa im Falle von ethnischen Minderheiten, die nun erbitterte Rückzugsgefechte führen). *H. M.*

Aufsichtspflicht. Auf Gesetz oder vertraglicher Übernahme beruhende Rechtspflicht zur Führung der Aufsicht über eine wegen Minderjährigkeit oder wegen ihres geistigen oder körperlichen Zustandes der Beaufsichtigung bedürftige Person. Die A. ist Bestandteil des Personensorgerechts (§ 1631 I BGB), obliegt also in der Regel Vater und Mutter minderjähriger Kinder, der Mutter eines nichtehelichen minderjährigen Kindes, dem Vormund hinsichtlich seines Mündels (§ 1793 iVm. § 1631 I BGB), bei entsprechendem Wirkungskreis dem Pfleger (§ 1915 BGB), dem Ausbildenden im Rahmen des § 6 I Nr. 5 Berufbildungsgesetz. Beispiele für vertragliche Übernahme der A., die auch stillschweigend erfolgen kann, finden sich gerade im sozialpädagogischen Bereich häufig. So kann die A. Trägern von Heimen und anderen Einrichtungen sowie deren Erziehungs- und Aufsichtspersonal obliegen. Die berufliche Tätigkeit ist überhaupt ein Indiz für eine entsprechende Vereinbarung. Andererseits sieht die Rechtsprechung in der gelegentlichen und kurzfristigen Betreuung eines Kindes durch Nachbarn in der Regel lediglich eine Gefälligkeit, die keine A. begründet. Fehlen ausdrückliche schriftliche oder mündliche Vereinbarungen, so ist die Auslegung des Parteiwillens nicht immer einfach. Fügt der Aufsichtsbedürftige einem Dritten widerrechtlich einen Schaden zu, so ist der Aufsichtspflichtige zum Ersatz verpflichtet, es sei denn er hat seiner A. genügt oder der Schaden wäre auch bei gehöriger Aufsichtspflicht entstanden (§ 832 BGB). Insofern trifft den Aufsichtspflichtigen die Beweislast – ein wesentl. Unterschied zu der Haftung nach § 823 BGB, die den Aufsichtspflichtigen treffen kann, wenn der Aufsichtsbedürftige selbst einen Schaden erleidet. Hier hat der geschädigte Aufsichtsbedürftige die Beweislast dafür, daß die A. schuldhaft verletzt wurde und dies den Schaden verursachte. Dies gilt auch für die vertragliche Haftung wegen A.verletzung.

Die Anforderungen, welche die Gerichte an den Aufsichtspflichtigen stellen – nach Fikentscher sollten sie »hoch aber nicht überspannt« sein –, sind strenger als es dem pädagogischen Erfordernis, junge Menschen früh zur Selbständigkeit und Eigenverantwortlichkeit zu erziehen, entspricht. Das Maß der gebotenen Aufsicht richtet sich nach der Persönlichkeit des Kindes (Alter, Eigenart, Charakter) und nach den vielfältigen konkreten Umständen des Einzelfalles, insbesondere dem Grad der Gefahr für den Aufsichtsbedürftigen. Je nachdem wird dem Aufsichtspflichtigen eine bloße Belehrung, gelegentliche Kontrolle, weitgehende Beobachtung, besondere Vorkehrungen, ein striktes (überwachtes) Verbot zugemutet. Ein besonders hohes Maß an Umsicht und Sorgfalt erfordern besondere Gefahrensituationen. Eine generelle Grenzziehung ist nicht möglich.

Im Hinblick auf die beträchtliche Rechtsunsicherheit wird in der Literatur für alle Aufsichtspflichtigen der Abschluß einer entsprechenden Haftpflichtversicherung empfohlen, soweit nicht der Dienstherr oder Arbeitgeber des Aufsichtspflichtigen das Haftungsrisiko trägt. So trifft wegen der öffentlich-rechtlichen Organisation des Schulwesens bei Aufsichtspflichtverletzungen von Lehrern die Verantwortlichkeit allein die Anstellungskörperschaft, die lediglich bei Vorsatz und *grober* Fahrlässigkeit (schwerer Sorgfaltsverstoß) bei dem Lehrer Rückgriff nehmen kann. Mit Recht fordern Barabas/Blanke in Konsequenz des gesellschaftlichen Funktionswandels des Kindergartens eine Gleichstellung der Vorschulerzieher mit den Lehrern. Da behördliche Sozialarbeit auch in Ausübung hoheitlicher Tätigkeit geschieht, haften Sozialarbeiter/Sozialpädagogen im öffentlichen Dienst ebensowenig wie Lehrer. Gegenüber freien Trägern hat der Privatangestellte einen Anspruch darauf, von der Inanspruchnahme freigestellt zu werden, wenn es sich um eine lediglich leichtfahrlässige A.verletzung im Rahmen sogenannter gefahrgeneigter Arbeit handelt, wobei die außerordentliche Belastung, der aufsichtspflichtige Erzieher und Sozialpädagogen häufig ausgesetzt sind (Gruppengröße u. dergl.), berücksichtigt werden müßte. Ungeklärt ist, inwieweit der Arbeitgeber seine Fürsorgepflicht gegenüber dem Arbeitnehmer verletzt, wenn er es unterläßt, diesen gegen Inanspruchnahme wegen A.verletzungen zu versichern.   *G. F.*

Ausbildung der Sozialarbeiter/Sozialpädagogen. Um die Jahrhundertwende entstanden die ersten Ausbildungsstätten für soziale Berufe. Die erste Schulgründung – 1905 in Hannover – ging aus der ehrenamtlichen Arbeit des deutschen Evangelischen Frauenbundes hervor. Die ersten Versuche der Entwicklung professioneller Sozialpädagogik und der dafür erforderlichen fachlichen Ausbildung waren ein Ergebnis der bürgerlichen Frauenbewegung. Die gesellschaftlichen Veränderungen der Weimarer Republik wirkten sich auch auf Praxis und Ausbildung der sozialen Berufe aus. In den Jahren 1922-24 wurden gesetzliche Regelungen geschaffen, die auf Jahrzehnte die öffentliche soziale Hilfe regelten. Damit wurde auch die Ausbildung konsolidiert. Es entstanden soziale Frauen- und Wohlfahrtsschulen, Kindergärtnerinnen- und Jugendleiterinnen-Seminare; aus der Jugendbewegung ging die Gilde Sozialer Arbeit hervor. Es überwogen in allen Ausbildungsgängen Mädchen und Frauen. Da der berufliche Bedarf noch nicht gedeckt war, entstanden in den zwanziger Jahren Heimerzieher-Schulen, an denen auch männliche Schüler ausgebildet wurden. Die nächsten Impulse zu Veränderungen kamen in den sechziger Jahren. Die Ausbildungsstätten wurden zu höheren Fachschulen. In der zweiten Hälfte der sechziger Jahre gab es in der BRD und West-Berlin etwa 45

Höhere Fachschulen für Sozialarbeit und 40 Höhere Fachschulen für Sozialpädagogik, meist von freien Verbänden getragen. An einer Höheren Fachschule studierten zwischen 50 und 200 Studierende. Die Dauer der Ausbildung betrug drei Jahre bis zur staatlichen Abschlußprüfung. Ihr folgte das einjährige Berufspraktikum, nach dessem Abschluß die staatliche Anerkennung ausgesprochen wurde. Mitte der sechziger Jahre nahm auch der Anteil männlicher Studierender zu bis hin zum Verhältnis 1 : 1. Bei der Neuordnung der sozialpädagogischen Ausbildung der sechziger Jahre wurden die Fachschulen für Kindergärtnerinnen und Hortnerinnen und die für Heimerzieher in Fachschulen für Sozialpädagogik umgewandelt, mit einer Ausbildungsdauer von zwei Jahren und der staatlichen Anerkennung nach einem weiteren Jahr.

Auf der Ebene der Höheren Fachschulen hat sich in den letzten Jahren eine stark beschleunigte Entwicklung gezeigt, die in der Psychiatrie-Enquête der Bundesregierung wie folgt beschrieben wurde: a) Umwandlung von Höheren Fachschulen in Fachhochschulen für Sozialwesen, Neugründungen von Fachhochschulen, Fachbereichen an Fachhochschulen und Gesamthochschulen für Sozialwesen; b) Graduierung der Absolventen, d. h. Verleihung des akademischen Grades »Sozialarbeiter (grad.)« bzw. »Sozialpädagoge (grad.)«nach bestandenem Abschlußexamen. Inzwischen gibt es die Möglichkeit der Diplomierung am integrierten Studiengangsystem für soziale Berufe an der Gesamthochschule Kassel; c) Zusammenführung der traditionell getrennten Teilbereiche Sozialarbeit und Sozialpädagogik; d) Schaffung größerer und leistungsfähiger Ausbildungsstätten. Es fanden Kapazitätserweiterungen bis zu 1000% statt; f) Statusanhebung unter dem Schlagwort: Professionalisierung; g) Qualifizierung der Ausbildung. Im Jahre 1976 wurden dann folgerichtig die Höheren Fachschulen in den Status von Fachhochschulen gehoben. 1974 begann der erste und bisher einzige Gesamthochschulstudiengang an der Gesamthochschule Kassel mit folgenden wichtigen Merkmalen: a) das Grundstudium wird als intensive, problemorientierte Orientierungsphase durchgeführt: b) das Hauptstudium integriert einen allgemeinen Kernbereich, tätigkeitsfeldorientierte Studienschwerpunkte und die obligatorische Ausbildung in Studienprojekten; c) verstärkte Integration von Theorie und Praxis in einphasiger Ausbildung durch Berufspraktische Studien im 7. und 8. Ausbildungshalbjahr, die das bisherige Anerkennungsjahr ersetzen; d) Auswertungssemester nach den berufspraktischen Studien und Examen im 9. Ausbildungshalbjahr (d. h. Studiendauer von 4 $\frac{1}{2}$ Jahren); e) postgraduale Studiengänge zur Vertiefung und Erweiterung der beruflichen Qualifikation, zu deren Eingangsvoraussetzungen mehrjährige Berufspraxis gehört (Supervisorenausbildung wird bereits durchgeführt; ein Studiengang für soziale Gerontologie ist in Vorbereitung). Allerdings – mit zunehmender Rückwärtsentwicklung staatlicher Bildungsreform – ist der Kasseler Studiengang allein geblieben in der bildungspolitischen Landschaft und wird, wie das Modell Gesamthochschule überhaupt, gegen eine konservative Bildungspolitik zu verteidigen sein. Angriffe auf eine qualifizierte wissenschaftliche Ausbildung werden vor allem von der Lobby der Anstellungsträger (Deutscher Städtetag, Deutscher Verein für öffentliche und private Fürsorge) vorgetragen. Vor allem die Entschließung des Gesamtvorstandes der Bundesvereinigung kommunaler Spitzenverbände vom 14. 9. 1976 macht deutlich, wo die Probleme liegen: Die Spitzenverbände richten sich gegen »theoretisierende Verwissenschaftlichung« und favorisieren einen Praxisbezug, der sehr verkürzt Fächerwissen und Rezeptologie beinhaltet; Praxis dagegen kann nicht ohne wissenschaftliche Grundlagen auskommen, sondern muß ständig an ihnen überprüft und korrigiert werden. Die Spitzenverbände sind in Übereinstimmung mit dem Deutschen Verein für öffentliche und private Fürsorge für eine zweiphasige Ausbildung, die mit einem Berufspraktikum (Langzeitpraktikum) nach Maßgabe der Empfehlungen des Deutschen Vereins vom Februar 1976 abschließt. Die Vertreter der Fachhochschulen, ihrer Studentenschaften, der Berufsverbände und Gewerkschaften befürworten dagegen eine einphasige Ausbildung, die auch die berufspraktischen Anteile unter Anleitung der Hochschule einschließt. Sie führen dafür im wesentlichen zwei Gründe an, einmal, daß die Trennung von theoretischen und praktischen Ausbildungsteilen durch die Zweiphasigkeit vertieft wird, zum anderen, daß die Einflußnahme der Träger und ihrer unmittelbaren Interessen durch die Zweiphasigkeit im entscheidenden Maße übergewichtig wird. Die Verantwortung über die Ausbildung sollte in den Ausbildungsstätten zusammengefaßt sein.

Ein weiteres Problem muß schließlich benannt werden, wenn es um Fragen der A. geht: die Hierarchisierung in den Sozialen Berufen. Es muß festgestellt werden, daß die Ziele der Bildungsreform, nämlich Vereinheitlichung, Transparenz und Demokratisierung, die zu einheitlicher Ausbildung an Gesamthochschulen hätte führen müssen, nicht erreicht worden sind. In der gegenwärtigen Situation konkurrieren in den gleichen Berufsfeldern »Vollakademiker« (z. B. Diplom-Sozialpädagogen), Akademiker mit Kurzstudium (Sozialarbeiter grad.), Fachschulabsolventen (Erzieher) und Absolventen von Berufsakademien (sog. »Sozialassistenten«) miteinander. Dies spiegelt sich wider in einem hierarchisch strukturierten Entlohnungssystem zwischen BAT VII und BAT IIa. Diesem Dilemma kann nur entgegengetreten werden durch die Vereinheitlichung der Konkurrenten unter gewerkschaftlichen Forderungen und Strategien sowie durch die Aufrechterhaltung der bildungspolitischen Forderung nach einer einheitlichen achtsemestrigen Ausbildung für soziale Berufe in integrierten Gesamthochschulstudiengängen. *D. Oe.*

Ausländerrecht. Sonderrecht für alle Personen, die nicht Deutsche im Sinne des Art. 116 I GG sind. Wichtigste Rechtsquelle ist das Ausländergesetz vom 28. 4. 1965 mit Verordnung zur Durchführung des Ausländergesetzes (DVAuslG) und der Allgemeinen Verwaltungsvorschrift zur Durchführung des Ausländergesetzes (AuslGVwv). Zahlreiche Gesetze, die auch für Deutsche gelten, erhalten zugleich Sondervorschriften für Ausländer (BGB, ZPO, Vereinsgesetz, Betriebsverfassungsgesetz, Steuergesetze). Zu § 19 Arbeitsförderungsgesetz, wonach ausländische Arbeitnehmer zur Ausübung einer Beschäftigung einer Erlaubnis der Bundesanstalt für Arbeit bedürfen, soweit in zwischenstaatlichen Vereinbarungen nichts anderes bestimmt ist, ist die Verordnung über die Arbeitserlaubnis für nichtdeutsche Arbeitnehmer (AEVO) ergangen. § 120 BSHG regelt die »Gewährung« von Sozialhilfe für Ausländer, wobei keinen Anspruch hat, wer »sich in den Geltungsbereich dieses Gesetzes begeben hat, um Sozialhilfe zu erlangen«. Alle diese Rechtsnormen und ihre Anwendung seitens Verwaltung und Rechtsprechung sind zu messen an dem Grundgesetz der Bundesrepublik Deutschland und an der Europäischen Menschenrechtskonvention als höherrangigen Normen. Zwar sind – im Gegensatz zu den sogenannten Menschenrechten – einige Grundrechte (Art. 8, 9, 11, 12 GG) Deutschen vorbehalten, doch ist im Hinblick auf Art. 3 GG jede an die Ausländereigenschaft anknüpfende Benachteiligung problematisch. Unzulässig ist es, einen Straftäter schärfer zu bestrafen, weil er Ausländer ist. Ausländer, die in die Bundesrepublik einreisen und sich hier aufhalten wollen, bedürfen grundsätzlich einer Aufenthaltserlaubnis (Ausnahmen: § 2 II, § 49 II AuslG, § 1 DVAuslG), die im Falle der »Beeinträchtigung der Belange der Bundesrepublik Deutschland« abgelehnt werden muß. Andernfalls entscheidet die Behörde laut Nr. 6 AuslGVwv zu § 2 AuslG »nach pflichtmäßigem, der Natur der Sache nach weitem Ermessen«, wobei sie u. a. die Belange des Arbeitsmarktes zu beachten hat. Die Aufenthaltserlaubnis *kann* (nicht muß) laut Gesetz zwar räumlich beschränkt und zeitlich befristet und mit Bedingungen und Auflagen versehen werden (§ 7 AuslG; nach Nr. 4 Vwv zu § 7 AuslG ist die Aufenthaltserlaubnis für einen ausländischen Arbeitnehmer »in der Regel längstens auf ein Jahr« zu befristen), die Praxis der Ausländerbehörden, die Aufenthaltserlaubnis an den Arbeitsvertrag mit einem bestimmten Betrieb zu knüpfen, ist aber verfassungsrechtlich bedenklich. Ausländern, die sich 5 Jahre lang in der Bundesrepublik aufgehalten und sich hier in das wirtschaftliche und soziale Leben »eingefügt« haben, kann gemäß § 8 eine räumlich und zeitlich unbeschränkte, unbedingte Aufenthaltsberechtigung erteilt werden, was freilich selten genug praktiziert wird. Unter den in § 10 AuslG zum Teil sehr unbestimmt formulierten Voraussetzungen kann ein Ausländer aus der Bundesrepublik ausgewiesen werden, so derjenige, der den Lebensunterhalt für sich oder seine unterhaltsberechtigten Angehörigen nicht ohne Inanspruchnahme der Sozialhilfe bestreiten kann oder bestreitet. Bei ihrer Ermessensentscheidung über die Ausweisung haben die Behörden den Grundsatz der Verhältnismäßigkeit zu beachten. Bei Entscheidungen über den sofortigen Vollzug von Ausweisungsverfügungen ist zwischen hierfür eventuell sprechenden öffentlichen Interessen und den privaten Interessen des Ausländers am weiteren Aufenthalt in der Bundesrepublik abzuwägen und dabei (auch im öffentlichen Interesse) zu berücksichtigen, daß der

Ausländer grundsätzlich an seiner Rechtsverfolgung im Inland (Widerspruch und Verwaltungsgerichtsklage) nicht gehindert werden darf (Art. 19 IV GG). Aus dieser Sicht ist sowohl § 12 I AuslG (Pflicht zur unverzüglichen Ausreise) wie § 21 III S. 2 AuslG, wonach Rechtsmittel gegen die Versagung der Erteilung oder Verlängerung der Aufenthaltserlaubnis keine aufschiebende Wirkung haben, – sodaß Abschiebung droht (§ 13 AuslG), sofern nicht die Behörde die Vollziehung aussetzt oder das Verwaltungsgericht auf Antrag des Ausländers die aufschiebende Wirkung anordnet – rechtsstaatlich bedenklich.

Das bundesrepublikanische A., einmal als das liberalste seiner Art gefeiert, wird heute aus humanitärer, christlicher, sozialer und rechtlicher Sicht kritisiert. Er wird in der Tat eher den Wünschen der Wirtschaft nach billigen Arbeitskräften gerecht als den Mindestanforderungen, die heute an einen sozialen Rechtsstaat zu stellen sind. Es belastet insofern das Ansehen der Bundesrepublik, der es andererseits ermöglicht, durch eine restriktive Erteilung von Aufenthaltserlaubnis und durch Nichtverlängerung (mit dem Hinweis, die Bundesrepublik sei kein Einwanderungsland) Ausländer – die während des konjunkturellen Aufschwungs zum Unternehmergewinn und zum Sozialprodukt (bei niedrigen Ansprüchen an die soziale Infrastruktur) beigetragen haben – vom Arbeitsmarkt fernzuhalten, wenn dies erwünscht erscheint. Für den einzelnen Ausländer erschwert die Unsicherheit der Aufenthaltsdauer eine sinnvolle Lebensgestaltung, was wiederum ungünstige Bedingungen für eine Sozialarbeit mit Ausländern schafft, die unter Achtung der Eigenkultur des Ausländers diesem gezielte Hilfen anzubieten hätte, sich hier einzuleben.

Vorschläge zur Verbesserung der Rechtsstellung der Ausländer zielen u. a. dahin, ihnen das aktive und passive Wahlrecht einzuräumen, die »Verzahnung des bestehenden Systems arbeitsmarkrechtlicher und aufenthaltsrechtlicher Zwänge« (Düsseldorfer Initiativkreis für die Reform des A.) zu beseitigen und einen Anspruch auf Erteilung einer (unbefristeten) Aufenthaltsberechtigung nach etwa 8 Jahren vorzusehen. Wer unter den gegenwärtigen wirtschaftlichen Verhältnissen einen (generellen oder für bestimmte Siedlungsgebiete vorzusehenden) Zuzugsstopp gutheißt, wird davon den Familiennachzug auch im Hinblick auf Art. 6 GG ausnehmen, wenn er nicht meint, der Ausländer habe jederzeit die »Möglichkeit, zu seiner Familie in sein Heimatland zurückzukehren«. Was den vom ausländischen Arbeitnehmer veranlaßten Nachzug seiner Kinder betrifft, so ist das »Problem der generellen Aussperrung ausländischer Jugendlicher vom Arbeitsmarkt« nicht zu übersehen (Düsseldorfer Initiativkreis): Auch für diese Jugendlichen gilt, daß nach dem Schnellbrief der Bundesanstalt für Arbeit vom 13. 11. 1974 die erstmalige Erteilung der Arbeitserlaubnis »grundsätzlich zu versagen« ist. – Hier nicht näher darzustellende Besonderheiten gelten für Ausländer, die den EWG-Staaten angehören. Sie benötigen keine Arbeitserlaubnis und haben als Beschäftigte einen Anspruch auf eine Aufenthaltserlaubnis für mindestens 5 Jahre.   *G. F.*

Bedürfnistest, ein von Henrik F. Infield ausgearbeitetes Testverfahren, um die Kooperierfähigkeit der Mitglieder einer Gruppe, die gemeinsame Ziele erstrebt, festzustellen. Der B. geht von einer Klassifikation menschlicher Bedürfnisse aus, deren Befriedigung meist nur in gemeinsamer Arbeit und solcher, die hauptsächlich durch den einzelnen, der dadurch in Gegensatz zur Gruppe gerät, verwirklicht werden können. Er besteht aus 25 Fragen, aus denen fünf Untergruppen der materiellen, intellektuellen, spirituellen, emotionalen und sozialen Bedürfnisse gebildet werden, für die die Testpersonen die Dringlichkeitsskala anzugeben hat. So müßte die Testperson etwa in der ersten Untergruppe die Reihenfolge solch materieller Bedürfnisse wie a) nach schmackhafter Nahrung, b) nach Unterstützungsmöglichkeit von Hilfsbedürftigen, c) nach angemessener Kleidung, d) nach gutnachbarlichen Wohnverhältnissen angeben. Die Einschätzungen werden dann nach einem einfachen statistischen Verfahren verrechnet und ergeben in Prozenten ausgedrückt das kooperative Potential des einzelnen. Ihre Summe, dividiert durch die Anzahl der Beteiligten, ergibt das Gruppenpotential. Der B. mißt nur das kooperative Potential, nicht etwa die tatsächlich erreichte Leistung. Die Verrechnung ist den soziometrischen Statusgraden angeglichen. Die Zuordnung geschieht wie folgt: »Äußerst kooperierfähig = 72,5% und darüber; »unbedingt kooperierfähig« = unter 72,5%, aber über 60%; »bedingt kooperierfähig« = unter 60%, aber über 47,5%; »mangelhafte Kooperierfähigkeit« = weniger als 47,5%, aber mehr als 35,0%; und »nichtkooperativ« = unter 35%.

Mit dem Kooperierpotentialtest ist der vom selben Verfasser entworfene »Hindernistest« verbunden, der die Fähigkeit zur Beseitigung von Bedürfnisbefriedigungsschranken mißt. Der Befragte muß dabei seine Kindheit, Jugend und jetzige Situation mit Hilfe einer von »äußerst glücklich« bis »äußerst unglücklich« verlaufenden Skala benoten. Dann wird die Testperson nach Dingen gefragt, die sie für ihr Leben gern in ihrer Kindheit, Jugend oder jetzt getan hätte und welche Schritte sie zu ihrer Verwirklichung unternommen hat. Diese Angaben werden dann je nach ihrem von Passivität, Aggressivität oder Unentschlossenheit zeugenden Charakter zusammengestellt, womit die Möglichkeit gewonnen ist, die Aussicht der Gruppe, das kooperative Ziel zu erreichen, zu beurteilen. Der Teil des Tests, der sich auf die gegenwärtige Situation bezieht, bietet auch Hinweise auf Art und Stärke der in der Gruppe existierenden Unzufriedenheit

H. M.

Berufe, soziale, im weiteren Sinn alle erzieherischen, pflegerischen, seelsorgerischen und mit ihnen zusammenhängenden administrativen Tätigkeiten, überhaupt alle Berufe, die von der dialogischen Situation der Hilfe zur Selbsthilfe ausgehen, worunter dann natürlich auch Ärzte, Richter, Rechtsanwälte, Psychologen etc. fallen können; genau genommen ist dann natürlich jeder Beruf eine soziale Aktivität. Im engeren Sinn versteht man darunter vorwiegend Sozialarbeiter und Sozialpädagogen, professionelle oder ehrenamtliche; Bezeichnungen, die inzwischen auch amtlich an die Stelle der älteren Bezeichnungen Armenpfleger, Fürsorgerin, Wohlfahrtspflegerin, Hortnerin, Kindergärtnerin, Heimleiter etc. getreten sind. Hinter der neuen Bezeichnung stehen aber seit der entschiedenen *Professionalisierung* der sozialen Berufe auch die spezielleren Bezeichnungen für die immer größerer Spezialisierung zustrebenden Tätigkeiten von Sozialarbeitern und Sozialpädagogen. Da diese innerberuflichen Differenzierungen in dauerndem Fluß sind, soll hier nur der grobe Raster beruflicher Arbeitsgebiete und beruflicher Funktionen angegeben werden. Als gemeinsames äußeres Band dient dabei die anstellende Instanz (Trägerschaft), auch wenn eine eindeutige Zuordnung von Arbeitsfeld und Funktion zur Trägerschaft nicht ganz der Realität entspricht und zahlreiche Überschneidungen vorkommen. Dasselbe gilt von den Arbeitsfeldern und Arbeitsfunktionen, die in der Praxis oft genug undefiniert bleiben.

I. Tätigkeitsfelder. a) im kommunalen Bereich (Jugendamt, Sozialamt, Gesundheitsamt): Jugendpflege, Jugendförderung, Jugendverbände, Freizeitgestaltung, Jugendbildungsarbeit, Erziehungshilfe, Erziehungsbeistandschaft, familienrechtliche Regelungen, Hilfe für Pflegekinder, Adoptionen, Jugendgerichtshilfe, Amtspflegschaft, Amtsvormundschaft, Ausbildungsförderung, wirtschaftliche Hilfe, Hilfe und Rehabilitation für Behinderte, Gefährdete, Süchtige, Strafentlassene, Altenhilfe, Familienfürsorge, Gemeinwesenarbeit, Bürgerinitiativen, Gemeindeplanung; b) bei den freien Wohlfahrtsverbänden und Jugendverbänden: allgemeine Erziehungshilfe, Hilfe für Pflegekinder, Elternberatung, Adoptionsvermittlung, Behindertenhilfe, Altenhilfe, Familienfürsorge, Hilfe für Gastarbeiter, Beratung und Förderung von Jugendgruppen, Ferienhelfern, Erholungsfürsorge, ehrenamtliche repräsentative und administrative Tätigkeiten im Zusammenhang mit den genannten Gebieten, wissenschaftliche Referententätigkeit; c) im Justizbereich: Bewährungshilfe für Jugendliche, Heranwachsende und Erwachsene, Fürsorge im Strafvollzug für Erwachsene, in Jugendstrafanstalten; d) bei den Arbeitsämtern: Berufsberatung, Arbeitsvermittlung, berufliche Rehabilitation; e) in speziellen Einrichtungen unterschiedlicher Trägerschaft: Erziehungsberatungsstellen, Jugendfreizeit- und Jugendbildungshäuser, Häuser der offenen Tür, Bürgerhäuser, Gemeindezentren, Nachbarschaftsheime, Begegnungsstätten, Wohnheime (für Jugendliche, für Alte), beschützende Werkstätten (für Behinderte), Erziehungsheime; f) Sonstige Bereiche: kirchliche Gemeinden, betriebliche Sozialarbeit (Werkfürsorge), Landesjugendämter (Jugendförderung, Heimaufsicht); weibliche Kriminalpolizei (Ermittlung und persönliche Hilfen nach strafbaren Handlungen von Kindern, Mädchen und Frauen); Sozialpsychiatrie.

II. Berufliche Funktion: als Stadtjugendpfleger(innen), als Kreisjugendpfleger(innen), als Familienfürsorger(innen), als Krankenhausfürsorger(innen), als Teammitglieder in Erziehungs- und Eheberatungsstellen, als Leiter(innen) und Mitarbeiter(innen) in Jugendfreizeit-Nachbarschaftsheimen und Jugendbildungsstätten, als Jugendgerichtshelfer(innen), als Bewährungshelfer(innen), als Betreuer(innen) in Jugend- und Sozialämtern, als Betreuer(innen) ausländischer Arbeitnehmer, als fürsorgerische Fachkräfte in Gesundheitsämtern und in Einrichtungen für körperlich und geistig Behinderte, als Sachbearbeiter(innen) in Jugend- und Sozialämtern, als Lehrkräfte, als Entwicklungshelfer(innen), als Seelsorger, Diakone, Kindergärterinnen, Lehrer(innen), Hortner(innen), Heimerzieher(innen). (Fachschulen, Fachhochschulen, Universitäten, Spezialkurse). Ausbildung und Bezahlung z. T. noch sehr unterschiedlich, prinzipiell im öffentlichen Dienst gehobene Laufbahn. *H. M.*

Berufsberatung ist vorwiegend eignungspsychologische Beratung mit dem Ziel, die beruflichen Eignungsvoraussetzungen des Klienten auch unter Zuhilfenahme von bestimmten Tests festzustellen und ihn dem Beruf zuzuführen, in dem er sich voraussichtlich am besten bewähren und die größte Zufriedenheit gewinnen wird. Diese speziell Jugendlichen zugute kommende Beratungshilfe wird in der Bundesrepublik kostenlos prinzipiell von den Arbeitsämtern (Trägerin ist die Bundesanstalt für Arbeit) durchgeführt. Sie berücksichtigen die körperliche, geistige und charakterliche Veranlagung, aber auch die Neigungen sowie die sozialen Verhältnisse des Jugendlichen. Am Wert solcher Beratungen, die von Berufspsychologen und Berufsberatern erfolgt und ihre Ergänzung in der Berufsbildung und Berufsausbildung aufgrund eines Berufsbildungsgesetzes auf der Ebene des Bundes, der Länder sowie auf den regionalen Ebenen der Handwerkskammern, der Industrie- und Handelskammern findet, ist nicht zu zweifeln. Das trifft auch für die individuelle Förderung der Berufsbildung an den Berufsfachschulen, Fachschulen, Fachhochschulen und Universitäten im Rahmen des Bundesausbildungsförderungsgesetzes zu (Beihilfen – auch für Ausländer – der Bundesanstalt für Arbeit für die Berufsausbildung sowie Unterhaltsgeld für die Teilnehmer und/oder Berufsumschuler). Eine ähnliche Hilfe wird auch für körperlich, geistig oder seelisch Behinderte gewährt (hier spricht man gewöhnlich von Rehabilitation), wie sie z. B. den sogenannten beschützenden Werkstätten (sheltered workshops) zugute kommt.

Die B. wird neuerdings durch ebenfalls von der Bundesanstalt für Arbeit vorgenommene Arbeitsberatungen bereichert, die unabhängig von der Arbeitsvermittlung (Arbeitnehmer wie Arbeitgeber) über die Lage auf dem Arbeitsmarkt, die Entwicklung in den Berufen, ferner über Notwendigkeit und Möglichkeiten der beruflichen Bildung informieren. Kritisch ist hervorzuheben, daß die an sich sehr weit gestreuten beruflichen Eignungen und Neigungen eines Menschen nur allzu leicht den jeweiligen, oft nur konjunkturell ins Gewicht fallenden Bedürfnissen der Wirtschaft angepaßt werden. Auch das Umgekehrte kann der Fall sein, die neuen Konzeptionen der Erwachsenenbildung, der obengenannten Umschulungen, oft »dritte Sozialisation« genannt, versuchen einen Weg aus dem Dilemma zu finden.

Das Ideal ist hier, im Gegensatz zur Überspezialisierung einen höheren Grad an beruflicher Elastizität und potentieller Vielseitigkeit zu erreichen.

H. M.

Beschäftigungstherapie, psychotherapeutische rehabilitative Maßnahme bei psychisch und körperlich Kranken sowohl zwecks Wiederherstellung der ursprünglichen Arbeitsfähigkeit des Patienten als auch um neue Arbeitsverhaltensmuster zu prägen. Der verwandte Begriff »Arbeitstherapie«, der mehr in das Gebiet der Physiologie und Medizin fällt, zielt ebenfalls darauf ab, den Patienten auf ein normales Leben in seiner Umwelt vorzubereiten. B. wird vornehmlich von eigens geschulten Beschäftigungstherapeuten oft in Teamarbeit mit (psychiatrischen) Sozialarbeitern ausgeübt und umfaßt neben einer Reihe sinnvoller manueller Arbeiten, neben Spielen, Malen und Musizieren neuerdings auch die Mitwirkung an internen Vorgängen innerhalb der Heilanstalt, die für die Patienten von unmittelbarem Interesse sind.

H. M.

Betriebsfürsorge (auch Werksfürsorge, Betriebswohlfahrtspflege, Soziale Betriebsarbeit, Fabrikpflege). Seit Ende des vorigen Jahrhunderts besonders von der neuen Frauenbewegung geforderte fürsorgerische Maßnahmen in Fabriken und Betrieben, in denen Frauen arbeiteten und (seit dem Ersten Weltkrieg) vielfach Männerarbeit leisten mußten. Diente die B. so ursprünglich der Anpassung weiblicher Arbeitskräfte an neue Arbeitsbedingungen, entwickelte sie sich im Laufe der zwanziger Jahre immer mehr zu einer speziellen Familienfürsorge der Betriebsmitglieder beider Geschlechter und begann alsbald auch die neuen sozialpolitischen Möglichkeiten der Weimarer Republik wahrzunehmen – *Sozialpolitik, Sozialgesetzgebung.* B. geht heute im wesentlichen in verschiedenartigen Sozialleistungen (Unterstützung in besonderen Notfällen, Gelder oder Geschenke zu besonderen Anlässen, Darlehen, Zusatzprämien, Einrichtungen von betriebseigenen Heimen, Umschulungswerkstätten, Verkaufs- und Versorgungseinrichtungen, Erholungsmaßnahmen, kulturellen Veranstaltungen etc.) auf und deckt sich begrifflich und sachlich weithin mit den Konzeptionen der sog. *human relations,* der Menschlichkeit im Industriebetrieb. Die betriebsfürsorgliche Tätigkeit, die grundsätzlich beratender Natur ist, erfolgt im Rahmen der betrieblichen Personalabteilungen und wird von professionellen Sozialarbeitern oder betriebsintern geschulten Kräften ausgeübt. Da sie bei der Lösung von Problemen Hilfe leistet, die mit der gegebenen Arbeitssituation verbunden ist, gerät sie oft in Widerspruch zur allgemeinen Sozialarbeit, mit deren Zielen und Prinzipien übereinzustimmen sie große Schwierigkeiten hat.

H. M.

Bewährungshilfe. In den meisten Bundesländern in die Justiz eingegliederte, der Dienstaufsicht des Landgerichtspräsidenten unterstehende Institution der Straffälligenhilfe, bzw. die Gesamtheit aller Hilfen und Maßnahmen dieser Institution. Die Unterstellung unter einen (meist) hauptamtlichen oder ehrenamtlichen Bewährungshelfer – kriminalpolitisch wichtigste Weisung (vgl. im übrigen § 56 c StGB) im Fall der Strafaussetzung zur Bewährung – ist ein strafrechtliches Reaktionsmittel eigener Art (ambulante Behandlung/Resozialisierung), das in Deutschland nach erfolgreicher, vom Verein für B. in Bad Godesberg (Herausgeber der Vierteljahreszeitschrift B.) geförderter Erprobung erst 1953 gesetzlich verankert worden ist. Anfänge in den USA (Mitte des 19. Jhdts.) gingen auf Initiative und individuelles Engagement einzelner Bürger zurück. In Deutschland war die Strafaussetzung lange Zeit nur im Gnadenwege möglich (vgl. »Gnadenrecht«).

Rechtsgrundlagen sind neben Landesrecht (Nachweise bei Dreher), das die Rechtsstellung der Bewährungshelfer näher regelt, die §§ 56 d, 56 e, 75 III StGB, § 68 a StGB (Führungsaufsicht) bzw. die §§ 24, 25, 29 JGG. Danach steht der Bewährungshelfer den ihm vor Gericht (bzw. Jugendrichter) »unterstellten« Verurteilten (Jugendlichen) »helfend und betreuend zur Seite« (soziale Hilfefunktion). Zugleich überwacht er im Einvernehmen mit dem Richter die Erfüllung der Auflagen, Weisungen, Anerbieten und Zusagen, berichtet über die Lebensführung des Verurteilten in vom Gericht bestimmten Zeitabständen und teilt »grobe oder beharrliche« Verstöße gegen Auflagen usw. dem Gericht mit (Aufsichtsfunktion). Das Gericht kann dem Bewährungshelfer für diese Tätigkeit Anweisungen erteilen. Der Bewährungshelfer hat die Erziehung ihm unterstellter Jugendlicher zu fördern und er hat ein Recht auf Zutritt zu jugendlichen Probanden (§ 24 II S. 4 JGG), nicht aber auch zu Probanden, die ihm nach StGB unterstellt sind. Diesen Probanden kann das Gericht Weisung erteilen, dem Bewährungshelfer Zutritt zu gestatten. Dagegen hat der Bewährungshelfer selbst keine Weisungsbefugnisse.

Die in den letzten Jahren stark gestiegene Zahl der Probanden (1963: 28171, 1973: 55665) – heute übersteigt die Zahl der Probanden die Zahl der Gefangenen – signalisiert die große Bedeutung, die man der B. als einem »Mittel moderner Kriminalpolitik« beimißt, für das freilich die erforderlichen finanziellen Mittel nur zögernd bereitgestellt werden. Der wachsenden Einsicht in eher negative Auswirkungen des gegenwärtigen Strafvollzuges steht die Hoffnung gegenüber, ambulante Resozialisierungsbemühungen könnten die Verurteilten eher dazu befähigen, ein Leben ohne Straftaten zu führen. Ob freilich die widersprüchliche Doppelfunktion (Aufsichtsfunktion durch die Mitwirkung der Bewährungshelfer bei der Führungsaufsicht jetzt noch verstärkt), die Berichtspflicht und auch die Tatsache, daß der Bewährungshelfer kein Zeugnisverweigerungsrecht hat, das für eine längerfristige, intensive sozialtherapeutische Beziehung erforderliche Klima von Verstehen und Vertrauen zuläßt, wird zunehmend bezweifelt. Der Bewährungshelfer soll ja nicht nur bei aktuellen Schwierigkeiten helfen (Wohnungs- und Arbeitsplatzsuche, Umgang mit Behörden, Rat bei familiären Konflikten), sondern seine Arbeit zielt auf dauerhafte Veränderungen hin und versucht, »die Eigenverantwortlichkeit des Täters herauszufordern und zu stärken, ihn in der Aktivierung seiner Eigenkräfte zu sozial angemessenen Konfliktlösungen und zur Selbständigkeit in seinen persönlichen Angelegenheiten zu befähigen, seine sozialen Beziehungen zu erhalten und zu fördern, vorhandene soziale Benachteiligung auszugleichen, individuelle und soziale Faktoren der Straffälligkeit zu erkennen und anzugehen« (Kommission für Bewährungs- und Gerichtshelfer beim Justizministerium Baden-Württemberg). Der Bewährungshelfer kann insofern erfolgreich nur arbeiten, wenn er das soziale Umfeld, in dem der Verurteilte lebt, mit in seine methodengerechte Arbeit einbezieht. Überdies wird von ihm erwartet, daß er Öffentlichkeitsarbeit mit dem Ziel betreibt, das Verständnis von Bürgern und Behörden für ein modernes, den Resozialisierungsgedanken in den Vordergrund stellendes Strafrecht zu wecken. Da Bewährungshelfer oft 65 und mehr Verurteilte zu betreuen haben (Bundesdurchschnitt 1973: 63 Probanden), sind sie hierzu – selbst bei besserer Nutzung der Möglichkeiten einer noch in den Anfängen steckenden Gruppenbetreuung und bei größtem Engagement – nicht in der Lage.   *G. F.*

Biographisches Gruppeninterview. Das Verfahren besteht darin, mit einem Minimum von Zeitaufwand ein Maximum an biographischer Auskunft zu erlangen und dadurch den Gruppenmitgliedern das Sich-Kennenlernen zu erleichtern. Das Interesse von Untersuchenden und Teilnehmern konzentriert sich dabei auf Angaben krisenhafter Erlebnisse der einzelnen Mitglieder und die Art ihrer Bewältigung. Das Verfahren dient dazu, einer Gruppe, die vor bestimmten Lebensproblemen steht (wichtigen Entscheidungen wie z. B. Arbeits- oder Wohnortswechsel, Eheschließung oder -scheidung etc.), zu helfen, solcher in unserer Gesellschaft als kritisch empfundenen Situationen Herr zu werden.   *H. M.*

Bundesarbeitsgemeinschaft der freien Wohlfahrtspflege. Der konfessionell oder weltanschaulich orientierte Zusammenschluß der Spitzenverbände der Freien Wohlfahrtspflege (Arbeiterwohlfahrt, Deutscher Caritasverband, Deutscher Paritätischer Wohlfahrtsverband, Deutsches Rotes Kreuz, Diakonisches Werk und Zentralwohlfahrtsstelle der Juden in Deutschland), die sich als Ergänzung der öffentlichen (staatlichen) Fürsorge verstehen, deren Nachteile (Anonymität, Unpersönlichkeit, bürokratische Schwerfälligkeit – von der sie freilich selbst nicht verschont bleiben) sie durch neue Methoden und Formen der Hilfeleistung zu kompensieren suchen. Die Tätigkeitsfelder der B. (erheblich durch Mittel der öffentlichen Hand finanziert) liegen auf den Gebieten der geschlossenen Fürsorge (Anstalten, Heime, Krankenhäuser, Heilstätten), der halboffenen Fürsorge (Kindergärten, Kinderkrippen und -horte) und der offenen Fürsorge (Krankenhauspflegestationen, Hilfs- und Beratungsstellen, der Erholungsfürsorge, Flüchtlingsbetreuung, Kriegsgefangenenbetreuung, Heimkehrerbetreuung, Versehrtenfürsorge, Suchdienste, Familienzusammenführung, Kinderrückführung, Gefährdetenfürsorge, Strafgefangenenfürsorge, Wandererfürsorge, Auswandererfürsorge, Bahnhofsmission, Erste Hilfe, Rettungsdienst, Krankentransport, Sanitätsausbildung, Sozialhelferausbildung, Siedlungswesen und Wohnungsbau). Die in der ganzen Bundesrepublik auf Landes-, Regional-, Bezirks- und Ortsebene vertretenen freien Wohlfahrtsverbände, die in ihrer Arbeit auf dem Boden der Eigenverantwortung und Selbsthilfe stehen, arbeiten innerhalb eigener Ausschüsse und zahlreicher Arbeitsgemeinschaften auf Bundesebene (z. B. Arbeitsgemeinschaft für Jugendhilfe, Bundesarbeitsgemeinschaft »Hilfe für Behinderte«, Bundesarbeitsgemeinschaft Jugendaufbauwerk, Deutsche Vereinigung für Jugendgerichte und Jugendgerichtshilfe, Bundeszusammenschluß für Straffälligenhilfe, etc.) mit der öffentlichen Fürsorge zusammen (Bundesarbeitsgemeinschaft der Landeswohlfahrtsverbände und Landesjugendämter, den kommunalen Spitzenverbänden, Landesjugendringe, etc.) und nehmen Anteil an der sozialen Gesetzgebung. *Der deutsche Verein für öffentliche und private Fürsorge* spielt dabei die Rolle eines Dachverbandes. *H. M.*

Bundesjugendplan, umfaßt die Maßnahmen der Bundesregierung (gemeinsam mit den obersten Jugendbehörden der Länder und den Vertretern der Jugendverbände sowie dem Bundesjugendkuratorium) zwecks Förderung der politischen, kulturellen, sportlichen (Bundesjugendspiele), der sozialen und berufsbezogenen Bildung der Jugend, überhaupt aller wesentlichen Fragen der deutschen und internationalen Jugendarbeit. Über den Bundesjugendplan wird den gesetzgebenden Körperschaften alle vier Jahre ein Bericht vorgelegt. *H. M.*

Bundesjugendring, freiwilliger Zusammenschluß aller Landesjugendringe (d. h. der Stadt- und Kreisjugendringe auf Landesebene) sowie der deutschen Jugendverbände zwecks Förderung und Vertretung ihrer Interessen zum Wohle der Jugend. Seine Hauptaufgabe liegt auf dem Gebiet der *Jugendarbeit* (freie Jugendpflege), die er gegenüber der Öffentlichkeit, den Volksvertretungen und Behörden u. a. in Stellungnahmen zur Jugendpolitik und zum Jugendrecht vertritt (Mitwirkung an der Durchführung des *Bundesjugendplans*). Voraussetzungen für die Aufnahme eines Jugendverbandes in den Bundesjugendring sind, daß er sich sowohl in seiner Zielsetzung als auch praktischen Arbeit von den im Grundgesetz verankerten Grundrechten der Freiheit des Gewissens, der Freiheit der Person und der Freiheit der Gemeinschaft leiten läßt, ein solcher Jugendverband in der Mehrzahl der Bundesländer öffentlich tätig ist (500 Gruppen oder mehr als 25 000 Mitglieder zählt) und im Fall eines Landesjugendrings dieser der von den Jugendverbänden seines Bundeslandes anerkannte Vertreter der freien Jugendarbeit ist. *H. M.*

Bürgerinitiativen sind gewaltlose oder mittels passiver Gewalt geführte Kampagnen oder auf Zeit bestehende Organisationen außerhalb der kommunalen und staatlichen Institutionen zur Veränderung bestehender gesellschaftlicher Einrichtungen oder Durchsetzung gesellschaftlicher Forderungen (mit meist lokal begrenzter Thematik und Programmatik) durch interessierte oder unmittelbar betroffene Gruppen von Bürgern. B. verstehen sich gewöhnlich nicht als Gegeninstitution, sondern erblicken in der Initiative und Aktivität des Bürgers auf allen politischen und sozialen Ebenen einen außerbürokratischen Beitrag zur gesellschaftlichen Willensbildung. Die Abgrenzung der B. von Interessengemeinschaften und Lobbies aller Art ist nicht immer möglich, wie sich auch nicht leicht vermeiden läßt, daß sie im Streit der politischen Parteien zum disfunktionalen Kalkül werden. Nach Heinz Grossmann sind B. als Zweitorganisationen anzusehen, die im Stellenwert hinter den primär politischen, auf gesellschaftliche Veränderungen der (vorwiegend) Produktionssphäre zielenden Organisationen (Parteien, Gewerkschaften) zurückzutreten haben. B. spielen auch in der Gemeinwesensarbeit eine mitunter sehr große Rolle, da sie abgesehen von sozial wichtigen Nahzielen Keimzellen notwendiger Beratungs- und Aufklärungszentren bilden, die dem Sozialarbeiter am Platz für seine Klientel wünschenswert erscheinen. *H. M.*

Bürokratie, die arbeitsteilige, durch eindeutige Befehlshierarchie charakterisierte Organisation und Verwaltung großer Körperschaften (Regierung, Militär, Wirtschaft, Religion, Erziehung, Verbände). Der von Max Weber idealtypisch gemeinte Begriff enthält vor allem das Merkmal der Rationalität, Gesetzlichkeit und Regelhaftigkeit und Überwachungstätigkeit. B. handelt immer im Auftrag einer Gesamtheit (Staat, Betrieb, Partei, etc.) oder unterstellt jedenfalls fiktionalistisch ein solches Handeln im Interesse anderer. Das Vordringen bürokratischer Organisationsformen ist ein Kennzeichen der modernen Industriestaaten. Die populäre Nebenbedeutung, die der Ausdruck Bürokratismus hat (langwierige Entscheidungsaufschübe, Unpersönlichkeit) ist nicht mehr zu eliminieren. In der Sozialarbeit sind die *freien Wohlfahrtsverbände*, die sich gerade mit Hilfe des *Subsidiaritätsprinzips* von der staatlichen Wohlfahrtsb. abgrenzen wollen, schon wegen ihrer Größe und der selbst wieder rational und wissenschaftlich betriebenen Sozialarbeit von Verfestigung und Erstarrung bürokratischer Herkunft bedroht. Auch die verstärkte Arbeitsteiligkeit der Sozialarbeiter trägt dazu bei, diese selbst zu »verbeamteten Funktionären« zu machen, ein Prozeß, der auch in den kleineren Selbsthilfeverbänden schon zu beobachten ist. *H. M.*

Deutscher Caritasverband (DCV), der größte der sechs Spitzenverbände der freien Wohlfahrtpflege in der Bundesrepublik, der 1897 in Köln nach dem organisatorischen Vorbild der Inneren Mission gegründet wurde und die meisten katholischen karitativen Organisationen damals wie heute umfaßt. Seine Gliederung erfolgt in Diözesancaritasverbänden, Dekanats-, Bezirks-, Kreis- und Ortscaritasverbänden, wozu noch ca. 40 zentrale karitative Fachverbände und -vereinigungen sowie die karitativ tätigen Ordensgenossenschaften gehören. Innerhalb der Verbände ist das Prinzip der Selbständigkeit und Selbstverwaltung verwirklicht. Die Mitgliedschaft beträgt 2,5 Millionen. Die soziale Tätigkeit des D. hat zahlreiche Schwerpunkte auf allen wichtigen Gebieten der Gesundheitshilfe, der Jugendhilfe und der Sozialhilfe, die wiederum sowohl der offenen, der halboffenen und der geschlossenen Fürsorge dienen. Es gibt 4487 Anstalten und Heime, über eine halbe Million Plätze in Kindergärten und -horten, Tagesstätten für Alte, Nähstuben, gegen 4000 Gemeindepflegestationen, rund 1000 Beratungsstationen (für Erziehung, Ehe, Suchtkranke), 600 Haus- und Familienpflegestationen und Dorfhilfestationen, Hunderte von Ausbildungs- und Fortbildungsstellen für soziale, sozialpädagogische, sozialpflegerische und krankenpflegerische Berufe. An der Tätigkeit des D. wirken ca. 190 000 Personen hauptamtlich und 600 000 ehrenamtlich mit. Der D. gibt neben anderen Veröffentlichungen seine eigene Zeitschrift für Caritasarbeit und Caritaswissenschaft (»Cariatas«) heraus, die seit Jahrhundertbeginn erscheint. *H. M.*

Deutscher Paritätischer Wohlfahrtsverband (DPWV), einer der Spitzenverbände der freien Wohlfahrtspflege in der Bundesrepublik, 1920 aus der »Vereinigung der freien privaten gemeinnützigen Kranken- und Pflegeanstalten Deutschlands« hervorgegangen, überkonfessionell und politisch nicht gebunden und während der NS-Zeit aufgelöst. Nach 1945 Neugründung mit Sitz Frankfurt und Wiederaufbau seiner ca. 2500 Einrichtungen der offenen, halboffenen und geschlossenen Fürsorge im Rahmen der auf 12 Landesverbände verteilten 560 Mitgliedsorganisationen (unter ihnen Schullandheime, das Deutsche Studentenwerk, der Deutsche Jugendherbergsverband, der Verband Deutscher Nachbarschaftsheime). Neben Heimen (über 800), Krankenhäusern und Heilstätten (57) unterhält der D. ca. 1500 ambulante Einrichtungen wie allgemeine Beratungsstellen, Familien- und Hauspflegestationen die Hilfsaktion »Essen auf Rädern«, gesundheitliche Hilfsdienste für Behinderte, Hilfsdienste für Straffällige, Ausbildungsstätten für soziale und sozialpflegerische Berufe. Der D. gründete 1962 das Wilhelm-Polligkeit-Institut in Frankfurt/Main, das der Aus- und Weiterbildung von Sozialarbeitern und Sozialpädagogen dient. Ein D.-Nachrichtendienst erscheint seit 1955. *H M*

Deutscher Verein für öffentliche und private Fürsorge (DV). 1880 als Deutscher Verein für Armenpflege und Wohltätigkeit gegründet. Dachverband (mit Sitz in Frankfurt/Main) der meisten öffentlichen und privaten Sozialhilfeträger (Kommunen, regionale Fürsorgeverbände, Fachverbände, Spitzenverbände der freien Wohlfahrtspflege, vieler Fachverbände und Einzelmitglieder). Seine wichtigsten Aufgaben sieht der D. in der Verbreitung wissenschaftlicher Erkenntnisse der Sozialarbeit, gutachterlichen Tätigkeiten auf den Gebieten des Sozialrechts und der Sozialpolitik, der Herausgabe von Fach-Schrifttum (seit 1880) einschließlich eines eigenen Nachrichtendienstes (seit 1920). Seine öffentliche Mitgliederversammlung (Vorstand und Hauptausschuß besteht aus 150-180 in Wissenschaft und Praxis der sozialen Arbeit führenden Persönlichkeiten) ist der Deutsche Fürsorgetag, das bedeutsamste Forum der öffentlichen und freien Wohlfahrtspflege in der Bundesrepublik. Über den mit dem D. eng verbundenen Deutschen Landesausschuß des International Council on Social Welfare (ICSW) spielt der D. eine wichtige Rolle in der Internationalen Sozialarbeit.

H. M.

Deutsches Jugendinstitut. 1961 in München gegründete zentrale Dokumentationsstelle für alle Gebiete der modernen Jugendforschung, Jugendhilfe und Jugendpolitik. *H. M.*

Deutsches Rotes Kreuz. Seit 1921 bestehender Zusammenschluß deutscher Rot-Kreuz-Gesellschaften, die ihrerseits wieder Mitglieder des 1864 auf die Initiative Jean Henri Dunants hin in Genf gegründeten Internationalen Roten Kreuzes waren, das für eine humanitäre Behandlung und neutrale ärztliche Versorgung von Soldaten im Krieg eintrat. Das D. leistet weiterhin im Sinne der Genfer Konvention seinen Beitrag bei Naturkatastrophen und Kriegen in der ganzen Welt, ist aber zugleich auch einer der Spitzenverbände der freien Wohlfahrtspflege. Aus seiner Doppelfunktion ergeben sich zahlreiche soziale Schwerpunkte: Erste Hilfe, Sofortmaßnahmen am Unfallort, Rettungsdienst, Krankentransport, Bergwacht, Wasserwacht, Hilfsposten, Sanitätswacht auf Großveranstaltungen, Freiwilliges Soziales Jahr, Jugendrotkreuz, Katastrophenschutz und Katastrophenhilfe im In- und Ausland, DRK-Hilfszug, Krankenpflege, Kinder- und Jugenderholung, Kindergärten, Müttererholung und Erholung behinderter Kinder mit Familienangehörigen, offene Altenhilfe, Altenheime, Mahlzeitendienste, Haus- und Familienpflege, Suchdienst, Familienzusammenführung, Kurse für häusliche Krankenpflege und Pflege von Mutter und Kind. Hilfe bei Unfällen, Katastrophen und nationalen Notständen leisten in ähnlicher Weise wie das D. auch der Malteser-Hilfsdienst(eine Gründung der deutschen Malteser-Genossenschaften und des Deutschen Caritasverbandes), die Johanniter-Unfallhilfe (evangelisch) sowie der Arbeiter-Samariterbund. *H. M.*

Deutsches Zentralinstitut für soziale Fragen, Sitz in Berlin, Miquelstr. 83, bearbeitet für alle Interessierten Dokumentationen und Bibliographien auf allen Gebieten der Sozialarbeit und unterhält eine Fernleihbibliothek mit über 2000 Fachzeitschriften des In- und Auslandes.

H. M.

Diagnose. Ein soziales Problem so erkennen und verstehen können, daß sich daraus Handlungsvollzüge zur Lösung des Problems ableiten lassen,

heißt D. Erkenntnistheoretisch gliedern sich die D.schritte folgendermaßen: 1. Bewußtwerden der eigenen Werthaltung, Parteilichkeit und gesellschaftlichen Gebundenheit in psychologischer und sozialer Hinsicht; 2.
phänomenologische Darstellung des sozialen Problems; 3. die genetische
Darstellung des sozialen Problems; 4. die definitorische Abgrenzung psychologischer, rechtlicher, soziologischer und aktionaler Art zur organisatorischen Strukturierung des Projektes; 5. die systematische Erweiterung
der Strukturanalyse im Hinblick auf weitere psychologische, soziale und
rechtliche Variablen des Problems; 6. die Determinationsanalyse, die die
Ursachen für Konflikte und Widersprüche des Problems erhellt. Die Determinanten reichen von individuellen Lebenserfahrungen bis zu gesamtgesellschaftlichen Strukturen; 7. die Analyse der Widersprüche, wobei
Haupt- und Nebenwidersprüche erkannt werden müssen. Grundsätzlich
besteht die Schwierigkeit, daß die D. als Eingriff in die Situation dieselbe
verfälscht. Der Diagnostizierende behandelt den Diagnostizierten als er-
kenntnistheoretisches Objekt. Um dies so gut es geht zu vermeiden, soll
ein diagnostischer Wechselprozeß eingeleitet werden, so daß der Sozialarbeiter sich selbst als D.objekt betrachtet und sich dem sog. Klienten als
D.objekt anbietet (vgl. »Ethik«).   *E. R.*

Diakonie/Diakonisches Werk. Seit 1957 ist die *»Innere Mission«* mit dem
»Hilfswerk der Evangelischen Kirche in Deutschland« zum »Diakonischen
Werk« vereinigt; es umfaßt die gesamte kirchliche Arbeit freier Anstalten,
Vereine und Verbände, die sich der Wohlfahrtspflege und dem Kranken-
hauswesen widmen. Ursprünglich sollte mit »Innerer Mission« die Mission
an jenen Gliedern der Kirche bezeichnet werden, die durch die soziale Verelendung der frühkapitalistischen Epoche und durch antikirchliche Propaganda der Kirche entfremdet wurden. Zum eigentlichen Herold der Inneren Mission wurde Johann Hinrich Wichern, der auf dem Wittenberger
Kirchentag (1848) angesichts der sozialen Nöte die evangelischen Landes-
kirchen zu diakonischen und missionarischen Aktionen aufrief. So kam es
1849 zur Bildung eines »Zentralausschusses für die Innere Mission der
deutschen evangelischen Kirche«, der auf bereits bestehende Anstalten zurückgreifen konnte, wie etwa auf das Hallische Waisenhaus, Oberlins Kin-
dergartengründung, Wicherns Heimerziehungsarbeit, die Gefangenenfürsorge oder das 1833 von Theodor Fliedner begründete Diakonissenmutter-
haus in Kaiserswerth. Später folgten für die damalige Zeit völlig neuartige
Anstalten wie die von Friedrich von Bodelschwingh für Epileptiker und
psychisch Kranke (Bethel) oder die Siedlungen für die »Brüder von der
Landstrasse«. Auch die regelmäßigen Kongresse des Zentralausschusses
der Inneren Mission übten als »soziales Gewissen« einen erheblichen Einfluß aus. Die Bismarcksche Sozialgesetzgebung hat hier wesentliche Anregungen erfahren. Erst durch das Auftreten Adolf Stoeckers und Friedrich
Naumanns verlor die Innere Mission ihren ausschließlich karitativen Charakter und wurde in die politischen Auseinandersetzungen um die »christ-

lich-soziale« Bewegung hineingezogen. Aber schon die neue Wohlfahrtsgesetzgebung der Weimarer Republik von 1922 eröffnete der Inneren
Mission weitere Arbeitsgebiete des diakonischen Dienstes, die während der
nationalsozialistischen Gleichschaltungsversuche zum Teil wieder aufge-
geben werden mußten. Heute werden vom »Diakonischen Werk« in etwa
4 300 Heimen und Anstalten mehr als eine Viertelmillion Hilfsbedürftiger
betreut; daneben gibt es etwa 350 000 Plätze in Einrichtungen der halboffenen Hilfe und etwa 5 000 Einrichtungen der offenen Hilfe.
Als Hauptkennzeichen unserer Zeit hat der Atomphysiker Robert Oppen-
heimer »das Vorherrschen des Neuen« genannt, »den Wandel, dem der
Wandel selbst unterliegt, so daß die Welt sich ändert, während wir in ihr
leben«. In den 30 Jahren der Nachkriegszeit hat unsere Gesellschaft diesen
»radikalen und raschen Umbruch« immer nur in Form von Fortschritt,
Verbesserung und Zugewinn erlebt. Heute sind wir an die Grenzen des
Wachstums gestoßen, sodaß der permanente Wandel sich nun auch in
Schritten der Zurücknahme vollzieht. An den Grenzen des Wachstums haben auch die Kirche und ihre D. teil. Das finanzielle Aufkommen von Kirche und D. ist in noch stärkerem Maße rückläufig als in Staat und Wirtschaft. So erscheint eine Ausweitung vorhandener Kapazitäten nicht
denkbar. Konsolidierung und Qualifizierung heißt daher heute die Lösung.
Die »Tendenzwende«, die mit dem Erreichen der Wachstumsgrenzen eingeleitet ist, stellt indes die D. vor neue Herausforderungen. Zwar sorgt das
vorbildlich ausgebaute System der sozialen Sicherung heute dafür, daß kein
Mensch hungern oder darben muß. Doch gibt es nach wie vor wirtschaftlich schwache und benachteiligte Gruppen, und es treten heute neue Formen der Hilfsbedürftigkeit auf: nicht immer im Bereich materieller Not
(obwohl auch solche Fälle in Zukunft eine größere Rolle spielen können),
sondern stärker in jenem Zwischenfeld psychophysischer Wechselwirkun-
gen, dessen deutlichere Erkenntnis uns die modernen Humanwissenschaf-
ten erschlossen haben. Ein Beispiel dafür ist die Arbeitslosigkeit von Jugendlichen. Hier hat die D. Sofortmaßnahmen eingeleitet, die vornehmlich
jenen Jugendlichen gelten, die wegen eingeschränkter Bildungs- oder Arbeitsfähigkeit immer benachteiligt bleiben. Diese Maßnahmen reichen von
der Verstärkung der *Einzelberatung* und *Einzelhilfe* bis zu neuen Formen
von Jugendgemeinschaftswerken, zur Vermehrung von berufsbegleitenden
Bildungsseminaren und zur Erweiterung des Angebots an Möglichkeiten
für den freiwilligen sozialen Dienst. Ein anderes Beispiel ist die Frage nach
dem Leben, die in unserer Gesellschaft erneut virulent geworden ist, und
zwar von beiden Seiten her: von der Geburt und vom Tod. Angesichts der
Probleme, die eine unaufhaltsam wachsende Weltbevölkerung mit sich
bringt, ist nicht nur der § 218 zur Diskussion gestellt, sondern ebenso der
§ 216. Nachdem im Hinblick auf § 218 das Urteil des Bundesverfassungsgerichts 1975 zugunsten einer erweiterten Indikationslösung gefallen ist,
kann jener Katalog von flankierenden Maßnahmen verwirklicht werden,
der zur Beratung und Begleitung von Schwangeren in Konfliktsituationen

angesichts der zu erwartenden Reform von einem vorbereitenden Ausschuß des Diakonischen Werkes im Zusammenwirken mit der EKD bereits in den Jahren 73/74 konzipiert wurde. Was den § 216 betrifft, so ist die Diskussion darüber heute erst angelaufen. Sie ist durch die Alternative zwischen »aktiver« und »passiver« *Sterbehilfe* bestimmt, wobei von beiden Seiten sowohl medizinische als auch ethische Gesichtspunkte ins Feld geführt werden. Nachdem in den Jahren der »Euthanasie« die Vernichtung des sogenannten »lebensunwerten Lebens« zum Programm erhoben wurde, gilt es für die D. an diesem Punkt besonders aufmerksam zu sein und nicht nur für ein menschenwürdiges Leben, sondern ebenso für ein menschenwürdiges Sterben einzutreten. – Noch ein anderes Beispiel: das »Jahr der Frau«, das 1975 von den Vereinten Nationen proklamiert wurde. Zweifellos kann die D. für sich in Anspruch nehmen, daß sie sich der Problematik der Frau, sei es im Kontext der familiären Rolle, sei es im Kontext der Berufstätigkeit, schon sehr früh angenommen hat. Doch hat diese Problematik inzwischen ein neues Stadium erreicht, in dem die bisherigen Lösungen nicht mehr befriedigen. Durch die moderne Sozialisationsforschung ist die gesellschaftliche Bedeutung der Frau als Mutter und Erzieherin für den Prozeß der Sozialisation in ein neues Licht gerückt, wie umgekehrt jede naturrechtlich fixierte Rolle der Frau durch den geschichtlichen Wandel als widerlegt gelten darf. Positiv wird die Frage zu beantworten sein, was Identität und Partnerschaft für die Frau heute bedeuten – sei es in der Berufstätigkeit, sei es in der Familie, sei es als Ehefrau, sei es als Alleinstehende.

Die Sozialarbeit in der Kirche befindet sich heute in einem Umwandlungsprozeß, der durch die gesellschaftliche Entwicklung bedingt ist. Es ist verständlich, wenn nach Inhalt und Form der kirchlichen Sozialarbeit heute kritisch gefragt wird. Menschen in seelischer Konfliktlage ist aber nicht geholfen, wenn voreilig gefordert wird, Arbeitsfelder der kirchlichen Sozialarbeit nunmehr dem Staat zu überlassen, wie dies da und dort geschieht. Hier muß gesagt werden, daß in manchen Arbeitsfeldern der Sozialarbeit behördliche Dienststellen mit ihrem Hilfsangebot den psychosozialen Bedürfnissen vieler Menschen nicht entsprechen. Solange dies der Fall ist, fühlt sich die D. zu fachlichen und persönlichen Angeboten z. B. im Bereich der *Suchtkrankenhilfe, Nichtseßhaften-, Straffälligen-* und *Behindertenhilfe* ebenso verpflichtet wie in der *Vorschulerziehung* Ein Zurückschneiden der D. würde hier zu Lasten der Schwachen gehen.

Das Diakonische Werk weiß sich heute im Gegensatz zu der Arbeitsweise früherer Jahre vor allem zuständig für vorbeugende Hilfeangebote an Einzelne und Gruppen. Unter schwierigen personellen und institutionellen Voraussetzungen mußten früher in verstärktem Maße der materiellen Hilfe, der Kleider- und Lebensmittelausgabe Rechnung getragen werden. Außerdem wurde die Straffälligen- und Nichtseßhaftenbetreuung sowie die Hilfe für psychisch Kranke schwerpunktmäßig berücksichtigt. Die D. unterhält auch Beratungsstellen für Gastarbeiter.

Ein besonders wichtiges Problem ist die Frage nach der Zielsetzung in der diakonischen Arbeit. Auf Anregung des Diakonischen Rates fand deshalb im Januar 1975 in Bad Boll eine Konsultativtagung statt, in der es um die theoretischen Klärungen der Begriffe »Emanzipation, Autonomie, Selbstverwirklichung und Mündigkeit« hinsichtlich ihrer Bedeutung für die Theorie und Praxis der D. ging. Das Ergebnis wurde in einer Thesenreihe zusammengefaßt, und es wurde ein Katalog von Anregungen aufgestellt, der zur weiteren Auswertung in Theorie und Praxis sowie im Bereich der Publizistik empfohlen wurde. Daß diakonisches Handeln tatsächlich ein Feld helfender Beziehungen voraussetzt – nicht nur individuell, sondern auch kooperativ –, wurde bei der Konferenz in Dortmund besonders deutlich. Die Konferenz machte sichtbar, wie ungelöste institutionelle und strukturelle Probleme sich auf die zwischenmenschlichen Beziehungen und das sich in ihnen vollziehende Hilfegeschehen auswirken. Die Bedeutung von Gruppenarbeit und Gemeinwesenarbeit für den kirchlichen Dienst wurde betont. Nach wie vor sieht das Diakonische Werk einen wichtigen Auftrag darin, vorrangig Mitmenschen der sog. »Randgruppen« mit ihren Hilfeangeboten zu erreichen, Menschen, die ihre Ansprüche überhaupt nicht oder noch nicht selbst wahrnehmen können. Ohne die Angebote der freien Träger in der Sozialarbeit, die durch ihre diskrete und individuelle Arbeitsweise den psychosozialen Bedürfnissen des Ratsuchenden mehr entsprechen als amtliche Wohlfahrtspflege, würden viele Menschen resignieren und nicht gefördert werden können. Fairerweise muß man erwähnen, daß der Staat diese Bemühungen in der D. anerkennt und finanziell fördert. Der Auftrag der D., die ganzheitliche Hilfe und Zuwendung für den einzelnen Menschen und für Gruppen, bleibt auch heute unaufgebbar. In Verbindung von sach- und fachgemäßer Hilfe mit theologischer Reflexion sieht die D. die Chance, dem fragenden Menschen unserer Zeit die Sinnfrage seines Lebens – und darum geht es nicht selten – zu beantworten.

F. K.

Ehescheidung. Auflösung der gescheiterten Ehe durch gerichtliches Urteil auf Antrag eines oder beider Ehegatten. Die *Voraussetzungen* der Ehescheidung sind in den §§ 1564-1568 BGB, die *Rechtsfolgen* in den §§ 1569-1586 b (Unterhaltspflicht), §§ 1587-1587 p (Versorgungsausgleich), 1671 (elterliche Gewalt) geregelt. Nachdem das Scheidungsrecht seit 1938 (bestätigt 1946) im Ehegesetz geregelt war, ist es durch das 1. EheRG vom 14. 6. 1976 wieder in das BGB eingefügt worden. Das Verschuldensprinzip, das »im Prinzip demjenigen Ehegatten, der sich innerhalb der ehelichen Lebensgemeinschaft nichts zuschulden kommen ließ, den Bestand der Ehe sicherte und damit auch weitgehend eine entsprechende unterhaltsrechtliche Versorgung und altersmäßige Sicherung« (Palandt-Diederichsen), ist jetzt durch das Zerrüttungsprinzip abgelöst worden: das »Scheitern« der Ehe ist der einzige Scheidungsgrund. Auch die Scheidungsfolgen sind nun unabhängig von der Schuldfrage. Gescheitert ist die Ehe, wenn die Lebensgemeinschaft der Ehegatten nicht mehr besteht und nicht erwartet werden kann, daß die Ehegatten sie wiederherstellen. Bei einverständlicher Scheidung wird das Scheitern nach einjährigem Getrenntleben (dazu § 1567 BGB), sonst nach dreijährigem Getrenntleben unwiderlegbar vermutet, so daß vor Gericht die ehelichen Verhältnisse nicht mehr bis in die Einzelheiten offengelegt werden müssen, damit das Gericht beurteilen kann, ob die Ehe unheilbar zerrüttet ist (BT-Dr. 7/650, S. 109). Wird damit der Achtung der Persönlichkeit und dem Schutz der Privat- und Intimsphäre Rechnung getragen, so bleibt abzuwarten, ob nicht dort, wo der Ablauf der Fristen nicht abgewartet wird, die Verschuldensfrage – lediglich unter einem neuen Etikett – wieder in das Scheidungsverfahren einkehrt. So läßt sich nach dem führenden Kommentar zum BGB die dann nötige Prognose, daß die Wiederherstellung der ehelichen Lebensgemeinschaft nicht erwartet werden kann, nur treffen, wenn der Richter sich »Klarheit über den Charakter und die Veranlagung der beteiligten Ehegatten verschafft, also den Privatbereich der Ehegatten zum Gegenstand einer gerichtlichen Untersuchung macht«. Bei der sich dabei stellenden Frage nach den Zerrüttungsursachen kämen hier »naturgemäß« dieselben Gründe in Betracht, die schon unter der Herrschaft des Verschuldensgrundsatzes zur Scheidung führten. Dementsprechend übernimmt der führende Kommentar zum BGB den Katalog der schweren Eheverfehlungen i. S. des § 43 EheG a. F. nahezu unverändert, um damit die Einzelfälle von Zerrüttungsursachen aufzuzählen. – Kann das manche Auslegungsfrage aufwerfende Recht der Voraussetzungen einer Ehescheidung (z. B. unter welchen Voraussetzungen leben die Ehegatten auch innerhalb der ehelichen Wohnung getrennt?, wann liegt ein Zusammenleben über *kürzere* Zeit vor? usw.) hier auch nicht näher dargestellt werden, so sind doch die beiden Härteklauseln (§§ 1565 II, 1568) wenigstens zu erwähnen, wobei im ersten Fall die Feststellung von (unzumutbarer) Härte die Scheidung während des ersten Trennungsjahres überhaupt erst ermöglicht, während im zweiten Fall eine gescheiterte Ehe ausnahmsweise bis zur fünfjährigen Trennung aufrechterhalten werden soll, wenn dies im Interesse minderjähriger Kinder der Ehegatten notwendig ist, oder nur so eine »schwere Härte« für den Antragsgegner vermieden werden kann. Über die *Scheidungsfolgen* ist nunmehr im »Verfahrens- und Entscheidungsverbund« vom Familiengericht gleichzeitig und zusammen mit der Scheidungssache zu verhandeln und – sofern die Ehe geschieden wird – zu entscheiden (§ 623 ZPO: Ausnahmen: §§ 627, 628 ZPO). Ein Teil der Angelegenheiten (z. B. auch die elterliche Gewalt über ein gemeinschaftliches Kind) kann das Gericht im Weg der einstweiligen Anordnung auf Antrag regeln (§§ 620-620 g ZPO). Was den Unterhaltsanspruch nach der Scheidung betrifft, so soll die Abkehr vom Verschuldensprinzip die bisherige Benachteiligung des haushaltsführenden Ehegatten (in der Regel die Frau) beenden, die »mit der anerkannten Auffassung, daß die Tätigkeit im Haushalt in ihrem Wert einer Berufstätigkeit gleichzustellen sei, nicht zu vereinbaren ist« (BT-Dr. 7/650, S. 121). Der nach der Scheidung sozial und wirtschaftlich schwächere Ehegatte soll die Hilfe des stärkeren Teils in Anspruch nehmen können, wenn seine Bedürfnislage mit der Ehe in Zusammenhang steht, das heißt, »wenn die Einigung der Ehegatten über die Arbeitsteilung in der Ehe nach der Scheidung zum Nachteil eines Ehegatten fortwirkt, weil er seine wirtschaftliche Lage eng an seinen Partner geknüpft hat, indem er arbeitsteilig die Verwaltung des hauswirtschaftlichen Bereichs übernommen und auf eine Sicherung durch eigene Erwerbstätigkeit verzichtet hat« (BT-Dr. 7/650, S. 121 f.). Diesem gesetzgeberischen Ziel entsprechend ergibt sich die Unterhaltsberechtigung aus den §§ 1570 ff. BGB (auch für den geschiedenen Ehegatten, auf den die Ehezerrüttung zurückgeht; Ausschluß des Anspruchs nur nach § 1579 BGB), in den Fällen der Betreuung eines gemeinschaftlichen Kindes, wegen Alters, Krankheit oder Gebrechens, bis zur nachhaltigen Erlangung einer angemessenen Erwerbstätigkeit (gesetzliche Definition: § 1574 II), während Ausbildung, Fortbildung und Umschulung. Die Billigkeitsklausel des § 1576 soll darüberhinaus sicherstellen, daß auch sonstige Fälle ehebedingter Unterhaltsbedürftigkeit entsprechend dem Grundsatz der Mitverantwortlichkeit des leistungsfähigen anderen Ehegatten erfaßt werden. Im übrigen kommt der Grundsatz der Eigenverantwortung zum Tragen, wonach jeder geschiedene Ehegatte grundsätzlich für sich selbst zu sorgen hat. Die differenzierte Regelung des Zusammentreffens von Ansprüchen eines früheren und eines neuen Ehegatten bei Wiederheirat des Unterhaltsverpflichteten (§ 1582 BGB) soll zuverlässig ausschließen, daß der neue Ehegatte vor dem geschiedenen Ehegatten des Verpflichteten bevorzugt wird (BT-Dr. 7/650, S. 142). Für den geschiedenen Ehegatten besteht daher (unter bestimmten Voraussetzungen) ein Vorrang: »in manchen Fällen wird in der neuen Ehe auch auf Kinder verzichtet werden müssen, weil der zweite Ehegatte seinen Unterhalt nur durch fortdauernde eigene Erwerbstätigkeit sichern kann«. Ihm könne auch eher die Inanspruchnahme öffentlicher Hilfen zugemutet werden, da er die »wirtschaftliche Hypothek«, mit welcher die zweite Ehe belastet sei, mitzutragen habe (BT-Dr. 7/650, S. 143).   G. F.

Elternrecht, elterliche Gewalt. Nach Art. 6 II GG sind »Pflege und Erziehung der Kinder das natürliche (vorstaatliche) Recht der Eltern und die zuvörderst ihnen obliegende Pflicht. Über ihre Betätigung wacht die staatliche Gemeinschaft«. Die umstrittene Frage, inwieweit die Eltern bei der Ausübung ihres Erziehungsrechtes durch eigene Grundrechte der Minderjährigen begrenzt werden, stellt sich bei der Bestimmung von Inhalt und Grenzen der »elterlichen Gewalt«. Das Recht der elterlichen Gewalt ist in den §§ 1626 bis 1698 b BGB geregelt. Die §§ 1705 bis 1712 BGB enthalten Sondervorschriften elterlicher Gewalt über nichteheliche Kinder. Das minderjährige (noch nicht 18-jährige) eheliche Kind steht unter der gemeinsamen elterlichen Gewalt des Vaters und der Mutter. Diese haben das Recht und die Pflicht der Personen- und der Vermögenssorge einschließlich der

Vertretung des Kindes. Die Personensorge betrifft die persönlichen Angelegenheiten des Kindes und umfaßt Recht und Pflicht, das Kind zu erziehen, zu beaufsichtigen und seinen Aufenthalt zu bestimmen (§ 1631 I BGB). Läßt der heute viel getadelte Begriff elterlicher *Gewalt* (Herkunft aus der römisch-rechtlichen patria potestas) eher an ein Herrschaftsrecht denken, das den Minderjährigen der Fremdbestimmung durch seine Eltern unterwirft, so betonen demgegenüber Rechtsprechung und Rechtswissenschaft zunehmend, es handele sich um ein den Eltern im Interesse ihrer Kinder auferlegtes soziales Schutzrecht, um ein »Pflichtrecht«. Den Eltern werden aber sehr weitgehende Befugnisse (Umgangsverbote, Einfluß auf die Berufswahl, Briefkontrolle, Züchtigungsrecht) zugestanden, deren Vereinbarkeit mit den Grundrechten des jungen Menschen (Art. 1, 2 GG, insbesondere Recht auf freie Entfaltung der Persönlichkeit und Recht auf körperliche Unversehrtheit) heute fraglich geworden ist. Kritik äußern auch Sozialwissenschaftler unter Berufung auf die Erkenntnisse der modernen Sozialisationsforschung. In gerichtlichen Entscheidungen über Eltern-Kind-Konflikte werden diese Erkenntnisse entgegen der Aufklärungspflicht nach § 12 FGG auch dort noch ungenügend berücksichtigt, wo das Jugendamt gemäß § 48 a JWG anzuhören ist.

Soweit sich die Eltern in den Grenzen ihrer Befugnisse bewegen, dürfen sie ihre Erziehungsvorstellungen mittels »Ermahnungen, Verweise(n), Ausgehverbote(n), Knapphalten, Taschengeldentzug« (Palandt-Diederichsen) u. a. selbständig durchsetzen. Auf ihren Antrag hat sie das Vormundschaftsgericht durch geeignete Maßregeln zu unterstützen (Palandt-Diederichsen nennen beispielhaft Vorladung des Kindes, Vermahnung, notfalls Verbringung in Erziehungs- und Besserungsanstalt). Das Jugendamt kann mit der Ausführung der Anordnung betraut werden (§ 48 c JWG). Mißbraucht ein Elternteil dagegen sein E. und gefährdet er das Kindeswohl (vgl. hierzu die einschlägigen Kommentare zu § 1666 BGB), so hat das Vormundschaftsgericht, dem das Jugendamt Anzeige zu machen hat (§ 1694 BGB), »von Amts wegen« die zur Abwendung der Gefahr erforderlichen Maßregeln zu treffen, notfalls den Eltern die e. G. bzw. Teile derselben (wie das Aufenthaltsbestimmungsrecht) zu entziehen und auf einen Vormund (eventuell das Jugendamt als bestellten Amtsvormund) bzw. auf einen Pfleger (eventuell das Jugendamt als bestellten Amtspfleger) zu übertragen. Das »Gebot staatlicher Zurückhaltung« gegenüber Eingriffen in das E. wird besonders Unterschichtseltern gegenüber nicht immer gewahrt. Im allgemeinen aber werden die Voraussetzungen des § 1666 BGB als einer eng auszulegenden Ausnahmevorschrift nur bei besonders krassem elterlichen Fehlverhalten bejaht.

Insbesondere von marxistischer Seite wird die gerichtliche Praxis als Ausdruck kapitalistischer Gesellschaftsstruktur gedeutet und dem Erziehungsrecht Klassencharakter beigemessen (vgl. z. B. Barabas u. a., S. 183 ff.). Versuche, die Rechte der Kinder und Jugendlichen gegenüber ihren Eltern zu stärken, und die zunehmende Betonung der Eltern*pflichten* seien weniger den Interessen der jungen Menschen und dem Grundgesetz verpflichtet als vielmehr kapitalistischen Herrschaftsinteressen an der Aufrechterhaltung des gesellschaftlichen status quo, nachdem heute Lohnabhängige zur »Aufzucht« ihrer Kinder gezwungen werden müßten (Heinsohn/Knieper; bevölkerungspolitische Funktion der e. G.) und die familiäre Sozialisation nicht mehr ohne weiteres die »Fabriktugenden« begründe. Sind solche Gedankengänge sicherlich zu einseitig, indem sie die objektive Situation überzeichnen, subjektive Faktoren (Bewußtsein der Beteiligten) vernachlässigen und eine Vermittlung von beidem nicht befriedigend erklären, so erscheint doch richtig gesehen, daß das E. von staatlichen Institutionen (bewußt oder unbewußt und alles in allem) solange und soweit respektiert wird, als die elterliche Erziehung das ihre zur Entwicklung der »gesellschaftlichen Tüchtigkeit« (vgl. § 1 JWG) im Sinne herrschender kultureller, sozialer und rechtlicher Werte beiträgt. Wo dies nicht der Fall ist, setzt öffentliche Jugendhilfe ein, sei es, daß sie die elterliche Erziehung unterstützt und ergänzt, sei es, daß sie diese ersetzt wie bei der Fremdplazierung, die *gegen* den Willen der Eltern freilich nur aufgrund eines mit Art. 6 III GG konformen Gesetzes und richterlicher Entscheidung statthaft ist.

Ob der in der 7. Legislaturperiode gescheiterte, am 10.2 1977 von der Bundesregierung erneut vorgelegte Entwurf eines Gesetzes zur Neuregelung des Rechts der elterlichen Sorge (BT.-Dr. 8/111), welcher »dem Gedanken zunehmender Selbstverantwortlichkeit der Heranwachsenden Rechnung tragen« und den Schutz gefährdeter Kinder verbessern soll, in der laufenden Gesetzgebungsperiode zu einer Neuregelung der als veraltet empfundenen Rechtsmaterie führen wird, bleibt abzuwarten. – Davon abgesehen, daß Eingriffe in das E. einer gesetzlichen Grundlage bedürfen (vgl. z. B. § 1 II S. 2 JWG), wird dem E. im öffentlichen Recht beispielsweise durch das Gebot Rechnung getragen, daß alle Maßnahmen der öffentlichen Jugendhilfe die von den Personensorgeberechtigten bestimmte »Grundrichtung der Erziehung« zu beachten haben, sofern dadurch das Kindeswohl nicht gefährdet wird (§ 3 I S. 2 JWG). Im Schul- und Kindergartenbereich sehen die jeweiligen Landesgesetze Mitgestaltungs- und Mitbestimmungsrechte vor, die weitgehend durch Elternbeiräte auszuüben sind. Die Rechtslage ist höchst unterschiedlich. Im ganzen ist eine Tendenz des Ausbaus solcher Partizipationsrechte zu verzeichnen, wobei freilich zu fragen ist, inwieweit die Eltern auch in der Lage sind, ihre Rechte wahrzunehmen und was unternommen wird, sie hierzu zu befähigen. In neueren Darstellungen wird oft auf den rein legitimierenden Charakter solcher Rechtsnormen hingewiesen, sowie darauf, daß damit ein »Frühwarnsystem« eingerichtet werde, das es den Behörden ermögliche, frühzeitig Mängel zu erkennen und sich auf zu erwartende Kritik einzustellen. Eine Gesamteinschätzung kann indessen nicht nur negativ ausfallen, sondern muß die Entwicklung als eine Erweiterung demokratischer Rechte begrüßen, der freilich ein Ausbau der Mit- und Selbstbestimmungsrechte der betroffenen jungen Menschen selbst zu entsprechen hätte. *G. F.*

Emanzipation. Mit der Studentenbewegung ist der Begriff E. wieder zu Ehren gekommen und hat den Begriff »Mündigkeit« abgelöst. Jeder Bildungsreformer, jeder Jugendverband schreibt ihn auf seine Fahnen, auch Sozialarbeit - so unterschiedlich sie auch arbeiten mag – weiß sich einig darin, emanzipatorisch arbeiten zu wollen. In dieser Allgemeinheit wird der Begriff allerdings zur Leerformel. E. stammt als Begriff aus dem römischen Recht und bedeutet Freilassung aus der Hausgewalt des Familienoberhaupts (mancipium), auch Freilassung von Sklaven. Neue und erweiterte Bedeutung gewinnt der Begriff im Zusammenhang mit dem Aufstieg und den Befreiungsbewegungen des Bürgertums. Klassisch formuliert wurde dieser E.begriff durch Kant in der Schrift »Beantwortung der Frage: Was ist Aufklärung?« vom September 1783: »Aufklärung ist der Ausgang des Menschen aus seiner selbstverschuldeten Unmündigkeit. Unmündigkeit ist das Unvermögen, sich seines Verstandes ohne Leitung eines anderen zu bedienen. Selbstverschuldet ist diese Unmündigkeit, wenn die Ursachen derselben nicht am Mangel des Verstandes, sondern der Entschließung des Muts liegt, sich seiner ohne Leitung eines anderen zu bedienen . . . Habe Mut, dich deines eigenen Verstandes zu bedienen.« E. ist hier die individuelle Anstrengung, über Erkenntnisprozeß und Einstellungsänderungen mündig zu werden. Auf dieses Konzept von E. als dem Ergebnis individueller Bemühung, sich von unbegriffenen Zwängen, Erkenntnisschranken und Verhaltenszwängen zu befreien, läßt sich auch der Strang der neueren Erziehungswissenschaft zurückführen, die den E.begriff zur eigenen Kennzeichnung gegenüber normativen oder pragmatischen Konzepten verwendet (Mollenhauer 1968, Lempert 1976, Giesecke 1973 u. a.). Mollenhauer bestimmt ganz richtig, daß das erkenntnisleitende Interesse der Erziehungswissenschaft E. sei; emanzipatorische Erziehung ist deshalb immer über den status quo hinausgehend: »Die praktischen Erziehungsprobleme sind demnach nicht mehr auf dem Niveau gegebener sozialer Bedingungen allein zu formulieren, sondern unter dem Anspruch fortschreitender Demokratisierung immer auch *gegen* dieses Niveau.« Aber »das Bemühen geht dabei immer darauf, das E.problem in dem sich an Rationalität bindenden Bewußtsein zu lokalisieren und auf die empirischen, d. h. aber im wesentlichen gesellschaftlichen Bedingungen wenigstens hinzuweisen, sofern sie solches Bewußtsein verhindern oder einschränken.« Somit heißt für Mollenhauer E. die Befreiung des Subjekts aus Bedingungen, die seine Rationalität beschränken. Diese Position wurde von uns wie folgt kritisiert: »(Sie) . . . erscheint uns als ›halbierte E.‹, weil sie sich den gesellschaftlichen Bedingungen für ihre Möglichkeit zwar nicht verschließt, aber dennoch und letztendlich die Beweislast für ihre Existenz dem einzelnen aufbürdet und noch dazu an das Vorhandensein kritisch-rationalen Argumentierens bindet, ohne zu fragen, worauf sich dieses kritische Argumentieren bezieht, wofür und wogegen es gerichtet ist und welche → Interessen es dabei vertritt. Wir glauben, die kritische Einschätzung dieser E. als ›halbierter‹ E.‹ abgeben zu dürfen, weil wir sie in einer bestimmten Phase unserer eigenen Entwicklung selbst vertreten haben – und weil wir glauben, erkannt zu haben, daß sie nicht ausreicht, will man die »praktischen Erziehungsprobleme wirklich (und das heißt radikal) gegen das Niveau der gegebenen sozialen Bedingungen formulieren« (C. W. Müller/Oelschlägel in: G. Hartfiel (Hg.), Emanzipation, Opladen 1975).

Demgegenüber brachten Marx und Engels die E.frage auf ihren wahren Begriff: »Alle E. ist die Rückführung der Verhältnisse auf den Menschen selbst.« Deshalb ist zur Bestimmung der Frage: Was ist E.? der Rückgriff auf die Vorfrage: Was ist der Mensch? notwendig. Als Exemplar einer biologischen Gattung ist der Mensch zuallererst ein Naturwesen. Von allen anderen Naturwesen unterscheidet er sich aber durch sein spezifisches Verhältnis zur Natur, nämlich durch die bewußte, planvolle und gemeinschaftliche Veränderung der Natur zum Zwecke der Existenzsicherung und Arterhaltung. Somit wird das Wesen durch Natur *und* Arbeit bestimmt. Durch die Arbeit und in ihr tritt der Mensch in Beziehung zu anderen Menschen, wird er zum gesellschaftlichen Wesen. Die Organisationsstufe dieser Arbeit (= Produktionsverhältnisse) bestimmt die Möglichkeiten und Einschränkungen des Menschen in der jeweiligen Gesellschaft. Gleichermaßen ist er aber auch durch die Arbeit Hersteller dieser Verhältnisse und hat die Möglichkeit, durch gesellschaftliche Praxis verändernd auf sie einzuwirken. Die Produktionsverhältnisse, unter denen wir in der BRD leben und innerhalb deren wir E. als ein gesellschaftliches Phänomen bestimmen, sind die Verhältnisse einer warentauschenden kapitalistischen Klassengesellschaft. Zum Charakter dieser Gesellschaft, deren Verhältnisse bestimmt werden als Waren-Verhältnisse, gehört das Phänomen »Entfremdung«, und dessen Bestimmung bringt uns unserem E.verständnis näher. *Entfremdung* kann auf drei Ebenen gezeigt werden: a) im Verhältnis des Arbeiters zum Produkt seiner Arbeit, das den Charakter einer Ware angenommen hat und ihm als fremdes Produkt gegenübertritt (z. B. das er kaufen muß); b) im Verhältnis des Arbeiters zur Arbeit selbst als zu einer fremden Tätigkeit; c) im Verhältnis der Menschen untereinander, die von den Verhältnissen des Warentauschs geprägt und »entmenschlicht« werden. Die Entfremdung des Arbeiters (im Sinne des Klassenbegriffs alle Werktätigen umfassend) zeigt sich in materieller Ausbeutung und politischer Unterdrückung, in erstarrten Verkehrsformen, neurotischen oder psychotischen Symptomen etc. Sozialarbeit/Sozialpädagogik hat insbesondere mit solchen Erscheinungsweisen der Entfremdung zu tun. Nichthalbierte, volle E. bedeutet nun konsequenterweise Aufhebung von Entfremdung, Herausführung aus »allen versklavenden Verhältnissen« und bedeutet gleichermaßen jeden Schritt und jede Bemühung, die auf dieses Ziel gerichtet sind. Sie ist also Prozeß *und* Ziel zugleich. So gesehen ist das E.konzept von Marx und Engels noch immer gültig und noch immer nicht eingelöst. Denn E. als gesellschaftlicher Prozeß ist zu verstehen als »positive Aufhebung des Privateigentums als menschliche Selbstentfremdung, und darum als wirkliche Aneignung des menschlichen Wesens durch und für den Menschen; darum als vollständige bewußt und innerhalb des ganzen Reichtums der bisherigen Entwicklung gewordene Rückkehr des Menschen für sich als eines gesellschaftlichen, d. h. menschlichen Menschen« (Karl Marx). So kann E. als Ziel nicht von der Anstrengung eines Individuums oder einer Gruppe erreicht werden. E. in einer Klassengesellschaft ist eine Klassenfrage. Diese allgemeine Aussage präzisierten Marx und Engels u. a. im Kommunistischen Manifest. Subjekt dieses E.prozesses als einer historischen Aufgabe ist das Proletariat, »die selbständige Bewegung der ungeheuren Mehrzahl im Interesse der ungeheuren Mehrzahl«. Allerdings ist mit dieser Aussage nicht der Verzicht auf alle Belange des je konkreten Individuums ausgesprochen. Im Einklang mit den von Marx und Engels entwickelten Ansätzen zu einer Theorie der Entwicklung des Menschen ist jede Handlung und jede Erkenntnis, die Menschen materiell, sozial und physisch freier macht, sie vom entfremdeten Bewußtsein zum Bewußtsein von der Entfremdung bewegt, individuelle Verhaltenszwänge und Kommunikationsbehinderung soweit als möglich beseitigt, wichtig und notwendig, ein Teil von E., insbesondere dann, wenn dadurch die Bedingungen für solidarisches, politisches Handeln gefördert werden.

So ist E. einerseits ein politischer Begriff, der auf gesellschaftliche Veränderungen zielt; gleichzeitig ist er auf der anderen Seite ein pädagogischer Begriff, wenn man davon ausgeht, daß gesellschaftliche Veränderungen an Bewußtsein und Lernprozesse des konkreten Einzelnen gebunden werden. So hat eine Sozialarbeit/Sozialpädagogik, die sich »emanzipatorisch« nennt, ihre Aufgabe auf drei Ebenen zu erfüllen: a) die materielle Verbesserung der Lebenslage ihrer Zielgruppe, b) die Ebene der psychischen Befreiung und der politischen Lernprozesse, c) die Aufklärung der Gesellschaft über die Folgen und Auswirkung der Entfremdung bei ihren Zielgruppen. Sie kann allerdings eine politische E.bewegung keinesfalls ersetzen, sondern bewegt sich zu deren Vorfeld, der »Politisierung des Alltags«. Die theoretische Grundlegung einer solchen emanzipatorischen Sozialarbeit/ Sozialpädagogik fehlt noch immer. Sie müßte eine befriedigende Vermittlung der politischen, der pädagogischen und der therapeutischen Dimension leisten, d. h. sowohl die Kritik der Politischen Ökonomie als auch eine kritische Theorie des Subjekts in sich vereinigen.   *D. Oe.*

Encounter-Gruppe, auch Sensitivitäts-Trainingsgruppe genannt, dient unter Zugrundelegung der dynamischen Psychologie Kurt Lewins und der nichtdirektiven Gesprächstherapie Carl Rogers der Einübung zwischenmenschlicher Beziehungen innerhalb einer Gruppe (Frauengruppen, Familiengruppen, Alkoholikergruppen, Gruppen von Süchtigen, Synanongruppen, etc.). Mit Hilfe der auftretenden verbalen Stimulierungen und Reaktionen sollen die Gruppenmitglieder in die Lage versetzt werden, sich Verhaltensweisen abzugewöhnen, wofür sie zunächst überhaupt erst empfindlich gemacht werden müssen (Sensibilität). Eine E. trifft sich, daher auch der englische Name, ein- oder mehrmals in der Woche unter Anleitung eines Psychologen oder Therapeuten. Ziel ist die Behebung von Selbstunsicherheit, Gewinnung größerer Selbstsicherheit, Beseitigung sozialer Ängste und Überwindung gestörter sozialer Interaktionen.

H. M.

Entwicklungspsychologie. Die Verhaltensänderung geistiger, körperlicher, emotionaler und sozialer Art in Abhängigkeit vom Alter des Menschen ist Gegenstand der E. Da die Determinanten eines Verhaltens unter anderem immer in Verhaltensweisen zeitlich früheren Stadiums des Individuums zu finden sind, ist die Kenntnis entwicklungspsychologischer Sachverhalte wichtig für das Verstehen eines gegenwärtigen individuellen Verhalten. Unter dem Begriff »Entwicklung« werden folgende Begriffe eingefaßt: Wachsen (Vergrößerung der materiellen Substanz, z. B. Längenwachstum), Reifen (Strukturveränderung des Zentralnervensystems und anderer Körperfunktionen, z. B. einen Gegenstand sehen und greifen können), Lernen (Verhaltensänderung durch Umwelteinflüsse vorwiegend nicht traumatischer Art, z. B. Lesen lernen) und Sozialisation (Lernen von Verhaltensnormen). Viele psychologische Sachverhalte beruhen auf mehreren der letztgenannten Variablen: Z. B. Sprechen lernen entsteht a) aus der Reifung des Zentralnervensystems, also nicht vor dem 2. Lebensjahr, b) aus Umwelteinflüssen, d. h. Übernahme der Sprache der Erziehungspersonen, also der Muttersprache, c) aus Verhaltensnormen, die an den situativen Kontext angepaßt sind, also den schichtspezifischen und kleingruppenspezifischen Sprechmustern.

E. R.

Ermessen und unbestimmter Rechtsbegriff. Unter E. wird im Verwaltungsrecht die Wahlmöglichkeit von Rechtsfolgen verstanden, die der Gesetzgeber der Verwaltung in bestimmten Fällen einräumt. Damit fördert er die eigene und eigenverantwortliche Wahrnehmung von Aufgaben durch die Verwaltungsbehörden, aber auch die Möglichkeit, den unterschiedlichen Voraussetzungen der Einzelfallgestaltung gerecht werden zu können. Die im Rahmen des zugestandenen E. getroffenen Verwaltungsentscheidungen sind gerichtlich nicht überprüfbar. Die Verwaltungsgerichte können nur die Einhaltung der E.grenzen oder die falsche Einschätzung des E.spielraums im Einzelfall rügen (§ 114 VerwGO). Die Kenntnis des E.spielraums ist für die praktische Sozialarbeit in den Institutionen also unabdingbare Voraussetzung, um die Handlungs- und Entscheidungsmöglichkeiten zugunsten der Klienten im Einzelfall wirksam einsetzen zu können.
Das Verwaltungsrecht kennt zwei Grundformen des E.: das Entschliessungs-E. und das Auswahl-E. Von Entschließungs-E. ist zu reden, wo der Verwaltung die Entscheidung überlassen bleibt, ob sie überhaupt tätig werden will, ob es sinnvoll ist, im Einzelfall einzugreifen (z. B. § 56 Abs. 2 BSHG, der Gewährung von Sonderleistungen). Auswahl-E. liegt vor,

wenn die Verwaltung zwischen verschiedenen Mitteln und Rechtsfolgen im konkreten Einzelfall wählen kann (z. B. die Auflagenerteilung bei Erteilung einer Aufenthaltsberechtigung nach § 8 Abs. II AuslG). Die Ausübung des E. ist – trotz gesetzlicher Gewährung – in der Sozialverwaltungspraxis vielfältig eingeschränkt. Hat die Verwaltung in vergleichbaren Fällen bei der E.ausübung immer dieselbe Entscheidung getroffen, dann kann sie in gleichgelagerten Fällen ohne Grund nicht anders entscheiden: das Problem der »Selbstbindung der Verwaltung«. Hinzu kommt, daß der E.spielraum durch Verwaltungsvorschriften weiter eingeengt ist. Hier wird die untere Verwaltungsbehörde an die internen Richtlinien, Erlasse oder Verfahrensvorschriften der übergeordneten Behörde gebunden (vgl. die Verwaltungsvorschriften im Ausländerrecht, die Erlasse im Schul- und Hochschulbereich). Schließlich wird die Ausübung des E. durch die Geltung der verfassungsrechtlichen Prinzipien eingeschränkt (z. B. Verhältnismäßigkeit der Mittel, Gleichbehandlungsgebot).

Unbestimmte Rechtsbegriffe sind dagegen interpretationsbedürftige Begriffe, vergleichbar mit den privatrechtlichen Generalklauseln wie Treu und Glauben, Verkehrssitte. Sie sind im Verwaltungsrecht sehr häufig verwendet, weil gerade in diesem Bereich der erwartbare Rahmen künftiger Entwicklung und sozialer Veränderung nicht abzusehen ist. Was unter »öffentlicher Sicherheit«, »Eignung«, »Gemeinwohl« zu verstehen sei, muß für den jeweiligen Lebensbereich und aus dessen Wertungen entnommen werden, d. h. hier gehen subjektive Urteile in die Interpretation ein. Das gilt für die empirischen Begriffe – Nachtzeit, Störung, Gefahr –, deren Interpretation mit den traditionellen Auslegungsmethoden möglich ist, weniger als für die normativen Rechtsbegriffe wie Sittlichkeit, Eignung, Befähigung. Für die Sozialarbeitspraxis ist wichtig, daß der Umfang der gerichtlichen Überprüfung der Interpretation unbestimmter Rechtsbegriffe strittig und damit auch der Handlungsspielraum der Verwaltung nicht eindeutig geklärt ist. Im Gegensatz zur Ausübung des E. gab die Interpretation unbestimmter Rechtsbegriffe der Verwaltung keine Wahl zwischen verschiedenen Entscheidungsmöglichkeiten; nur in Prüfungs- und Eignungsentscheidungen war die Beschränkung der gerichtlichen Überprüfung anerkannt. Für Begriffe wie öffentliche Sicherheit, Störung oder Verwahrlosung nimmt die Rechtsprechung grundsätzlich die Befugnis unbegrenzter Nachprüfung in Anspruch. Dieser Anspruch wird ihr vielfach bestritten. Ob auch für diese Fälle die Rechtsprechung zurücksteckt, entscheidet nicht zuletzt wegen der Häufigkeit unbestimmter Rechtsbegriffe über die künftige Erweiterung der Handlungsspielräume in der Sozialarbeit. *H. F.*

Erziehungsbeistandschaft. Form der ambulanten (offenen) Erziehungshilfe für Minderjährige, deren »leibliche, geistige oder seelische Entwicklung gefährdet oder geschädigt ist« (§ 55 JWG). Ihnen wird vom Jugendamt (auf Antrag der Personensorgeberechtigten, also meist der Eltern) –

eventuell auf vormundschaftsgerichtliche Anordnung hin, vgl. §§ 57, 68 III JWG – ein Erziehungsbeistand (meist ein hauptamtlich tätiger graduierter Sozialarbeiter) bestellt, wenn eine formlose Erziehungshilfe nach §§ 5, 6 JWG nicht ausreicht, die weitergehenden Maßnahmen der Freiwilligen Erziehungshilfe bzw. Fürsorgeerziehung (Fremdplazierung) dagegen nicht erforderlich sind, die Gefährdung abzuwenden oder die Schädigung zu beseitigen. Die E. ist auch eine der Erziehungsmaßregeln, auf die der Jugendrichter im Jugendstrafverfahren erkennen kann (§§ 9, 12 JGG). Künftig sollte die Möglichkeit richterlicher Anordnung der E. entfallen. Die Referentenentwürfe eines neuen Jugendhilfegesetzes aus dem Jahr 1974 machen die Einwilligung der Eltern und die (wenigstens zu weckende) Bereitschaft des Kindes oder Jugendlichen, mit dem Erziehungsbeistand zusammenzuarbeiten, zur Voraussetzung der Bestellung des Erziehungsbeistandes als einer »kontinuierlichen Bezugsperson«. Gemäß § 58 I JWG unterstützt der Erziehungsbeistand die Personensorgeberechtigten bei der Erziehung. Dem Minderjährigen steht er mit Rat und Hilfe zur Seite und berät ihn auch bei der Verwendung seines Arbeitsverdienstes. Ziel ist dabei die »Verselbständigung, die aktuelle Konfliktbewältigung in Familie, Schule, Beruf und dem übrigen sozialen Umfeld, die zur Fähigkeit führt, auch langfristig die eigenen Problemlagen zu lösen« (AGJ-Dokumentation 1975, S. 123). Diese Aufgaben soll der Erziehungsbeistand mit den Methoden moderner Sozialarbeit (sowohl Einzelfallhilfe als auch soziale Gruppenarbeit) leisten, wozu er über »besondere Fähigkeiten und Kenntnisse im therapeutischen Bereich verfügen und daneben auch umfangreiche Kenntnisse auf rechtlichem Gebiet haben« muß (KGSt. Bericht Nr. 7/1975, S. 7). Qualifizierte Arbeit kann nur geleistet werden, wenn der Erziehungsbeistand sich um jeden seiner Klienten intensiv kümmern kann. Dem versuchen z. B. die vom Landesjugendwohlfahrtsausschuß des Landesjugendamtes Hessen verabschiedeten Richtlinien Rechnung zu tragen, wonach von einem hauptamtlichen Erziehungsbeistand nicht mehr als 25 Minderjährige betreut werden sollen (AGJ-Dokumentation 1975 fordert durchschnittlich 20 Klienten). Diese Fallzahl müsse entsprechend herabgesetzt werden, wenn er noch nebenamtliche Erziehungsbeistände (über Vor- und Nachteile ihrer Einbeziehung gehen die Meinungen auseinander) zu beraten hat. Die Richtlinien betonen auch die Notwendigkeit einer angemessenen Fortbildung.

Der Erziehungsbeistand wird vom Jugendamt unterstützt. Er hat ein Auskunftsrecht gegenüber allen Beteiligten (§ 59 JWG) und das Recht auf Zutritt zu dem Minderjährigen (§ 58 I S. 3 JWG). Im übrigen hat er keine *rechtliche* Möglichkeit, seine Vorstellungen durchzusetzen. Die E. schränkt nämlich das Sorgerecht nicht ein. Der Erziehungsbeistand ist auch nicht etwa gesetzlicher Vertreter des Betreuten. Daher kann er in dessen Namen keine Rechtsmittel einlegen. Hält er das Wohl des Minderjährigen durch die elterliche Erziehung für gefährdet, so kann er dem Jugendamt oder dem Vormundschaftsgericht berichten, damit diese Institutionen weitere erzieherische Maßnahmen erwägen können. Eine entsprechende Berichts*pflicht* besteht im Rahmen des § 58 II JWG.

Wegen des nach wie vor unbefriedigenden Angebots an anderen beratenden Hilfen im »Vorfeld der Heimerziehung« kommt der gegenüber stationären Hilfen auch weniger kostspieligen E. große Bedeutung zu. Bei ihrer Einleitung und Durchführung ist darauf zu achten, daß sie nicht stigmatisierend wirkt. Diese Gefahr liegt schon deshalb nahe, weil die Feststellung der rechtlichen Voraussetzungen sich an der Vorstellung einer »normalen« (den herrschenden kulturellen und rechtlichen Werten konformen) Entwicklung orientiert und von den betroffenen Kindern und Jugendlichen oft als sie belastende Sanktion auf abweichendes Verhalten (z. B. »Schulschwänzen« oder »Arbeitsbummelei«, nicht allzu schwer wiegendes kriminelles Verhalten) verstanden wird. In diesem Zusammenhang ist auch die Eintragung der gerichtlich angeordneten E. in das von dem Bundeszentralregister geführte Erziehungsregister (die z. B. Österreich und Schweiz nicht kennen) problematisch (vgl. dazu §§ 55-59 BZRG).   *G. F.*

Ethik. Jeder Begegnung mit Menschen unterliegt ein ethisches Grundverständnis. Vielen Menschen ist dies nicht bewußt, weil sie den Grad ihres Vorurteils unterschätzen und ihre sympathischen und antipathischen Regungen bloß als Folge der unmittelbaren Reaktion ansehen und nicht als langerworbenes Verhaltensmuster von Reaktionen. Der Sozialarbeiter muß in einem Prozeß der Selbsterfahrung seine Voreingenommenheiten erkennen, sie gegebenenfalls ändern und sich bewußt dazu bekennen, um nach diesen Prinzipien zu handeln. Unter anderem gehören folgende ethische Handlungsprinzipien zur Sozialarbeit: 1. *Die Personennähe:* Diese besagt, daß grundsätzlich jedem in soziales Elend geratenen Menschen Hilfe zuteil wird, völlig unabhängig von dem Grad seiner Selbstverschuldetheit. Dieses Prinzip unterscheidet die Sozialarbeit von der Rechtsprechung. Denn letztere straft oder ahndet nach Maßgabe der Schuld. Vom sozialarbeiterischen Ethos aus ist jeder Mensch unschuldig, das heißt, er ist ein Produkt seiner Umwelt und hat Recht auf Hilfe. Und jede Hilfe muß sich letztlich auf die Hilfe am einzelnen Menschen, am Betroffenen zurückführen lassen. Es geht kein Weg an der Person vorbei.

2. *Die Realitätsnähe:* Analytisch gesehen, besteht ein soziales Problem aus vielen Widersprüchen, die von individuellen Konflikten bis zum gesellschaftlichen Hauptwiderspruch reichen (Widerspruch zwischen Produktivkräften und Produktionsverhältnissen). Es können selbstverständlich von den Sozialarbeitern nicht gesellschaftliche Hauptwidersprüche gelöst werden, obwohl deren Lösung theoretisch tausende und millionen Einzelprobleme lösen würde. Ein solcher Plan ist in einem konkreten sozialarbeiterischen Projekt utopisch. Real ist die konkrete Verbesserung der jeweiligen Situation der Klienten und darüberhinaus eine mehr oder minder wirksame Bewußtseinsbildung der nächsten Menschen als zusätzliche Kraft zur Weiterentwicklung der gesellschaftlichen Verhältnisse. Die Rea-

litätsnähe mahnt somit an eine Hilfe, die als solche tatsächlich spürbar und nachweisbar ist, an eine Lösung, die mindestens Teilkonflikte behoben hat und nicht an Aktionen, die in langwierigen Gesellschaftsprozessen als ein Nichts verpuffen.

3. *Der Dialog:* So schwierig es auch in der Praxis ist, das Kräfteungleichgewicht zwischen Sozialarbeiter und Klient auszugleichen, so unabdingbar ist doch die ethische Forderung, sich aus diesem Subjekt–Objektverhältnis zu lösen und den gleichberechtigten Dialog mit dem Klienten einzugehen, das heißt, ihn als einen Partner zu sehen, sich selbst als Partner zu zeigen und in gemeinsamem Bemühen die Lösung zu finden. Obwohl vom gesellschaftlichen Auftrag her die Arbeit des Sozialarbeiters die Hilfe am Schwachen und Hilfebedürftigen bedeutet, soll dem Sozialarbeiter doch klar sein, daß er ebenso Hilfe für seine Schwächen vom Klienten empfangen kann und sich damit das Verhältnis Hilfe geben – Hilfe empfangen zeitweilig umdreht.

4. *Hilfe zur Selbsthilfe:* Nicht die aufoktroyierte (auferzwungene) Lösung des Sozialarbeiters ist die geeignete Hilfe, sondern die Stärkung des Klienten, sich selbst die Lösung zu erarbeiten und seine eigenen Pläne sowie eine glücklichere Lebensgestaltung zu erarbeiten. Der Sozialarbeiter entlastet sich als Führer, hebt das Subjekt-Objektverhältnis auf und emanzipiert den Klienten aus seinem Klientenstadium zu einem selbständigen Menschen.

5. *Parteilichkeit:* Parteilichkeit ist das Mitgefühl für das Elend, die gefühlte Sympathie für die Menschlichkeit und der willentlich geführte Kampf für ein besseres Leben der vom sozialen Elend betroffenen Menschen. Sie ist das ethische Bekenntnis, immer auf der Seite der Schwächeren, der Unterdrückten und der Leidenden zu stehen.   *E. R.*

Fachbibliothek des Deutschen Caritasverbandes (Freiburg i. Br.), größte Bibliothek der Bundesrepublik (über 100 000 Bände) für sämtliche Sparten der Sozialarbeit.   *H. M.*

Fallberichterstattung ist die aktenkundig gemachte Darstellung aller Vorgänge, die sich zwischen Klient und Sozialarbeiter vom Anfang bis zum Ende ihrer Beziehung abspielen. Der Fallbericht beruht auf der sorgfältigen Beobachtung aller für eine erfolgreiche Hilfe notwendigen Fakten, geht jedoch über inhaltsanalytische Beschreibung hinaus, da er oft gleichzeitig sein Material interpretiert und kommentiert. Er muß so abgefaßt werden, daß bei Ausscheiden des Fallarbeiters eine Fortsetzung der Behandlung durch einen andern jederzeit möglich ist. – Der äußere Rahmen des Berichts ist die Chronologie der Ereignisse, durch die sich das diagnostische und prognostische Denken und Handeln des Sozialarbeiters als roter Faden zieht, der den Weg zum Behandlungsziel zeigt. Der Berichterstatter muß sich von Beginn an klar machen, wo der Schwerpunkt seines Eingriffs liegen soll. Liegt er z. B. in aktuellen Notlagen (Arbeitslosigkeit, Krankheit, Tod des Ernährers etc), so ist zwar ein klares Bild der Notsituation, ihrer Entstehung, ihres bisherigen Verlaufs und Umfangs, ihrer Auswirkungen auf den Klienten und seine Familie durchaus erforderlich, nicht jedoch umfassendes Material über die Persönlichkeit des Klienten und seine Vergangenheit. Meist genügt die kurze Aufzählung jener Maßnahmen, die bisher vom Klienten zur Behebung des Notstandes unternommen wurden, sowie die Besprechung jetzt einzuleitender Maßnahmen. Dasselbe gilt auch für die sog. »abgelaufenen« Fälle, die nur noch einer »stützenden Behandlung« zugänglich sind, die den status quo erhalten könnte. Auch für den seinen Bericht abfassenden Sozialarbeiter gilt das alte Wort: »Ein Schelm, der mehr gibt als er hat«. Der Bericht darf niemals zum Ausweis der eigenen Tüchtigkeit werden! Nach Eruierung der wesentlichen sozialen Daten (wirtschaftl. Lage, Familie, Einkommensquellen, Alter, Geschlecht, Beruf, kultureller Hintergrund, Gesundheit, Wohnung, etc.) und nachdem der Sozialarbeiter sich über die Kapazität des Klienten, an seinem eigenen Problem mitzuarbeiten, klar geworden ist (vorwiegend geht es hier um die emotive und kognitive Stellungnahme des Klienten, den Grad seiner Zuversicht oder Entmutigung, seine Selbsteinschätzung), muß der Berichterstatter nach allen Zeichen Ausschau halten, die sich als Reaktionen des Klienten auf die Behandlung deuten lassen. Nur wenn der Bericht die Entwicklung oder auch das Steckenbleiben und den Rückfall in der Behandlung genau registriert und reflektiert, kann eine richtige Diagnose gestellt werden, die dann den Ausgangspunkt aller Hilfemaßnahmen bilden muß. Dementsprechend verlagert sich nunmehr der Schwerpunkt der Berichterstattung auf das psychologische Wechselspiel in der Helfer-Klientenbeziehung. Das psychische Material, das hier auftaucht, ist allerdings oft so beschaffen, daß es eine zusammenfassende Berichterstattung zu sprengen droht; dennoch bleibt der Versuch einer Verdichtung und Straffung unerläßlich, damit die Behandlungsschritte und -ziele nie aus den Augen verloren werden.   *H. M.*

Familienfürsorge, a) Arbeitsprinzip in der kommunalen Sozialarbeit: im Mittelpunkt der Sozialarbeit steht die Familie, mit der nur *ein* Sozialarbeiter (Familienfürsorger) zu tun haben soll, der aus seiner Kenntnis der Familienverhältnisse her zu weitgehend vorbeugender Tätigkeit imstande sein soll; b) Organisationsform der kommunalen Sozialarbeit, aus der Anerkennung des Arbeitsprinzips F. entstanden: jeder Familienfürsorger betreut einen örtlich abgegrenzten Bezirk in eigner Verantwortung in Ausführung der gesetzlichen Aufgaben der Kommunen (Sozialhilfe, Jugendhilfe, Gesundheitshilfe). Neben den aus eigener Initiative aufzugreifenden Notständen hat er von den einzelnen Ämtern übersandte Aufträge im Außendienst durch Hausbesuch, Gespräche in der Sprechstunde und eingehende Berichterstattung zu erledigen. Bei dieser Organisationsform liegen die verwaltungsmäßige Bearbeitung und die persönliche Hilfe und beratende Arbeit mit den Betroffenen selbst oft noch in verschiedenen Händen (Innendienst/Außendienst). Diese Arbeitsteilung ist problema-

tisch; es gibt daher in den einzelnen Kommunen die unterschiedlichsten
Veränderungsansätze, z. B. Trierer Modell, Versuche in Berlin usw. – Weil
die Bezeichnung F. die Begrenzung: nur auf Familie ausgerichtet enthält,
zeichnet sich die Tendenz zur Umbenennung in »Abteilung Soziale
Dienste« ab.   *R. D.*

Familientherapie. Familientherapie hat sich aus sozialer Einzelhilfe entwickelt und wird teilweise noch heute dieser Arbeitsform der Sozialarbeit
zugerechnet. Der F. liegt die Annahme zugrunde, daß der Mensch als soziales Wesen ständig in Beziehungen lebt, die ihn beeinflussen. Durch das
Zusammensein in Lebensgemeinschaften entsteht ein psychosoziales Feld,
an dem alle Mitglieder teilhaben. Zur Erklärung und zur Behandlung von
psychischen Störungen kann die einzelne Person, das Individium nicht allein gesehen und angesprochen werden, da der Schlüssel im gemeinsamen
Interaktionsfeld der Bezugsgruppe, der Lebensgemeinschaft liegt, den ver-
bindenden Wert- und Normenmaßstäben dieses Systems. Die Belastungen
und krankmachenden Faktoren liegen nicht grundsätzlich im engeren Le-
benszusammenhang der Bezugsgruppe, sie entstehen durch gesellschaftliche Gegebenheiten (z. B. in der Arbeitswelt, in der Schule, durch die Lebensverhältnisse, wie z. B. schlechte Wohnbedingungen, Randgruppenda-
sein oder durch den Eintritt von Ereignissen, wie z. B. Unfall, Siechtum,
organische Krankheit, Tod). In der Diagnose und in der Vorgehensweise
ist es schwierig, eindeutig die Probleme der äußeren Lebenssituation von
der innerpsychischen zu trennen. Stärker als die psychologische Beratung
muß Sozialarbeit die gesamte Lebenssituation einbeziehen. Sozialarbeit hat
als Zielgruppe vorwiegend sozial benachteiligte Menschen. Anknüpfungs-
punkte für die Beratung sind häufig materielle Notstände oder Benachteili-
gungen. Auf die gesellschaftlichen Gegebenheiten und Bedingungen kann
die Sozialarbeit keinen direkten Einfluß nehmen, aber Veränderungen der
Interaktionen, Stärkung des Ichs und Ausbildung von gesellschaftlichem
Bewußtsein bilden die Voraussetzung für die Motivation zur Mitarbeit an
gesellschaftlichen Veränderungen. Bei der Einbeziehung der »sozialen
Fakten«, muß darauf geachtet werden, daß bei aller Betonung des menschlichen Lernprozesses als Ergebnisse von Interaktionen dem Individuum
eine weitgehend passive Rolle zugewiesen wird (Anwendungsbereich Sozialisation). Eine Therapie, die als Konzept des Menschen ihn als gesellschaftliches Wesen begreift, kann das Individuum nicht ahistorisch sehen,
ihr weiteres Ziel liegt in der Veränderung der »sozialen Fakten«, dem Menschen aktive Handlungsspielräume zu eröffnen, ihn zu motivieren, Initiativen zu ergreifen (z. B. Mitarbeit in Gewerkschaften, Elternbeiträge, Bürgerinitiativen, Gemeinwesenarbeit).
Beispiele für wissenschaftliche Ansätze der F. sind:
a) analytischer Ansatz (Ackermann, Richter, Stierlin), b) verhaltensthera-
peutischer Ansatz (Mönks-Hendriks, Mandel-Mandel, Lederer), e) nondi-
rektiver Ansatz (Rogers/Tausch), d) gestalttherapeutischer Ansatz (Kemp-

ler), e) kommunikativer Ansatz (Watzlawik/Satir,). In der Sozialarbeit finden bei Familienberatung im wesentlichen verschiedene theoretische Konzepte Anwendung, der verbreitetste ist wohl der kommunikative Ansatz. Ob die Handlungsvollzüge aus dem interaktionistischen Modell, dem Kollusionskonzept oder anderen wissenschaftlichen Denkmodellen abgeleitet werden, immer ist es wesentlich, den theoretischen Rahmen kritisch zu reflektieren, denn er beeinflußt Diagnose, Vorgehensweise und Ziel. Eine weitere grundsätzliche Frage ist, wie groß die Einheit gesehen wird, die beeinflußt werden soll. Unterschieden werden hier folgende Ansätze: a) *der monadische Ansatz:* Das Individuum stellt das Problem dar, andere Personen bilden nur Streß- und Einflußfaktoren; b) *der dyadische Ansatz:* Hier wird die Gesetzmäßigkeit der Zweierbeziehung gesehen, die Familie als Quasisumme mehrerer Dyaden; c) *Der triadische Ansatz:* Triade steht für Gruppe. Das Familiensystem wird nicht als Summe der einzelnen Teile, sondern als etwas ganz neues gesehen, das eigenen Gesetzmäßigkeiten unterliegt, die Gruppe soll beeinflußt werden.

In der F. wird im wesentlichen mit Gesprächsverfahren gearbeitet, bei der Sitzung sind meist alle Gruppenmitglieder anwesend. Die Gruppenmitglieder sollen vom Problem emotional betroffen sein und es erfassen können. Aber auch dieses Prinzip ist nicht durchgängig, es gibt viele Streitfragen (z. B. Müssen immer alle Mitglieder anwesend sein? Ab welchem Alter nehmen Kinder an der Sitzung teil? Gehört die Katze dazu? Wird mit einem oder mehreren Therapeuten gearbeitet?) Die Gesprächsverfahren beziehen in der Regel die verbale und die nonverbale Kommunikation ein und beruhen auf einer interaktionistischen Betrachtungsweise. Sie stellen hohe Anforderungen an den Therapeuten, hinsichtlich seiner Person, seiner Empathie und seines Wissens. Grupppentherapie von Eheparen wird auch noch zur Familientherapie gerechnet. Neben den vorgenannten Gesprächstherapien nach verschiedenen theoretischen Ansätzen gibt es auch Verfahren, die Malen, Musik, Rollenspiele, Psychodrama als Vorgehensweisen in die F. integrieren. Rahmenvereinbarungen, therapeutischer Kontakt der F. sind entsprechend unterschiedlich, genauso das Arbeitsbündnis.

Das Arbeitsfeld der F. ist nicht nur die Familie im begrifflichen und juristischen Sinne; die wichtigen Bezugspersonen sollen mitangesprochen werden. Das Verfahren der F. wendet sich nicht primär an die Einzelpersonen, sondern an Ehepaare, Eltern mit Kindern, alleinstehende Mütter oder Väter mit ihren Kindern, sowie an erreichbare und für die Gruppe noch bedeutungsvolle Großeltern oder andere Verwandte, an Wohngemeinschaften, zusammenlebende Paare. Je nach Problemlage kann der Kreis der angesprochenen Personen noch erweitert werden, z. B. Nachbarn, Peergroups.

Anwendung der F. in der Sozialarbeit: In der Familienarbeit kommen die Klienten meist nicht freiwillig zum Sozialarbeiter, in vielen Fallen ist auch kein Problembewußtsein vorhanden. Der Sozialarbeiter hat in diesen Fällen zunächst die Aufgabe, ein Problembewußtsein mit den Betroffenen zu entwickeln, d. h. sie erfahren zu lassen, wie sie ihre Probleme erleben und mit ihnen umgehen. Es spricht hier vieles dafür, die Beratung in der häuslichen Umgebung durchzuführen. In seiner Familie, in seiner Wohnung fühlt sich der Klient häufig sicherer. Der Sozialarbeiter kann beim Hausbesuch die Lebenswelt der Familie, die Bezugsgruppe schneller und intensiver erfassen. Dies ist notwendig, um sich in die Besonderheit der Situation jedes einzelnen Klienten besser einfühlen zu können und diese Daten in der Beratung zu verwenden (besonders bei der Technik des Vorgehens und bei der Diagnose). Beratung in häuslicher Umgebung und Beratungen im Sprechzimmer des Sozialarbeiters ergänzen sich ausgesprochen gut. Wichtig bei der Familienarbeit ist das Setting, d. h. Sitzungen, die regelmäßig über einen längeren Zeitraum stattfinden. In besonderen Fällen ist es zulässig, nicht nur mit der Gruppe zu arbeiten, sondern auch Einzelgespräche zu führen, z. B. wenn große Angst vorhanden ist, die zunächst nicht in der Gruppe bearbeitet werden kann. Bei Familienarbeit muß der Sozialarbeiter die Grenzen seiner therapeutischen Beeinflussung sehr genau kennen und rechtzeitig an andere Institutionen überweisen, diese muß er kennen. Familienarbeit wird in verschiedenen Beratungsstellen, wie z. B. Erziehungsberatung, Drogenberatung, Suchtberatung, Sozialen Diensten (Familienfürsorge), Bewährungshilfe, gelegentlich auch von Heimen und Krankenhäusern angewandt. Erschwerend in der Sozialarbeit für die Anwendung der Familienberatung ist, daß Sozialarbeit häufig Kontroll- und Entscheidungsfunktionen gleichzeitig mit Beratungsaufgaben ausführen muß, daher ist das Prinzip der Freiwilligkeit der Beratung oft nicht gegeben, auch wenn es ausdrücklich angesprochen wurde. Soweit heute Forschungsergebnisse vorliegen, kann man davon ausgehen, daß erfolgreiche Beratung nur zustandekommt aufgrund einer positiven Entscheidung aller Beteiligten. – Familienberatung in der Sozialarbeit darf auf keinen Fall die gesellschaftliche Bedingtheit der Notwendigkeit dieser Tätigkeit vergessen. Der Sozialarbeiter muß zur Ausübung der F. in der Fremd- und Selbstwahrnehmung geschult sein, er muß verschiedene Techniken beherrschen und ein umfangreiches theoretisches Wissen besitzen. *T. M.*

Fehlanpassung. Dieser allgemeine Zustand schlechter oder unzulänglicher Anpassung an das Leben oder die Position, die man in seiner Umwelt einnimmt, impliziert immer ein bestimmtes Werte- und Normensystem. In diesem Sinn ist. F. sowohl die Unfähigkeit als auch Nichtbereitschaft, in einem als durchschnittlich geltenden Gleichgewicht zu verweilen. Sie ist die Folge einer Fehlerziehung, die sowohl im Individuum als auch in seiner Umwelt operiert. Gewöhnlich wirken sich beide Faktorenreihen innerhalb einer Gesamtsituation als F. aus. Die mit der F. gegebene Unausgeglichenheit der inneren seelischen Instanzen (Unbewußtes, Überich, Gewissen, bewußtes Ich) wird mit dem allgemeinen und daher vieldeutigen Ausdruck »Neurose« umschrieben, in jedem Fall dem Verlust des seelischen Gleichgewichts, das der Neurotiker meist nur im Rahmen psychotherapeutischer Behandlung wiederfinden kann. Die große Schwierigkeit einer erfolgreichen Behandlung liegt namentlich bei Patienten der Unterschichten, ganz abgesehen von nichtschichtspezifischen Therapiemethoden, darin, daß sich die Klienten-Patienten in meist ziemlich unabänderliche Verhältnisse hineingestellt sehen, eben in die Verhältnisse, in denen sie neurotisch geworden sind und versagt haben. Die Wiederherstellung der bei Neurotikern so oft gestörten Arbeitsfähigkeit ist meist alles, was die Psychotherapie zu erzielen vermag. Demgegenüber ist die Behebung der F. beim Kinde viel aussichtsreicher, da die Umwelt des Kindes dem Einfluß des Erziehers oder Therapeuten weit zugänglicher ist, ungeeignete Erziehungspersonen entfernt werden, häusliche Einrichtungen und vor allem die Erziehungsweisen der Eltern (und der hinter ihnen stehenden Erziehungsansprüche) modifiziert werden können.   *H. M.*

Frauenbewegung und Sozialarbeit. Es gibt kein einheitliches Verständnis von dem, was die F. sei, weder bei uns noch in den USA. Das Aufsehen, das hervorgerufen wurde durch Frauengruppen, wie »Brot und Rosen« und »Frauenforum München«, durch Publikationen wie »Das andere Geschlecht« (S. de Beauvoir) und »Der Kleine Unterschied« (A. Schwarzer) und durch die bundesweiten Aktionen gegen den § 218 haben auch Parteien und Gewerkschaften mobilisiert, sich um Frauenprobleme zu kümmern (vgl. Maria Weber in »Die Quelle« (DGB) Heft 1/1975 und das Jusoheft 4/74 über Frauen), und haben letztlich 1975 zur Proklamation des Jahres der Frau geführt. So uneinheitlich dieses Bild sich darstellt, enthält die gesamte F. Faktoren, die geeignet wären, im Rahmen der Überlegungen zur Funktion von Sozialarbeit reflektiert zu werden. Geht man von dem Sachverhalt aus, daß die Funktion der Sozialarbeit dadurch gekennzeichnet ist, daß sie der Entwicklung, Wiederherstellung und Erhaltung von Arbeitskraft und Arbeitsmotivation dienen soll, erscheint es auf den ersten Blick widersprüchlich, daß Frauen keine relevante Zielgruppe der Sozialarbeit darstellen, denn Frauen standen lange Zeit, ebenso wie Jugendliche , Behinderte, Alte, weitgehend abseits vom Produktionsprozeß. Jetzt stehen sie in dem Maße abseits vom Produktionsprozeß wie z. B. Gastarbeiter, die ebenso – abhängig von der Wirtschaftskonjunktur – eingestellt und entlassen werden und die eine etablierte Zielgruppe der Sozialarbeit geworden sind. (Im Jahre 1974 stellten die Frauen ⅓ der Arbeitnehmerschaft; interessanterweise stellen sie gleichzeitig die Hälfte aller Arbeitslosen.) Um Frauen (soweit sie nicht behindert, Alkoholikerinnen, straffällig etc. sind) als Zielgruppe der Sozialarbeit einordnen zu können, sind zwei Faktoren zu beachten. Der erste wurde schon genannt: Die Beziehung der Frau zur Berufstätigkeit wird weniger von ihrer Ausbildung, ihrer Motivation oder ihren Ansprüchen als vielmehr von der wirtschaftlichen Lage her bestimmt. Das Schlagwort der Emanzipation wurde in dem Augenblick gesellschaftsfähig, als Frauen in der Phase der Prosperität als qualifizierte Arbeitskräfte gebraucht wurden. In der augenblicklichen Phase der Rezession wird der Trend »zurück zur Weiblichkeit« propagiert. Da Frauen, nur wenn es notwendig ist, als Arbeitskraft interessant werden, sind sie auch nur bedingt Zielgruppe der Sozialarbeit. Das heißt, wenn sie gebraucht werden, entlastet man sie von ihren Kindern und schafft ihnen Rekreationsmöglichkeiten; wenn sie nicht gebraucht werden, sind sie auch unmittelbar keine Zielgruppe der Sozialarbeit mehr. Dies wird besonders deutlich – und hier wird der zweite Faktor wichtig – im Umgang mit der Gruppe der Frauen in Ansätzen der Sozialarbeit, die auch die nicht-berufstätigen Frauen umfassen, d. h. in der Familienfürsorge und der Gemeinwesenarbeit. Spielten in dem ersten Begründungsansatz ökonomische Gesichtspunkte eine Rolle, so ist in diesem Erklärungsansatz der ideologische Aspekt von Bedeutung. Wenn sich Sozialarbeiter mit Familien und Gemeinwesen befassen, so orientiert sich ihre Arbeit an dem »schwierigen Kind« oder dem »devianten Mann«, an der Wohnsituation der Familie, an den Möglichkeiten zur Schuldenbegleichung etc. – aber nicht an den Frauen, nicht an Hausfrauen und Müttern. Daß Frauen diejenigen sind, die die gesellschaftlichen Normen an die Kinder weitervermitteln, die maßgebend sind für die kulturellen Standards der Familie, die den Prozeß der Konsumption tragen, die den Reproduktionssektor für den berufstätigen Mann strukturieren, die zentral im Gemeinwesen stehen, weil nur sie außer den Kleinkindern und den Alten dort durchgehend anwesend sind – das alles scheint keine Rolle zu spielen. All das bewirkt kaum spezielle Bildungsangebote, kaum Sozialisationshilfen für kinderreiche Mütter, kaum Organisationsplattformen für Frauen. Es braucht keine Rolle zu spielen, weil die Frauen aufgrund von Restbeständen der patriarchalischen Position ihrer Männer ohnehin diese Rollen nach Kräften ausfüllen und weil sie selber nicht daran glauben, welche Bedeutung ihre gesellschaftliche Position hat. Sie können sich nicht vorstellen, daß das, was sie tun, gesellschaftlicher Bedarf ist, für den die Gesellschaft auch bezahlen muß, sondern sie halten mütterliche Sorge, aufopfernde Fürsorge für den Mann – wie immer er auch sei – für minderwertig, aber angemessen für sie. Zu welchen Entfaltungsmöglichkeiten solche Frauen imstande sind, wenn sie die Möglichkeit haben, ihre Situation zu überdenken und sich zu organisieren, zeigen vereinzelte Ansätze der Stadtteilarbeit und regional bezogene Ansätze der Frauenbewegung. Die gesellschaftliche Abseitsposition der Frauen kann sich als Waffe auswirken, weil sie keinen Verlust des Arbeitsplatzes zu befürchten haben, auch nicht in dem Maße abhängig sind von »kollegialer« Anerkennung wie Männer und weil sie jeden Fortschritt im Gegensatz zum individuell determinierten Konkurrenzprinzip des Berufslebens nur mit Gemeinsamkeit erreichen können.

S. H.

Freiwillige (ehrenamtliche) Helfer. Freiwillig wird hier eine Helfertätigkeit genannt, insofern sie ohne Entlohnung innerhalb der bestehenden Wohlfahrtsorganisationen erfolgt. Diese Definition ist exklusiv, sie schließt naturgemäß eine nicht mehr berechenbare Zahl freiwilliger Hilfeleistungen sozialer, karitativer oder solidaristischer Art aus. Die Bezeichnung »ehrenamtlich«, die oft synonym gebraucht wird, bezieht sich jedoch in jedem Fall auf eine Tätigkeit amtlichen Charakters und hat daher auch vielfach in unseren Rechtsbegriffen ihren Niederschlag gefunden. Das von der sozialen Arbeit noch nicht erreichte Vorbild ehrenamtlicher Tätigkeit ist der in allen Gerichtszweigen, der Strafgerichtsbarkeit, der Zivil-, Verwaltungs-, Finanz-, Arbeits- und Sozialgerichtsbarkeit tätige ehrenamtliche Richter, bei dem keine juristische berufliche Ausbildung, wenngleich Sachkunde für das Gebiet und besondere Lebenserfahrung vorausgesetzt wird. Die Dinge liegen natürlich in der freiwilligen Sozialarbeit, für die viele Hunderttausende von Menschen, einschließlich sehr junger und sehr alter, gebraucht werden können, anders. Aber auch bei allen diesen so zahlreichen nichtprofessionellen sozialen Arbeiten wird man »freiwillig« nicht ohne weiteres mit »ungelernt« gleichsetzen dürfen. Man kann auch nicht sagen, daß die freiwillige Helfertätigkeit Sache des christlichen vorindustriellen Mittelalters gewesen und in der Neuzeit zusehends der beruflichen Ausübung sozialer Tätigkeit (»soziale Berufe«) gewichen sei. Sie mag nicht mehr von Karitas und Agape geprägt sein, entspringt vielleicht auch wirklich nicht mehr karitativen Motiven, sondern bringt die Spontaneität, die Solidarität und den Innovationsgeist der heutigen Menschen zum Ausdruck, von individualpsychologischen und soziologischen Gründen, die sich auf das sinnerfüllte Leben und die Furcht vor der »verwalteten Welt« beziehen, einmal ganz abgesehen. Denn ohne die freiwillige Mitarbeit vieler Hunderttausender würde die freie Wohlfahrtspflege lahmgelegt und der staatlichen Wohlfahrtspflege jede Resonanz innerhalb der Gesellschaft verlorengehen. In diesem Sinn jedenfalls sind die freiwilligen Helferdienste als bürgerliche Ehrenämter anzusehen. Sie erstrecken sich prinzipiell auf alle jene Tätigkeiten, auf denen der professionelle Sozialarbeiter im Sinne einer rationalen Arbeitsteilung fehl am Platze wäre bzw. selbst keine anderen Begabungen oder Fähigkeiten entwickeln könnte als eben der »ungelernte« soziale Helfer. Natürlich wird es oft vorkommen, daß freiwillige Helfer die Positionen beruflicher Sozialarbeiter einnehmen und so zu Quasisozialarbeitern auf Zeit werden. Damit wird allerdings der Sache nur geschadet. Diese Helfer wären bald überfordert und ihren Klienten wäre wenig genützt. Eine strenge Kompetenz- und Qualifikationsabgrenzung ist vielmehr notwendig, allerdings im Sinne einer »gleitenden Tätigkeitsskala«; denn soziale Arbeit ist soziales Lernen, das selbst wieder zu einem Lehren wird. Es ist daher nur folgerichtig, daß die freiwilligen Helfer selbst wieder geschult werden, was in der Tat im Rahmen einer vielspartigen Jugend- und Erwachsenenbildung auch geschieht. Dabei ist gerade der von jeglicher Subordination befreite Umgang des professionellen Sozialarbeiters mit seinen freien und freiwilligen Mitarbeitern selbst wieder die beste Schulung, da dabei das Klient-Helferverhältnis auf einer sozusagen experimentellen Ebene eingeübt wird. Das wesentliche Moment der freiwilligen Helferdienste ist nicht, daß sie unbezahlt verrichtet werden und gewiß auch nicht, daß sie des Sachverstandes entbehren könnten. Ihr Wesen liegt vielmehr darin, daß es auf sämtlichen Gebieten der sozialen Arbeit, unter allen gesellschaftlichen Gruppen und Kreisen, sichtbar und unsichtbar, sehr viel Arbeit zu tun gibt und immer geben wird, der Tag des Sozialarbeiters aber dafür mit Sicherheit zu kurz ist. *H. M.*

Führungsaufsicht. Durch das am 1. 1. 1975 in Kraft getretene Zweite Strafrechtsreformgesetz eingeführte Maßregel der Besserung und Sicherung, die eine ambulante Betreuung auch solcher Straftäter bezweckt, deren Resozialisierung besonders schwierig erscheint (in erster Linie Rückfalltäter, »Vollverbüßer« langer Freiheitsstrafen einerseits, Täter, deren Unterbringung in psychiatrischen Krankenhäusern, Entziehungsanstalten oder therapeutischen Anstalten zur Bewährung ausgesetzt wird, oder die aus einer solchen Einrichtung bedingt entlassen werden, andererseits). §§ 68-68 g StGB. Wird F. gerichtlich angeordnet (§ 68 I StGB), bzw. tritt sie kraft Gesetzes ein (§§ 67 b ff., 68 f.), so bestellt das Gericht dem Verurteilten einen Bewährungshelfer. Zugleich untersteht der Verurteilte einer Aufsichtsstelle, die zum Geschäftsbereich der Landesjustizverwaltung gehört und deren Aufgaben u. a. auch von staatlich anerkannten Sozialarbeitern oder Sozialpädagogen wahrgenommen werden (Art. 295 EGStGB). Ist auch die F. – anders als die lediglich der Sicherung dienende frühere Polizeiaufsicht – auf eine »aktive umfassende Sozialisierungshilfe« ausgerichtet (Dreher), so hat doch insbesondere die Aufsichtsstelle die Allgemeinheit vor dem in Betracht kommenden (gefährlichen) Täterkreis zu schützen. Die Sicherungsfunktion wird also praktisch noch mehr in den Vordergrund treten als bei der Bewährungshilfe nach § 56 d StGB. Die Aufsichtsstelle hat nämlich (mit Unterstützung des Bewährungshelfers) das Verhalten des Verurteilten und die Erfüllung der Weisungen zu überwachen, die das Gericht erteilen kann (und in aller Regel erteilen wird), und die – wie die beispielhafte Aufzählung in § 68 I StGB zeigt – meist sehr einschneidende Reglementierungen (Aufenthalts- und Besitzverbote, Meldepflichten) darstellen. Die Kontrolle dürfte die Einschaltung der Polizei notwendig machen. Der Verstoß gegen Weisungen ist durch § 145 a StGB sogar unter Strafe gestellt (Verfolgung nur auf Antrag der Aufsichtsstelle). *G. F.*

Funktionalismus geht von einem Modell aus, das den Zustand einer nicht gefährdeten, nicht aus dem Gleichgewicht geratenen Gesellschaft zeigt. Diese unter dem Einfluß der Kulturanthropologie von dem Amerikaner Talcott Parsons begründete, sog. struktural-funktionale Schule betont nicht so sehr den sozialen Wandel als vielmehr die Art und Weise, wie sich das soziale Leben behauptet und tradiert. Das geschieht, weil eine Gesellschaft Struktur besitzt, mit deren Hilfe ihre Funktion oder Bedürfnisse gewährleistet werden. Nach diesem Modell nimmt die Gesellschaft angesichts des sozialen Wandels, namentlich wenn sich dieser rasch und abrupt vollzieht, so daß es zu Konflikten oder einer sozialen Desorganisation kommt (Anomie), einem Zustand mit gehäuftem regelwidrigen Verhalten, mehr oder weniger automatische Anpassungsleistungen vor, um wieder ins Gleichgewicht zurückzukehren. Die Entwicklung der sozialen Dienstleistungen und der Sozialarbeit, namentlich auf dem Gebiet der Familienfürsorge, illustriert diesen Anpassungsvorgang sehr gut. Man beobachtet z. B. das gehäufte Auftreten von kindlicher Verwahrlosung und Delinquenz bei problematischen Familien. Solche Familien und die von ihnen verursachten Probleme stellen für die Gesellschaft eine Überbelastung dar, von der man auf eine Gleichgewichtsstörung im sozialen System schließen kann. Problematische Familien sind nicht in der Lage, ihre Kinder im Einklang mit tradierten Werten zu erziehen, ja sie bilden die Ursache dafür, daß es zur Ausbildung neuer Normen kommt, die zu den bisherigen im Widerspruch stehen und damit die vorhandenen Einrichtungen in der Form von Straffälligkeit oder Rechtsbruch bedrohen können. Um sich der Schwächung ihrer Bande an diesem Punkt zu erwehren, bedient sich die Gesellschaft vornehmlich fürsorgerischer Maßnahmen. Sie verstärkt die Mechanismen der sozialen Kontrolle. Sie verbessert die Jugendrechtsprechung, baut vorhandene Einrichtungen zur Unterbringung und Erziehung von jugendlichen Straffälligen aus, die modernen Anforderungen besser genügen, kurz, sie versucht mit Hilfe verschiedener sozialer Aktionen das gestörte Gleichgewicht der Gesellschaft wieder in Ordnung zu bringen. Der strukturalfunktionalen Schule wurde u. a. der Vorwurf gemacht, daß sie die Gesellschaft zu statisch betrachte und der Fruchtbarkeit oder Unvermeidlichkeit sozialer Konflikte nicht genügend Rechnung trage.   *H. M.*

Gefangenenfürsorge (vgl. a. »Straffälligenhilfe«). Sozialarbeit für Straffällige im Gefängnis und nach ihrer Entlassung, auf die den Gefangenen vorzubereiten eine ihrer Hauptaufgaben ist (Unterkunfts- und Arbeitsvermittlung, Startmittel). Innerhalb des Gefängnisses tritt die G. für bessere kriminalpädagogische Maßnahmen des Strafvollzugs ein und kümmert sich um lebenswichtige Angelegenheiten des Gefangenen, die dieser selbst nicht oder nur ungenügend wahrnehmen kann (Erhaltung der Familie, der Wohnung, etc.). Prinzip der G. ist, den Gefangenen vor allen jenen Schäden zu schützen, die über das vom Gesetzgeber intendierte Strafübel hinausgehen. Die G. wird von staatlichen Stellen und der freien Wohlfahrtspflege getragen. Sie ist ein wesentlicher Teil des Resozialisationsprozesses.   *H. M.*

Geistig Behinderte. Der Begriff der geistigen Behinderung löst den älteren des Schwachsinns ab. Er wurde gewählt, um die G. im Sinne der Sozialgesetzgebung (BSHG) den körperlich Behinderten gleichstellen zu können. Englische Bezeichnung mental retardation. Psychiatrische Bezeichnung Oligophrenie, »wenig Verstand«. Obgleich der Begriff nicht nur die Intelligenzdefekte abdecken soll, sondern z. B. auch die emotionale Abhängigkeit, steht im Vordergrund immer noch die Beurteilung nach dem IQ. Maßstab sollte demgegenüber aber der Sozial-Quotient sein, der u. a. nach dem Grade der Selbständigkeit, der Eingliederungsfähigkeit, der »Umgänglichkeit« (Anpassung) bestimmt werden kann.

Bis zu 5% der Gesamtbevölkerung sind in unserem Kulturkreis der geistigen Behinderung zuzurechnen. Das BSHG verpflichtet die Gesellschaft, dem G. eine Existenz zu schaffen, die dem Leben des Gesunden so weit wie möglich nahekommt. Damit wird es wichtig, die geistige Behinderung so früh wie möglich zu erkennen, um alle Möglichkeiten der Bildung und Förderung rechtzeitig einsetzen zu können.

Die geistige Behinderung hat verschiedene Ursachen: solche rein genetischer Art (Chromosomenanomalien, wie das Down-Syndrom <Mongolismus>, Klinefelter, Turner usw.), auf genetisch bedingten Stoffwechselstörungen beruhende (wie Phenylketonurie, Gauchersche Krankheit, Pfaundler-Hurlersche Krankheit), solche auf der Grundlage einer Störung der embryonalen Entwicklung (z. B. nach Röteln-Infektion der Mutter) oder infolge früh durchgemachter Hirnschäden (Meningitis nach Masern, Keuchhusten, »Grippe«, Tuberkulose u. a.) sowie durch Schädigungen der Sinnesorgane, schließlich solche unklarer Ursache (wie die infantile Demenz nach Heller) sowie solche sozialer Bedingtheit, etwa durch ungünstige psychosoziale Verhältnisse (Angebotsmangel in Unterschichten, sensorische Deprivation, Hospitalismus u. a.). Entsprechend vielseitig ist die Behandlungsskala, sie reicht von rein medizinischen Maßnahmen (spezielle Diät bei Phenylketonurie u. a.) und Pharmakotherapie bis zu operativen Eingriffen (Orthopädie, Neurochirurgie) bis hin zu systematischer Sonderpädagogik und Sozialtherapie. In vielen Fällen erscheint die Sozialtherapie als einzige Möglichkeit, wirklich auf die Dauer etwas zu erreichen. Was soll erreicht werden? Der G. soll »umgänglich« werden (H. Bach), damit er von der Gesellschaft akzeptiert wird: weil er Eigenschaften entwickelt, durch die er anderen etwas bedeuten kann.

Hierfür müssen Einrichtungen zur Verfügung stehen, die Beratung und Förderung erlauben. Ihre Gliederung könnte etwa folgendermaßen vorgestellt werden:

1. Diagnostische und beratende Einrichtungen
1.1 Diagnostische Dienste verschiedener Institutionen, wie Erziehungsberatungsstellen, Schularzt, Schulpsychologe, Gesundheitsamt, Polikliniken für Kinder- und Jugendpsychiatrie, Sozialstationen
1.2 Mobile diagnostische und beratende Einrichtungen, wie etwa Voruntersuchung im ländlichen Bereich durch mobile Krankenpflege, Außendienst der Gesundheitsämter, Vorsorgeprogramme der gesetzlichen Krankenversicherung, andere Vorsorge- und Nachsorgeuntersuchungen
2. Tageseinrichtungen – ambulante Sozialtherapie
2.1 Mobile Frühbehandlungsgruppen (Sonderpädagogen, Sozialarbeiter/ Sozialpädagogen, Psychologen, Krankengymnastinnen zur Behandlung in der Familie, Einsatz nach dem Modell der Mobilen Krankenpflege)
2.2 Sozialstationen, Tätigkeit im Sinne von »Tageskliniken«
2.3 Sonderkindergärten, Tagesstätten für geistig behinderte Kinder

Der Bedarf an Plätzen für die Bevölkerung wird unterschiedlich angegeben, ein dänisches Modell rechnet für Oligophrene aller Altersgruppen auf 100 000 Einwohner: 249 Plätze für die ambulante (externe) Betreuung, 288 Plätze für die stationäre (interne) Betreuung (E. Berg, 1969).

Die Entwicklung geht dahin, die Anstaltsbedingungen der Unterbringung mit ihrer Festschreibung von Bedürfnissen zugunsten von offeneren Formen, die auch die Bedürfnisse nicht vorprogrammieren, zu verlassen. Sozialtherapie ist mehr denn je gefordert. Empirische Untersuchungen haben eindeutig gezeigt, »daß Kinder, die in früher Kindheit ausgesprochen debil oder sogar imbezill sind, unter günstigen Umständen eine durchaus normale geistige Entwicklung nehmen und auch ihrerseits Kinder haben können, die keineswegs retardiert sind. Das gilt sogar für Kinder geistig retardierter Mütter« (H. v. Bracken).

Nirgends im Gesamtbereich des Gesundheitswesens ist die enge Zusammenarbeit ganz verschiedener Disziplinen mit ganz verschiedenen Begriffen und Methoden so sehr gefordert wie bei der Erkennung, insbesondere der Früherkennung, der Behandlung und der Vorbeugung der geistigen Behinderung. Während die Ärzte im wesentlichen darauf angewiesen sind, daß die Patienten zu ihnen kommen, sodaß sie deren Umgebung und Verhältnisse meist nicht kennen, können die Sozialarbeiter ihre Klienten besuchen und bei der Gelegenheit Voruntersuchungen und Befragungen durchführen, die die Früherkennung fördern. Schwierigkeiten einer Eingliederung infolge körperlicher Behinderungen, die oft mit geistigen zusammengehen, lassen sich medizinisch behandeln, teilweise ausschalten (orthopädische, ophthalmologische, otologische Maßnahmen), mit einer bestimmten Regelung der Diät sind geistige Behinderungen teilweise vermeidbar, andere wieder lassen sich medikamentös angehen, sodaß die Sozialtherapie besser wirksam werden kann. Beratung im Sinne der Vorbeugung leisten sowohl Ärzte, insbesondere auch Humangenetiker, als auch Sozialarbeiter. Eine bedeutende Rolle kommt der gesundheitlichen Aufklärung zu: Bekämpfung des Nikotinismus, des Medikamentenmißbrauchs, bis hin zur Arbeit an der Veränderung der Einstellung der Bevölkerung zur geistigen Behinderung.

Eine wichtige Rolle spielt die Stützung der Eltern des geistig behinderten

Kindes: Schuldgefühle müssen abgebaut, Projektionsmechanismen unterbrochen werden. Meist kennen die Eltern weder die Beratungs- noch die Hilfsangebote, auf alle diese Möglichkeiten müssen sie hingewiesen werden, oft ist es notwendig, die Verbindung zusammen mit ihnen aufzunehmen. – Die größte Anstrengung muß der Vorbeugung dienen, hierzu sind Sozialarbeiter/Sozialpädagogen besonders aufgerufen.   *P. L.*

Gemeinde, geographisch und verwaltungsrechtlich definierte kleinste Einheit einer größeren Gesellschaft oder eines Landes, in der Bundesrepublik öffentliche Gebietskörperschaften auf der gesetzlichen Grundlage von G.ordnungen mit G.autonomie ausgestattet. G. sind heute nicht mehr relativ homogene Gebilde, die alle Interessen ihrer Mitglieder (Einwohner) umfassen wie in vorindustriellen Zeiten, in denen G. mit Gemeinschaft zusammenfiel. Dennoch ist auch heute noch durch die von der gemeindlichen Selbstverwaltung (nicht an Weisungen des Staates gebunden) zu leistenden sozialen Aufgaben ein gewisser Grad ursprünglicher (primärer) Verbindung unter den Bewohnern gegeben. Sämtliche G. der Bundesrepublik sind zu G.verbänden (Kreisen) zusammengeschlossen und gehören (mit Ausnahme größerer Städte, kreisfreier Städte, Stadtkreisen) einem (von 400) Landkreisen an, die ebenfalls autonome Gebietskörperschaften sind, aber übergemeindlichen Charakter tragen. So sind die Stadt- und Landkreise die örtlichen Träger der Sozial- und Jugendhilfe, mitunter auch Träger des öffentlichen Gesundheitsdienstes (Gesundheitsämter), z. T. auch des Bildungs- und Schulwesens, Aufgaben, die sie in Selbstverwaltung durchführen. Neben den Selbstverwaltungsaufgaben auf zahlreichen Gebieten (z. B. gewerbliche Wirtschaft, Landwirtschaft, Straßenbau, etc.) haben die Stadt- und Landkreise auch bestimmte staatliche Aufgaben als untere staatliche Verwaltungsbehörde zu erfüllen. So sind sie u. a. auch im Sozialbereich Träger zahlreicher staatlicher Aufgaben, in diesem Fall jedoch an staatliche Weisung gebunden. Solche sozialen Aufgaben sind außer den oben genannten z. B. die Einrichtung von Fürsorgestellen für Kriegsopfer, die Ausgleichsämter (sozialer Lastenausgleich), die Amtsstellen für Unterhaltssicherung (für Wehrpflichtige und Familienangehörige), die Ämter für Ausbildungsförderung (entsprechend dem Bundesausbildungsförderungsgesetz und dem Arbeitsförderungsgesetz) sowie die Amtsstellen für Wohngeld (Gewährung von Wohngeld aufgrund des Wohngeldgesetzes zwecks Verbesserung der Wohnverhältnisse wirtschaftlich Schwacher). Auch für den Bereich der Sozialversicherung bestehen bei den Stadt- und Landkreisen Versicherungsämter.   *H. M.*

Gemeinwesenarbeit. Der Begriff bezeichnet im deutschsprachigen Raum unterschiedliche sozialarbeiterische Handlungskonzepte u. Methoden; ihre Gemeinsamkeit: Probleme werden nicht als nur das Individuum oder eine Gruppe betreffend definiert, erklärt und bearbeitet, sondern, bei Erklärungsmodellen unterschiedlicher Reichweite, aus einem weitergehenden

Verursachungszusammenhang heraus. Dadurch werden Lebensbedingungen und Lebensbereiche behandelbar, die bis dahin von Sozialarbeit/Sozialpädagogik nicht verändert werden konnten. Direkte Einflußnahme auf den Produktionsbereich, als dem Ursprungsort gesellschaftlicher Widersprüche und sozialer Probleme, ist dem professionellen Gemeinwesenarbeiter verwehrt; sein Ansatzfeld ist der Reproduktionsbereich, seine Klientel die Wohnbevölkerung, deren Eigenkräfte er zur Lösung ihrer sozialen Probleme aktivieren soll. Der Begriff »Gemeinwesen« für das Zielgebiet und/oder das Zielsystem ist problematisch, weil er a) kaum operationalisierbar ist, b) Konflikte im »Gemein«-wesen prinzipiell als lösbar suggeriert und c) auf Rekonstruktion eines als ursprünglich harmonisch empfundenen Zustandes aus ist.

Seine Anwendung setzt die Klärung von gemeinsamen Interessen der Wohnbevölkerung ebenso wie von Unvereinbarkeiten zwischen ihr voraus.

Marx und Engels übersetzen »Community« und »Commune« mit »Gemeinwesen«, dem Marx emanzipatorische Wirkung zuspricht: »Das Gemeinwesen aber, von welchem der Arbeiter isoliert ist, ist ein Gemeinwesen von ganz anderer Realität und ganz anderem Umfang als das politische Gemeinwesen. Dies Gemeinwesen, von welchem ihn seine eigene Arbeit trennt, ist das Leben, die menschliche Sittlichkeit, die menschliche Tätigkeit, der menschliche Genuß, das menschliche Wesen. Das menschliche Wesen ist das wahre Gemeinwesen der Menschen. Wie die heillose Isolierung von diesem Wesen unverhältnismäßig allseitiger, unerträglicher, fürchterlicher, widerspruchsvoller ist als die Isolierung vom politischen Gemeinwesen, so ist auch die Aufhebung dieser Isolierung und selbst eine partielle Reaktion, ein Aufstand gegen dieselbe um so viel unendlicher, wie der Mensch unendlicher ist als der Staatsbürger und das menschliche Leben als das politische Lebens.« (Kritische Randglossen in: MEGA, 1. Abt., Bd. 3, Berlin 1932, S. 21).

Folgt man dieser Vorstellung, dann muß G. Beiträge zur tendenziellen Aufhebung und Überwindung von Entfremdung leisten; anders gewendet: G. muß Selbstbestimmung handelnder Subjekte ermöglichen. Unter diesem Anspruch ist G. im wesentlichen Bildungsarbeit, die von den *unmittelbaren* Wünschen und Problemen der Menschen im Wohnquartier ausgeht, zu veränderndem Handeln motiviert und Einsicht in strukturelle Bedingungen von Konflikten vermittelt.

Beispiel: Ältere Menschen wünschen mehr Ruhebänke in den Grünanlagen ihres Stadtteils und erreichen ihr Aktionsziel, daraufhin vermehrte Aggression Jugendlicher (Beschädigen und Umstürzen der Bänke) und Gegenaggression der älteren Menschen (Beschwerden beim Bezirks-/Verwaltungsausschuß und Anzeigen gegen einzelne Jugendliche bei der Polizei). Der GMW-Arbeiter hat Kontakt zu beiden Gruppen. Den Jugendlichen fehlt ein Jugendzentrum (enge Neubauwohnungen), viele von ihnen sind arbeitslos; die älteren Menschen vermissen ein anständiges Café, da die meisten ohne befriedigende Sozialkontakte leben. Der Gemeinwesenarbeiter berät und motiviert beide Gruppen, ihre spezifischen Probleme zu bearbeiten. Als die Wohnsiedlung von einer Mieterhöhung betroffen ist, arbeiten Ältere und Jugendliche im Organisationskomitee gegen Mieterhöhung mit und übernehmen vor allem die Funktion von Informanten. Einige der älteren Menschen entwickeln sich zu Ratgebern der Jugendlichen. Nachdem die Mieterhöhungen doch durchgesetzt werden, treten einige Mitglieder der Initiativgruppen politischen Organisationen bei, um ihre Interessen über den Wohnbereich hinaus zu vertreten. Dieses idealtypisch anmutende Beispiel soll die o. g. Tendenzen verdeutlichen.

Wenngleich der Ausgangspunkt von sozialen Aktionen (Piet Reckmann) bei subjektiv wahrgenommenen Interessen liegt, so ist durch Aktionen der Betroffenen ein politisch aktives Lernen möglich, das Einsicht in die strukturelle Bedingtheit von gesellschaftlichen Konflikten vermittelt und zum Kampf der Betroffenen für ihre objektiven Interessen motiviert. In dem Maße, wie diese Interessendurchsetzung gelingt, erweist sich der Grad der Möglichkeit von Partizipation für die Bevölkerung im Wohnquartier. Dabei kann G. als Befriedigungsinstrument (Ermöglichung partiell-kompensatorischer Teilhabe) zur Abschwächung staatlicher Legitimationskrisen im Wohnbereich und zum Abbau von Loyalitätsverlust der Wohnbevölkerung gegenüber dem kapitalistischen Staat benutzt werden.

Ein Blick in die Vorgeschichte der G. macht deutlich, daß sie immer Teil eines Interventionsinstrumentariums in Zeiten politischer und ökonomischer Krisen war: Die englische Settlement-Bewegung (1884 Gründung von Toynbee-Hall) organisierte Selbsthilfe-Aktionen in den Arbeiterquartieren von Ost-London, wo die doppelte Ausbeutung der Arbeiter im Arbeits- und Wohnbereich zu massivem Raubbau am vorhandenen Arbeitskräftepotential führte. Die deutsche Nachbarschaftsheim-Bewegung war durch ihre englische Vorläuferin angeregt (Hamburger Volksheim 1901, soziale Arbeitsgemeinschaft Ost-Berlin 1911) und erreichte den Höhepunkt ihrer Entwicklung bis 1933 in den zwanziger Jahren bei steigender Arbeitslosigkeit und vermehrtem Elend in den proletarischen Wohnvierteln. Leitende Idee war, wie bei der englischen Vorläuferin, parteipolitische Neutralität und der Geist der »Klassenversöhnung«; damit erschwerte diese Bewegung die klassenkämpferische, interessengeleitete Organisierung der proletarischen Wohnbevölkerung. Der nicht abreißende Einwandererstrom in die Vereinigten Staaten von Nordamerika ließ im Osten ein Heer von Arbeitslosen entstehen, die ökonomisch und zum Erlernen neuer notwendiger Kulturtechniken auf die Hilfe ihrer bereits verwurzelten Landsleute angewiesen waren (China-Town, Deutschen-Viertel), in dieser Situation wurden auch hier (1886 New York) Nachbarschaftshäuser gegründet. Wie in England und später in Deutschland wohnten die freiwilligen Helfer (settler) in den Elendsquartieren und gewannen genauen Einblick in die Charakteristika der Notstände und Art und Grad der Unzufriedenheit und konnten der jeweiligen Regierung entsprechend angepaßte Programme vorschlagen (s. auch in neuerer Zeit den »Kampf gegen die Armut« in der Nach-Kennedy-Ära). Der »Home-stead-act« (1862), der billigen Landerwerb im unterbesiedelten Westen ermöglichte, lockte viele Einwanderer aus dem Elend der Städte des Ostens an. Einzelgängertum

und mangelnde landwirtschaftliche Ausbildung der neuen Siedler gefährdeten die wirkungsvolle Erschließung des Landes. Dem wurde 1862 durch
den »Morril act« begegnet, der Colleges schuf, die sowohl der landwirtschaftlichen als auch der sozial-kulturellen Ausbildung der Neusiedler
dienten. Gesellschaftliche Wandlungsprozesse – mit frühen Ankündigun-
gen der Weltwirtschaftskrise 1929/33 – provozierten eine verstärkte For-
schungstätigkeit der ländlichen Soziologie (rural sociology), eine Ideologi-
sierung der amerikanischen Gemeinde und machten partielle Reformen
notwendig, in deren Gefolge in den zwanziger Jahren Community Organization im städtischen Bereich und Community Development im ländlichen
Bereich neu angeregt und propagiert wurden (s. auch C. W. Müller, unver-
öffentl. Seminarpapiere an der PH Berlin und Vogel/Oel, Gemeinde und
Gemeinschaftshandeln, Berlin 1966). Ein ähnlicher Aufschwung war in den
USA in der Krisensituation nach Beendigung des 2. Weltkrieges 1945 zu
beobachten. Die Bewegungen nach beiden Weltkriegen waren in den USA
getragen von der ernsthaften und engagierten Suche nach der verlorenge-
gangenen beziehungsweise unglaubwürdig gewordenen demokratischen
Praxis des Alltags.
Die Rezeption von Community Organization und Community Development als G. in die Bundesrepublik Deutschland war zunächst überwiegend
gekennzeichnet durch a) blinde Übernahme des zugrundeliegenden De-
mokratiebegriffs von CO und CD, der aufgrund seiner ideologischen
Funktion Klassenkonflikte im Reproduktionsbereich verneint und er-
kennbare Konflikte ohne grundlegende gesellschaftsstrukturelle Änderungen als grundsätzlich lösbar suggeriert (round-table-Ideologie) und b) unzureichende Klärung der kommunalpolitischen Bedingungen, unter denen
CO und CD in den USA zum Tragen kamen, da beispielsweise die Allzu-
ständigkeit der bundesrepublikanischen Gemeindeselbstverwaltungen weniger Aktionsraum für bürgerschaftliche Aktivitäten läßt, als die entsprechenden US-amerikanischen Gemeindeverfassungen (diese Problematik
wurde von Vogel/Oel 1966 eindringlich und klar dargestellt). Diese Rezeption aus den USA muß gesehen werden aufbauend auf der Übernahme des
Social-Group-Work (soziale Gruppenarbeit) als Maßnahme der Reeduca-
tion nach 1948. Die deutsche Nachbarschaftsheimbewegung (Verband für
sozio-kulturelle Arbeit e. V., Berlin) hat wesentlichen Anteil vor allem an
der praktischen Rezeption und eigenständigen Entwicklung von sozialer
Gruppenarbeit und G. Ebenso spielten in der Wiederaufbauphase die Kirchen verschiedenster Konfessionen für die Übertragungen eine gewichtige
Rolle. Diese Rolle wird auch deutlich an der Beobachtung früher G.-Pro-
jekte in der Bundesrepublik Deutschland, viele von ihnen sind von kirchlichen oder aber freien Trägern ins Leben gerufen worden, ehe die Kommunen begannen, sich des Instrumentes der G. zu bedienen. Viele Anregungen
verdankt die bundesrepublikanische G. auch der Entwicklung in den Niederlanden, vor allem auf dem Weg über Studienfahrten und Fachtagungen,
wenngleich die originelle und ideenreiche Pragmatik niederländischen

»opbouwwerks« über weite Strecken hinsichtlich ihrer theoretischen
Fundierung unbefriedigt läßt. – Nach Beendigung der Großen Koalition
entwickelte die SPD/FDP-Regierung ihre Reformpolitik Ende der sechzi-
ger/Anfang der siebziger Jahre, in deren Rahmen die konfliktsteuernden
partizipatorischen Elemente des Städtebauförderungsgesetzes von 1971
ebenso gehören wie der vermehrte Einsatz von G. und die Förderung entsprechender Projekte. Die gegenwärtige Praxis und Diskussion der G. in
der Bundesrepublik Deutschland ist bestimmt durch die verschärfte innen-
politische Entwicklung: zunehmend wird politischer und finanzieller
Druck ausgeübt, der zu einem Abbau und zur Disziplinierung solcher Projekte führt, deren Arbeit sich konsequent an den Interessen der Betroffenen
orientiert (ein Lehrbeispiel von großer Fachöffentlichkeit ist der Entzug
der Gelder des Ministeriums für Jugend, Familie und Gesundheit gegenüber der Victor-Gollancz-Stiftung 1975 gewesen, die entsprechende Projekte unterstützte).
Als wesentliche Strömungen in der gegenwärtigen G. lassen sich unterscheiden: a) eine professionalistische Richtung mit dem Ziel der ständigen
perfektionistischen Ausdifferenzierung von Techniken und einhergehend
mit der angestrebten Aufwertung des Gemeinwesensarbeiters vom Fürsor-
ger/Sozialarbeiter zum change-agent. Diese Richtung entspricht der gesellschaftlichen Notwendigkeit, das System öffentlicher und privater Sozialarbeit mit mehr und umfassenderer Wirkung auszustatten (s. auch
Müller/Oelschlägel/Rohr: G. als entwickelte Form kommunaler Fürsorge,
in: Victor-Gollancz-Stiftung: Reader zur Theorie und Strategie von G.,
Frankfurt/M. 1974). Diese Bewegung erscheint sowohl im sozialtechno-
kratischen Gewand als auch in Gestalt einer Freizeitpädagogik, deren ober-
stes Ziel die Versöhnung mit den Verhältnissen ist. Beide Ansätze zeichnen
sich in aller Regel durch Illusionen über die tatsächlichen Beteiligungsmög-
lichkeiten von Bürgern an Entscheidungen, die ihr Leben im Reproduktionsbereich betreffen, aus. b) eine politisch-pädagogische Richtung, die
auf dem Hintergrund gewerkschaftlicher Orientierung ihren Beitrag zu einer politischen Bildung der arbeitenden Bevölkerung im Wohnbereich
durch Aktionen leisten will und sich als berufliche Tätigkeit allerdings eindeutig von der Stadtteilarbeit politischer Organisationen unterscheidet. Da
der Maßstab dieses Konzeptes immer das Interesse der arbeitenden Bevölkerung im Wohnbereich ist, sind Konflikte mit den Trägern (Kommunen,
Kirchen, freie Verbände) von vornherein strukturell angelegt. Mit der
Konzeption *kategorialer Gemeinwesenarbeit* haben Bolz/Boulet (in ihrem
Aufsatz: Jugendarbeit als kategoriale Gemeinwesenarbeit, in: Lothar Böhnisch (Hg.): Jugendarbeit in der Diskussion, München 1973) einen Ansatz
in die Diskussion gebracht, der am ehesten geeignet erscheint, die Schwierigkeit der Vermittlung zwischen Bedürfnis und Interesse erfolgverspre-
chend zu bearbeiten: Dieser Ansatz untersucht zum einen die *spezifischen*
Lebensbedingungen für die Wohnbevölkerung im *spezifischen* Gemeinwesen als Folge und Ausdruck allgemeiner sozio-ökonomischer Entwicklun-

gen; er untersucht dann, welche kategorialen Gruppen des Gemeinwesens (z. B. Kinder, Alte, Ausländer, berufstätige Mütter etc.) wie davon tangiert sind. Die Bildung kategorialer Gruppen sichert die Bearbeitung gruppenspezifischer Interessen und fördert die Identität der Gruppenmitglieder. Damit sind Voraussetzungen geschaffen, um auf dem Weg über Intergruppenarbeit Probleme, die die ganze Wohnbevölkerung betreffen, konkret vermittelt so zu bearbeiten, daß die gruppenspezifische Betroffenheit zum Ausgangspunkt gemeinsamer Aktionen wird. Dieser doppelte Ansatz macht auch die emanzipatorische Breite des Konzeptes deutlich: Emanzipation wird begriffen als dialektischer Prozeß zwischen individuellen und Gruppenentwicklungen einerseits und politischen Aktionen im Stadtteil andererseits.

Beispiel: Unzureichende Wohnraumversorgung; wenn jede Gruppe (Kinder, Jugendliche, Erwachsene, Alte, Ausländer) für sich geklärt hat, welche Bedeutung und Dimension dieses Problem für sie hat, können die Gruppen ihren spezifischen Beitrag in Forderungen und Aktionen leisten.

»Ein solcher Ansatz könnte also Möglichkeiten für eine soziale Identitätsfindung der den einzelnen Kategorien zugehörigen Individuen bieten, gleichzeitig ein konkretes Übungsfeld für die Konfliktaustragung zwischen den Kategorien sein. Der Gemeinwesenprozeß wird somit exemplarisch zum Gesellschaftsprozeß, ohne dabei seinen Wirklichkeitscharakter zu verlieren. Weiterhin würden für Solidarisierungsprozesse, die zu recht zu den notwendigsten Komponenten innerhalb der Gemeinwesenarbeit gerechnet werden, neue Möglichkeiten eröffnet, weil man ja alle beteiligten Gruppen – je nach ihrer Art und Interessenlage – mit spezifischen pädagogischen Mitteln und Inhalten anzusprechen vermag . . . der kategoriale Ansatz (will) erreichen, daß diese Bewohner (von Obdachlosenquartieren, Sanierungsvierteln, Trabantenstädten; überwiegend Lohnabhängige) auf dem Wege der kategorialen Konfliktaustragung ihre gemeinsame deprivierte Soziallage über den Reproduktionsbereich des Gemeinwesens hinaus erkennen und zu verändern trachten.« (Bolz/Boulet, aaO., S. 311).

J. K.

Gemeinwesenmedizin. Bezeichnung für diejenigen Einrichtungen und Tätigkeiten, die im Gesundheitswesen den naturwissenschaftlichen und im engeren Sinne medizinischen Bereich *gemeindenah* in Richtung der gesellschaftlichen Anwendung ergänzen. In den angloamerikanischen Ländern an allen medizinischen Hochschulen als *community medicine* vertreten, hat sie in der BRD noch nicht die ihr gebührende Anerkennung gefunden. Hochschule und Wissenschaftsförderung orientieren sich in der BRD vielmehr weiterhin am Ideal der Hochleistungsmedizin. Die Definition hebt auf zwei entscheidende Merkmale ab, die soziale Dimension und die Bürgernähe. Ein drittes Merkmal wäre die Tendenz, im ambulanten Feld zu bleiben. Auch stationäre Einrichtungen, wie die *Community Hospitals* in England, das *Satellite Family Health Centre* in den USA, arbeiten ambulant, wenn auch im Anschluß an ein Krankenhaus. Man könnte insoweit von *halbstationären* Einrichtungen sprechen, die tendenziell auch im *vor-ärztlichen* Feld verbleiben, also Aufgabengebiet weitgehend von Schwestern, Pflegern, Sozialarbeitern/Sozialpädagogen wären. Die Kommunikation mit Ärzten, gegebenenfalls auch Psychologen, muß jedoch stets gegeben sein. (Hier wäre übrigens auch der Anschluß für die Seelsorge.) Der Einsatz von Sozialarbeitern/Sozialpädagogen im Rahmen der Gemeinwesenmedizin setzt eine entsprechende Ausbildung voraus. Es genügt für sie nicht mehr allgemeine Sozialmedizin, sie bedürfen unausweichlich der Grundkenntnisse der klinischen Medizin, um in der Lage zu sein, die Indikation für die Weiterleitung an den Arzt oder die Klinik stellen zu können. Der Schwerpunkt »Sozialarbeit im Gesundheitswesen« wäre in die Curricula aufzunehmen.

Zur G. müßte man in der BRD zählen: (1.) Gemeindeschwestern, mit Gemeindeschwesternstationen, (2.) Einrichtungen der mobilen Krankenpflege, (3.) Sozialstationen mit ihren gesundheits-, sozialpflegerischen und beratenden Diensten, (4.) Sprechstunden in Gesundheitsämtern und Krankenkassen, auch solche im Außendienst, (5.) andere Beratungsmöglichkeiten und -programme, (6.) Tageskliniken, z. B. gemeindenahe Psychiatrie in Allgemeinkrankenhäusern, Institutionalisierungsmodelle etwa in der Art der Free Clinic in Heidelberg, (7.) Patienteninitiativen, Frauengruppen, (8.) Unternehmen gesundheitlicher Aufklärung.

Wissenschaftlich wäre der Ort der G. zweifellos im Bereich der Sozialmedizin. Die Orientierung der Sozialmedizin an der G. bietet zudem die Aussicht, die seit langem stagnierende Entwicklung der Sozialmedizin, ihr Schwanken zwischen so etwas wie Sozialhygiene, Versicherungsmedizin oder »Medizin der Gesundheitsämter«, überhaupt »Verwaltungsmedizin«, zu beheben. *P. L.*

Gerichtsarzt. Diese Einrichtung gibt es nur in Bayern. Ärzte werden von den Gerichten als Gerichtsärzte bestellt und auf deren Antrag tätig, z. B. zur Begutachtung der strafrechtlichen Verantwortung oder der Verhandlungsfähigkeit. *M. M.-S.*

Gerichtshilfe (soziale). Die Erforschung der Persönlichkeit des Beschuldigten ist im Strafverfahren u. a. für die Strafzumessung, die Strafaussetzung zur Bewährung und die Anordnung von Maßregeln der Besserung und Sicherung von Bedeutung. Dabei können zugleich Umstände festgestellt werden, die Maßnahmen sozialer Hilfe erforderlich machen. Die Strafverfolgungsorgane sind zur Wahrnehmung dieser Aufgaben nicht imstande. In den zwanziger Jahren dieses Jahrhunderts entwickelte sich daher aus der Praxis heraus (Bielefelder Richter Bozi) die G., durchgeführt von Trägern öffentlicher und freier Wohlfahrtspflege. Von den Nationalsozialisten als eine Einrichtung, die zur »Verweichlichung des Strafrechts« beitrage, zerschlagen, entstand die G. nach dem Zweiten Weltkrieg zunächst in größeren Städten wie Hamburg, Berlin, Frankfurt am Main, teils der Justiz, teils den Sozialbehörden angegliedert. In den neuen Bestimmungen der §§ 160 III, 463 d StPO ist die Institution jetzt auch gesetzlich verankert. Danach *kann* sich die Staatsanwaltschaft im Ermittlungsverfahren der G. bedienen. Sie kann dies auch im Strafvollstreckungsverfahren tun, in dem sich im übrigen auch das Gericht der G. bedienen kann. Darüberhinaus kann die G. zur Vorbereitung von Entscheidungen in Gnadenverfahren, in Verfahren über Registervergünstigungen und auch in Entmündigungsverfahren herangezogen werden. Erwartungen, die sich mit der Einschaltung der heute meist von den Staatsanwaltschaften eingestellten – der Dienst- und Fachaufsicht des Leiters der Staatsanwaltschaft unterstehenden – Gerichtshelfer (in der Regel staatlich anerkannte Sozialarbeiter) verbinden, sind der Einsatz der Methoden moderner Kriminaldiagnostik, Hinweise für die »Steuerung des Ermittlungsverfahrens, Erleichterung der auf den Einzelfall abgestimmten Rechtsfolgenbemessung (Hilfe für das Gericht »bei Findung eines gerechten Urteils«). Die Ermittlungen sollen zugleich Grundlage für die spätere Betreuung des Täters sein. Auch soll der Gerichtshelfer im Gespräch mit dem Täter dessen »Verständnis für bevorstehende gerichtliche Maßnahmen« sowie die Bereitschaft wecken, an seiner Resozialisierung mitzuarbeiten. Soweit erforderlich wird er soziale Hilfsmaßnahmen einleiten. Da Äußerungen des Täters in den G.bericht aufgenommen werden und durchaus auch zu härteren Sanktionen führen können – der Gerichtshelfer hat der Justiz »ohne Unterschied alle gewichtigen Erkenntnisse zu vermitteln« (Rahn) – schreibt z. B. die Hessische Dienstordnung für Gerichtshelfer vom 28. 11. 1974 (§ 7 II) den Hinweis auf das Aussageverweigerungsrecht nach § 136 StPO vor. Dem Gerichtshelfer stehen auch keinerlei Zwangsbefugnisse bei der Durchführung seiner Aufgabe zu. In seinem Bericht an die Stelle, in deren Auftrag oder auf deren Ersuchen er tätig wird, vermittelt er ein »möglichst vollständiges Bild der Persönlichkeit des Betroffenen«, zeigt dessen Umwelt, »die in seinem Leben wirkenden Faktoren« und die zur Tat führenden Beweggründe und Ursachen auf. Auch äußert er sich zu den vorhersehbaren Folgen einer Strafe oder sonstiger Maßnahmen für den Betroffenen und seine Angehörigen. In geeigneten Fällen wird er die Einstellung des Strafverfahrens anregen.

Da man die Erfahrung gemacht hat, daß die Einschaltung der G. der Verfahrensbeschleunigung und der Kostenersparnis dient (Rahn), wird die Einrichtung von G.stellen bei *allen* Staatsanwaltschaften gefordert. Mit dem Hinweis auf die noch zu verstärkende Berücksichtigung sozialer Gesichtspunkte im Erwachsenenstrafrecht kann man sich dieser Forderung sicherlich anschließen. Auch sind dem Gerichtshelfer prozessuale Rechte (z. B. auf Anwesenheit in der Hauptverhandlung) einzuräumen, die den Vorschriften über die Jugendgerichtshilfe entsprechen sollten. Ob der Gerichtshelfer seinen Aufgaben besser gerecht werden könnte, wenn die Institution den Sozialämtern zugeordnet würde, mag hier dahinstehen. Befürworter dieser organisatorischen Lösung meinen, der Klient werde dem

Gespräch im Sozialamt unbefangener folgen als in einer Dienststelle der Justiz (Autorengruppe des Sozialamtes der Stadt Frankfurt in Theorie und Praxis der Sozialen Arbeit 1973). *G. F.*

Geschlechtskrankenfürsorge. Durch das Gesetz zur Vereinheitlichung des Gesundheitswesens, durch das die Gesundheitsämter geschaffen wurden, wurde diesen die Fürsorge für Geschlechtskranke übertragen. Durch die 3. Durchführungsverordnung sind sie gehalten, die zuständigen Behörden bei der Überwachung der Prostituierten ärztlich zu unterstützen. Diese Arbeit stützt sich auf das Gesetz zur Bekämpfung der Geschlechtskrankheiten vom 23. 7. 53. Danach muß sich ein Kranker behandeln lassen und kann, wenn er sich weigert, durch das Gesundheitsamt zur Krankenhausbehandlung verpflichtet werden. Es kann in begründeten Fällen eine Untersuchung anordnen und die Ausübung eines Berufes untersagen. Es kann durch die zuständigen Verwaltungsbehörden Personen, die sich einer Kontrolle oder Behandlung entziehen, vorführen lassen. Die Gesundheitsämter haben teilweise entsprechende Beratungsstellen mit Fachpersonal unter ärztlicher Leitung eingerichtet. In der Regel führen sie die Untersuchungen, die Ermittlung Verdächtiger und die Führung von Statistiken durch und veranlassen Kontrollen und Behandlung von Personen, die sich einer Behandlung entziehen. Die Beratungsstellen führen keine Behandlung durch, die im übrigen kostenfrei ist. Die behandelnden Ärzte müssen Neuerkrankungen dem Gesundheitsamt melden. Eine namentliche Meldung erfolgt nur dann, wenn der Betreffende sich einer Behandlung entzieht. *V. M.-S.*

Gesellschaft, im soziologischen Sinn eine große Gruppe, gewöhnlich die Bevölkerung eines Landes, deren soziale Interaktionsprozesse (soziales System) auf strukturierte und organisierte Weise im Rahmen ihrer eigenen Kultur, Traditionen und Institutionen dauernd in Gang gehalten werden. Der Begriff G. geht in jedem Fall über das Aggregat der sie ausmachenden Individuen hinaus, doch muß seine Verdinglichung vermieden werden. Er läßt sich letztlich von ähnlichen Begriffen wie Gruppe, vor allem aber Gemeinschaft, nicht anders als durch die Übereinkunft unterscheiden, ihn als die größte Maßeinheit bei der Unterteilung und Klassifizierung der Menschheit überhaupt zu verwenden. Welche Kriterien auch immer herangezogen werden, um eine G. näher zu bestimmen (z. B. Sklavengesellschaft, bürgerliche G., christliche G., sozialistische G., etc.) – an der Aussagekraft solcher Deskriptionen ist nicht zu zweifeln –, fundamental bleibt, daß das Individuum immer nur mit anderen Individuen leben kann, d. h. von vornherein ein vergesellschaftetes Individuum ist. *H. M.*

Gesprächspsychotherapie (auch nichtdirektive und klientzentrierte Therapie), von Carl Rogers entwickelte Therapie, die beim Klienten Einsicht in die Dynamik seines Verhaltens vermitteln soll und ihm ermöglicht, unbewußte Gefühle und Einstellungen, die einer konstruktiven und integrativen Anpassung im Wege stehen, kathartisch abzureagieren. Vom einfühlenden Verständnis des Therapeuten für das persönliche Bezugssystem des Klienten hängt es vornehmlich ab, ob der Klient das falsche Bild, das er sich von sich selbst macht, korrigieren kann, um nun seine eigenen realen Möglichkeiten mit seinem Verhalten in Übereinstimmung zu bringen, d. h. die Kluft zwischen einem »Idealselbst« und einem »Realselbst« zu überwinden. Für den bei der G. erforderlichen nahen psychologischen Kontakt zwischen Therapeut und Klient nennt Rogers, soll es zu einem Persönlichkeitswandel kommen, sechs Bedingungen, von denen die Übermittlung des einfühlenden Verständnisses auf seiten des Therapeuten sowie seine unbedingte positive Hochschätzung des Klienten die wichtigsten sind.

H. M.

Gesundheit wurde früher dem zugesprochen, der nicht krank war. Der Mensch verstand sich als wesentlich nur der Natur konfrontiert. Die sich an der exakten Naturwissenschaft orientierende Medizin war dann bemüht, G. mit dem Oszillieren der physiologischen Meßwerte um bestimmte Mittel- und Durchschnittszahlen zur Deckung zu bringen. Es zeigte sich bald, daß Menschen vollgültig als krank zu bezeichnen waren, die naturwissenschaftlich dennoch keinen als krankhaft zu wertenden Befund aufwiesen. Mit der Entfaltung der Gesellschaftswissenschaften sah sich die Medizin veranlaßt, für ihren Bereich auch eine soziale und psychologische Dimension anzuerkennen. Eine moderne Definition der G. muß demgemäß weitergehen und auch die Seiten von G. und Krankheit erfassen, die durch das Zusammenleben der Menschen und ihre mannigfachen Belastungen in der hochindustrialisierten Gesellschaft bestimmt werden. Die Weltgesundheitsorganisation (WHO) hat weitschauend bereits 1946 die folgende Definition formuliert: »G. ist ein Zustand vollkommenen körperlichen, geistigen und sozialen Wohlbefindens, nicht nur die Abwesenheit von Krankheit und Schwäche«. Trotz der Einführung der Sozialwissenschaften in das bis dahin ausschließlich naturwissenschaftlich orientierte Medizinstudium (Medizinpsychologie und Medizinsoziologie mit je 30 Prüfungsfragen in der ärztlichen Vorprüfung nach der neuen Approbationsordnung, 1971, in Kraft getreten 1976) wird »die soziale Dimension in der Medizin« (M. Pflanz) wohl für die ärztliche Berufsarbeit weitgehend unbesetzt bleiben. Hier ist die Stelle des Anschlusses der sozialen Berufe an das G.wesen. Für eine optimale G.arbeit im Rahmen der Präventiv- und Sozialmedizin ist deshalb, da diese Bereiche der Medizin nicht mehr durchgehend in einer Person, dem Arzt, zu vereinen sind, Teamarbeit gefordert, in der Ärzte, Schwestern, Pfleger, Psychologen und die Berufe des Sozialwesens kooperieren müssen. Neben älteren Programmen und Institutionen (G.amt; Tuberkulosebekämpfung) gibt es neue Modelle (Sozialstationen, Gemeinwesenmedizin), diese Zusammenarbeit zu institutionalisieren. *P. L.*

Gewerkschaften und Berufsverbände. Die Probleme von Sozialarbeitern und Sozialpädagogen, z. B. ihre Stellung in der Hierarchie der Bürokratie, die mangelnde Berücksichtigung ihrer fachlichen Kompetenz und ihre Vereinzelung in der Arbeitsplatzsituation können in erster Linie durch die Organisation ihrer Interessen aufgehoben werden. Die grundlegende Erkenntnis, daß man nur gemeinsam stark sein kann, ist in den sozialen Berufen noch so wenig ausgeprägt, daß man jeden Ansatz zur Organisierung begrüssen muß. Dennoch soll im folgenden hauptsächlich von den Problemen und Defiziten in der Gewerkschaftsarbeit und in den Verbänden die Rede sein, nicht um abzuschrecken, sondern um klarzulegen, daß aufgrund der bestehenden Situationen die Probleme sich nicht durch schiere Mitgliedschaft, sondern nur durch entschiedene Mitarbeit in der Organisation und mit der Organisation lösen lassen.

Die *gewerkschaftliche Organisation* der Sozialarbeiter wird in der Literatur bisher weitgehend vernachlässigt. Das ist vor allem deshalb bedauerlich, weil von Sozialarbeitern Forderungen eingebracht werden, die in anderen Abteilungen und Gewerkschaften jetzt erst zusätzlich zum Lohnkampf wichtig geworden sind: Die Forderungen nach besseren Arbeitsbedingungen, nach mehr Selbstbestimmung bei der Durchführung der Arbeit, nach höherer Bewertung der Fachkompetenz im Arbeitsbereich, etc. Der Eintritt und die aktive Mitarbeit in Gewerkschaften gilt als relevante Lösungsmöglichkeit der anstehenden beruflichen Probleme für Sozialarbeiter. An die Gewerkschaftarbeit werden folgende Erwartungen geknüpft: Bündnis auf breiterer Ebene im Kampf mit den Werktätigen, Druck von der Basis in der Gewerkschaft auf allgemeine politische Problemvorstellungen hin, Durchsetzen eigener Interessen als Arbeitnehmer, Solidarisierung mit den Gewerkschaftskollegen für die Veränderung von Arbeitsplatzbedingungen und die Arbeitsplatzsicherung, zusätzliche Qualifikationen durch die von den Gewerkschaften angebotenen Schulungen.

Diese Erwartungen sind nicht ohne weiteres einlösbar. Die Erfahrungen haben gezeigt, daß auf zumindest zwei Ebenen Veränderungen eingeleitet werden müssen, um die oben benannten Zielvorstellungen zu erreichen: 1. *Voraussetzung »Innere Reform«:* Da die ÖTV diejenige Gewerkschaft ist, die der Berufssituation der Sozialarbeiter am meisten entgegenkommt, soll sie hier exemplarisch für Gewerkschaften allgemein dargestellt werden. Die ÖTV ist hierarchisch über die Linie Hauptvorstand – Bezirksvorstand – Kreisvorstand gegliedert. Der Anspruch, basisorientiert zu arbeiten, kann schon deshalb nicht erfüllt werden, weil diese Struktur auch der Entscheidungsstruktur entspricht. Wenn Entscheidungen auf einer unteren Ebene nicht gefällt werden können, werden sie immer höher verlegt bis zum Hauptvorstand. In einer basisorientierten Organisation dagegen werden schwierige und wichtige Entscheidungen auf immer breitere Entscheidungsgremien verlegt – am Ende in die Vollversammlung oder etwas Vergleichbares. Über dem Hauptvorstand gibt es nur noch den Gewerkschaftstag als Entscheidungsinstanz, der aber vom Hauptvorstand laut

Satzung vorstrukturiert wird. Diese Struktur macht es schwer, in der ÖTV von unten her etwas zu verändern (die Struktur selber ist längst veränderungsbedürftig). Dennoch sollen hier einige Ansatzpunkte genannt werden: Es wurde anfangs darauf hingewiesen, daß Sozialarbeiter in der Regel Forderungen vortragen, die in anderen Berufssparten erst langsam ins Bewußtsein dringen. Sie fordern Arbeitsbedingungen, die es ihnen erlauben, eine qualitativ bessere Arbeit zu leisten, (niedrigere Fallzahlen, institutionierte Mitarbeiterbesprechungen, Supervision, etc.). Außerdem fordern sie, daß ihr Fachwissen im Arbeitsbereich im Hinblick auf die professionellen Entscheidungen (Erziehungsstile, Einweisungsanordnungen etc.) nicht von Vorgesetzten behindert wird, die über dieses Fachwissen nicht verfügen. Diese Forderungen lassen sich auf die ÖTV im Hinblick auf mögliche Kontakte zwischen Sozialarbeitern und anderen Abteilungen übertragen. Die ÖTV macht über sich selber folgende Aussage: »Keine Gewerkschaft vereinigt so viele und so unterschiedliche Gruppen unter ihrem Dach. Was zum Nachteil hätte werden können, hat sich als ein Vorteil für die ÖTV erwiesen: Die lebendige Diskussion zwischen den Gruppen, die Vielfalt der Meinungen und Interessen gestatten keinen Stillstand, kein bequemes Ausruhen.« (Information für Jugendliche über die Gewerkschaft ÖTV, Stuttgart 1974, S. 6). Diesen Ausspruch kann man heranziehen, um sowohl beim jeweiligen Kreisvorstand Verständnis für die eigenen Forderungen zu wekken (denn meist traf alles, was über Tarifauseinandersetzungen herausgeht, auf Schulterzucken, erst langsam kommt für weitergehende Fragen mehr Bewußtsein auf) als auch den anderen Abteilungen die Bedeutung von mehr Eigenverantwortung und Kooperation im Arbeitsbereich und von besserer Fortbildung für ihre eigene Arbeitssituation klarzumachen. – Ein weiteres Problem, das ÖTV-intern auf Kreisebene angegangen werden muß, ist die mögliche Personalunion im Arbeitsbereich und in der ÖTV selber: Dadurch, daß Angestellte im öffentlichen Dienst, d. h. auch in der Verwaltung genau wie die Sozialarbeiter in der ÖTV organisiert sind, kann es sein, daß die zuständigen Vertreter des Kreisvorstandes mit den eigenen Vorgesetzten identisch sind.

Da niemand einen »Kampf gegen sich selber« führen wird (ÖTV-Mitglied A schreibt einen öffentlichen Beschwerdebrief gegen Sozialamtmitarbeiter A), kann man nur durch gemeinsame Schulungen anstreben, die Haltung der Gesamtperson A zu verändern. Der letzte Punkt, der hier zu ›unserer Reform‹ genannt werden muß, fällt in den Bereich der politischen Auseinandersetzung. Sozialarbeitern wird häufig aus »politischen Gründen« gekündigt. Im seltensten Fall wird die Kündigung auch politisch begründet, meist wird der Verlust des Vertrauensverhältnisses oder ein anderer formaler Grund angegeben. In dem ganzen Bereich »politische Kündigungen« bezieht die ÖTV jedoch keine solidarische Position. Denn die ÖTV hat selbst in ihrer Satzung den Grundsatz niedergelegt, keine »Gegner der Demokratie in ihren Reihen zu dulden« (Satzung der ÖTV, beschlossen auf dem 7. ordentlichen Gewerkschaftstag in Berlin 1972, S. 6).

Die Auslegung dieses Paragraphen wird sehr eng gefaßt, so daß es gleichsam zu einer Parallele der Berufsverbote des Staates mit den Ausschlußpraktiken der Gewerkschaften kommt. 2. *Voraussetzung: Schulung:* Für Sozialarbeiter sind Schulungen in der ÖTV in zwei Bereichen notwendig: Zum einen ist es wichtig, die innere Struktur und die Grundsätze der ÖTV selber kennenzulernen, um sich besser darauf einstellen und damit umgehen zu können. Zum anderen ist es hilfreich, das gesellschaftsanalytische und institutionsanalytische Wissen zu vertiefen, um die Strategien nach außen bewußt und geplant (und gezielt) entwickeln zu können. Es wird nur teilweise sinnvoll sein, die Schulungsprogramme der ÖTV zu übernehmen (Zur Bildungskonzeption der ÖTV, siehe: »Bildungskonzeption der ÖTV«, Stuttgart 1974). In einer Informationsbroschüre (in der Satzung wird die Bildungsarbeit nicht erwähnt) wird über die ÖTV-eigenen Schulungen folgendes ausgesagt: »In den Seminaren und Schulungen der Jugend gibt es keine Lehrer und Dozenten. Die Teilnehmer diskutieren mit pädagogisch erfahrenen Kollegen aus Betrieben, Verwaltungen und Gewerkschaften. Im Mittelpunkt stehen dabei berufliche, betriebliche, gewerkschaftliche und politische Probleme sowie die Möglichkeiten, Konflikte gemeinsam zu lösen.« Abgesehen davon, daß die Seminare in Wirklichkeit meist nicht in dieser Weise durchgeführt werden, sind für die Art der Forderungen der Sozialarbeiter noch andere Strategien als Tarifvertragsabschlüsse und Gesetzesänderungen notwendig. (Die Gesetzesänderungen haben zwar auch für den sozialarbeiterischen Interessenbereich einen hohen Stellenwert, stehen aber nur in vermitteltem Zusammenhang mit der Arbeit vor Ort.) Die Bereiche, in denen auf Kreisebene durch Öffentlichkeitsarbeit und Solidarisierung Forderungen durchgesetzt werden können, beschränken sich auf Bereiche wie die öffentliche Personalpolitik im Sozialsektor, auf Planung und Konzepte sozialer Einrichtungen, auf arbeits- und tarifrechtliche Probleme der Mitarbeiter und auf die Entscheidungen über kommunale Projektschwerpunkte.

Organisation in Berufsverbänden:
Gegenüber den Gewerkschaften unterscheiden sich die Berufsverbände (hier soll stellvertretend auf den DBS und BSS eingegangen werden, da die große Vielfalt von Berufsverbänden in dem sozialen Sektor eine angemessene Darstellung aller Verbände unmöglich macht) naturgemäß durch eine grundsätzliche Orientierung auf berufsständische und professionelle Probleme der Sozialarbeit und Sozialpädagogik. Der BSS (Berufsverband der Sozialarbeiter/Sozialpädagogen) z. B. nennt folgende schwerpunktmäßige Zielsetzungen gemäß Bundessatzung: »Hilfen bei der Entwicklung berufsethischer Motivationen und bei deren Umsetzung in die Praxis; Erarbeitung und Darstellung des Berufsauftrages zur fachlichen Profilierung und gesellschaftlichen Anerkennung des Berufsstandes; ständiger Erfahrungsaustausch, regelmäßige Schulung und Fortbildung; Darstellung der gesellschaftlichen Funktionen von Sozialarbeit/Sozialpädagogik im staatlichen und freien Bereich; Einflußnahme auf Institutionen der Forschung, Pla-

nung und Gesetzgebung.« (aus: Was ist der BSS? Neunzehn Fragen – neunzehn Antworten.)

Der DBS (Deutscher Berufsverband der Sozialarbeiter und Sozialpädagogen e. V.) benennt auf seiner Mitgliederversammlung 1975 folgende Arbeitsschwerpunkte der letzten drei Jahre: »Diese Zeit ist gekennzeichnet durch Verabschiedung des Berufsfeldes der Sozialarbeiter/Sozialpädagogen (grad.) (Heilbronn 1973), Verabschiedung der Berufsordnung (Kiel 1974), Vorarbeit für Regelungen über Ordnungsausschüsse, Verstärkung der Tarif- und Besoldungsarbeit durch Gründung eines »Ständigen Ausschusses für Tarif- und Besoldungsfragen« (s. Bericht), Erarbeitung und Stellungnahmen zu neuen Gesetzesvorhaben (Adoptionsrecht, Familienrecht, Heimgesetz u. a.), Aktivitäten auf allen Ebenen, um Geheimhaltungspflicht und Zeugnisverweigerungsrecht zu erreichen, Vorschläge zur Verbesserung von Struktur und Organisation in der Sozialarbeit zur Erreichung von mehr Effektivität von Sozialarbeit zum Wohle der Betroffenen, Stellungnahmen zur Gestaltung der Ausbildung von Sozialarbeitern/Sozialpädagogen (Theorie-Praxis-Bezug, Einbeziehung des bisherigen Berufspraktikums in die Ausbildung, Funktion und Stellung der Sozialarbeiter/Sozialpädagogen als Lehrende an Ausbildungsstätten), Mitarbeit des DBS in anderen Gremien, um den Beitrag der Sozialarbeiter/Sozialpädagogen bei Fachfragen zu geben (z. B. Fachausschüsse des Deutschen Vereins, Aktionsausschuß zur Verbesserung der Lage psychisch Kranker, Bundesgesundheitsrat), Ausbau der Arbeit im internationalen Raum durch Verstärkung der Mitarbeit in der Internationalen Vereinigung der Sozialarbeiter und im Verbindungsausschuß der Sozialarbeiterverbände im EG-Raum zur Europäischen Gemeinschaft und durch eine neue Initiative des DBS, das Gespräch unter den Verbänden und Fachvereinigungen der Sozialarbeiter/Sozialpädagogen aufzunehmen, um einen einheitlichen Berufsverband zu schaffen.« (aus: Der Sozialarbeiter Nov./Dez. 1975, S. 35). Durch den letzten Punkt des Katalogs wird bereits ein schwerwiegendes Problem der Berufsverbände genannt: Die Zersplitterung unter weltanschaulich, berufsspezifisch und regional begründeten Gesichtspunkten schränkt die Schlagkraft der Berufsverbände ein, läßt sie z. T. zu sich eifersüchtig abgrenzenden Splittergruppen geraten. Das Aufgreifen dieser Problematik hat – zumindest zwischen DBS und BSS – zu einer Annäherung geführt, die einen künftigen Zusammenschluß möglich macht. – Ein anderes Problem der Berufsverbände stellt sich als Kehrseite ihrer Fach- und Standesorientierung dar: Die einseitige Beschäftigung mit Problemen der Sozialen Arbeit läßt einen weiteren Blickwinkel auf allgemeinere Implikationen ihrer Arbeit und damit die Perspektive des Bündnisses mit anderen gesellschaftlichen Gruppen schwer zu. Dadurch geraten die Berufsverbände in die Gefahr der Isolation und des Elitismus.

Abgrenzung zwischen Gewerkschaften und Berufsverbänden: Wollte man das Verhältnis zwischen Gewerkschaften und Berufsverbänden derartig kennzeichnen, daß die Gewerkschaften die tarifpolitischen und die Berufsverbände die fachlichen und standespolitischen Fragen der Sozialarbeiter aufgreifen, würde man es den jeweiligen Organisations-Spitzen zu leicht machen. Denn den Gewerkschaften werden die meist aktivsten Abteilungen ›Sozialarbeit‹ häufig unbequem, so daß sie das »Ventil« Berufsverbände für die berufspraktischen Probleme begrüßen; gleichermaßen ist die Ausgrenzung der tarifrechtlichen Fragen den Berufsverbänden meist nicht unrecht. (Eine Zusammenarbeit der Verbände und Gewerkschaften auf der Ebene der ständigen Tarifkommissionen findet bereits partiell statt.) Für die Arbeit an der Basis der Organisationen ist die Verknüpfung von tariflichen und berufspraktischen Problemen aber eminent wichtig, da dadurch die Arbeitsplatzbedingungen in ihrer Ganzheitlichkeit problematisiert werden können. Z. B. das Problem der Hierarchisierung ist ohne Rückgriff auf Tariffragen nicht bearbeitbar. Trotz aller Schwierigkeiten sollte aber zumindest die wirksame Definition eines Kooperationsverhältnisses zwischen Gewerkschaften und Berufsverbänden gefunden werden, um den augenblicklichen Zustand der »Spalterei« und Uneinheitlichkeit der Interessenvertretung zu beenden. *S. H.*

Gnadenrecht. Die »Summe gnadenrechtlicher Vorschriften bzw. die Befugnis des Gnadenträgers, Gnade zu gewähren, also das subjektive Recht zu begnadigen« (Schätzler). Der föderalen Staatsverfassung entsprechend besteht das G. des Bundes und der einzelnen Länder im Rahmen der jeweiligen Justiz- und Verwaltungshoheit nebeneinander. Die Gnadenentscheidung im *Einzelfall* kann Strafsachen (im weitesten Sinne, also auch Maßregeln der Besserung und Sicherung, Erziehungsmaßregeln und Zuchtmittel – wie Jugendarrest – nach JGG, vgl. dazu allerdings Schätzler, S. 36f.), Bußgeldsachen, Disziplinarsachen, Ehrengerichtssachen und Ordnungsmittelsachen (wie Ordnungsgeld und -haft z. B. gegen nichterschienene Zeugen oder bei unberechtigter Zeugnisverweigerung) betreffen. Davon zu unterscheiden ist die *Amnestie* (Straffreiheit), die für eine unbestimmte Vielzahl von Fällen den Erlaß oder die Milderung (auch den Vollstreckungsaufschub) rechtskräftiger Strafen bzw. die Niederschlagung anhängiger Verfahren vorsieht. Dieser *generelle* Verzicht des Staates auf Verfolgung und Vollstreckung wegen bestimmter Straftaten bedarf eines Gesetzes (Beispiel: Straffreiheitsgesetz 1970 betreffs leichterer Demonstrationsdelikte aus der Zeit vom 1. 1. 1965 bis zum 31. 12. 1969).
Gnadenträger ist in der Regel das Staatsoberhaupt (im Bund der Bundespräsident, in den meisten Bundesländern der Ministerpräsident, in den Stadtstaaten und im Saarland der Senat bzw. die Regierung). Er kann und wird wegen der Vielzahl von Gnadensachen die Ausübung des Begnadigungsrechts, in bestimmten Sachen generell – nicht aber unbeschränkt –, übertragen (so z. B. in Hessen durch Anordnung vom 26. 11. 1974 für die zur Zuständigkeit der Gerichte gehörenden Sachen auf den Minister der Justiz; Vorbehalt der Entschließung über die Begnadigung in Fällen lebenslanger Freiheitsstrafe) und dabei auch das Recht der weiteren Übertra-

gung (Subdelegation) einräumen, wie dies beispielsweise durch die Hessische Gnadenordnung vom 3. 12. 1974 geschehen ist, wonach die Gnadenbehörden (für die meisten Strafsachen der Leiter der Staatsanwaltschaft beim Landgericht) z. B. ermächtigt sind, Freiheitsstrafen und Jugendstrafen von nicht mehr als 2 Jahren, Jugendarrest und Strafarrest auszusetzen, Strafaufschub und -unterbrechung, Sozialurlaub, Entlassungsurlaub, Freigang und Ausgang gnadenweise zu gewähren. Die sehr detaillierte Regelung, die in bestimmtem Umfang die Leiter der Vollzugsanstalten zu Entscheidungen ermächtigt, formuliert Richtlinien für die Gewährung der Gnade. Zu beachten ist der für das gesamte G. geltende Grundsatz des Vorranges von Entscheidungen der zuständigen Behörden und Gerichte: Erst wenn die von der Rechtsordnung eingeräumten Rechtsbehelfe (z. B. nach StGB, StPO, StVollstrO, StVollzG) versagen, sich etwa die Grenzen des (strengen) Rechts als im Ausnahmefall zu eng, die Auswirkungen einer Rechtsentscheidung als außergewöhnlich hart erweisen, ist Raum für ein Gnadenverfahren. Es ist hier nicht der Ort, näher auf die übrigens schwer faßbaren Gründe für die Befürwortung von Gnadengesuchen einzugehen. Teilweise spielen auch politische Rücksichtnahmen eine Rolle, ein Aspekt, der für die soziale Arbeit weniger bedeutsam sein dürfte. Auch wenn die Gnadenbehörden nicht zur Entscheidung ermächtigt sind, werden sie doch mit der Gnadensache befaßt und bereiten die Entscheidung durch den Gnadenträger vor. Sie stellen Ermittlungen an, schalten gegebenenfalls die Gerichtshilfe ein, holen Stellungnahmen des Leiters der Justizvollzugsanstalt bei Gefangenen, des Bewährungshelfers bei Probanden, des Jugendamtes in Jugendschutzsachen ein, berichten auf dem Dienstweg und unterbreiten dabei einen Entscheidungsvorschlag.

Die Geschichte des G. zeigt, daß bestimmte Vergünstigungen, die zunächst lediglich gnadenweise gewährt werden können, später zu in Gesetzen normierten Rechtsinstituten werden. Das bekannteste Beispiel ist insofern die Strafaussetzung zur Bewährung. Folge einer solchen »Verrechtlichung« des G., deren Verstärkung zum Teil gefordert, zum Teil entschieden abgelehnt wird, ist ein Rückgang der Zahl der Gnadenverfahren. Umstritten ist insbesondere auch, ob und inwieweit Gnadenentscheidungen der gerichtlichen Kontrolle unterworfen werden können. Das Bundesverfassungsgericht hielt 1969 (bei vier gegen vier Stimmen) im Fall einer ablehnenden Gnadenentscheidung den Rechtsweg nach Art. 19 IV GG nicht für eröffnet, bejahte aber 1971 die gerichtliche Kontrolle des Widerrufs eines Gnadenerweises. Gnadengesuche können vom Verurteilten, aber auch von jedem Dritten eingereicht werden. Auch eine Einleitung von Amts wegen kommt in Betracht. Sie kann beispielsweise von dem Leiter der Vollzugsanstalt, von dem Bewährungshelfer angeregt werden. Da Gnadengesuche mit dem Ziel des Strafaufschubs oft erst gestellt werden, wenn die Ladung zum Strafantritt schon vorliegt, besteht Anlaß, darauf hinzuweisen, daß das Gesuch grundsätzlich keinen Einfluß auf die Strafvollstreckung hat (vgl. § 2 StVollstrO). Die Zahl der Gnadenverfahren in Hessen betrug 1972 insgesamt 2042 (1952 noch 11179; Angaben bei Schätzler). Im April 1975 wurden aus den Vollzugsanstalten der Landesjustizverwaltungen aller Bundesländer (einschließlich Berlin) 1253 Inhaftierte entlassen, weil das *Gericht* den Strafrest zur Bewährung aussetzte (979 gemäß § 57 I StGB, 10 gemäß § 57 II StGB, 264 gemäß §§ 88, 89 JGG). Demgegenüber wurden 109 Inhaftierte im *Gnadenweg* entlassen. Am 31. 12. 1974 unterstanden 1660 Probanden, deren Strafe gnadenweise ausgesetzt war, einem Bewährungshelfer. Diese Zahlen mögen belegen, daß auch heute noch das Gnadenrecht praktische Bedeutung hat, wenn auch der sozialberufliche Tätige, der mit einem Klienten ein Gnadengesuch erwägt, wissen sollte, daß »die durchschnittliche Gesamtzahl der ablehnenden erheblich höher ist als die der positiven Gnadenentscheidungen« (Schätzler, S. 109).   *G. F.*

Gruppendynamik bezeichnet drei Sachverhalte: 1. Das Teilgebiet der empirischen Sozialforschung, »das das Wissen über die Natur von Gruppen, die Gesetze ihrer Entwicklung und ihre Beziehung zu Individuen, anderen Gruppen und größeren Institutionen«, erweitert (Cartwright/Zander, 1960, S. 9) (= Erkenntnis-kritische und empirische Wissenschaft). 2. Das spezifische Konzept (Methoden) der Intervention in Gruppen (= Praxelogie). 3. Als angewandte Gruppendynamik die spezifische Praxis absichtsvollen Handelns in und mit Gruppen, die durch Verbesserung der Selbst- und Fremdwahrnehmung die soziale Kompetenz erhöhen und angemessenere Verkehrsformen etablieren will (Praxis); Techniken und Lernverfahren, die entweder im Rahmen gruppendynamischer Trainings oder durch Soziointervention in Teams, Organisationen, am Arbeitsplatz, im Kontakt mit dem Klienten und durch Supervision angewandt werden. Schließlich und vorrangig zu diesen drei Aspekten, bezeichnet G. umgangssprachlich die in realen Gruppen auftauchenden Ereignisse und Prozesse. Auf die enge Verflechtung der Aspekte hat Lewin, der Begründer der Forschungsrichtung G., immer wieder hingewiesen: praktisches Handeln, Entwicklung und Überprüfung der Techniken und Methoden bedürfen der theoretischen Reflexion, die Theoriebildung wird durch Praxisprobleme herausgefordert. Daß diese Wechselwirkung zwischen Theorie und Praxis der G. nur teilweise gelingt, liegt zum einen an der oft realitätsfernen, sozialpsychologischen Grundlagenforschung, zum anderen an der Werbewirksamkeit des Begriffs G. beim Kampf um Klientengruppen.

G. als Theorie: Der Begriff Gruppe – und damit auch C. – ist bislang nicht eindeutig definiert – wiewohl dem seine umgangssprachliche Allgemeinverständlichkeit zu widersprechen scheint. Die Vielfalt der Gruppen, in denen Menschen leben, an denen sie sich orientieren und die für sie bedeutsam sind, hat eine ebenso große Vielfalt an Definitionsversuchen und Annäherungsweisen zu ihrer Erforschung hervorgebracht. Weite Definitionen von Gruppen verlangen lediglich irgendeine Beziehung von zwei oder mehr Personen: enge (z. B. Mc. David/Harari) legen fest: »Eine sozialpsychologische Gruppe ist ein organisiertes System von zwei oder mehr Individuen, die so miteinander verbunden sind, daß in einem gewissen Grade gemeinsame Funktionen möglich sind, Rollenbeziehungen zwischen den Mitgliedern bestehen und Normen existieren, die das Verhalten der Gruppe und aller Mitglieder regeln« (1968, S. 237). Berufliches Handeln und Praxis konfrontieren den Sozialarbeiter und Sozialpädagogen mit der ganzen Palette möglicher Gruppenformen, Die aus der Sozialpsychologie entwickelte Nomenklatur der G. vermag hier seine Wahrnehmung, Diagnose, Analyse und Intervention zu leiten und zu steuern. Dies gilt sowohl für seine eigene Position und Funktion als Änderer, als auch für diejenige seiner Klientel. Um dies tun zu können, muß der Sozialarbeiter sich bewußt werden oder machen, daß seine Berufsrolle sich – je nach Situation, Gesprächspartner und Aufgabe – aus unterschiedlichen Rollenelementen zusammensetzt. »Solche Elemente sind zum Beispiel »Berater«, »Experte«, »Teammitglied«, »Mitglied einer Institution«, etwa eines freien oder öffentlichen Trägers mit bestimmten ethischen und sozialpolitischen Zielsetzungen« (Voigt, 1975, S. 294). Mit diesen Funktionen sind unterschiedliche Erwartungen und unterschiedliche Verhaltensweisen verknüpft, die häufig belastende Intrarollenkonflikte auslösen. Deren kurzschlüssige Lösung besteht dann in der Zuflucht zu nur einer Rolle bzw. Funktion des Sozialarbeiters (z. B. Helferattitüde; Beamtenmentalität; »politischer Anwalt der Unterdrückten«, je nach der zugrundeliegenden Berufsmotivation). Das bedeutet einen Verzicht auf professionelle Handlungsmöglichkeit der schließlich über mangelnde Effektivität in Resignation endet. Darüberhinaus hält eine außerhalb der Beratungssituation in allen Situationen durchgehaltene Helferorientierung den Klienten in Abhängigkeit und verhindert partizipativen Umgang. Mit Hilfe des Konzeptes der Rolle kann sich der betroffene Sozialarbeiter diese Situation transparent und überschaubar machen, damit Handlungsspielräume erschließen und auch sein Bewußtsein dafür schärfen, daß nur eine sinngeleitete Integration verschiedener Funktionen und Rollen vor der Gefahr schützt, zum bloßen Erfüllungsgehilfen zu werden.

Das Geschehen innerhalb von (Klein-)gruppen läßt sich ebenfalls mit dem Rollenbegriff beschreiben. Gewöhnlich werden Aufgabenrollen (informieren), emotionale Aufbau- und Erhaltungsrollen (unterstützen; Übereinstimmung prüfen) sowie Konflikt und Spannung anzeigende Rollen (unterbrechen; monologisieren) unterschieden. Diese Zuordnung von Rollen zu Personen kennzeichnen folgende Merkmale: sie erfolgt auf der beschreibenden Verhaltensebene und vermeidet dadurch Etikettierung und unzutreffende Generalisierung (A. ist nicht ein Störer, sondern an seinem Verhalten wirkt störend . . .); sie stellt deutlich heraus, daß es sich um Verhalten in bestimmten Situationen handelt, erklärt Verhalten also nicht durch Persönlichkeitsmerkmale; und macht die Interdependenz, die gegenseitige Abhängigkeit des Verhaltens des einzelnen vom Gruppenverhalten deutlich. Gerade letzteres stellt eine wesentliche Bedingung für gleichberechtigte Interaktionsformen dar. Weitere Konstrukte zur Diagnose und

Analyse individuellen und gruppalen Verhaltens sind Norm, Gruppenstruktur, Gruppierung, Gruppenzusammenhalt, Gruppendruck, Gruppenstil, Aufgabenstruktur, Führung, Leitung, Macht und Kontrolle. Mit diesen Konstrukten sind Lerninhalte gruppendynamischer Trainings, speziell Absichten des sozialen Lernens verbunden, die sich auf die Gruppe, ihre Entwicklung und das individuelle Verhalten der Gruppenmitglieder beziehen. Lernfelder der G. sind Gruppendynamische Laboratorien und reale Arbeitssituationen.

Gruppendynamische Laboratorien: Das erste gruppendynamische Training wurde 1946 von Kurt Lewin durchgeführt. In den zurückliegenden 30 Jahren entwickelten sich drei Formen gruppendynamischer Laboratorien, die sich nach ihrem Schwerpunkt als *interpersonal-gruppale, korrektiv-klinische* und *persönlich-expressive* Variante beschreiben lassen. 1. *Interpersonal-gruppales Sensitivity-Training (Fertigkeitstraining):* Das interpersonal-gruppale Sensitivity-Training ist die Anwendungsform gruppendynamischen Trainings. Es ist sozialpsychologisch fundiert und stellt einen Anwendungsfall der Handlungsforschung dar. Im Mittelpunkt stehen die Diagnose und Analyse des Ineinandergreifens von Rollen, Funktions- und Systemstrukturen, die die Teilnehmer als Angehörige bestimmter Organisationen, Berufsgruppen und Klassen in ihrer Gruppe repräsentieren und nicht der Teilnehmer als Persönlichkeit in seiner individuellen Gewordenheit und Besonderheit, mit seinen für ihn spezifischen Persönlichkeitsmerkmalen, Einstellungen, Haltungen, Fertigkeiten und Fähigkeiten. Diagnose und Analyse des Verhaltens erfolgen durch sozialpsychologische Begriffe, wie Rolle, Norm, Gruppenstruktur, Aufgabenart, Führung und Leitung.

Die Interventionen zielen auf die interaktionellen Zusammenhänge zwischen diesen Variablen. Lerninhalte sind: Verbesserung der Kooperation, funktionale (Führungs-)Rollenverteilung, adäquate Konfliktlösetechniken. Sie werden durch die Schärfung der Wahrnehmung für diese Phänomene, ihre Auswirkungen auf die Arbeitsfähigkeit von Gruppen und durch das Training angemesseneren Sozialverhaltens angestrebt. »Effektivität, allgemeine interpersonelle Kompetenz und positive, gewaltlose Änderung innerhalb eines Systems sind Hauptziele. Das Wachsen der Teilnehmer spiegelt sich im Erfolg als Mitglied und als Kraft in einem sozialen System. Die Betonung liegt auf dem ›Wie‹ des Handelns, worin die Einflußnahme auf andere besteht und wie jemand das verbessern kann, was er tut.« (Lomranz u. a., 1973, S. 339, 340).

Gruppendynamische Trainings interpersonal-gruppaler Orientierung bieten damit Lern- und Trainingsmöglichkeiten, die soziale Kompetenz zu erhöhen. Neben der allgemeinen fachlichen Kompetenz entscheidet sie immer mehr über den Erfolg vor allem bei Angehörigen sozialer Berufe, da diese fast nie Änderungsmacht besitzen und deshalb Änderungen argumentativ durchzusetzen versuchen müssen. 2. *Korrektiv-klinische Trainings (Therapie für Normale):* Korrektiv-klinische Trainings streben, als

Therapie für Normale, Selbsteinsicht, Intimität, Offenheit, Persönlichkeitsentfaltung und ganzheitliche Stärkung des Individuums an. Anstelle der G. rücken die individuelle Psychodynamik, das Verständnis des einzelnen für sich selbst und seine Beziehung zu den anderen in den Vordergrund. Diese Variante will die durch entfremdende Normen, Zwänge und »Frustrationsbiographie« verursachte Deformation, Desintegration und Fragmentierung der Persönlichkeit nicht durch Erhöhung interpersonaler Fertigkeiten, sondern durch langfristige persönliche Entfaltung und Entwicklung – die sich auf zentrale Lebensinhalte und Lebenswerte, nicht eingestandene Gefühle bezieht –, blockiertes Potential freisetzen, um das Bedürfnis nach persönlicher Authentizität im beruflichen und privaten Alltag zu erfüllen. Das korrektiv-klinische Sensitivity-Training kann als Form einer sozialpsychologisch fundierten Lehrtherapie angesehen werden, sofern seine Dauer den tiefgreifenden Änderungen entspricht. 3. *Persönlich-expressive Techniken (Intensivtechniken und Encountergruppen):* Unter die Variante persönlich-expressiver Techniken können alle Intensivtechniken und Encountergruppen subsumiert werden. Das Erleben affektiven Austausches, von Freude, Authentizität, Liebe, Aggression und Begegnung überwiegen das Verständnis und die Analyse der ablaufenden Prozesse und deren theoretische Aufarbeitung. Intrapsychische Lernziele überwiegen bei diesen aus humanistischer Psychologie, Psychoanalyse, Kommunikationstheorie, Verhaltenstherapie entwickelten Verfahren. Techniken aus Gestalttherapie, Psychodrama, Bioenergetik, Transaktionsanalyse werden zur Erlebnisaktivierung, zu diagnostischen Zwecken, zur Problembewältigung, zum Teil auch zum Training neuen Verhaltens hinzugenommen. In vielen Fällen werden diese Techniken jedoch lediglich additiv kombiniert, nicht integriert, da viele (deutschsprachige) Veranstalter – im Gegensatz zu den Begründern dieser Verfahren – kein abgeschlossenes und fundiertes Basis-Training in einer Trainings- oder Therapieform aufweisen. Das führt zu konzeptions- und richtungslosem, situativ determiniertem Herumprobieren. Intensiv- und Encounter Techniken sind überwiegend selbsterfahrungsorientiert; komplexere interaktionelle Probleme werden meistens in dyadische aufgelöst. Der Arbeitsbezug fehlt völlig. Sie haben deswegen mit der Intention und Konzeption gruppendynamischer Veranstaltungen – außer der Veranstaltungsform – kaum Berührungspunkte. Sie sind indiziert für die Bearbeitung von Partnerschaftsproblemen und zur Initiierung alternativer und reicherer Interaktionsformen. Encountertechniken erheben keinen therapeutischen Anspruch. Sie wollen vor allem blockierte, ungenützte menschliche Fähigkeiten entfalten und zwischenmenschliche Begegnung reicher und schöpferischer gestalten. Im Rahmen von Sozialarbeit und Sozialpädagogik ist der Einsatz von Encountertechniken zur Subreption neuer Verkehrsformen ebenso legitim, und sinnvoll, wie die Verwendung einzelner Methoden und Übungen der hier beschriebenen Techniken bei Freizeitangeboten, Unterstützung von Initiativen- und Frauengruppen. Deren Ziele langfristig zu ändernder Umgangsformen – die oft durch Engführung politischer Ansprüche bedroht sind – ist hier erreicht – und bietet gerade deswegen Raum und Zeit für langfristige Strategien.

Gruppendynamische Organisationslaboratorien: Gruppendynamische Organisationslaboratorien richten ihr Interesse auf die fundamentalen Strukturen und Prozesse von Organisationen. Macht, Herrschaft, Vertrauen, Kontrolle, Partizipation, Mitbestimmung, Delegation sind die vorherrschenden Inhalte. Organisationslaboratorien als Orte der Selbsterfahrung zentrieren diese auf die je individuellen Wahrnehmungs-, Erlebnisweisen und Handlungstendenzen in sozialen Situationen, die durch formelle und informelle Rollenbeziehungen, Mitgliedschaftsnormen und Organisationsstrukturen bestimmt sind. Ziel ist es, aus Primärbeziehungen unreflektiert übernommene Einstellungen und Erwartungen (etwa auf Dankbarkeit), letztlich zur Ohnmacht und Handlungslosigkeit führende Forderungshaltung, Furcht vor der Leblosigkeit und abschreckenden Formalität von Organisation, Institutionsgläubigkeit als dysfunktional zu decouvrieren und Techniken zu vermitteln, wie man Organisationen – besonders auch aus unterlegenen Positionen – den sich wandelnden Interessen, Zwecken und Bedürfnissen veränderter Aufgaben und Ziele differenziert anpassen und nutzen kann. Zentrales Anliegen ist es, erfahrbar und erlebbar werden zu lassen, daß Organisationen soziale Erfindungen sind, die beeinflußbar und änderbar sind.

Die bislang beschriebenen gruppendynamischen Verfahren verfolgen ihre Lernziele außerhalb des Berufsalltages meist mit einander fremden Teilnehmern. Dem Vorteil des damit gegebenen Schonklimas, in dem ohne Angst vor Sanktionen, negativen Konsequenzen, das Normalverhalten problematisiert und andere, bessere interaktive Verhaltensalternativen erprobt werden können, steht die Schwierigkeit gegenüber, das neu erworbene Verhalten auch gegen die Widerstände der Alltagssituation zu behaupten. Bearbeitung dieser Widerstände noch während des Trainings ist eine Möglichkeit. Fengler (1975) stellt in einer Übersicht über die empirischen Arbeiten zur verhaltensändernden Wirkung gruppendynamischer Verfahren fest: »Nach diesen Ergebnissen ist die Behauptung von der Wirkungslosigkeit gruppendynamischer Tätigkeit nicht mehr aufrechtzuerhalten. (S. 65) ... Im wesentlichen stützen die Ergebnisse die Anschauung, daß durch das Laboratorium ein Lernprozeß angeregt wird, der erst einige Zeit später voll zum Tragen kommt ... Den Ergebnissen nach ist sowohl die diagnostische Funktion, wie die Handlungsfunktion nach dem Laboratorium sichtbar verbessert.« (S. 67). Die andere Möglichkeit ist Organisationsentwicklung. Sie gewinnt zunehmend im Rahmen angewandter Gruppendynamik an Bedeutung.

Organisationsentwicklung, Institutionsberatung und Team-Training: Organisationsentwicklung bezeichnet das planmäßige Vorgehen zur Steigerung der Flexibilität und Veränderungsbereitschaft einer Organisation mit dem Ziel einer höheren Effizienz und Humanisierung der Arbeitsbedingungen, an dem die Leitung beteiligt ist, das sich auf die Organisation als Ganzes oder auf einzelne Arbeitsgruppen bezieht, innerhalb der Organisation durchgeführt wird, und zwar mit Mitteln der Verhaltenswissenschaft.

Sie befaßt sich mit Einstellungen, Verhaltensweisen der Organisationsangehörigen, den Beziehungen zwischen den Subsystemen und den sachorganisatorischen bzw. strukturellen Bedingungen von Organisationen. Unzufriedenheit, Reibungsverlust, Umorganisation oder Änderung des Zwecks und Ziels einer Organisation können die auslösenden Momente sein. Organisationsentwicklung vollzieht sich über die Schritte: Analyse, Diagnose, (Auftrag zur) Intervention, Auswertung. Die Datenerhebung kann qualitativ und quantitativ, per Fragebogen, (Gruppen-)Diskussion oder mündlich erfolgen. Die Intervention umfaßt Schulungs- und Trainingsprogramme, organisatorische Neustrukturierung, job enrichment, Konfrontationstreffen zur Bearbeitung und Lösung von Vorurteilen zwischen verfeindeten Subsystemen (Abteilungen) und die oben beschriebenen Trainingsverfahren. Von diesen allerdings bevorzugt die aufgabenorientierten Formen. Organisationsentwicklung stellt einen erheblichen Eingriff in das bestehende Macht-, Einfluß- und Kompetenzgefüge dar. Dies ist nur mit Zustimmung der Organisationsleitung realisierbar. Der Beziehung zwischen Berater und Klient kommt deshalb eine entscheidende Bedeutung zu – besonders dann, wenn sich für die Intervention kein eindeutig klares Ziel ergibt, sondern dies durch wiederholte Intervention gemeinsam mit der gesamten Organisation zu erarbeiten ist. Organisationsentwicklung ist ein wirkungsvolles Mittel zur Initiierung und Implementierung kooperativer Verkehrsformen in Institutionen. Sie ist kein Mittel zur strukturellen gesellschaftlichen Änderung. Diese ist nur mit politischen Mitteln erreichbar.

Gruppendynamische Arbeitsformen: Die klassische Arbeitsform ist das gruppendynamische Laboratorium. Gruppendynamische Laboratorien sind psychosoziale Lernsituationen, in denen ca. 20 – max. 80 Teilnehmer für 5-10 Tage an einem Ort zusammenkommen und »durch die gemeinsame Analyse des aktuellen Sozialverhaltens emotionales und rationales Lernen über individuelle und Gruppenvorgänge« ermöglichen (Däumling u. a., 1974, S. 61). Neben fraktionierter dyadischer und gruppaler Therapie und dem Marathon ist es die am meisten praktizierte und effektivste Variante psychosozialen Lernens. Innerhalb des Laboratoriums stehen verschiedene Arbeitsformen zur Verfügung. Eine zentrale Stellung und Bedeutung nimmt die Trainingsgruppe ein. Es ist eine Kleingruppe mit 8-12 Mitgliedern die – unterstützt von einem Trainer – durch die gemeinsame Analyse des aktuellen Sozialverhaltens emotionales und rationales Lernen über individuelle und Gruppenvorgänge ermöglicht. Lernmittel sind dabei das Hier-und-jetzt-Prinzip und Feedback. Feedback ist die soziale Fähigkeit eines Interaktionspartners jemand anderem, in annehmbarer, nicht deutender Weise mitzuteilen, wie er dessen augenblickliches Verhalten wahrnimmt, versteht, erlebt und welche Gefühle und Reaktionen es bei ihm selbst auslöst, so daß für den Feedback-Empfänger die Möglichkeit einer Verhaltenskorrektur aufgrund einer emotional-kognitiven Erfahrung besteht. Es ist beschreibend, direkt, konkret; kann erfragt oder spontan gegeben werden; überläßt dem andern die Wahl es anzunehmen. Feedback verbessert die Möglichkeit des Aufeinander-Eingehens, voneinander Lernens, miteinander Arbeitens und trägt als Rückkoppelungs- und Steuerungssystem wesentlich zur Verminderung des fremdbestimmten Anteils der Interaktion in Gruppen bei. Die im Hier-und-jetzt konkret und aktuell stattfindenden Interaktionen sind Gegenstand des Lernens und nicht die Bearbeitung biographischen Materials. »Die zentrale Methode der Trainingsgruppe ist, ungeachtet mancher Modifikationen, nach wie vor die Feedback-Technik, in ihrer speziell gruppendynamischen Ausprägung. Sie ermöglicht a) objektivierende Kommunikation, vor allem im emotional-affektiven Bereich, b) verstärkende und nachhaltige Verhaltenskorrektur, c) Einleitung eines Lernprozesses für die Bewätigung interpersoneller Konflikte.« (Däumling u. a., a.a.O., S. 92). Weitere Arbeitsformen sind bestimmten Themen gewidmete strukturierte Übungen, Plan- und Rollenspiel, Auswertesitzungen und Theorievermittlung. Encountergruppen finden meist in Marathonform von 1 bis 2 Tagen Dauer mit 12-20 Teilnehmern statt. Organisationsentwicklung weist die größte formale Vielfalt auf. Sie wird den jeweiligen Zielen angepaßt.

Ausbildung zu Gruppendynamikern: Seit 1967 ist in Deutschland die Ausbildung zum Gruppendynamiker in der Sektion G. des Deutschen Arbeitskreises für Gruppenpsychotherapie und G. möglich. Sie erstreckt sich auf etwa 3 Jahre und erfolgt in Trainingskursen und Lehrveranstaltungen. Zum Trainer kann ausgebildet werden, wer eine Berufsausbildung (Diplom, Graduierung) in den Human- und/oder Sozialwissenschaften abgeschlossen hat oder im Studium hinreichend fortgeschritten ist.   *L. N.*

Haltung (im Sinne von »Einstellung«) eine Tendenz auf Ziele, Werte, Situationen hin positiv oder negativ zu handeln und zu reagieren. H. kann sichtbar (Gestik, Sprache, Handeln) oder unsichtbar sein (Motivation, Erwartung, bewußter Handlungsaufschub) und stellt das individuelle, subjektive Seitenstück zu sozialen Werten dar. Eine H. wird erlernt und nimmt dann den Charakter einer Gewohnheit an. Als soziale H. sind solche zu bezeichnen, die allgemein kommunizierbar sind und damit die Tendenz haben, zu allgemeinen H. zu werden. Das komplexe Arrangement von H. eines Individuums angesichts variierender Umweltbedingungen und -situationen ist als das Verhalten des Individuums zu bezeichnen. Hat man mehr die Interaktion im Auge, die zwischen zwei oder mehreren Individuen stattfindet, handelt es sich bei aus dieser spezifischen Interaktion entstehenden Verhaltensweisen um kollektives oder Gruppenverhalten.
Für die Verhaltenspsychologie und -therapie ist das Auftreten von Verhaltensmustern, relativ gleichförmiger Handlungsweise konventioneller Na-

tur wichtig, da in ihnen die Reaktionen von Personen und Gruppen in alltäglichen Situationen sichtbar werden und gegebenfalls verändert werden
können.   *H. M.*

Hausbesuch. Der Besuch des Sozialarbeiters in der Wohnung der Klienten
ermöglicht einen Eindruck von der äußeren Gestaltung des »privaten Lebens«. Diese H. können geplant, in einem Prozeß der Beratung (methodi-
scher Sozialarbeit) geschehen, aber auch auf Anordnung einer Behörde,
z. B. des Gesundheitsamtes oder des Sozialamtes, wobei sie mehr den Charakter eines Eingriffs oder der Kontrolle haben. Es ist erstaunlich, wie
wenig Betroffene beim Erstkontakt in der Wohnung auf einem Dienstaus-
weis bestehen.
Wesentlich erscheint beim Hausbesuch, daß der Sozialarbeiter in seinem
Auftreten und in seiner Haltung zum Ausdruck bringt, daß er einen für den
Betroffenen wichtigen und privat empfundenen Raum betritt. Bei der sozialtherapeutischen Beratung im häuslichen Bereich muß er immer die
Notwendigkeit überprüfen und sich bewußt dafür entschieden haben.
Dazu ist es wichtig, daß er seine Widerstände und Ängste dagegen erkannt
hat und damit umgehen kann. Beim H. auf Anordnung der Behörde muß
er seine Widerstände durchdenken und darf sich nicht von der Macht der
Behörde verleiten lassen. Bei jedem H. ist es notwendig, genau zu reflektieren, ob er auch tatsächlich zur Erreichung des Zieles durchgeführt werden
muß. Im Laufe der Praxis kann man dazu kommen, mehr H. als notwendig
durchzuführen oder die Klienten fast ausschließlich in die Diensträume zu
bestellen. Um den Wohnbereich und das Leben in der häuslichen Umgebung wahrzunehmen und diese Informationen für die Zusammenarbeit mit
dem Klienten nutzen zu können, muß der Sozialarbeiter orientiert sein über
die verschiedenen Kulturkreise, Lebensgewohnheiten, Wert- und Norm-
vorstellungen der verschiedenen Bevölkerungsgruppen und diese akzeptieren können.   *T. M.*

Heilpädagogik (Waldorfpädagogik). In der anthroposophisch orientierten
H. wird Erziehen als Heilen aufgefaßt und ausgeübt. Die Schulung des
Heilpädagogen zielt darauf, das einfühlende Verstehen so zu entwickeln,
daß die geistige Individualität im behinderten Kinde in ihrem Ringen um
ein menschenwürdiges Schicksal erlebt werden kann. In der verstehenden
Begegnung mit ihr ist der erste Ansatzpunkt für alle weitere Förderung gegeben. Die Individualität des Kindes, die im Kern stets unbeschädigt ist,
findet in einer solchen Begegnung trotz aller Behinderung immer mehr die
Kraft, das eigene Schicksal sinnvoll zu gestalten. Der Heilpädagoge wird
zum Mitgestalter dieses Schicksals, indem er die individuellen Lebensim-
pulse achtet und ihnen zur größtmöglichen Entfaltung verhilft.
Die Maßnahmen, welche er hierzu ergreift, entsprechen den Prinzipien der
Waldorfpädagogik. Diese berücksichtigen die Tatsache, daß die Lernprozesse des Kindes sich im Verlaufe bestimmter Entwicklungsphasen wan-

deln und daher jeweils einer qualitativ andersartigen pädagogischen Behandlung bedürfen. Das Kleinkind braucht eine andere Form der Zuwendung des Erziehers als das Schulkind; dieses eine andere als der Jugendliche. Das entwicklungsgestörte Kind fordert auf allen Stufen noch differenziertere Formen der pädagogischen und therapeutischen Einflußnahme. Das Ziel der heilpädagogischen Maßnahmen ist, den durch Mißbildungen, krankheits- oder umweltbedingte Störungen und Verzögerungen an ihrer Entfaltung gehemmten seelisch-geistigen Kräften zum Durchbruch zu verhelfen, auch wenn dies bei sehr schweren Behinderungen fast aussichtslos erscheint. Die Gewißheit, daß jede echte Bemühung ihre Früchte tragen muß, sei es auch erst in einem kommenden Erdenleben, gibt dem Heilpädagogen die Kraft, sich täglich neu für die ihm anvertrauten Kinder einzusetzen und den schweren Weg mit ihnen gemeinsam zu gehen. Die Jugendlichen werden in Anlernwerkstätten an das Berufsleben herangeführt und nach ihren Fähigkeiten eingegliedert. Für die behinderten Erwachsenen entstehen Lebensgemeinschaften, worin sie zu vollgültigen Mitgestaltern und leistungsfähigen Mitarbeitern werden können. Viele Heime und Tagesstätten für Seelenpflege-bedürftige Kinder und zunehmend auch sozialtherapeutische Werkstätten und Lebensgemeinschaften für Jugendliche und Erwachsene stehen in vielen Ländern (gegenwärtig 200 Institutionen in 5 Erdteilen) bereits zur Verfügung. Jedoch erfordert die zunehmende Ausbreitung der verschiedenartigsten Behinderungsformen eine dauernde Erweiterung und Neugründung entsprechender Institutionen. Es werden daher auch ständig Mitarbeiter gebraucht, für die es Ausbildungsstätten im Rahmen der Freien Hochschule für Geisteswissenschaft am Goetheanum in Dornach/Schweiz und im Rahmen der Camphill-Bewegung gibt. *W. U.*

Heilsarmee (The Salvation Army), von William Booth in den 1860er Jahren in London begründete internationale (in Deutschland seit 1889 tätige) christliche Missionsbewegung, Mitglied des Ökumenischen Rats, die neben der reinen Evangelisation auch Sozialarbeit betreibt und heute überall in der Welt Suppenküchen, Arbeitsstätten, Obdachlosenhäuser, Rettungsheime und Kinderheime unterhält und namentlich den Kampf gegen Alkoholismus und Prostitution zu ihrer Sache gemacht hat. Der Name und die der Bewegung eigentümliche Lehre des »Salutismus« (soziale Betätigung und Evangelisation) ist auf die organisatorische Struktur der Bewegung zurückzuführen, die in den ehrenamtlich tätigen Mitgliedern »Soldaten«, in den Evangelisten »Offiziere« und der Führung »Generäle« erblickt, die eigene Uniformen und Rangabzeichen tragen. Die H. spielte auch in der frühen Frauenbewegung eine wichtige Rolle. In der Bundesrepublik Deutschland ist die H. als Körperschaft des öffentlichen Rechts, als gemeinnützige und mildtätige Einrichtung wie auch als Religionsgemeinschaft anerkannt und wird von den Behörden unterstützt. Sitz des deutschen »Hauptquartiers« der H. ist Berlin-Steglitz. *H. M.*

Heimerziehung. H. als derzeit noch wichtigste Form öffentlicher Erziehung – mit welcher man zusammenfassend die Erziehung bezeichnet, die sich unter Verantwortung der Jugendwohlfahrtsbehörden im wesentlichen in Heimen und in fremden Familien (Ersatzfamilien) vollzieht – kann eingeleitet werden: a) gem. den §§ 5 und 6 JWG im Rahmen der örtlichen Erziehungshilfe. Diese ist möglich zum einen mit Einverständnis der Personensorgeberechtigten infolge »äußerer Anlässe« (Ausfall der Betreuung wegen Berufstätigkeit, Krankheit, Tod, Strafverbüßung), zum anderen auf Grund einer Einschränkung oder Entzuges des Personensorgerechts wegen »Erziehungsmängeln« durch vormundschaftsgerichtlichen Beschluß nach den §§ 1666 und 1671 Abs. 5 BGB.

1973 waren rd. 119000 Minderjährige im Rahmen dieser Maßnahmen – 54% infolge »äußerer Anlässe« und 46% wegen »Erziehungsmängeln« – untergebracht, davon rd. 65000 in Heimen. b) gem. § 62 JWG im Rahmen der Freiwilligen Erziehungshilfe (FEH) auf Antrag der Personensorgeberechtigten, wenn die »leibliche, geistige oder seelische Entwicklung des Minderjährigen gefährdet oder geschädigt« ist. c) gem. § 64 JWG im Rahmen der Fürsorgeerziehung (FE) durch Anordnung des Vormundschaftsgerichtes, wenn der Minderjährige »zu verwahrlosen droht oder verwahrlost ist« und keine andere ausreichende Erziehungsmaßnahme gewährt werden kann. FE und FEH werden unter Beteiligung des Jugendamtes vom Landesjugendamt, das auch die Kosten trägt, durchgeführt. Die unterschiedlichen Rechtsgrundlagen sind für die Art der Unterbringung wenig bedeutsam. Der weite Interpretationsspielraum der unbestimmten Rechtsbegriffe in den o. g. Bestimmungen führt jedoch zu unterschiedlichen Heimeinweisungspraktiken; Sekundärfragen können bei der Beantragung eine entscheidende Rolle spielen. So bevorzugte in der Vergangenheit das Jugendamt als kommunale Behörde bisweilen deshalb FE und FEH, weil für die Unterbringung nach den §§ 5 und 6 JWG und für ambulante Erziehungsmaßnahmen die Kommune kostenpflichtig ist. 1973 standen nahezu 22000 Minderjährige unter FEH und fast 11000 unter FE, wobei in den letzten Jahren ein im Vergleich zur FEH stärkeres Zurückgehen der FE zu beobachten ist. Die Durchführung erfolgte überwiegend – in der FEH zu 71% und in der FE zu 53% in Erziehungsheimen. d) gem. § 39 BSHG, auf dessen Grundlage schätzungsweise 20-25000 Minderjährige als körperlich, geistig oder seelisch Behinderte in Heimen untergebracht sind.

Insgesamt gab es 1973 – ohne Lehrlings-, Schüler und Kurheime – 2150 Heime für Minderjährige mit 120000 Plätzen, darunter 208 Säuglings-, 974 Kinder-, 470 Erziehungs- und 408 Sonderheime (z. B. für Behinderte). 23% der verfügbaren Plätze befinden sich in Heimen mit staatlicher Trägerschaft, 66% haben einen Träger der freien Jugendhilfe, 11% einen privaten gewerblichen Träger (vorwiegend Säuglings- und Kinderheime). Bei den Erziehungsheimen sind die »freien« Träger – hauptsächlich handelt es sich um konfessionell gebundene Träger als Resultat ihrer historisch bedingten Vorrangstellung auf dem Gebiet der Armenpflege und der Jugendfürsorge (vgl. »Subsidiaritätsprinzip«) – mit fast 80% überdurchschnittlich vertreten. Eine formale, wenig in die Erziehungsgewalt der Träger eingreifende Heimaufsicht liegt beim Landesjugendamt.

Wichtige Etappen der öffentlichen Kritik an der H. waren: a) der Waisenhausstreit zu Ende des 18. Jahrhunderts, eine philantropische Kritik, die die Familienerziehung der Agrargesellschaft restaurieren wollte; b) die Kritik der Arbeiterbewegung gegen die bürgerliche Fürsorgeerziehung der 20er Jahre (Hoernle, Rühle, Bernfeld), die die FE als Selektions-, Disziplinierungs- und Abschreckungsinstrument des bürgerlichen Staates gegen die Arbeiterklasse kritisierte; c) die Heimkampagne der Studentenbewegung gegen Ende der sechziger Jahre, die die Forderungen der Arbeiterbewegung aufnahm, die gravierenden Mängel der H. einer breiteren Öffentlichkeit bewußt machte und zwar einen Anstoß zu Reformen gab, die gesellschaftlich-politische Marginalität der Heimerziehung aber nicht aufzuheben vermochte.

Empirische Untersuchungen belegen, daß bis zu 80% der Kinder- und Jugendlichen in Heimen aus der Unterschicht kommen. Dies ist zum einen – abgesehen von den besseren Hilfe- und Verschleierungsmöglichkeiten für Kinder der Mittelschicht – das Ergebnis von Definitions- (labeling approach) und Stigmatisierungsprozessen mit stark mittelschichtsorientiertem Selektionsmechanismus. Ausdruck dessen ist der im gegenwärtigen Sprachgebrauch des Jugendhilferechts zentrale Begriff der Verwahrlosung, ein Begriff der Intoleranz, dessen inhaltliche Bestimmung Richtern überlassen bleibt, die den Lebensbedingungen der Unterschicht fremd gegenüberstehen und denen die fachliche Qualifikation zur Beurteilung der psychologischen und soziologischen Hintergründe der Dissozialität und adäquater Erziehungsmaßnahmen oftmals abgeht. Haupteinweisungsgründe für die Fürsorgeerziehung sind neben Verstößen gegen Eigentumsnormen Umhertreiben, Arbeitsunlust, Schuleschwänzen und Verstöße gegen Sexualnormen (insbesondere bei Mädchen). Zum anderen liegen die Gründe für den überwiegenden Anteil von Kindern aus der Unterschicht in deren defizitären Sozialisationsbedingungen, die bestimmte Verhaltensauffälligkeiten begünstigen und in mangelnden Erziehungs- und Versorgungsmöglichkeiten (hoher Anteil von Kindern aus unvollständigen Familien) durch die Eltern.

Untersuchungen über die Lebensbewährung nach H. zeigen eine starke Diskrepanz zwischen angestrebtem Ziel (dauerhafte gesellschaftliche Integration) und tatsächlichem Erfolg. Teilweise sind verstärkte Verhaltensauffälligkeiten als Folge unzureichender H. zu verzeichnen. Die Unzulänglichkeiten der H., die das heterogene Bild allerdings nicht pauschal kennzeichnen können, sollen im folgenden stichwortartig zusammengefaßt werden: a) soziale und regionale *Isolation* vieler Heime mit der Folge eingeschränkter Kontakt-, Orientierungs- und Ausbildungsmöglichkeiten; b) anstaltsartige Strukturen mit der Gefahr von *Hospitalismuserscheinungen* und Kasernenatmosphäre: fast die Hälfte der Heime sind Großheime mit

50-100 Plätzen; ungünstige Gruppengrößen und Erzieher-Kind-Relation; oftmals altershomogene und nach Geschlechtern getrennte statt familienanalog strukturierter Gruppen; c) *unzureichende Ausbildung* der Erzieher: fast 50 Prozent des Personals mit Erziehungsaufgaben sind »ad hoc-Erzieher«, die aus Militär, Handwerk oder ohne Ausbildung kommen und sich auf pädagogischen Hausmannsverstand berufen mit der Folge mangelhafter Diagnose- und Therapiemöglichkeiten und einer Erziehungspraxis, deren pädagogisches Handeln von Ordnungsvorstellungen bestimmt ist und auf oberflächliche Beseitigung von Verhaltensauffälligkeiten und nicht auf selbständiges und kritisches Denken zielt; fehlende systematische Fortbildung und Supervision und auch mangelnde gesellschaftliche Anerkennung der Tätigkeit; d) hohe Fluktuation der Erzieher infolge von Verunsicherung u. schlechten Arbeitsbedingungen, mit der Folge, daß die Heimkinder kaum dauerhafte Bezugspersonen haben. Dies weist auf weitere strukturell bedingte Mängel jeder H., da hier Bezugspersonen Berufsarbeit leisten, mit welcher verbunden sind geregelte Arbeitszeit, die Freizügigkeit des Vertagsverhältnisses und Zwang zur Rationalisierung der Arbeit, wodurch die individuelle Bedürfnisbefriedigung erschwert wird; e) mangelnde Elternarbeit, und eine nicht entsprechende regionale Unterbringung, die es ermöglicht, während des Heimaufenthaltes die Verbindung zu den bisherigen Bezugsbereichen aufrechtzuerhalten; f) fehlende Indikationskriterien für Heimerziehung. Zu rasch wird ohne gründliche psychosoziale Diagnose und ohne Gesamtplan für die Erziehung zum Mittel der Heimunterbringung als Reaktion auf aufgetretene Schwierigkeiten gegriffen. Die Schicksale zahlreicher »vergessener Heimkinder« belegen, daß die Entscheidung über die Fortdauer der Heimerziehung von Zufällen oder sachfremden Faktoren abhängig sein kann; g) Fehlen einer bedarfsorientierten Heimdifferenzierung, diese verstanden als systematisch aufeinanderbezogene Spezialisierung; h) weitreichende Abhängigkeit von kirchlichen Trägern, die emanzipatorischer Praxis in der Vergangenheit eher hinderlich war.

Die Kritik der letzten Jahre hat zeitweilig zu einem verkümmerten Selbstbewußtsein der Heime geführt, aber auch eine Reihe von Umstrukturierungs- und Veränderungsprozessen in Gang gesetzt. Die pauschale Forderung, H. abzuschaffen, ist falsch und irreal und würde eine notwendige pädagogisch-therapeutische Aufgabe unter gegenwärtigen gesellschaftlichen Bedingungen ignorieren. Ein Rückzug auf reine Familienerziehung würde Chancen aufgeben, die kollektive Erziehung bieten kann.

Während eine bestimmte Anzahl reformierter Heime mit nachfolgendem Verbundsystem unumgänglich ist, könnte ein beträchtlicher Teil allerdings in einem abgestuften System sozial-pädagogischer Hilfen überflüssig werden: einmal durch Arbeit im Vorfeld der H.: materielle Hilfen für gefährdete Familien oder alleinstehende Mütter, Ausbau ambulanter Einrichtungen (Erziehungsberatungsstellen, Erziehungsbeistandsschaft, heilpädagogische Kindergärten) und Angebote der Familientherapie, Erleichterung von Adoptionen u. a. m. Zum anderen durch andere Formen Öffentlicher

Erziehung, die jeweils partielle Alternativen sein können: Unterbringung in Ersatzfamilien (Pflegestellen, heilpädagogische Pflegestellen, Erziehungsstellen des LWV Hessen), Verbundsysteme von Heim und Ersatzfamilien oder Wohngemeinschaften. Gerade die Unterbringung in geeigneten Ersatzfamilien hat sich für einen Teil verhaltensauffälliger Kinder und Jugendlicher pädagogisch – und auch ökonomisch – als sinnvoll erwiesen, scheitert im weiteren Ausbau aber oft an irrationalen Verwaltungshandhabungen.   *N. P.*

Herrschaft, Form der Machtausübung durch eine oder mehrere Personen, eine oder mehrere Gruppen, der freiwillig Folge geleistet wird. Die H. ist formal begründet und in Machtmitteln verankert und gibt sich als zu Recht bestehend aus (Legitimitätsprinzip) und wird auch so akzeptiert. In diesem Sinn fällt H. auch mit Regierung zusammen. Gewalt oder Macht kann auf die Dauer keinen H.anspruch begründen, er muß vielmehr, wie von Max Weber begründet, auf außergewöhnlichen oder übermenschlichen Fähigkeiten des Herrschers (Charisma) oder auf Rechtsgrundlagen oder auf Traditionen, d. h. auf vererbten H.ansprüchen beruhen.   *H. M.*

Ideengeschichte der Sozialarbeit. Die Geschichte der Sozialarbeit fällt exakt mit der Geschichte der sozialen Probleme zusammen. Diese entstehen in der widerspruchsvollen Geschichtsentwicklung mit ihren notwendigen Konflikten und Kämpfen gegen soziale Ungerechtigkeiten. Aus den Unvereinbarkeiten der jeweiligen gesellschaftlichen Ordnung entwickeln sich verschiedene Formen sozialer Probleme. So sind nicht gesonderte Fakten, Daten und Geschehnisse der sozialen Hilfe interessant, sondern die Wechselbeziehungen zwischen sozialer Arbeit und gesamtgesellschaftlicher Situation. Die jeweilige gesamtgesellschaftliche Situation wird erfragt an den Herrschaftsverhältnissen, in den geltenden Normen und Werten und in der bestehenden Sozial(un)ordnung. Jede Sozialordnung hat die ihr gemäße Form sozialer Arbeit. Soziale Hilfe gibt es, seit Menschengruppen existieren. Sozialarbeit gibt es, seit bestimmte gesellschaftliche Verhältnisse institutionalisierte Sozialhilfe erfordern. Soziale Arbeit wird es auch geben, wenn es Sozialarbeit nicht mehr gibt. In historischer Perspektive muß berücksichtigt werden, daß die professionalisierte, institutionalisierte Sozialarbeit eine Form sozialer Hilfe ist, die historisch bedingt ist und damit vorübergehenden Charakter hat. Wenn neue Formen sozialer Arbeit und veränderte gesellschaftliche Bedingungen gefunden werden, welche die Postulate der gegenwärtigen Sozialarbeit besser verwirklichen, so wird die funktionäre Form sozialer Arbeit überwunden sein. Dies wird bewußt, sobald man die Geschichte der sozialen Probleme studiert und entdeckt, daß hier nicht nur die Geschichte der Folgen menschlicher Schwäche und Egoismus, sondern vielmehr die Geschichte der Folgen von gemachten Ordnungen und Strukturen vorliegt, die in ihrer Widersprüchlichkeit und Ungerechtigkeit von bewußten Interessen erhalten werden. Werden die

Konservierungen bestehender Verhältnisse unerträglich, so werden sie mehr oder weniger gewaltvoll von denen geöffnet, die unter ihnen leiden. Die Öffnung bestehender Sozialverhältnisse ist noch nie durch soziale Berufsarbeiter bewältigt worden, sondern immer durch Organisierung der Betroffenen. Die Geschichte der sozialen Frage ist Kampfgeschichte der Benachteiligten gegen ihre Benachteiligung. Die Sozialarbeit spielt in dieser Kampfgeschichte trotzdem eine bestimmte Rolle und hat eine Funktion. Im Kampf gegen die soziale Ungerechtigkeit bildet die Arbeiterbewegung eine direkte Reaktion auf die bestehenden Verhältnisse und zielt auf Emanzipation der sozial deklassierten Schichten ab, während die Sozialarbeit als ein Teil der Antworten des Bürgertums auf die sozialen Elendssituationen der Industrialisierungszeit bezeichnet werden kann. Die »Pflege« der Armen durch die Reichen institutionalisierte sich durch die damalige Armenpflege erstmals in der Geschichte. Das Almosengeben wurde damit zur Armenpflege entwickelt. Der deklassierende Charakter sozialer Hilfe änderte sich nicht, sondern erhob sich lediglich auf eine neue institutionelle Stufe. Jede bekannte menschliche Gemeinschaft kennzeichnet sich durch Widersprüchlichkeiten, die bestimmte Formen sozialer Not erzeugen. Somit kann die Überwindung sozialer Probleme nicht allein durch Linderung angetroffener Symptome geschehen, sondern nur in der Bewältigung gesellschaftlicher Widersprüchlichkeiten in einem dauernden historischen Prozeß. Die Sozialarbeit hat sich historisch allzu oft auf das Angetroffene beschränkt und vergessen, daß neben dem barmherzigen Samariter auch der Tempelreiniger steht. In historischer Perspektive lassen sich Sozialarbeit, soziale Frage und Sozialpolitik nicht trennen. In der Geschichte der sozialen Bewegung sind sie miteinander verflochten.   *E. Sch.*

Ideologie, nach Theodor Geiger eine durch Vitalengagement bedingte Fehlbeurteilung objektiver Wirklichkeit. Die nahe Beziehung zwischen I. und Vorurteil liegt auf der Hand, doch ist ersteres vorwiegend soziologisch und letzteres sozialpsychologisch determiniert. Die Tatsache, daß man unter I. seit Karl Marx prinzipiell ein »falsches Bewußtsein« versteht, hat gerade bei vielen heutigen Marxisten nicht verhindert, in der (»richtigen«) I. eine Sinngebung sozialer Wirklichkeit zu sehen, die als lebensdienlich und pragmatisch-rational angesehen wird. Insofern I. der Durchsetzung von Machtinteressen dient, mag das durchaus konsequent sein. Insofern aber ideologische Aussagen wissenschaftlich minderwertig sind, führt I. wenigstens teilweise zu einer letztlich unbrauchbaren Verzerrung der sozialen Realität, für die sie nur Scheinerklärungen bereit hält. Eine Dechiffrierung der in der I. ausgedrückten Begriffe, Vorstellungen, Meinungen und Überzeugungen (I.kritik) macht jedoch, hierin der Psychoanalyse vergleichbar, unterschwellige, verdrängte, entstellte gesellschaftliche Anschauungen, aber auch Wünsche, Nöte und Forderungen inartikulierter Bevölkerungsgruppen (z. B. soziale Utopien) sichtbar und einem rationalen Handeln zugänglich.   *H. M.*

Individualpsychologie, von dem Wiener Arzt Alfred Adler entwickelte Gesprächstherapie, die die Gesamtpersönlichkeit des Patienten, seinen offenen, aber mehr noch seinen geheimen »Lebensplan« in den Mittelpunkt der Behandlung stellt, um ihn zur Erfüllung der Hauptlebensaufgaben (Beruf, Liebe, Gemeinschaft) zu befähigen. Ein Scheitern an diesen Lebensaufgaben hängt nach Adler mit einem verstärkten Minderwertigkeitsgefühl zusammen, das der Patient bereits als Kind unter ungünstigen Entwicklungsbedingungen erworben hat (Vorhandensein einer Organminderwertigkeit oder einer körperlichen Auffälligkeit, die weibliche Geschlechtsrolle, eine Sonderstellung in der Familie, z. B. als jüngstes einer Geschwisterreihe, wirtschaftliche Notlage, autoritäre Erziehung) und das durch ein übertriebenes Geltungsstreben, das jedoch in der Realität zum Scheitern verurteilt ist, überkompensiert wird. Diese Überkompensation ist eigentlich ein Arrangement des entmutigten Patienten, die ihm gestellten Lebensaufgaben erst gar nicht in Angriff zu nehmen, ja, sich ihnen unter Wahrung vorgetäuschter Überlegenheit zu entziehen (Neurose). Bei der Behandlung kommt es besonders darauf an, die versteckte Zielsetzung des Patienten aufzudecken (welche Vorteile zieht er aus ihnen, welche Schwierigkeiten glaubt er dadurch vermeiden zu können), denn die Neurose ist nach Adler ein Rückzug vom »Hauptkriegsschauplatz« und eine sinnlose Aktivität auf den »Nebenkriegsschauplätzen«. Die individualpsychologische Behandlung kann auch von vorgebildeten Sozialarbeitern in der Einzelhilfe angewandt werden, was meistens auch stillschweigend geschieht. Sie läuft darauf hinaus, dem Klienten zu helfen, den Knäuel von Entmutigung und Ehrgeiz, von fiktiven Erfolgen und ebenso fiktiven Mißerfolgen zu entwirren und ihn zur Übernahme von sachlichen Lebensleistungen unter Verzicht auf Gekränktsein und Mehrseinwollen zu bewegen, was nur möglich ist, wenn der Patient bestimmte Korrekturen an seinem Lebensplan und dessen Leitlinien vornimmt. *H. M.*

Institution (»Einrichtung«, auch »Anstalt«) bezieht sich auf den Umstand, daß menschliche Handlungen einschließlich ihrer Resultate ihre Urheber überdauern, was im Falle der hauptsächlichen I. (Familie, Erziehung, Wirtschaft, Regierung, Religion, Kultur, etc.) von Überlebensbedeutung ist. In diesem Sinn stellt sich I. als sozialer Niederschlag dar, als das gesellschaftliche Gedächtnis, oft mit dem Attribut einer »juristischen Person« ausgestattet. Organisation, Systematisierung, Stabilität und Selbsttätigkeit sind ihre Hauptmerkmale. I. können bewußt und planmäßig geschaffen werden, sich aber auch aufgrund langer Traditionen unbewußt herausbilden. In diesem Sinn haben Normen, Sitte und Art I.charakter, sind jedoch weniger formalisiert als im zuerst genannten Fall. *H. M.*

Interaktion, der wechselseitige Einfluß, den eine Person auf die andere, eine Gruppe auf die andere, ein soziales System auf das andere ausübt, überhaupt jede soziale Beziehung, bei der es um Zusammenhänge von sozialen Phänomenen geht, die aufeinander physisch, psychisch, geistig, kulturell, ökonomisch, ökologisch etc. einwirken oder in einen Austauschprozeß eintreten, dessen Einzelfaktoren gemessen werden. Der bekannteste I.vorgang ist die sprachliche Kommunikation zwischen Personen und Gruppen, die selbst wiederum durch die Kommunikationsmedien vertreten werden können.

Mit den Mitteln der I.analyse sollen die innerhalb einer Gruppe ausgelösten I. meßbar gemacht werden (Dauer des Sprechens, Sprechpausen, Unterbrechungen, Tonfall, Mimik, Gesten). Die einzelnen Beiträge der Kommunikationsteilnehmer werden auch auf ihre Eignung, emotionale und problemlösende Reaktionen auszulösen, untersucht und beurteilt.   *H. M.*

Interesse. Alle Aktivitäten, die Sozialarbeiter/Sozialpädagogen beginnen und durchführen, müssen sich fragen lassen: wem nützt das? Konflikte lassen sich erst dann bearbeiten, wenn man nach den I. der Beteiligten fragt. Ebenso wird jedes Streben nach Erkenntnis (Lernen, Forschen) durch I. motiviert. So ist eine zentrale Frage der Sozialarbeit/Sozialpädagogik die nach den I. Dabei wird der Begriff I. mehrdeutig verwandt; er tritt in umfassender Bedeutung (synonym mit Motiv, Wunsch, Bedürfnis) in der Alltagssprache auf und wird auch in der Wissenschaftssprache in verschiedenen Bedeutungen verwandt. Der *psychologische I.begriff* betrifft nur das Individuum. I. wird verstanden als »spezifische Gerichtetheit der Persönlichkeit« (Rubinstein), d. h. die Ausrichtung der Gedanken und Absichten einer Person auf etwas, das sie als besonders wertvoll ansieht. Der *soziologische I.begriff* kann zunächst ganz allgemein als Bezeichnung für Absichten und Ziele von Personen *und* Personengruppen gesehen werden, die auf von ihnen für nützlich gehaltene Sachverhalte und Tatbestände materieller und politischer Art gerichtet sind. Die Beschäftigung mit dem I.problem war eines der bedeutendsten Themen der klassischen bürgerlichen Philosophie , die zwischen privatem und gesellschaftlichem I. unterschied.

Dabei wurde das *private I.*, seine Bedeutung und Berechtigung als einer entscheidenden Triebkraft menschlichen Handelns betont, die unabhängig von allen weltlichen und geistlichen Mächten den Menschen zur Selbstbestimmung führt (Hobbes, Lockes, Holbach, Helvetius, Kant, Hegel). Gleichzeitig wird aber auch ein *gemeinschaftliches I.* konstatiert, das entweder aus der Wechselwirkung der privaten I. (Hobbes, Holbach) oder aber aus einem besonderen Gefühl oder Sinn (Hume) erklärt wird. Mit Karl Marx wurde der historische Charakter der I. entdeckt; d. h., daß alle – privaten wie gesellschaftlichen I. – bestimmt sind durch die jeweiligen gesellschaftlichen Verhältnisse. Damit wird die Behandlung der I.lage über die klassische bürgerliche Philosophie weitergeführt und das Verhältnis von privatem und gesellschaftlichem I. erklärt: Nicht dadurch wird ein Gesamt-I. erreicht, daß jeder sein Privat-I. verfolgt, sondern »die Pointe liegt vielmehr darin, daß das Privat-I. selbst schon ein gesellschaftlich bestimmtes I. ist« (Marx). Die Gesellschaft setzt die Bedingungen, unter denen und die

Mittel, mit denen I. erkannt und durchgesetzt werden können. So ist die jeweilige Stellung des Menschen innerhalb der Gesellschaft, seine Klassenzugehörigkeit bestimmend für die Art seiner I. Diese von den objektiven Gegebenheiten seiner materiellen Lage bestimmten I. wollen wir »*objektive I.*« einer Klasse, Personengruppe oder eines Individuums nennen. Der Mensch kann sich über diese »objektiven I.« täuschen, kann sie nicht erkennen oder mit seinen »*subjektiven*« I. in Widerspruch dazu treten. So kann das subjektive, individuelle I. – die Gesamtheit unmittelbarer, aktueller Wünsche und Absichten – eines Arbeiters nach individuellem, sozialen Aufstieg durchaus in Widerspruch geraten zu dem objektiven I. an der materiellen und politischen Verbesserung der Lage seiner ganzen Klasse. Die Unterscheidung zwischen objektiven und subjektiven I. ist wichtig für die Ausarbeitung politischer und pädagogischer Strategien. Subjektive I. lassen sich aus den Äußerungen und Handlungen der Menschen herauslesen; objektive I. sind durch die historische und ökonomische Analyse ihrer Situation und Stellung innerhalb der Gesellschaft (Klassenzugehörigkeit) zu ermitteln. Ziel jeder dieser Strategien sollte eine möglichst weitgehende Annäherung von subjektiven und objektiven I. sein. Die Gesamtheit der Bedürfnisse und Erfordernisse einer sozialen Klasse, die sich aus deren sozioökonomischer Lage ergeben, ist das *Klassen-I.* Der Durchsetzung dieser I. dienen *Klassenorganisationen* (Parteien, Gewerkschaften etc.). Da jede wissenschaftliche Tätigkeit auf Erkenntnis gerichtet ist, dieses Gerichtetsein durch I. geleitet wird, spricht man im wissenschaftstheoretischen Bereich von *Erkenntnis-I. oder erkenntnisleitendem I.* Es beeinflußt die Wahl der Untersuchungsgegenstände und Unterrichtsmethoden. Eine von I. freie Wissenschaft gibt es nicht, es gibt aber – leider noch zu oft – interessenblinde Wissenschaft. *D. Oe.*

Internationale Sozialarbeit. Die Anfänge der I. reichen bis in die Mitte des 19. Jahrhunderts zurück, als in den Hauptstädten Europas Philanthropie- und Wohlfahrtskonferenzen, Straf- und Gefängnisreformkongresse, Tagungen zur Besserung des Loses von Blinden etc. abgehalten wurden. Der erste wirklich geglückte internationale Zusammenschluß war dann 1861 das Internationale Rote Kreuz. Nach dem Ersten Weltkrieg errichtete der 1920 gegründete Völkerbund ein ständiges Komitee für soziale Wohlfahrt, das vor allem den Kampf gegen so gravierende soziale Probleme wie den Rauschgifthandel, den Mädchenhandel, die Kinderarbeit, Kinderehe, Seuchen und Hunger auf der ganzen Welt aufnahm und vorbildlich auf die Konzeptionen der 1943 in den Dienst der Hilfeleistung an kriegsgeschädigte Völker gestellten UNRRA (United Nations Relief and Rehabilitation Administration) einwirkte, deren Aufgaben wiederum ab 1947 von den Vereinten Nationen übernommen wurden. Für die Sozialarbeit von spezieller Relevanz ist der Wirtschafts- und Sozialrat geworden, der Sonderkommissionen für die internationale Erklärung der Menschenrechte, für Bevölkerungsfragen, den Rauschmittelhandel und allgemeine Sozialfragen eingesetzt hat. Daneben bestehen durch internationale Abkommen errichtete Sonderorganisationen wie die Ernährungs- und Landwirtschaftsorganisation (FAO), die die Unterernährung auf der Welt bekämpft, das Weltkinderhilfswerk (UNICEF, Deutsches Komitee in Köln) zur Entwicklung von Familienplanungszentren, Kindertagesstätten, Gründung von Ausbildungsstätten für soziales Hilfspersonal namentlich in Entwicklungsländern; die Weltgesundheitsorganisation (WHO) in Genf mit zahlreichen Aufgaben auf dem Gebiet der Hygiene, der medizinischen Prophylaxe, der Rauschgiftbekämpfung auf internationaler Ebene; der UNESCO, die für die Bekämpfung des Analphabetentums, die Verbesserung der Erziehung, Aufklärung der Massen und geistige Zusammenarbeit der Völker geschaffen wurde, sowie die bereits 1921 beim Völkerbund in Genf eingerichtete Flüchtlingskommission, die sich unter dem Vorsitz eines Hohen Kommissars für die Flüchtlinge mit der Repatriierung Vertriebener, ihrer Integrierung in die Gesellschaften des Asyllandes und der Hilfe zur Auswanderung befaßt, wichtigen Domänen der nationalen und internationalen Sozialarbeit. Die weitverzweigten Tätigkeiten dieser Organisationen der Vereinten Nationen werden ferner durch die Tätigkeiten der Sozialabteilung des Europarats (Sitz Straßburg) unter dessen europäischen Mitgliedstaaten namentlich in Bezug auf eine Reihe wichtiger spezieller Fürsorgeabkommen auf der Grundlage der 1950 unterzeichneten Konvention zum Schutz der Menschenrechte vertieft. Für die I. sind außerdem eine große Zahl kirchlicher und nichtkirchlicher, staatlicher und privater Verbände von Bedeutung, die namentlich in den Ländern der Dritten Welt soziale Arbeit leisten. Hier ist die (katholische) CARITAS INTERNATIONALES und der (nichtkatholisch christliche) ÖKUMENISCHE RAT DER KIRCHEN zu nennen, die Liga der Rotkreuzgesellschaften (Genf), der Internationale Sozialdienst (Genf) mit 17 Zweigstellen in 17 Ländern (Deutscher Zweig in Frankfurt am Main), der sich die Einzelfallhilfe im zwischenstaatlichen Bereich zur Aufgabe gemacht hat, besonders im Zusammenhang mit Auswanderer- und Flüchtlingsproblemen. Ferner der International Council on Social Work (Deutscher Landesausschuß Frankfurt am Main), der internationale Tagungen aus dem Bereich der Sozial- und Jugendhilfe veranstaltet und beratenden Status bei der WHO, UNICEF und UNESCO hat. Die beruflichen Interessen auf internationaler Ebene werden vom Internationalen Verband der Sozialarbeiter wahrgenommen, dem sich die verschiedensten Berufsverbände der einzelnen Länder anschließen können. Ähnliche Zielsetzungen namentlich im Hinblick auf die Aus- und Fortbildung von Sozialarbeitern, die Entwicklung von Kriterien ihrer Anwendbarkeit auf europäische und außereuropäische Länder hat die International Association of Social Work. Schließlich gibt es auch noch eine Anzahl, namentlich amerikanischer Regierungsstellen, die international auf dem Gebiet sozialer Arbeit tätig werden, z. B. AID (United Staates Agency for International Development), The United States Office of Child Development u. a. Letztlich seien auch noch einige private Organisationen verschiedener Länder genannt, die ihre Dienste auch Notleidenden anderer Staaten zugute kommen lassen, wie das dänische und schwedische Redda Barnen (Rotkreuz), die Schweizerische Europahilfe, die britischen und amerikanischen Quäker, The Catholic Community Service Council (USA), das American Jewish Joint Distribution Committee sowie die auch im Deutschland der Nachkriegszeit wohlbekannte Organisation CARE (Cooperative for American Relief Everywhere). Alle diese und noch zahlreiche hier nicht genannte andere Organisationen der I. arbeiten im Sinne der Menschenrechte an der Verbesserung des materiellen, kulturellen und sozialen Niveaus der Unterprivilegierten auf der ganzen Welt. Sie entwikkeln dabei ständig auch die wissenschaftlichen Grundlagen für sämtliche Zweige der heutigen Sozialarbeit und arbeiten an einer noch in der Zukunft liegenden internationalen Wohlfahrtsgesetzgebung, die, soll sie wirksam sein, nur durch internationale Kooperation der industriell fortgeschrittenen mit den Entwicklungsländern aus ihrem noch immer embryonalen Zustand zur Reife gelangen kann. *H. M.*

Jugendbegriff. Wesentliche Aufgaben und Institutionen der Sozialarbeit beziehen sich begrifflich auf »Jugend« (Jugendarbeit, Jugendfürsorge, usw.). Die unterschiedlichen Eingrenzungen des J. und die damit verbundenen Orientierungen, Wertungen und Mystifizierungen wie Unreife, Schutzbedürfnis oder Privilegierung muß der Praktiker im Hinblick auf seine konkrete Arbeit reflektieren, da die Art des Umgangs mit Jugendlichen beeinflußt ist von normativ sich auswirkenden Vorstellungen über Jugend. Die Frage des J. spielt auch für Praxisentwicklungen und theoretische Entwürfe innerhalb der Sozialarbeit eine grundlegende Rolle. Während psychologische Theorien für die Altersstufe Jugend unterschiedliche Abgrenzungskriterien angeben, je nachdem ob mehr die kognitive, emotional-soziale oder die Triebseite der Entwicklung betont wird, wird soziologisch Jugend oft bestimmt als Übergangsphase zwischen Kindheit und Erwachsenenheit, die mit der Pubertät beginnt und mit der sozialen Reife abschließt. Diese Begriffsbestimmung betont eigentlich nur die Unbestimmtheit dieser Phase und geht zum anderen von der Fiktion einer allgemeingültigen sozialen Reife aus, obwohl es tatsächlich nur eine Fülle von Teilreifen (Religions-, Wehr-, Berufsreife usw.) gibt, denen spezifische Rollenerwartungen entsprechen. Diese unklare Begrifflichkeit, die nur in einfach strukturierten Gesellschaften – wo Initiationsriten den Beginn des Erwachsenenseins definieren und rituell besiegeln – vermieden wird, ist auch in der Rechtsordnung zu finden. Das Recht definiert das Jugendalter konkret nur in wenigen Bestimmungen (so im JGG und JASchG), ansonsten behandelt es in einer Pluralität von Altersabstufungen die Minderjährigkeit, das Kind im Verhältnis zu den Erwachsenen, das Pflegekind, die Reife- und Strafmündigkeitsgrenzen. Es handelt sich hier um teilweise widersprüchliche Zweckdefinitionen, die oftmals als parlamentarische Kompromißlösungen zustandegekommen sind. Der J. bildet demnach nichts

Natürliches, sondern ist gemacht und wird als Hebel zur Durchsetzung von Interessen gebraucht; er wird als Arbeitsbegriff benutzt, der eine Funktion erfüllen soll.

Die sozio-ökonomischen Unterschiede innerhalb der Jugend wurden vom Recht bisher kaum, von der Jugendforschung lange Zeit nur am Rande beachtet. Für Zielbestimmungen, Diagnosen und Einwirkungsmöglichkeiten in der Sozialarbeit ist das Problem sozialer Ungleichheit und unterschiedlich verlaufener Sozialisation innerhalb altershomogener Gruppen umso bedeutsamer. »Jugend« kann innerhalb der Sozialarbeit nicht als eine anthropologische Kategorie, als homogene Gruppe oder eine den gesellschaftlichen Widersprüchen enthobene Situation verstanden werden: *die* Jugend gibt es nicht. So findet für den Arbeiter Jugend als privilegierter Schon-, Lern- und Bildungsraum nicht oder nur am Rande statt. Erst als die bisherige soziologische Jugendforschung hinsichtlich ihrer Prognosekraft deutlich versagte und sich für Entwicklung und Anwendung pädagogischer Konzepte und bildungspolitischer Reformmaßnahmen als unzureichend erwies, entwickelte Mitte der Sechziger Jahre die bürgerliche Jugendsoziologie schichtspezifische Differenzierungsprogramme, in denen soziale Unterschiede und gesellschaftliche Widersprüche partiell als relevant für Jugendliche erschienen. Jugend wird aber auch hier nicht aufgrund ihrer Stellung im Produktionsprozeß definiert, sondern im Reproduktionsbereich beschrieben und erscheint in einem herrschaftsfreien Raum, d. h. gesellschaftliche Widersprüche werden in die Form von Alterskategorien gekleidet (»Generationskonflikt«). Ein historisch-materialistischer Begriff von Jugend fragt nach den politischen, ökonomischen und sozialen Ursachen der Jugendphase und bezieht in die Analyse die Klassenkonflikte einer kapitalistischen Gesellschaft ein, die eine *bürgerliche* Jugend einerseits und eine *proletarische* Jugend andererseits hat entstehen lassen. Daneben sind für Forschung und Praxis der Sozialarbeit jedoch schichtspezifische Differenzierungen notwendig, um das äußere Erscheinungsbild des gesellschaftlichen Lebens ordnen zu können.

Die Jugend kann es für planvolle sozial-pädagogische Arbeit nicht geben, wenn es z. B. darum geht, an wen Jugendarbeit sich wenden will oder wie beobachtete Defizite bei Jugendlichen behoben oder Gefährdungen vorgebeugt werden kann. *N. P.*

Jugendbewegung. Sozialgeschichtlich bezeichnet J. die um die letzte Jahrhundertwende entstandene Reformbewegung der deutschen Jugend, die sich wesensverwandt fühlt mit dem Sturm und Drang, der Frühromantik und national-liberalem Gedankengut. Die J., die ihren organisatorischen Ausdruck erstmals in einem in Steglitz gegründeten Gymnasiastenverein fand, 1901 den Namen Wandervogel erhielt und sich schnell – unter Aufspaltung in verschiedene Gruppen bzw. »Bünde« – im deutschsprachigen Raum ausbreitete, übte einen erheblichen Einfluß auf das öffentliche Leben und pädagogische Vorstellungen aus als es nach ihrem (geschätzten)

Höchstmitgliederbestand von 60 000 – vorwiegend männlichen – Jugendlichen erscheinen könnte. Ihr Streben galt »jugendgemäßer Lebensform« (Lagerfeuerromantik, Volkstanz, Selbsterziehungsgemeinschaften, charismatisches Führertum, Alkohol- und Nikotinabstinenz), die der in verlogenen Konventionen erstarrten Lebensweise der Erwachsenen überlegen sein sollte. Auf dem Höhepunkt der Bewegung wurde in der Meißner-Formel (1913) das Recht der Jugend auf Selbsterziehung neben Familie, Kirche und Schule proklamiert und gleichzeitig wirtschaftliche, konfessionelle und politische Parteinahme in romantischer Verkennung der Wirklichkeit als hinderlich abgelehnt.

Nach dem 1. Weltkrieg konnte die J. nur in Ansätzen fortentwickelt werden und an ihre Stelle trat – als der Gegensatz zwischen völkischer und sozialistischer Grundeinstellung bestimmend wurde – die politisch und religiös orientierte Jugend, die die äußeren Formen der J. jedoch vielfach beibehielt. Es handelte sich um eine bürgerliche Reaktion auf bürgerliche Lebensformen mit kultur- und zivilisationskritischem Einschlag, um eine »Jugendrevolte«, die sich bei politischer Abstinenz weitgehend in Lagerfeuerromantik erschöpfte. Ziel war nicht die Veränderung der Gesellschaft, sondern lediglich die zeitweilige Nichtbevormundung in einem eingeschränkten Lebenskreis durch die Erwachsenenwelt, ohne deren Selbstverständnis letztlich in Frage zu stellen. Ähnliche Pseudoemanzipationsformen werden bis heute von der Erwachsenenwelt in verschiedensten Varianten gefördert. Die proletarische Jugend stand der Ideenwelt der J. fremd gegenüber. Ihre Zusammenschlüsse (auch »Arbeiterjugendbewegung« genannt) erstrebten ausdrücklich eine Verbesserung der wirtschaftlichen und sozialen Lage der Arbeiterjugend und bedeuteten im Gegensatz zur J. den Versuch einer kollektiven Auflehnung. Ebenso lassen sich die Protest- und Emanzipationsbestrebungen in der Jugend gegen Ende der sechziger Jahre allenfalls als eine J. ohne Jugendideologie bezeichnen. Der konstitutive Unterschied liegt darin, daß politische Zielsetzungen verfolgt werden von Jugendlichen, die sich hierbei nicht primär als Jugendliche verstehen, sondern als Studenten, Schüler oder Lehrlinge. So wird der Begriff der J. zumindest funktional aufgehoben.   *N. P.*

Jugendgerichtshilfe. Gemäß § 4 Ziff. 4 JWG Aufgabe der Jugendämter. Nach § 38 II JGG leistet die J. sowohl Ermittlungs- und Entscheidungshilfen für das Jugendgericht wie auch Sozialisationshilfen für Jugendliche und Heranwachsende, denen (nach dem allgemeinen Strafrecht) mit Strafe bedrohte Handlungen zur Last gelegt werden. Ihre Vertreter – in der Regel graduierte Sozialarbeiter, die anders als bei der Erziehungsbeistandschaft und der Bewährungshilfe nicht persönlich zum Helfer bestellt werden –, können in allen Stadien des Jugendstrafverfahrens und auch noch nach dessen Abschluß tätig werden. Sie sind nach § 38 III JGG so früh wie möglich heranzuziehen, um im Verfahren die erzieherischen, sozialen und fürsorgerischen Gesichtspunkte zur Geltung zu bringen (§ 38 II S. 1 JGG). Zu diesem Zweck unterstützen sie die beteiligten Behörden durch Erforschung der Persönlichkeit, der Entwicklung und der Umwelt des Beschuldigten und äußern sich zu den Maßnahmen, die zu ergreifen sind. Wenn auch die J. schon von der Einleitung des Verfahrens zu unterrichten ist (§ 70 JGG), so wird sie doch häufig erst tätig, wenn der Jugendstaatsanwalt Anklage gegen den Beschuldigten erhoben hat. Dies ist zwar insofern verständlich, als es im Hinblick auf die große Anzahl mit einer Einstellung endender Verfahren zur unerläßlichen Arbeitsökonomie beiträgt (ohnedies hohe Fallzahlen, weil auch für den wichtigen sozialen Dienst der JGH nicht genügend Personal zur Verfügung steht), steht aber im Gegensatz zur gesetzlichen Konzeption (§ 43 I S. 4 JGG) und ist in Kenntnis der stigmatisierenden Wirkungen gerade auch von Jugendstrafverfahren besonders deshalb zu bedauern, weil das JGG besondere Möglichkeiten einer auch frühzeitigen Erledigung des Verfahrens vorsieht, wie das Absehen von der Verfolgung unter den Voraussetzungen des § 45 JGG, auf die eine bereits in das Ermittlungsverfahren eingeschaltete J. in geeigneten Fällen hinwirken könnte. Dies wäre allem Anschein nach zugunsten von Unterschichtsjugendlichen auch erforderlich, um einer diese Jugendlichen benachteiligenden Selektion zu steuern. In der Hauptverhandlung, deren Ort und Zeit ihm mitzuteilen ist, erhält der Vertreter der J. auf Verlangen das Wort (§ 50 III). Er hat dagegen nicht das Recht, den Angeklagten oder Zeugen selbständig zu befragen, wie er auch kein Akteneinsichtsrecht und kein Recht hat, Rechtsmittel gegen gerichtliche Entscheidungen einzulegen. Ob seine prozessuale Rechtsstellung ausreicht, die erzieherischen, sozialen und fürsorgerischen Gesichtspunkte ausreichend zur Geltung zu bringen, ist umstritten. Von der Konzeption seiner Ausbildung und seinen praktischen Erfahrungen in der Arbeit mit Jugendlichen her, bringt allein der Sozialarbeiter die Voraussetzungen mit, eine umfassende psychosoziale Diagnose zu erstellen und eine Prognose der künftigen Entwicklung des Jugendlichen abzugeben. Soweit in bestimmten Fragen sein Fachwissen nicht ausreicht, wird er die Einholung eines Sachverständigengutachtens anregen. Durch die Vorlage eines J.-Berichts und durch seinen Vortrag in der Hauptverhandlung soll er das Jugendgericht in die Lage versetzen, den Erziehungs- und Persönlichkeitsgrundsatz zu verwirklichen. Zu diesem Zweck teilt er (von ihm zu ermittelnde) Tatsachen über die Entwicklung des Täters, über seine Angehörigen und Freunde, über Wohnverhältnisse etc. mit, beurteilt diese Tatsachen auf die jeweilige rechtliche Fragestellung hin, so etwa daraufhin, ob der Jugendliche strafrechtlich verantwortlich i. S. von § 3 JGG ist, ob auf den Heranwachsenden Jugendstrafrecht anzuwenden ist (vgl. § 105 I JGG), ob in der Straftat schädliche Neigungen des Täters hervorgetreten sind (§ 17 II JGG), und er macht einen Vorschlag zur Behandlung des Täters, wobei das JGG ein besonders reichhaltiges Instrumentarium zur Verfügung stellt, der Jugendgerichtshelfer aber auch beachten muß, wieweit sich sein Vorschlag praktisch realisieren läßt, und welche Wirkung er für den Jugendlichen haben könnte. So mag oft eine heilerzieherische Behandlung i. S. von § 10 II JGG indiziert sein. Der Mangel an geeigneten Institutionen, die eine geeignete Therapie durchführen könnten, wird den Vertreter der J. aber oft davon abhalten, eine entsprechende Weisung vorzuschlagen. Vor der Erteilung von Weisungen ist der Vertreter der J. übrigens stets zu hören (§ 38 III JGG). Die bedeutende Rolle der JGH als »Prozeßorgan eigener Art« läßt sich aber in erster Linie daran ablesen, daß sich die Ansicht zunehmend durchsetzt, das Gericht verletze überhaupt seine Aufklärungspflicht nach § 244 II StPO und liefere damit einen Revisionsgrund, wenn es die J. nicht heranziehe.

Nach der jugendgerichtlichen Entscheidung wachen die Vertreter der J., sofern nicht ein Bewährungshelfer zuständig ist, darüber, daß der Jugendliche Weisungen und Auflagen nachkommt. Dabei stehen ihnen keine Zwangsmittel zu, doch haben sie erhebliche Verstöße dem Jugendrichter mitzuteilen (§ 38 II S. 4 JGG). Während des Strafvollzugs halten sie mit dem Jugendlichen Verbindung, nehmen sich seiner Wiedereingliederung in die Gemeinschaft an (§ 38 II S. 6 JGG), unterstützen ihn etwa bei der Wohnungs- und Arbeitsplatzsuche und helfen ihm, abgerissene Familienbande wieder zu knüpfen.

Solche nachgehende Fürsorge kommt freilich häufig zu kurz, wie überhaupt die Beratung und Unterstützung straffällig gewordener Jugendlicher und ihrer Angehöriger intensiviert werden müßte. Ob hierzu (auch) der allgemeine soziale Dienst der Jugendämter – etwa die Familienfürsorge – herangezogen werden sollte, und in welchem Umfang diese Aufgaben auf freie Träger übertragen werden können (vgl. dazu § 38 I JGH; ausgeschlossen ist eine Übertragung der Vertretung in der Hauptverhandlung, weil es sich dabei um eine hoheitliche Aufgabe handelt), darüber bestehen unterschiedliche Auffassungen. Ebenso darüber, ob der Jugendgerichtshelfer seiner Doppelfunktion gerecht werden kann, nämlich seiner Hilfsfunktion für das Gericht (u. U. kommen, wie ausgeführt wurde, Überwachungsaufgaben hinzu) *und* für den Jugendlichen. Auch die Frage, ob der Jugendgerichtshelfer ein Zeugnisverweigerungsrecht haben sollte, ist – auch unter den Jugendgerichtshelfern selbst – umstritten. Zu all diesen Fragen kann und braucht hier nicht Stellung genommen zu werden. Fühlt sich der Jugendgerichtshelfer in erster Linie dem Jugendlichen gegenüber verantwortlich (Grieswelle), so wird dies sicher nicht heißen dürfen, daß er ihn »auf Teufel komm' raus herauszuboxen« versucht, denn gerade auch im Interesse der Jugendlichen ist er auf eine gute Zusammenarbeit mit dem Jugendgericht angewiesen. Dieses erwartet von ihm, daß er »unparteiisch« ermittelt, beurteilt und vorschlägt. Andererseits ist es durchaus legitim, daß der Vertreter der J. in den Vordergrund seiner Arbeit die Überlegung stellt, ob dem Jugendlichen Sozialisationshilfen angeboten werden können, die ihn in den Stand setzen, in Zukunft straffrei zu leben und sich dem verhängnisvollen Kriminalisierungsprozeß zu entziehen. Dazu erschiene es erforderlich, daß der Jugendliche ihm Vertrauen schenken kann und nicht fürchten muß, daß seine Aussagen vor Gericht gegen ihn verwendet werden. Die eventuelle Absicht, die J. auch deshalb einzuschalten, damit der Jugendliche hier »plaudert«, ist aus dieser Sicht nicht geeignet, zum Abbau der Jugendkriminalität beizutragen, auch wenn man anerkennt, daß ein ungerechtfertigter Freispruch für die weitere Entwicklung des Jugendlichen schädlich sein *kann*. Was die Mitarbeit freier Träger angeht, so ist einerseits zu bedenken, ob es gut ist, wenn der Jugendliche Klient *mehrerer* Sozialarbeiter ist (der beim freien Träger angestellte Sozialarbeiter darf, wie ausgeführt, den Termin nicht wahrnehmen); andererseits ist es sicher richtig, daß die Wiedereingliederung junger Menschen in die Gesellschaft »nicht allein von Fachkräften des Öffentlichen Trägers der Jugendhilfe zu erreichen« ist, sondern auf die Mitarbeit von »gesellschaftlichen Stütz- und Schutzgruppen« (Jordan, Hg., S. 285) angewiesen ist. *G. F.*

Jugendgruppenleiter, geschulte ehrenamtliche, auch beruflich als Erzieher ausgebildete Personen beiderlei Geschlechts, die in Jugendverbänden sowie an Jugendbildungsstätten (Jugendhöfen, Jugendakademien) an Fortbildungslehrgängen berufsbezogener, gesellschaftlicher und politischer Jugendarbeit leitend mitwirken. *H. M.*

Jugendhilfe, Sammelbegriff und institutioneller Aspekt aller im Sinne von Jugendwohlfahrt, Jugendfürsorge und Jugendarbeit (Jugendpflege) gebotener Leistungen für Jugendliche. Die J. tritt nicht nur für allgemeine Maßnahmen zum Wohle der Jugend ein, sondern umfaßt auch den Schutz und besondere Hilfen für den einzelnen Jugendlichen bei Gefährdung und Störung seiner Entwicklung, sowie insbesondere den Schutz des Jugendlichen in Pflegestellen, Wohngemeinschaften und Heimen, im Falle der Adoption und der Vormundschaft und vor den Gerichten. Soweit J. auf gesetzlichen Unterlagen beruht, wird sie von den öffentlichen Trägern der J. (kreisfreie Städte und Landkreise) durchgeführt, sofern nicht die Zuständigkeit von Landesbehörden gegeben ist. Neben dieser amtlichen J. und diese ergänzend wird J. auch von den Organisationen der freien Wohlfahrtspflege durchgeführt. *H. M.*

Jugendleiterin, auf Fachschulen und Fachhochschulen herangebildete Erzieherin, die auf sozialpädagogischer Grundlage in Kindergärten, Heimen und Erziehungsberatungsstellen tätig ist. *H. M.*

Jugendpflege/Jugendarbeit. Jugendpflege, ein Teilgebiet der Jugendhilfe, bezeichnet Bildungs- und Erziehungsmaßnahmen, deren Teilnahme – im Gegensatz zur Jugendfürsorge – freiwillig ist. Dieser Begriff (vgl. § 2 Abs. 2 JWG), negativ belastet insofern, als man mit »Pflege« Versorgung oder Betreuung ohne emanzipatorische Absicht verbindet, wird heute weitgehend durch den der Jugendarbeit (J.) ersetzt.
J. – eine vierte Sozialisationsinstanz neben Familie, Schule und Betrieb – ist charakterisiert dadurch, daß sie in der Freizeit stattfindet, auf dem Prin-

zip der Freiwilligkeit beruht, durch zeitliche Begrenztheit der Maßnahmen, Fehlen verbindlicher Curricula, mangelnde Präzision gesellschaftlicher Erwartungen und durch starken Legitimationszwang gegenüber den finanziellen Förderern einerseits und den jugendlichen Adressaten andererseits. Sie sucht durch ein breites Spektrum von musischen, kulturellen, sportlichen und politischen Angeboten Bildungs- und kommerziell nicht befriedigten Freizeitinteressen zu genügen. Dabei ist insbesondere zwischen der Arbeit der Jugendverbände für ihre Mitglieder und der offenen J. für die »Nichtorganisierten« zu unterscheiden.

Institutionell umfaßt J. pädagogische Maßnahmen, die von Organisationen der »öffentlichen Jugendhilfe« sowie insbesondere von Trägern der »freien Jugendhilfe« (Jugendverbände, Kirchen, freie Wohlfahrtsverbände) durchgeführt werden. Diese Trägerstruktur erklärt sich aus dem Subsidiaritätsprinzip. Die Rechtsgrundlagen finden sich im JWG und einigen landesgesetzlichen Regelungen (Jugendbildungs- bzw. -förderungsgesetze). Die Finanzierung geschieht im Rahmen des Bundesjugendplanes und von Landesjugendplänen und durch die Gemeinden. Da jährlich neu beschlossen wird, befindet sich J. in starker politischer und ökonomischer Abhängigkeit und wird in wirtschaftlicher Rezession meist – umgekehrt proportional zur Notwendigkeit – eingeschränkt.

Als Teil staatlicher Jugendpolitik war primäres Ziel der J. immer Reproduktion von Arbeitskraft und ideologische Integration der Jugend. Dies kam schon im erstmals materielle Unterstützung vorsehenden Reichspflegeerlaß des Preußischen Kultusministers vom 18. 1. 1911 zum Ausdruck, der als Aufgabe der J. die Heranbildung einer körperlich leistungsfähigen und von Gottesfurcht erfüllten Jugend und ihre Erziehung im vaterländischen Sinne vorsah.

Die sozial-pädagogische Notwendigkeit von J. ergibt sich aus akuten wie grundsätzlichen Problemen im Jugendfreizeitbereich. Diese sind Ausdruck der Freizeitsituation unter kapitalistischen Bedingungen, da die Gegebenheiten und Widersprüche der kapitalistischen Wirtschaftsordnung prägend auch auf den gesellschaftlichen Bereich der Freizeit wirken. Freizeit kann vom einzelnen subjektiv zwar als »frei« von den Zwängen der Schule und des Betriebes empfunden werden, objektiv ist Freizeit ebenso wie die Arbeit fremdbestimmt, unterliegt durch eine sich ständig ausweitende Konsumgüterindustrie dem Kapitalverwertungszwang und der politischen Kontrolle und bietet somit nur geringe Chancen zur Selbstverwirklichung.

In der *Theorie und Praxis* der J. in der BRD lassen sich drei Phasen feststellen: a) die *traditionelle* und die *konservative* J., die in der Nachkriegszeit die Funktion hatte, die Heranwachsenden von der Straße und den dort drohenden Gefahren wegzuholen in die Jugendfreizeitheime und sie dort vor allem zu beschäftigen, ihnen aber dann auch wieder prägende Vorbilder zu geben und ihre Orientierungslosigkeit aufzuheben. Als Jugend*pflege* im eigentlichen Wortsinne hat sie bis heute breite öffentliche Unterstützung, reduziert die Bedürfnisse der Jugend auf den reinen Freizeitbereich ohne Bezüge zum Betrieb und zur Schule herzustellen und macht zum Inhalt ihrer pädagogischen Intentionen die problemlose Anpassung der Jugend, die Objekt von Freizeitmaßnahmen der Erwachsenen für sie ist. Ohne sozialwissenschaftliche Analyse der Jugend handelt es sich weitgehend um theorielose Praxis mit sozialintegrativem Charakter und der Propagierung eines autoritär strukturierten Gesellschaftsbildes. b) Als Gegenmodelle wurden entwickelt die *progressive* und die *emanzipatorische* J., wobei Ziel der ersteren die individuelle Mündigkeit, eine kritisch individuelle Geisteshaltung und das Einüben in die Spielregeln einer auf Chancengleichheit bestehenden demokratischen Gesellschaft ist. Weil die klassen- und schichtenspezifische Differenziertheit der Jugendlichen kaum berücksichtigt und die Macht- und Herrschaftsstruktur der Gesellschaft nicht thematisiert werden, ist ihr Mangel an empirischem und theoretischem Bezug vorzuwerfen. Über den Ansatz hinaus geht die emanzipatorische J.. J. soll die Durchsetzung eigener Interessen ermöglichen, den Blick auf gesellschaftliche Ursachen, die der Verwirklichung dieser Bedürfnisbefriedigung entgegenstehen, öffnen; der Begriff der Emanzipation berücksichtigt hierbei auch die gesellschaftlich-strukturelle Dimension. J. gewinnt Korrektivfunktion und will partielle gesellschaftliche Veränderungen, wobei es aber im wesentlichen um die Realisierung formell bereits zugestandener Rechte durch Aufklärung und individuelle Praxisgestaltung geht und sich durchweg eine starke Mittelschichtorientierung zeigte. c) Zu den bisher genannten systemimmanenten Konzepten im Gegensatz steht die *antikapitalistische* J., die die Belastungen in Schule, Beruf und Herkunftsfamilie nicht nur kompensieren bzw. Mißstände nicht nur teilweise korrigieren will, sondern – fußend auf marxistischer Gesellschaftsanalyse – über kollektive Lernprozesse eine kollektive Praxis anstrebt, um die kapitalistische Klassengesellschaft in ökonomischer, politischer und sozialer Hinsicht zu revolutionieren. J. wird zum Aktionsraum mit systemüberwindenden Ambitionen; Adressat ist die Arbeiterjugend, deren objektive Interessen zu verfolgen sind. Demnach darf antikapitalistische J. sich nicht auf den Bereich der Freizeit beschränken, sondern muß in die Betriebe hineinwirken.

Kritisiert wird mangelnde Realitätsnähe, da die gegenwärtigen gesellschaftlichen Verhältnisse und besonders die Verhältnisse im Betrieb kaum eine dysfunktionale pädagogische Arbeit mit Jugendlichen zuließen, mangelnde pädagogische Kompetenz der Theorie und Inpraktikabilität wegen der Vernachlässigung der subjektiven Bedürfnisse der Jugendlichen – mögen es auch »falsche Bedürfnisse« sein.

Sämtliche Konzepte wirken in unterschiedlicher Weise in die gegenwärtige Praxis der J., die durch folgende Tendenzen geprägt ist: deutliches Hervortreten von Bildungselementen und Lebenshilfen, pädagogische Profilierung und stärkere Professionalisierung, eine – mittlerweile allerdings wieder abklingende – Politisierung, Entwicklung neuer Institutionen (vgl. »Jugendzentrum«). J. muß – unabhängig von ihrer ideologisch-weltanschaulichen Ausrichtung – Grundentscheidungen darüber treffen, a) ob sie ergänzende, korrigierende oder verändernde Funktion haben will: eine »neutrale« J. gibt es nicht; b) welche Jugendlichen Adressat sein sollen: Jugend im allgemeinsten Sinne (vgl. »Jugendbegriff«) kann nicht Ziel bewußter und knapp vorhandener J. sein. Zu oft sucht man mit einer Angebotsstruktur alle Jugendlichen anzusprechen und ist sich der selektiven Funktion eines solchen Programmangebotes, das sich meist an Mittelschichtsnormen ausgerichtet hat, nicht bewußt; c) an welchen Bedürfnissen und Zielvorstellungen sie sich orientieren will: auch das Ziel, Wahrnehmung der objektiven Interessen der Jugendlichen, kann nur erreicht werden, wenn man von konkreten Lebenserfahrungen, den aktuellen Konflikten und den subjektiv geäußerten Bedürfnissen ausgeht. In Anbetracht des leerformelhaften und abstrakten Charakters von Zielformulierungen der J. und aus pädagogischer Hilflosigkeit findet die Praxis ihre Legitimation oft weder an der Bedürfnisstruktur der Jugendlichen noch an einer gesellschaftsorientierten Theorie.

Nach dem Entwurf eines neuen Jugendhilferechts (1974) soll J. – unter Gewährleistung höherer Fachlichkeit – zwar dem Jugendlichen ermöglichen, »ein zur Selbstbestimmung fähiger Mensch zu werden, . . . der in der Lage ist, seine Interessen wahrzunehmen« und zum »Ausgleich sozialer Benachteiligung« führen. Der Entwurf sieht aber auch Möglichkeiten vor, mißliebigen Vereinigungen die Förderungswürdigkeit zu entziehen und schränkt den Spielraum kritischer und finanzschwacher Jugendinitiativen weiter ein.

N. P.

Jugendpfleger, in der Jugendarbeit bzw. Jugendhilfe Sozialpädagogen, Sozialarbeiter, Lehrer u. a., die außerschulische Bildungsarbeit leisten.

H. M.

Jugendschutzgesetze. Neben Jugendschutzvorschriften im Strafgesetzbuch, im Jugendwohlfahrtgesetz, in der Gewerbeordnung, im Gaststättengesetz u. a. versteht man unter Jugendschutzrecht im engeren Sinne folgende spezielle J.: das Jugendarbeitsschutzgesetz (JASchG) i. d. F. v. 12. 4. 76, das Gesetz zum Schutze der Jugend in der Öffentlichkeit (JSchGÖ) i. d. F. 25. 7. 57 und das Gesetz über die Verbreitung jugendgefährdender Schriften (GjS) i. d. F. v. 29. 4. 61. Während das JASchG eine vorrangige Zuständigkeit der staatlichen Gewerbeämter vorsieht, gehört es traditionell auch zur Aufgabe der Jugendämter, die Jugend im Sinne der beiden anderen Gesetze vor Gefahren zu bewahren. Zuverlässige Angaben über Ausmaß und Qualität der Arbeit der Jugendämter in diesem Bereich gibt es kaum. Es ist jedoch die Tendenz zu beobachten, daß das Schwergewicht der Arbeit der Jugendämter sich auf den erzieherischen Jugendschutz (gem. § 5 Abs. 1 Ziff. 8 JWG), also auf Angebote der Beratung und Bildung konzentriert und die gesetzlich vorgeschriebenen abwehrenden Jugendschutzmaßnahmen auf Ordnungsbehörden und Polizei und deren Kontrollsystem verlagert werden. – Das JSchGÖ, welches in den vergangenen Jahren Patina angesetzt hat und in einigen nicht mehr zeitgemäßen Regelungen hinsichtlich der Durchsetzung notleidend geworden ist, enthält insbesondere Bestimmungen über Besuch von Gaststätten, öffentlichen Tanzveranstaltungen und Filmen. Ein Reformentwurf des Bundesministeriums für Jugend, Familie und Gesundheit ist in Arbeit. – Das GjS verbietet die Zugänglichmachung von jugendgefährdenden Schriften an Jugendliche. Zur Diskussion steht seine Ablösung durch ein umfassendes Jugendmedienschutzgesetz.

Umstritten sind derzeit beide J. sowohl im Hinblick auf ihre Wirksamkeit als auch auf die ihnen zugrunde liegenden Moralvorstellungen und auch deshalb, weil die Staatsgewalt sich sehr viel rühriger entfaltet, wenn es um die »Sittlichkeit« geht, als wenn es um den notwendigen Schutz der Jugend in anderen Bereichen und um den Ausbau sozial-pädagogisch intendierter Sozialisationsbemühungen geht. _N. P._

Jugendsozialarbeit. Entstanden aus den Bemühungen um die Eingliederung der Flüchtlingsjugend im ersten Nachkriegsjahrzehnt ist die J. eine eigenständige Form innerhalb der Maßnahmen der Jugendhilfe geworden (vgl. § 5 Abs. 1 Ziff. 7 JWG). Lediglich der Begriff ist in der Gesetzgebung noch nicht dokumentiert. J. erstreckt sich auf die Berufsvorbereitung (z. B. Förderkurse), auf die Berufsausbildung (z. B. Lehrlingswohnheime mit ergänzenden Orientierungshilfen), aber auch auf Umschulungen bei Strukturwandlungen und die Berufstätigkeit (z. B. Jugendwohnheime). – Die verschiedenen Träger sind in der Bundesarbeitsgemeinschaft Jugendaufbauwerk zusammengeschlossen. _N. P._

Jugendstrafrecht. Im Jugendgerichtsgesetz (JGG) vom 4. 8. 1953 geregeltes, vom allgemeinen Strafrecht abweichendes Sonderrecht für Jugendliche (14-18 Jahre; Tatzeit maßgebend) und zum Teil – und unter den Voraussetzungen des § 105 JGG – auch für Heranwachsende (18-21 Jahre). Begeht ein Jugendlicher eine nach dem StGB oder einem anderen Gesetz, z. B. nach dem Betäubungsmittelgesetz, mit Strafe bedrohte (tatbestandsmäßige, rechtswidrige und schuldhafte) Handlung – etwa einen Diebstahl, eine Körperverletzung, ein Rauschgiftdelikt –, so ist er dafür strafrechtlich verantwortlich, wenn er zur Tatzeit »nach seiner sittlichen und geistigen Entwicklung reif genug (war), das Unrecht der Tat einzusehen und nach dieser Einsicht zu handeln« (§ 3 JGG). Fehlte es an dieser Reife, so kommen, wie bei einem Kind (vor Vollendung des 14. Lebensjahres), nur Erziehungsmaßnahmen nach BGB und JWG in Betracht, die sonst der Vormundschaftsrichter anordnet, deren Anordnung im Jugendstrafverfahren aber auch dem Jugendrichter zusteht (§ 3 Satz 2 JGG). Das JGG sieht – neben besonderen Verfahrensregeln (§§ 43 bis 104, 109 JGG) und neben der obligatorischen Einschaltung der Jugendgerichtshilfe (§ 38 JGG) – ein differenziertes Rechtsfolgensystem (Erziehungsmaßregeln, §§ 9 bis 12 JGG;

»Zuchtmittel«, §§ 13 bis 16 JGG; Jugendstrafe, §§ 17 bis 19 JGG, deren Vollstreckung bzw. deren Verhängung zur Bewährung ausgesetzt werden kann, vgl. §§ 21 ff. bzw. §§ 27 ff. JGG) vor, das es dem Jugendgericht ermöglichen soll, eine der Persönlichkeit des Jugendlichen Rechnung tragende Sanktion auszusprechen, durch die der Jugendliche erzogen und befähigt wird, in Zukunft zumindest straffrei zu leben (Eingliederung in die Gesellschaft). Das J. ist dementsprechend mehr als das Erwachsenenstrafrecht »Täterstrafrecht«, weniger Tatstrafrecht. Tatschuld, Sühne und Generalprävention treten wenigstens in der Theorie hinter den Erziehungsgedanken, den Versuch der (Re-)Sozialisierung zurück. Jugendstrafe darf nur verhängt werden, wenn »wegen der schädlichen Neigungen des Jugendlichen, die in der Tat hervorgetreten sind, Erziehungsmaßregeln oder Zuchtmittel zur Erziehung nicht ausreichen oder wenn wegen der Schwere der Schuld Strafe erforderlich ist« (§ 17 II JGG), wobei sich die Dauer der Strafe wiederum am Erziehungsgedanken ausrichten soll (vgl. auch § 19 JGG: Jugendstrafe von unbestimmter Dauer mit dem Ziel, den Jugendlichen durch den Strafvollzug zu einem »rechtschaffenen Lebenswandel« zu erziehen).

Die bereits um die Jahrhundertwende einsetzende, heute zunehmende Kritik am J. (vgl. auch das Stichwort Jugendgerichtshilfe) gilt vor allem seiner doch noch zu weit gehenden Verbindung mit dem allgemeinen Strafrecht. Ausgehend von der Erkenntnis, daß Jugendkriminalität (delinquentes Verhalten) auf gleiche Ursachen zurückgeht und Ausdruck gleichermaßen fehlgeschlagener Sozialisation ist wie sonstiges abweichendes (dissoziales) Verhalten, das Hilfen und Maßnahmen der öffentlichen Jugendhilfe – evtl. auf vormundschaftsgerichtliche Anordnung hin – auslöst, wird z. T. der gänzliche Verzicht auf strafrechtliche Sanktionen gegenüber Jugendlichen gefordert. Auch aus dem Gesichtspunkt der Einheit der Jugendhilfe heraus sollen auch für Jugendliche, die eine nach allgemeinem Recht mit Strafe bedrohte Handlung begangen haben, lediglich (noch zu verbessernde) fürsorgerische und erzieherische Maßnahmen angeordnet werden dürfen. Dem teilweise entsprechend sah der 1973 vorgelegte Diskussionsentwurf eines neuen Jugendhilfegesetzes Erziehungskurse in Fällen »sozialschädlichen Fehlverhaltens« (§ 50 DE) und ein sozial-therapeutisches Jugendzentrum (für 16 bis 18 jährige, deren »stark auffällige Verhaltensstörungen auf eine weitreichende Fehlentwicklung schließen lassen, wenn diese ihren Ausdruck in schweren oder häufig wiederholten, mit Strafe bedrohten Verfehlungen gefunden haben«) vor, meinte aber auf die Sanktion der Jugendstrafe nicht gänzlich verzichten zu können. (§ 11 DE). Man meinte, mit der Hereinnahme des gesamten J. in den Entwurf, dem künftigen Jugendhilferecht »erneut obrigkeitliche Akzente« geben zu müssen, die »dessen Angebots- und Hilfecharakter stark beeinträchtigen« müßten.   *G. F.*

Jugendverbände gelten als das Hauptagens der freien Jugenderziehung, deren Gedankenwelt sie hauptsächlich der Jugendbewegung entnommen haben. Sie sind im Bundesjugendring (und den Landesjugendringen) sowie in kirchlichen und gemeindlichen Jugendwohlfahrtsausschüssen vertreten und wirken auch im Rahmen des Jugendarbeitsschutzes mit. Sie lassen sich in ihren Inhalten nicht prinzipiell voneinander unterscheiden, müssen vielmehr als lokalhistorisch gewachsen betrachtet werden. Andererseits kann man eine Einteilung nach den Konfessionen und Interessen, nach Schichten z. B. (»bürgerlich«, »gewerkschaftlich«, »städtisch«, »ländlich«, »weltanschaulich«, »sportlich«) vornehmen. Größere Jugendverbände sind: Bund Deutscher Jugend, Deutsche Jungenschaft, Deutsche Jugend des Ostens, Deutsche Jungdemokraten, Deutsche Landjugend im Deutschen Bauernverband, Deutscher Pfadfinderbund, Deutsche Schreberjugend, Deutsche Wanderjugend, Evangelische Jugend, Gewerkschaftsjugend, Jugend des Deutschen Alpenvereins, Junge Europäische Föderalisten, Junge Union, Katholische Jugend, Musikalische Jugend Deutschlands, Naturfreundejugend Deutschlands, Ring politischer Jugend, Rote-Kreuz-Jugend, Sozialistische Jugend Deutschlands (Falken). *H. M.*

Jugendzentrum. Die Jugendarbeit der Nachkriegszeit erlebte einen entscheidenden Umbruch, als im Rahmen der Studenten-, Schüler- und Lehrlingsbewegung sich Teile der Jugend – bisher Objekt von Ausbildung und Freizeitpädagogik – in verschiedenen Formen selbst zu organisieren begannen. In diesem Klima relativ hoher Politisierung wurden in der ersten Hälfte der Siebziger Jahre in einer Vielzahl von Aktionen und Initiativen Jugendzentren »erkämpft«. Die J.bewegung, deren Höhepunkt mittlerweile überschritten ist, erstand vorwiegend auf dem Lande und in Kleinstädten als Reaktion auf das unzureichende Freizeitangebot, die Nepp- und bewußtseinsbetäubende Scheinfreiheitssituation der kommerziellen Freizeitangebote und aus Kritik gegen die Bevormundung, Kontrolle, überalterte Strukturen und Ideologieansprüche in Vereinen, Verbänden und kommunaler Jugendpflege. Da sich zugleich allgemein das Bedürfnis nach Befriedigung elementarer Lebensbedürfnisse verstärkte und die Freizeit immer mehr kompensatorische Funktion für das entfremdete Erleben im Produktionssektor gewann, verstärkte sich die Notwendigkeit weniger fremdbestimmter Lebensformen zumindest im Reproduktionssektor.
Mit J. werden von Jugendlichen selbstverwaltete Freizeiteinrichtungen unterschiedlicher Rechtsform bezeichnet, wobei Selbstverwaltung zwar eine einheitliche Forderung ist, über den Begriff selbst aber eine babylonische Sprachverwirrung herrscht: er kann sich beziehen auf die Selbstbestimmung der Jugendlichen über die Organisation des J., Inhalte und Methoden des Programms, die zur Verfügung stehenden Finanzmittel und die Anstellung und Entlastung der Mitarbeiter. Vollständig selbstverwaltete J. gibt es nicht, da tatsächlich immer nur eine »relative Autonomie« möglich ist. In der Praxis zeigte sich oft eine vorrangige Fixierung auf organisatorische Fragen. Selbstverwaltung ist jedoch als ein Prozeß zu begreifen, der sich aus der Selbstorganisation von Jugendlichen um ein Jugendzentrum ent-

wickelt; sie ist ein inhaltliches und kein organisatorisches Problem oder formales Prinzip. Erst die inhaltliche Arbeit führt zum Erkennen eigener Interessen und zur Selbstbestimmung. Der Kampf um J. ermöglicht das Einüben kollektiver, demokratischer Verhaltensweisen und legt es nahe, das Jugendzentrum als Praxisfeld antikapitalistischer Jugendarbeit, deren theoretische Konzeption gleichzeitig mit der J.bewegung entwickelt wurde, zu verwenden. Die *Praxis* des bestehenden J. muß jedoch davon ausgehen, daß es sich um Freizeitstätten handelt, die primär den Freizeitbedürfnissen gerecht werden müssen und daneben auch die Funktion als Bildungsstätte haben, wo man lernen kann, Interessen zu entwickeln und wahrzunehmen. Zuerst muß den im Produktions- und Lernprozeß ausgegrenzten Bedürfnissen die Möglichkeit gegeben werden, sich in der Freizeit zu entfalten: die Bewältigung der Freizeitprobleme wird zum Offenbarungseid des politischen Anspruchs. Daneben sind dann Übergänge zu finden von der Freizeit zu politischer Arbeit – z. B. über funktionelle Lebenshilfen (für Berufssuchende, Arbeitslose u. a.) und zur Aufarbeitung der Probleme am Arbeitsplatz, in der Schule und Familie. Jede Arbeit, die über reine Freizeitinteressen hinausgeht, steht jedoch vor der Schwierigkeit, über den unverbindlichen und offenen Charakter des J., der die Jugendlichen anzieht, zu einsichtigen Verbindlichkeiten zu kommen.

Trotz des Anspruchs von Selbstverwaltung ist der Einsatz hauptamtlicher Mitarbeiter (insbesondere Sozialarbeiter und Sozialpädagogen) notwendig und vereinbar. Der Erfahrungshorizont und Erkenntnisvorsprung des hauptamtlichen Mitarbeiters ermöglicht es ihm, Unterstützung und Impulse zu geben beim Selbstorganisationsprozeß und beim Erarbeiten konkreter Perspektiven. Dazu muß er genügend konfliktfähig und in der Lage sein, sich kontrollieren zu lassen. Die Schwierigkeit dieser ambivalenten Rolle – zwischen Loyalitätsanspruch des Anstellungsträgers und Interessen der Jugendlichen – wird schon durch die hohe Fluktuation der hauptamtlichen Mitarbeiter belegt. Einerseits steht er vor dem Problem, die Notwendigkeit von Selbstverwaltung als ständigen Prozeß einsichtig zu machen, wobei gerade für den Engagierten die Gefahr besteht, Selbstverwaltung als Vehikel eigenen politischen Engagements zu gebrauchen und die Jugendlichen zu Objekten zu degradieren. Andererseits muß er die primären Freizeitbedürfnisse der Jugendlichen akzeptieren und auch ein Programm (mit-)erarbeiten und anbieten können. Der Sozialarbeiter im J. muß seine Rolle als »informierter Berater« wahrnehmen können, er kann aber keine neutrale Position haben und muß im Konfliktfall eindeutig auf der Seite der Jugendlichen stehen.

Gegenwärtige Situation: Nachdem die J.bewegung zeitweilig für die Jugendarbeit eine aufregende Phase war und nach großem anfänglichen Mobilisierungseffekt für Jugendliche aller sozialer Schichten ist heute allgemein Ruhe eingetreten. Eine gleichmotivierte Generation rückte nicht nach. Infolge von Jugendarbeitslosigkeit, politischer Disziplinierung und verstärkter Konzentrierung auf Schule und beruflichen Werdegang dominieren wieder stärker Entspannungs- und Rekreationsbedürfnisse in der Freizeit. Die große Mehrheit der J. ist – entgegen euphorischen bzw. ängstlichen Erwartungen – nicht zu dem Ort geworden, der der Vorbereitung und Verarbeitung von Auseinandersetzungen in Betrieb und Schule dient. Selbstverwaltung wird tendenziell zur Mitverwaltung. – J. bieten oft ein gutes Freizeitangebot trotz äußerer Bedingungen und geringer öffentlicher Mittel, unter denen kommunale Jugendpflege kaum arbeiten könnte. Arbeitsgruppen und Informationsveranstaltungen über gesellschaftspolitische Themen werden jedoch kurzlebiger und weisen kaum über sich selbst hinaus. – Es besteht die Gefahr, daß aus J. billigere Diskotheken werden oder daß sie von staatlichen und freien Trägern vereinnahmt werden, die über die Sammelbezeichnung »J.« den Jugendlichen etwas anderes vorspiegeln (Häuser der offenen Tür, Jugendclubs und andere Einrichtungen werden heute oft J. genannt) und diese als Hebel traditioneller Jugendpflege mit rein sozialintegrativer Wirkung benutzen. – J. haben dennoch innerhalb der traditionellen Institutionen der Jugendarbeit am ehesten die Chance, der arbeitenden und lernenden Jugend die Möglichkeit selbstbestimmter, schöpferischer und politischer Tätigkeit zu eröffnen, ihr von Sanktionen und Kontrollen entlastete Erfahrungsräume und Lernfelder für soziales und demokratisches Verhalten zu schaffen und gleichzeitig dem Erholungsbedürfnis der Jugendlichen Rechnung zu tragen.   *N. P.*

Karitas, die christlich motivierte Liebe zu den Armen und Hilfsbedürftigen, überhaupt jede so verstandene soziale Hilfeleistung. Mit K. wird auch die soziale karitative Tätigkeit der katholischen Kirche bezeichnet, die im Deutschen Caritasverband ihren organisatorischen Rahmen hat. K. ist ein Fundament des katholischen Glaubens und kann in diesem Sinn nicht durch eine außerkirchliche Institution wahrgenommen werden. Hierin liegt eine der Wurzeln des Subsidiaritätsprinzips. K. liegt allen katholischen Soziallehren zugrunde, insofern sie unüberhörbar die Forderung nach sozialer Gerechtigkeit erhebt, zu der sie in der Welt auch tatsächlich, wenn auch nur ergänzend und korrektiv, beiträgt. K. versteht sich grundsätzlich theologisch und wird in einer eigenen Cariswissenschaft ausgebaut, die seit 1925 an der Universität Freiburg im Breisgau am »Institut für Cariswissenschaft« erforscht und gelehrt wird.
Seit der Reformation tritt beim Protestantismus der Diakoniegedanke an die Stelle des Karitasgedankens und ersetzt ihn innerhalb der protestantischen Christenheit vollständig (Diakoniewissenschaftliches Institut an der Universität Heidelberg seit 1954). Der Ausdruck K., noch mehr das von ihm abgeleitete Adjektiv karitativ, wird mitunter im säkularisierten Sinn des Wortes auf alle jene Handlungen und Beziehungen innerhalb der Gesellschaft angewandt, die sich dadurch auszeichnen, daß Güter und Dienstleistungen aus Gemeinsinn oder Menschenliebe freiwillig zur Verfügung gestellt werden (Schenkung), ohne daß dafür ein Äquivalent verlangt wird.   *H. M.*

Kastration. Die K. männlicher Personen wird durch das »Gesetz über die freiwillige Kastration und andere Behandlungsmöglichkeiten« vom 15. 8. 69 geregelt. Danach kann sich ein Mann, der älter als 25 Jahre ist, freiwillig entmannen lassen, wenn es medizinisch indiziert ist, er über die Folgen des Eingriffes informiert wurde und eine ärztliche Gutachtergruppe der Ärztekammer es für notwendig erachtet. Kann ein Mann infolge einer Geistesschwäche den Sinn der Behandlung nicht voll verstehen, so ist er im Rahmen seiner Möglichkeiten zu unterrichten. Ihm ist ein Pfleger zu bestellen, und beide müssen in die Behandlung einwilligen. Personen, die den Sinn des Eingriffes nicht verstehen können, dürfen nur kastriert werden, wenn damit eine lebensgefährliche Krankheit abgewendet werden kann. Die Indikation zu einer K. sind lebensgefährliche Erkrankungen, wie z. B. Hodenkrebs, aber auch erhebliche sexuelle Fehlhaltungen. Unter anderen Behandlungsmöglichkeiten versteht man z. B. eine medikamentöse Behandlung, die das Ziel hat, den Geschlechtstrieb zu unterdrücken. Ethisch fragwürdig bleibt jedoch die K. von Sexualstraftätern, die dadurch zwar eine Chance erhalten, aus lebenslanger Haft oder Sicherheitsverwahrung entlassen zu werden, jedoch unter erheblichem Zwang stehen, wenn sie sich gegen die K. (vgl. a. u. »Zwangssterilisation«) und für die lebenslange Haft entscheiden sollen. *M. M.-S.*

Kindesmißhandlung. Die strafrechtlich relevanten Bestimmungen der §§ 170 d StGB (Verletzung der Erziehungs- und Fürsorgepflicht) und 223 b StGB (Mißhandlung von Schutzbefohlenen) bieten keine eindeutige Begriffsbestimmung der K. Eine sozial-pädagogisch befriedigende, jedoch den Strafrechtsrahmen überschreitende Definition schlägt R. Wolff vor: »K. stellt eine nicht zufällige gewaltsame physische und/oder psychische Beeinträchtigung oder Vernachlässigung des Kindes durch die Eltern dar, die das Kind schädigt, verletzt, in seiner Entwicklung hemmt und gegebenenfalls zu Tode bringt« (Bast, H. u. a. 1975, S. 24). Umfassende gesellschaftliche Beeinträchtigungen (z. B. Obdachlosensituation) sind auch hier ausgeklammert. Die Schwierigkeit der begrifflichen Eingrenzung ist ein Spiegelbild widersprüchlicher gesellschaftlich bedeutsamer Erziehungstheorien und -praktiken: Prügeln wird sowohl als K. angesehen als auch als normgerechtes Verhalten im Rahmen des Eltern-Kind-Rechtes, welches – teilweise mehr dem Sachen- als dem Personenrecht ähnlich – die Bestimmung des »Kindeswohls« weitgehend der Exklusivität elterlicher Interpretation überläßt.

Das empirische Material und die kriminologischen, strafrechtlichen und gerichtsmedizinischen Untersuchungen in der BRD über das mißhandelte Kind und die Täterpersönlichkeiten beziehen sich hauptsächlich auf die Praktiken körperlicher Mißhandlungen. Die häufiger vorkommenden psychischen gewaltsamen Beeinträchtigungen und die Folgen von K. wie Angst, Aggressivität, Lernstörungen, Störungen des Selbstvertrauens und Isolationsstörungen sind systematisch kaum untersucht. Statistiken (ohnehin mit großer Dunkelziffer) sagen aus, daß körperliche K. im Proletariat häufiger vorkommen, wobei zu bedenken ist, daß Angehörige der Mittel- und Oberschicht zum einen eher die Möglichkeit der Verschleierung haben und zum anderen »feinere« Mittel (z. B. Liebesentzug) bevorzugen. In der Diskussion über Ursachen reicht das bevorzugte individualistische, psychopathologische Erklärungsmodell allein nicht aus. Vielmehr müssen objektive soziale Faktoren wie die materielle Lebenssituation – die zu Belastungen des Familienzusammenhanges führen kann –, die kinderfeindliche Umwelt und die autoritäre Erziehungstradition und die zunehmend entfremdeten Beziehungen einbezogen werden in ein psycho-sozial-kulturelles Erklärungsmodell.

Die Maßnahmen des Kinderschutzes sind traditionell schuld- und sanktionsorientiert, verbunden mit moralisierenden Appellen an die Eltern und haben sich weitgehend als wirkungslos erwiesen. Wirksamer wäre – neben allgemeinen Maßnahmen wie der Verbesserung der materiellen Lebenssituation sozialschwacher Familien, der Gestaltung einer kindgerechteren Umwelt, Aufklärung über Erziehung und der Reform des Rechts der »elterlichen Gewalt« – ein Ausbau der bestehenden Einrichtungen der Sozialarbeit: von Erziehungsberatungsstellen (Abbau von Unsicherheit durch Wissensdefizite), insbesondere auch von Einrichtungen nichtbehördlichen Charakters wie Kinderschutzbund o. ä. (Abbau von Mißtrauen und Angst vor Sanktionen), von Beratungsstellen für werdende Mütter, aber auch solcher Heime für die zeitweilige Unterbringung gefährdeter oder schon mißhandelter Kinder, in denen K. nicht in anderer Form fortgesetzt wird. Gefordert werden muß gerade in diesem Zusammenhang das Zeugnisverweigerungsrecht für Sozialarbeiter, aber möglicherweise auch eine Einschränkung der ärztlichen Schweigepflicht.   *N. P.*

Klient, heute allgemeine Bezeichnung für Hilfsbedürftigen im Umgang mit dem sozialen Helfer. (Einzelhilfe, Case Work) Die Beziehung zwischen diesem und jenem trägt psychosozialen oder auch wie beim Arzt und seinem Patienten einen therapeutischen Charakter, der sich über die von der Psychoanalyse Freuds erstmalig beobachtete und streng zu kontrollierende seelische Dynamik positiver und negativer Übertragung durchsetzt und damit wesentlich dazu beiträgt, dem K. bei der Bewältigung psychosozialer Schwierigkeiten in Not- und Konfliktsituationen behilflich zu sein. Die K.beziehung gilt als beendet, wenn die vom Helfer auf kürzere oder längere Zeit hindurch in der Form verschiedenartiger Gespräche, beratender, direktiver und nichtdirektiver Art, zur Lösung der besonderen Probleme des K. geführt hat.   *H. M.*

Kommunalrecht. Der Begriff des K. stellt gegenüber dem Landes- und Bundesrecht die selbständige Rechtsetzungsfähigkeit der Gemeinden und Gemeindeverbände heraus. Im Rahmen von Landes- und Bundesrecht entscheiden sie eigenverantwortlich über Maßnahmen »zum Wohl ihrer Bürger« in dem jeweils begrenzten lokalen Gebiet. Sie sind also Gebietskörperschaften mit Selbstverwaltungskompetenzen. Dieses Recht war Resultat des politisch-ökonomischen Kampfes des Bürgertums in den Städten gegen die feudalen Herrschaftsformen der deutschen Nationalstaaten im 17./ 18. Jahrhundert. Die dort verfolgten Strategien der Dezentralisierung von staatlicher Macht und der Bürgernähe der Verwaltung haben sich als liberale Forderungen auch im gegenwärtigen K. durchgesetzt und gehören noch zu den zentralen Themen der Kommunalreformdiskussion. Gemäß Art. 28 Abs. 2 GG und den entsprechenden Bestimmungen der Länderverfassungen ist die kommunale Selbstverwaltungsautonomie verfassungsrechtlich gesichert. Da das K. jedoch nur innerhalb des jeweiligen lokalen Bereichs gilt, bleibt es mit Rücksicht auf die Einheit des staatlichen Rechtssystems den vielfältigen Rahmenbedingungen und Einschränkungen unterworfen, die von Landes- und Bundesrecht gesetzt sind (z. B. Raumordnung, Bevölkerungspolitik).

Wichtigste gesetzliche Grundlagen des K. sind die von den einzelnen Ländern erlassenen Gemeindeordnungen und – für den ländlichen Bereich – die Landkreisordnungen. Hinzu kommen die Zweckverbandsgesetze der Länder, denenzufolge die Gebietskörperschaften einzelne Aufgaben an einen Zweckverband übertragen können und diesem also einen Teilbereich ihrer Autonomie delegieren (z. B. Abwasserverband, Raumplanungsverband). Wichtigste Träger kommunaler Selbstverwaltung sind also die Gemeinden. Ihnen stehen zur Regelung der Selbstverwaltungsaufgaben als Instrumente das kommunale Satzungsrecht – Hauptsatzung als Gemeindeverfassung, Haushaltssatzung, Bausatzung u. a. – sowie das Verordnungsrecht im lokalen Bereich – z. B. Polizeiverordnungen – zur Verfügung. Allerdings üben die übergeordneten Verwaltungsinstanzen grundsätzlich Rechtsaufsicht, in vielen Fällen zusätzlich Fachaufsicht mit direktem Weisungsrecht aus. Für die kreisfreien Städte sind hierfür die Regierungspräsidien zuständig, für die ländlichen Gemeinden sind die Landratsämter dazwischengeschaltet.

Das K. unterscheidet zwischen Selbstverwaltungsaufgaben und Pflichtaufgaben. Erstere ermöglichen den Gemeinden, im Rahmen der allgemeinen Gesetze aufgrund eigener Initiativen den Bedürfnissen ihrer Bürger Rechnung zu tragen (z. B. kommunale Versorgungsleistungen mit Anschluß- und Benutzungszwang, Stadtplanung); Pflichtaufgaben werden vom Land und vom Bund durch Gesetz den Gemeinden zugewiesen, finanziert und vielfach durch direkte Weisung der höheren Verwaltungsinstanzen geregelt. So beruhen die Aufgaben kommunaler Sozialarbeit überwiegend auf gesetzlichen Aufgabenzuweisungen (z. B. Jugendwohlfahrt, Gesundheitsfürsorge, Sozialhilfe) und sind durch organisatorische Regelungen ergänzt (z. B. Einrichtung von Jugendämtern, Jugendwohlfahrtsausschüssen, Gesundheitsämtern, Ausländerbehörden in den Städten und den Landratsämtern). Allerdings behalten die Kommunen im Rahmen der gesetzlichen

Aufgabenzuweisungen einen weitgehenden Ermessensspielraum hinsichtlich ihres sozialen Engagements.

Das kommunale Organisationsrecht ist vor das Problem gestellt, die politischen Entscheidungsgremien und den kommunalen Verwaltungsapparat
zu trennen und doch aufeinander zu beziehen. In den einzelnen Ländern
ist dieses Verhältnis unterschiedlich geregelt worden. Die geforderte Ge-
waltentrennung ist aber nirgendwo klar gelöst. Die Gemeindevertretungen
als direkt von den Bürgern gewählte politische Entscheidungsinstanzen
können ihre politische Kontrolle der Verwaltungsorgane (Bürgermeister,
Magistrat) nur mühsam durchsetzen. Die enge Verzahnung beider Organe
aufgrund des jeweils lokal begrenzten Gebiets sowie die finanzielle Abhängigkeit (Gewerbesteuereinnahmen) der Kommunen von ökonomischen
Machtinteressen verwässert praktisch die politische Kontrolle. Wo die Folgen als verfehlte Informationspolitik oder Sachzwangstrategien gegenüber
den Bürgern spürbar werden, rufen sie bei den Betroffenen Vertrauenskri-
sen hervor und treiben sie in Aktivitäten außerhalb der kommunalen
Rechtsinstitutionen (z. B. Initiativgruppen im Sozialsektor, Bürgerinitiativen bei Stadtplanungsmaßnahmen). Gerade im sozialen Aufgabenfeld der
Kommunen verstärkt sich das Mißtrauen gegenüber der Leistungsfähigkeit
der Selbstverwaltungsorgane. Die Betroffenen suchen deshalb verstärkt
nach Wegen außerhalb der durch das K. vorgezeichneten Entscheidungs-
prozesse zur Durchsetzung ihrer Bedürfnisse. Die Ohnmacht kommunaler
Selbstverwaltung fordert gerade hier die Rezentralisierung von politischer
Macht heraus. Deshalb ist das K. als politisches Instrumentarium besonders
anfällig. *H. F.*

Konflikttheorie erklärt die Herkunft sozialer Probleme aus dem Umstand,
daß die Ziele, nach denen die Menschen streben, nicht von allen erreicht
werden könnten und daher ein Kampf um die stets knappen Mittel einsetze.
Dieser Kampf (Konfliktfall) sei jedoch besser als die von der großen Mehrheit geforderte Anpassung an soziale Systeme (Integrationstheorie), die
zwar der allgemeinen sozialen Stabilität und Werteverinnerlichung dienen
könne, aber sicherlich Mobilität und Aufstieg der unteren Schichten beein-
trächtige. Die K. geht davon aus, daß Gesellschaften zuweilen explosive
Mischungen sind, die nur mit Hilfe von Herrschaft und Gewalt zusam-
mengehalten werden können. Die K. bildet ein Gegengewicht gegen die in
der Sozialarbeit noch sehr verbreitete Annahme, es sei mit der Gesellschaft
und ihren wesentlichen sozialökonomischen Grundlagen alles in bester
Ordnung. Sie kann daher beim Sozialarbeiter, der bei den häufigen perso-
nalen »Unangepaßten« unter seinen Klienten nicht von vorneherein entscheiden soll, wer sich hier eigentlich anzupassen habe, die Person an ihre
soziale Umwelt oder die soziale Umwelt an die Person, eine notwendige
Bewußtseinsklärung bewirken. *H. M.*

Kontakt, seine Bedeutung liegt in der Einleitung von Interaktionen und der Möglichkeit dauernder Beziehungen. Die Art des K. (primäre, sekundäre, persönliche, unpersönliche K.) bestimmt die Natur der Interaktion. Bei K. auf der Grundlage von Gruppenmitgliedschaft liegt die bekannte Dichotomie der eigenen und fremden Gruppe vor, die oft zur vorurteilshaften K.aufnahme führt, da das Gruppenmitglied mit jenen Eigenschaften ausgestattet wird, die seiner Gruppe allgemein zugeschrieben werden. Solche K. sind stereotyp.

In Kleingruppen (Primärgruppen) (Familie, Verein, etc.) kommt es zwischen den Mitgliedern bei zahlreichen Gelegenheiten zum K., was sich in einem erwünscht hohen Grad gegenseitigen Verstehens, persönlicher Hochschätzung und Geborgenheit, aber auch in großer persönlicher Unfreiheit ausdrücken kann. Die moderne Tiefenpsychologie hat auch festgestellt, daß das kommunikative Gleichgewicht in der Primärgruppe (»Gemeinschaft«) allerlei Störungen, die mit der Triebstruktur des Menschen zusammenhängen, ausgesetzt ist und deshalb die Aufnahme der weit abstrakteren, formaleren, unpersönlichen K. in der Sekundärgruppe (»Gesellschaft«) leicht mißlingt, Interaktion und Kommunikation sowie operativer Austausch auf dem so wichtigen Sektor der Arbeitsbeziehungen fehllaufen. Die hieraus resultierenden vielseitigen Klientenprobleme sieht namentlich die methodische Sozialarbeit (Einzelhilfe und Gruppenarbeit) als ihre Hauptaufgabe an. *H. M.*

Kontrolle, soziale, jeder Prozeß, der zwischen individuellem und kollektivem Verhalten eine durch gesellschaftliche Normen und Werte geregelte allgemeine Übereinstimmung oder Gleichförmigkeit herbeiführt. Dieser Prozeß wird durch formale K. und die bereits während der ersten Sozialisationsphasen erfolgende psychische Internalisierung institutionalisiert und grob gesprochen durch Belohnung und Strafe (Sanktionen) sowie das menschliche Statusbedürfnis in Gang gehalten. Doch gibt es auch zahlreiche nicht oder noch nicht institutionalisierte K., wie sie in der landläufigen Sitte und Art oder bei sozialen Minderheitsgruppen aller Art ihren Niederschlag finden. Von ihren Inhalten her bestimmt die K. zusätzlich, wie eine gegebene Gesellschaft oder Gruppe ihr gesamtes soziales Potential reguliert, organisiert und produktiviert. Die Anwendung des jeweils vorherrschenden Normen- und Wertesystems ist jedoch innerhalb einer vielschichtigen und pluralistisch orientierten Gesellschaft als prekär zu betrachten. Abweichende Reaktionen und Handlungen werden daher oft kriminalisiert und bestraft. Die Bemühungen der Sozialarbeit und Sozialpädagogik, die sich nicht punitiv, sondern korrektiv verstehen, zielen vor allem darauf ab, das spezielle Normensystem ihrer Klienten mit dem vorherrschenden Normensystem besser in Einklang zu bringen, was nur Aussicht auf Erfolg haben kann, wenn ersterem innerhalb letzterem eine relative Selbständigkeit gesichert werden kann (Normenpluralismus der westlichen Demokratien), um auf diese Weise schwere Konfliktfälle, die meistens zu Lasten der Klienten gehen würden, zu verhüten oder doch Kompromißlösungen herbeizuführen. Hinsichtlich einer solchen qualifizierten Normenübermittlung an den Klienten versteht sich die Sozialarbeit als Erziehungsarbeit. *H. M.*

Krankheit. Die bildhaft und dinghaft vorstellbaren einheitlichen Wesenheiten der klinischen Lehrbücher – z. B. »die« Lungenentzündung, »die« Epilepsie – gibt es nicht. K. ist auch nicht etwas grundsätzlich anderes als das gesunde Leben. Sie ist ein Abweichen von bestimmten Mittelwerten der physiologischen Abläufe einerseits, also nur eine Veränderung der Streubreite oder der Richtung, jedoch niemals mit prinzipiell anderen Mitteln und Stoffen, und sie ist ein Abweichen in dem Erleben und der Auffassung dieses Lebens. K. kann aus den biologischen Strukturen und biochemischen Prozessen kommen, »aus dem Leben selbst«, sie kann aus dem Zusammenhang dieses Lebens mit anderem Leben oder mit der Umwelt stammen. Entsprechend gibt es die pathologisch-anatomischen und die biochemischen Gründe für K., die sozialen und psychologischen, die traumatologischen und toxischen.

Während sich die Medizin herkömmlicherweise ausschließlich an den naturwissenschaftlich faßbaren, im Experiment reproduzierbaren K. und K. orientiert, im übrigen bestrebt ist, die auf diese Weise nicht restlos interpretierbaren K. durch Erweiterung ihres Modells wenigstens approximativ der naturwissenschaftlichen, quantifizierenden Dimension zu subsumieren, (z. B. Schizophrenie als Folge einer gestörten Biochemie wie Diabetes mellitus als Folge einer Beeinträchtigung des Zuckerstoffwechsels), gehen die psychologischen und soziologischen Richtungen andere Wege.

Die psychologische Richtung (Psychosomatik [V. v. Weizäcker], sog. medizinische Anthropologie [L. Binswanger, V. E. v. Gebsattel], Psychoanalyse [S. Freud, A. Adler]) geht nicht vom Erkenntnisideal des Meß-, Zähl- und Wägbaren aus, sondern vom kranken Subjekt. Sie unterscheiden zwischen »eine K. haben« und »krank sein«, sich »krank fühlen«, also z. B. zwischen »ich habe einen Bandscheibenschaden« und »ich habe Rückenschmerzen« (= »mich schmerzt mein Rücken«). Es wird demgemäß getrennt zwischen der operationalisierten Form der K., die Sache des Experten wird, des Arztes bzw. Facharztes, und die den Kranken selber, als der bloßen Instanz eines pathobiologischen Prozesses, ausklammert. Zur naturwissenschaftlich orientierten, organpathologisch arbeitenden klinischen Medizin gehört demgemäß der Kranke in seiner Passivität: er ist Träger der speziellen, als K. bewerteten Abläufe: Objekt, auch hinsichtlich der Behandlung, nämlich der Korrektur und Korrekturversuche. Umgekehrt versucht die psychologische Medizin, den Kranken nicht nur als Träger, sondern als Schöpfer, mindestens als Mitgestalter, in jedem Fall wieder als Subjekt einzuführen. Die oberste Kategorie der klinischen Medizin naturwissenschaftlicher Observanz, die Kausalität, wird damit verdrängt durch die Kategorie der Entscheidung.

Die soziologische Richtung versucht, K. – ebenso wie Gesundheit – aus dem Zusammenleben der Menschen, die spezielle »Haftung« des einzelnen an Kleingruppen oder Strukturen abzuleiten: Gallensteine führen nicht immer, nicht »naturgesetzlich« zu Koliken, Streß löst nicht automatisch Herzinfarkt aus. Es muß also zu den organpathologischen Gegebenheiten, die damit zu Vorbedingungen werden, etwas hinzutreten, um damit zusammen eine bestimmte Konfiguration von Abläufen einzustellen, die dann die Katastrophe – den Infarkt, die Kolik – herbeiführen. Denkbar wäre, entsprechend der Tiefenpsychologie, eine Tiefensoziologie, die sich der sozioautomatischen Natur des Menschen annimmt und für die Krankheitsentstehung und -gestaltung berücksichtigt werden muß. Hier haben wir es nicht mit einem Unbewußten zu tun, wie bei Freud, das ja teilweise bewußt gemacht werden kann, also im strengen Sinn nur unterbewußt ist, sondern mit wirklich Unbewußtem, das niemals bewußt werden kann, weil es keine Innenseite mehr hat, die man durch bestimmte Techniken nach außen stülpen könnte. Rollenfunktionen, die hier auftreten, sind unvorhergesehene Rollen, ihnen entspricht noch keine Erwartung (G. Gurvitsch, P. Lüth).

Die Medizin, verstanden als Gesamtwissenschaft vom helfenden Handeln, öffnet sich hier für die Sozialwissenschaften nicht nur als diagnostische (sozialdiagnostische) sondern auch als therapeutische (sozialtherapeutische) Methodenbereicherung. Erst durch solche Komplettierung wird eine unerläßliche, bislang freilich noch weit entfernte Synthese möglich. Das bedeutet, daß die sozial-wissenschaftlich orientierten Therapeuten, Psychologen, Psychoanalytiker, aber konsequent auch Sozialarbeiter/Sozialpädagogen und Pädagogen, (und hier wäre natürlich auch der Einstieg für die Seelsorge) prinzipiell gleichrangig neben die Ärzte treten. Sie nehmen den Auftrag der Medizin wahr, den die naturwissenschaftliche Klinik infolge ihrer organpathologischen Focussierung nicht voll erfüllen will. Es geht deshalb in Zukunft nicht um Herausarbeiten der Gegensätze und um Polemik, wie sie beispielsweise durch die Anti-Psychiatrie oder die Medizinkritik vorgetragen wurde, sondern um Ergänzung und Zusammenarbeit.   *P. L.*

Kriminologie. Meist als empirische Wissenschaft verstandene, die traditionellen Fächer (Biologie, Medizin, Psychologie, Soziologie) übergreifende »Lehre vom Verbrechen«, in Deutschland lange Zeit vornehmlich an juristischen Fakultäten von Strafrechtslehrern nebenbei mitvertreten, so daß sie keine bedeutende Rolle spielte (kein Prüfungsfach). Es bleibt abzuwarten, ob sich dies im Zuge der Reform der Juristenausbildung grundlegend ändert (Wahlfachgruppe K., Jugendstrafrecht, Strafvollzug). Der (längst nicht abgeschlossene) Wandel des Strafrechts vom Tat- zum Täterstrafrecht erhöht die praktische Relevanz der K., die jedenfalls die Erscheinungsformen und die Bedingungen der Kriminalität untersucht. Umstritten ist, ob sie darüber hinaus in Anknüpfung an eine mit den Namen Beccaria, Bentham, Hommel verbundene aufklärerische Tradition »anstelle des wertfreien Szientismus einen entschiedenen Humanismus« setzen und sich so als »Teil einer kritischen Gesellschaftswissenschaft« verstehen sollte (Feest). Zwar sind für den in der Straffälligenhilfe Tätigen die Erkenntnisse empirischer K. bedeutsam, wenn und soweit sie für den Einzelfall nutzbar gemacht werden können (Behandlungswissen), die gerade für die soziale Arbeit wichtigeren Erkenntnisse scheinen mir aber einer kritischen K. zu verdanken sein. Dies gilt etwa für die Arbeiten, die nachgewiesen haben, daß auch die sozialen Institutionen (Jugendämter, Sozialämter) – in höherem Maße die Institutionen, die Straftaten verfolgen (Polizei, Staatsanwaltschaft), aburteilen (Gerichte) und Strafen vollziehen (Justizvollzugsanstalten) – Ursachen für künftiges Strafverhalten setzen, kriminelle Verhaltensmuster verfestigen (Brusten). Eine solche Einsicht sollte nicht nur zur besseren Einschätzung der eigenen Arbeit beitragen, sie kann auch in bestimmten (durch die äußeren Rahmenbedingungen gesetzten) Grenzen dazu verhelfen, solche bewußtgemachten Faktoren bei der methodischen Arbeit zu reduzieren.

Es ist hier nicht möglich, alle theoretischen Erklärungen von Kriminalität anzuführen. Biologische (Lombroso, der lehrte, es gäbe »geborene Verbrecher«, die nicht gebessert werden könnten, gilt als Begründer der K. – ein Beleg für ein lange vorherrschendes naturwissenschaftliches Verständnis), klinisch-medizinische, psychologische, psychoanalytische (frühkindliche Entwicklung!), sozialpsychologische, soziologische, ökonomische Ansätze (Theorien) werden unterschieden. Die einseitige Betonung psychischer oder sozialer Tatsachen ist ähnlich oberflächlich wie die auch heute noch nicht ausgestandene Kontroverse »Anlage oder Umwelt«. Jeder Versuch, alle Arten der Kriminalität und alle Tätertypen einheitlich und gar anhand eines einzigen Faktors zu erklären, ist unrealistisch. Einseitige Betrachtungsweisen sind weder geeignet, Kriminalität als soziales Phänomen zu erklären, noch können sie konkretes strafbares Verhalten einer Einzelperson deuten. Worin die Ursachen für die Straftat im konkreten Fall liegen, ist für die soziale »Behandlung« des Straftäters entscheidend (freilich werden Resozialisierungsbemühungen oft erfolglos bleiben, wenn und weil sie an den Bedingungen, die zur Straftat geführt haben, nichts ändern können) und kann – auch wenn dies als theoretisch unbefriedigend empfunden werden mag – nur von Fall zu Fall beurteilt werden. Dabei leisten Aussagen der K. gute Dienste, wenn man vermeidet, einerseits einzelne Erklärungen pauschal zu übernehmen oder andererseits die insbesondere von der Prognoseforschung herausgearbeiteten zahllosen Faktoren schematisch abzuzählen, so als sei etwa mit dem Zusammentreffen von nichtehelicher Geburt, frühem Heimaufenthalt, nichtabgeschlossener Lehre usw. schon hinreichend erklärt, warum es zur Straftat kam.

U. a. werden Straftaten zurückgeführt auf Chromosomen-Mißbildung (neueste biologische Version), einen fehlgeschlagenen Sozialisationsprozeß (insbesondere im frühesten Kindesalter), auf die Unfähigkeit, die eigenen aggressiven Tendenzen zu kontrollieren, auf gesellschaftliche Verhältnisse, die (Gegen-)Aggressionen erzeugen, auf Kontakte zu Kriminellen (Kriminalität als gelerntes Verhalten), auf kriminelle Verhaltenserwartungen (Jugendliche beweisen »Mut« in der Gruppe – aber auch unbewußte Verhaltenserwartungen der Eltern: Ostermeyer, S. 185f.), auf die ungünstigen Lebensverhältnisse (hier insbesondere: Begehung einer Straftat, um so in den Besitz von Gütern zu gelangen, die der Täter sich nicht auf legale Weise verschaffen kann). Schlechte wirtschaftliche und soziale Verhältnisse erhöhen nicht *die* Kriminalität sondern bestimmte Kriminalitätsformen – wobei man beachten muß, daß Täter aus solchen Verhältnissen wesentlich leichter dem behördlichen Zugriff ausgesetzt sind –, wie auch umgekehrt die gehobene berufliche und soziale Situation die Begehung bestimmter Delikte wahrscheinlicher macht oder sogar erst ermöglicht (white collar crime; weniger gesellschaftlich geächtet aber weit sozialschädlicher als die Unterschichtskriminalität).

Wegen ihrer besonderen Aktualität sei schließlich noch auf die Theorie des »labeling approach« hingewiesen: Danach ist Kriminalität ein Ergebnis von Interaktion und Zuschreibung: Das Verhalten *ist* nicht kriminell, sondern es wird als kriminell *definiert*, Kriminalität erscheint mithin als »Erzeugnis der Kontrollinstanzen« (Ostermeyer), wobei der Prozeß der Kriminalisierung schon mit der Tätigkeit des Gesetzgebers beginnt, wenn er bestimmte Verhaltensweisen mit Strafe bedroht, andere nicht (vgl. Selektion). Ebenso wie die These von der Normalität kriminellen Verhaltens vermag die Theorie des labeling approach sicherlich nur (freilich gewichtige) Teilaspekte zur K. beizusteuern, wie diese These bedarf sie aber schon deshalb verstärkter Beachtung, weil sie dazu geeignet ist, die emotionsgeladene Ächtung von Straftätern zugunsten einer rationaleren und humanen Befassung abzubauen. Auch regt die Theorie in begrüßenswerter Weise zu einer kritischen Beschäftigung mit den Institutionen an, die Strafe androhen (wie weit werden die Sanktionen von Herrschaftsinteressen bestimmt? Hohe Strafdrohungen im Bereich der Vermögensdelikte), Straftaten verfolgen (Selektionsmechanismen), zu Strafen verurteilen (negative Auswirkungen der Verhandlungszeremonie), Strafen vollstrecken und den Täter behandeln (Stigmatisierung als Gefahr jedes behördlichen Eingreifens). Die in Klammern angedeuteten Fragestellungen vermitteln vielleicht einen Eindruck von der Fülle der Probleme, die Untersuchungsgegenstand einer sozialwissenschaftlich orientierten K. sein müssen. Wer Kriminalität als Ergebnis einer Zuschreibung versteht oder geneigt ist, sie als »normal« anzusehen, darf freilich darüber nicht vergessen, daß (auch) die gesellschaftlichen Verhältnisse abweichendes Verhalten (»Verwahrlosung« und »Verbrechen«) bedingen, das für die Betroffenen – soweit sie der Bevölkerung angehören, aus der sich das Klientel der Sozialarbeiter rekrutiert – zu einem Prozeß verschärfter Deklassierung führt. Hier hätte die K. zu fordern, daß dem Täter, der aus einer sozialen »Mängellage« (Haferkamp) heraus straffällig geworden ist, mit behördlicher Hilfe Lebenschancen eingeräumt werden und daß er befähigt wird, diese Chancen wahrzunehmen. *G. F.*

Kultur. In der unübersehbaren Zahl der Definitionen dieses Begriffs, der außer im Deutschen mit dem der Zivilisation zusammenfällt, besteht im allgemeinen Übereinkunft darüber, daß es sich dabei um alle Schöpfungen des Menschen im Gegensatz zu jenen der Natur handelt; daß sie geistige wie materielle Elemente enthält; akkumuliert, gespeichert und durch immer neue Schöpfungen komplexer wird; daß sie von Mensch zu Mensch, von Gruppe zu Gruppe, von Generation zu Generation übertragen wird. K. ist die Lebensweise des Menschen, sein soziales Erbe und Gedächtnis. Die Verbreitung eines K.komplexes geht von einem Zentrum aus, wo ihre Merkmale am typischsten vorhanden sind und durchdringt dann angrenzende Gebiete, ohne daß geographische Gebiete notwendigerweise die K.grenzen bilden. Kommt es zwischen den verschiedenen K.gebieten oder innerhalb einer und derselben K. zur Unverträglichkeit der kulturellen Werte, entsteht doppelte Loyalität und K.konflikt, andererseits verlaufen die kulturellen Prozesse auch im Sinn wechselseitiger Anpassung und gegenseitiger Befruchtung (kulturelle Entlehnung, kulturelle Diffusion). In Bezug auf fundamentale soziale Einrichtungen (Familie, Religion, soziale Kontrollen) beobachtet man das Auftreten von universalen K.mustern. Je nach ihrer allgemeinsten Gestalt lassen sich K. durch Hauptwesenszüge charakterisieren, so spricht man von aggressiven, nichtaggressiven, einfachen, komplexen, bäuerlichen, städtischen, demokratischen, individualistischen, sozialistischen, etc. K.   *H. M.*

Künstlerische Therapie. Die K. ist ein neuer Berufszweig, der auf dem Boden der durch Geisteswissenschaft erweiterten Medizin entstanden ist. Sie berührt sich in manchen Punkten mit der Beschäftigungstherapie, geht aber weit darüber hinaus durch die ihr zugrunde liegenden Erkenntnisse über den Zusammenhang der künstlerischen Prozesse mit den Lebens- und Seelenvorgängen im menschlichen Organismus. Solche Einsichten ermöglichen, jede Kunst therapeutisch zu wenden: wenn es gelingt, ihre Möglichkeiten der Krankheits- und Konstitutionsform gemäß methodisch abzuwandeln und zu steigern. Zunächst kommen in Betracht: Zeichnen, Malen, Plastizieren, Musik, Sprachgestaltung und Handwerk. Die Heileurythmie spielt eine besondere Rolle und wird daher gesondert behandelt. – Tun wirkt immer dem Leiden entgegen – in einem viel tieferen Sinne, als es dem flüchtigen Begreifen erscheinen kann. Die Krankheit fesselt Seelenkräfte, die in neuer Richtung gelöst werden können. Die K. verhilft dazu, daß die neuen Kräfte, die im Gesundungsprozeß auftauchen, in die Beherrschung durch die Individualität geführt werden und einen neuen Zuwachs an Fähigkeiten bringen, ohne den die Krankheit ihren tieferen Sinn verliert. Wesentlich ist dabei, daß das Selbständigwerden im Künstlerischen angeregt wird. Neben dem eigenen Heilungswillen werden schöpferische Kräfte wachgerufen, die bisher nicht entfaltet wurden. Für den Gesundungsprozeß ist damit ein nicht zu unterschätzender helfender Faktor gegeben. – Die Musiktherapie geht über das Musizieren mit Patienten im Sinne einer speziellen Therapie hinaus: die Qualitäten von Intervallen, Tönen und anderen musikalischen Elementen werden dem Krankheitsbild des Patienten entsprechend gestaltet. Sie finden ihre Anwendung mit Hören, Spielen, Singen und Bewegen. *W. B.*

Landesarzt. Nach § 126 a Bundessozialhilfegesetz haben die Länder Landesärzte zu bestellen, die im Bereich der Hilfe für Behinderte die Gesundheitsämter bei der Beratung Behinderter und deren Personensorgeberechtigten unterstützen, Gutachten erstellen und den zuständigen Landesbehörden vom Erfolg der Tätigkeiten berichten. *M. M.-S.*

Lebensqualität, dieser Begriff meint über die statistisch meßbare mengen- und qualitätsmäßige Messung der Versorgung einer Bevölkerung mit Gütern und Dienstleistungen zur Befriedigung ihrer materiellen und kulturellen Bedürfnisse (»Lebensstandard«) hinaus vor allem auch strikt nichtökonomische, ökologische und psychologische Aspekte der Verteilung des Sozialprodukts auf die verschiedenen Bevölkerungsschichten. Zu den Kriterien der L. gehören z. B. Bildung, Persönlichkeitsentwicklung, Arbeitszufriedenheit, kreative Freizeit, soziale Chancen. Der im Ausdruck L. implizierte Gedanke der menschlichen Zufriedenheit ist notgedrungen subjektiv, und im Gegensatz zum Lebensstandard lassen sich internationale Vergleiche vorerst nicht anstellen. Andererseits aber scheint gerade die Tatsache, daß man die Meinung des Konsumenten unter Ausschaltung aller Manipulierung immer genauer zu ermitteln bestrebt ist, wiederum ein wichtiger Aspekt von L., jedenfalls eine zu fordernde Ausweitung des rein ökonomischen Lebensstandards zu sein. *H. M.*

Lernen, soziales, bezieht sich auf die Tatsache, daß die dem Individuum vorgegebenen sozialen Normen und Werte in zahlreichen Lernsituationen sozialer Natur (Familie, Gruppe, Schule, Arbeitsplatz, etc.) erlernt werden müssen. Beim L. spielt namentlich die unbewußte Aufnahme und Nachahmung eines Vorbildes eine wichtige Rolle, obgleich auch bei ihm die von der Lernpsychologie erforschten Vorgänge (Gedächtnisprozesse, Ermüdung, Motivation, Erfolgsreaktionen und Mißerfolgsreaktionen) ihre Geltung behalten, da beim L. ebenfalls kognitive Strukturen geschaffen werden, sich Kenntnisse in Erkenntnisse, Wissen in Verhaltensweisen, Theorie in Praxis umsetzen. *H. M.*

Logotherapie (Existenzanalyse), der Psychoanalyse und Individualpsychologie nahestehende psychotherapeutische Methode des Arztes Viktor E. Frankl, die beim Patienten den mangelhaft entwickelten »Willen zum Sinn« stärken will, da er infolge eines Sinnlosigkeitsgefühls neurotisch erkrankt ist. Die L. tritt ergänzend zu anderen psychotherapeutischen Methoden hinzu und wird u. a. auch von der modernen Seelsorge angewandt. Charakterisistisch für die Technik der L. ist die Methode der »paradoxen

Intention«, die den Patienten dazu bringen soll, seinen Ängsten und Zwängen ins Gesicht zu sehen, ja ihnen ins Gesicht zu lachen. Frankl bestreitet jedoch, daß es sich dabei um die alte Methode der Suggestion oder Überredung handelt. Daß sich aber bei einem Patienten, der unter neurotischer Angst leidet, auch eine Angst vor der Angst einstellen kann, daß Angst, ein Verbrechen zu begehen, zu einem tatsächlichen Verbrechen und Angst vor dem Selbstmord zum tatsächlichen Selbstmord führen kann, scheint eine gesicherte Erfahrungsbeobachtung. In der L. werden solche Ängste dadurch behoben, daß gerade das, wovor sich der Patient fürchtet, paradoxerweise intendiert werden soll. Das Verfahren (bei phobischen Zuständen, Erwartungsangst, sexuellem Versagen u. a.) fällt in das Gebiet der sog. Entspannungstechniken, die beim Patienten mit Hilfe des autogenen Trainings, aber auch Atemübungen, Yoga oder Meditationsübungen ein größeres Maß an Entspannung, Entkrampfung und Entlastung herbeizuführen suchen.

H. M.

Macht, die Fähigkeit den eigenen Willen gegenüber Mensch und Umwelt durchzusetzen, hierin nicht sauber von Gewalt zu trennen, der im Gegensatz zu ersterer jedoch nur physische Eigenschaften zugeschrieben werden. M. im sozialpsychologischen Sinn ist ferner in der Möglichkeit begründet, Kontrolle und Einfluß auszuüben und steht dabei in der Nähe von Autorität, Prestige und Charisma. Im politischen Sinn ist M. am besten mit Herrschaft und Elite gleichzusetzen.

H. M.

Methoden der Sozialarbeit wurden entwickelt und ausgearbeitet parallel zum Wandel der Notstände, mit denen die Sozialarbeit zu tun hat. In ihrem Ursprung war sie Armenpflege, also Hilfe für krasse materielle Notstände. Hierfür konnten gesunder Menschenverstand, allgemeine Lebenserfahrung und einige praktische Faustregeln ausreichend erscheinen. Mit der Entwicklung zum Wohlfahrtsstaat verlagerten sich die Probleme auf psychosoziale Notstände, die nur durch methodisches Arbeiten anzugehen sind:
1. Methoden sind wissenschaftlich unterbaut: Wissenschaften vom menschlichen Verhalten (Psychologie, Anthropologie, Soziologie, Psychopathologie)
2. Methoden sind begrifflich faßbar. Man kann seine Eindrücke formulieren und sein Handeln und dessen Auswirkung reflektieren.
3. Methoden sind bewußt gesteuert, ausgehend von der Überzeugung, daß menschliches Verhalten gewissen Regelhaftigkeiten folgt. Wenn man das Verhalten und seine Bedeutung für den betreffenden Menschen versteht, kann man bewußt Veränderungen herbeiführen.
4. Methoden sind lehr- und lernbar.
Alle M. bedienen sich eines bewußt herbeigeführten Prozesses und spielen sich ab im fortlaufenden gemeinsamen Tun zwischen Sozialarbeiter und »Klient«: Einzelner, Familie, Gruppe, Stadtteilbewohner.

Man spricht von drei M., von Sozialer Einzelhilfe, Sozialer Gruppenarbeit und Gemeinwesenarbeit. Sie haben sich historisch in der genannten Reihenfolge entwickelt. Gemeinsam sind ihnen: a) die Wertsetzungen, auf denen sie beruhen, b) die berufliche Haltung des Sozialarbeiters, c) der methodische Dreischritt. Ebenfalls gemeinsam, aber mit unterschiedlicher Akzentuierung, sind: a) Kenntnisse aus den Grundwissenschaften, b) das berufliche Können. Unterschiedlich sind: der »Klient« = die Zielgruppe und dementsprechend die Art des Einsatzes der beruflichen Beziehung. Bisher ist noch nicht ausreichend geklärt, welche Methode für die Lösung welcher Probleme die erfolgversprechendste ist. Das hat zur Folge, daß der Einsatz der einen oder anderen Methode überwiegend noch zufällig ist.

R. D.

Methodologie. Jede Theorie liefert mindestens eine Methode zum Aufbau ihres Aussagensystems und zur Anwendung in der Praxis. Das System solcher Methoden heißt M. Z. B. lassen sich aus der Theorie der Gruppendynamik Methoden für die praktische Gruppenarbeit ableiten. Die in der Praxis erworbenen Erfahrungen beeinflussen rückwirkend die Theorie und die M. Die in der Sozialarbeit nicht an eine Theorie gebundene, sondern aus mehreren Theorien und praktischen Erfahrungen abgeleitete M. nennt man Methodenlehre.

E. R.

Mobilität, im ökologischen Sinn die rein physische Beweglichkeit des Menschen, das Maß seiner Ortsveränderungen. Ein Landstreicher hätte in diesem Sinn eine hohe physische M. Sie wird vertikale und mitunter auch soziale M. genannt, wenn es sich um den Übergang von einer Schicht oder Klasse in die andere handelt und kann dann, je nachdem, »Aufwärts- oder Abwärtsm.« sein. Soziale M. bezeichnet im exakten Sinn Ausmaß und Vielfalt von Umweltsreizen und die auf sie erfolgenden Anpassungen.

H. M.

Motiv – Motivation. (M. – Mo.) Der Beweggrund für ein individuelles Verhalten wird M. genannt. Da meist nicht nur ein M. der ausschlaggebende Grund für ein Verhalten ist, sondern mehrere M., faßt man diese unter dem Begriff Mo. zusammen.
M. bezeichnen immer psychische Gründe (nicht etwa physiologische, klimatische, gesellschaftliche u. a.) für ein Verhalten. Demnach ist der Begriff Mo. im Vergleich zu dem der »Determination« eingeschränkt auf psychologische Sachverhalte. Bedeutsam ist z. B. die Mo.erforschung in der Erklärung von Delikten, die durch unbewußte oder nicht kontrollierbare M. zustande gekommen sind. Diese psychologisch kausale Frage nach den M. ist ein wichtiger Teil der allgemeinen deterministischen Frage, die darüber hinaus noch Sozialisationsbedingungen, gesellschaftliche Druckmechanismen, aktuelle Umstände u. ä. in Betracht zieht.
Leicht kann man den Begriff M. mißbrauchen in dem man jedem Verhalten ein konstruiertes M. zugrunde legt, z. B. dem Hunger ein Hungermotiv

oder der Aggression ein Aggressionsmotiv. Solche Pseudoerklärungen können zu unhaltbaren Theorien über angeborene Triebe, z. B. Aggressionstrieb, führen. Die Ursachenerklärung mit Hilfe der M. hat nur dann einen Sinn, wenn das Verhalten eines Menschen im gesamtgesellschaftlichen und individuellen Kontext verstanden werden kann. In diesem Sinne dienen insbesondere die Erfahrungen, die ein Mensch in seinem früheren Leben gemacht hat, als M. für sein derzeitiges Verhalten.   *E. R.*

Mütterberatungsstellen. Durch Gesetz wurden die Gesundheitsämter beauftragt, Mütter- und Kinderberatung durchzuführen. Zu diesem Zweck wurden besondere Sprechstunden abgehalten oder M. eingerichtet, die bevorzugt in Gebieten mit sozialschwacher Bevölkerung lagen. Aufgabe ist es, die Kinder zu untersuchen und die Mütter zu Fragen der Pflege und Ernährung sowie zu medizinischen Problemen zu beraten. Eine Krankenbehandlung findet nicht statt.
Mit dem Wandel der Zeiten wurde das Interesse der Mütter an dieser Form der Beratung geringer, sodaß viele M. wieder geschlossen wurden. Die allgemeine Gesundheitsaufklärung durch Presse und Rundfunk, die Abnahme der Pflegeprobleme durch bessere Pflegemittel, die Verbesserungen der Ersatzmilch und das erhöhte Bedürfnis nach hochkomplizierten medizinischen Untersuchungen mögen die Ursache dafür sein.
Die zunehmende Bereitschaft, sich wegen Erziehungsproblemen beraten zu lassen, konnte durch die Gesundheitsämter nicht abgedeckt werden. Zu diesem Zwecke wurden meist von privaten oder karitativen Verbänden Erziehungsberatungsstellen eingerichtet, die mit Fachpersonal wie Ärzten, Psychologen, Sozialarbeitern und -pädagogen sowie Kindergärtnerinnen arbeiten.   *V. M.-S.*

Nachahmung, die bewußte und unbewußte Reproduktion beobachteter Handlungen, ein Lernprozeß, durch den ein Individuum das Verhalten von Gruppen, mit denen es in Berührung kommt, verinnerlicht und nun als eigenes interpretiert. N. ist ein Mechanismus sozialer Kontrolle, der dem Aufbau von Gewohnheiten, Gefühlen, Idealen, Lebensmustern dient, die als vorbildlich angesehen werden. Der N.prozeß ist im Gegensatz zu reiner Suggestion aktiv und mit wacher Aufmerksamkeit auf das Vorbild gerichtet, dessen Erfolge das Individuum durch dieselben Reaktionsweisen zu erreichen trachtet. Die Prinzipien der N. werden namentlich von der Verhaltenstherapie in die Praxis (Resozialisation, Rehabilitation) umgesetzt.
               H. M.

Norm. Ein im psychologischen und soziologischen Bereich verwendeter Begriff zur wertenden Beurteilung eines Verhaltens innerhalb eines Spektrums aller Verhaltensweisen ist die N. Dabei werden sehr verschiedene Aspekte angesprochen:
1. N. im Sinne des gesundheitlich Normalen im Gegensatz zum Kranken:

Während im medizinischen Bereich von der Organfunktion her das Gesunde definiert werden kann, ist es im psychischen sehr problematisch, weil der Begriff »psychisch krank« immer in Beziehung zur Gesellschaft steht. Das »Psychische« an sich existiert nicht losgelöst vom gesellschaftlichen Hintergrund und kann deshalb auch nur so definiert werden, wie es sich in die gesellschaftlichen Strukturen einpaßt. Das »Eingepaßte« wird dann als das psychisch Normale, das nicht Eingepaßte als das psychisch Kranke bezeichnet.

2. Die N. im Sinne des statistisch häufig Anzutreffenden: Psychische Merkmale verteilen sich oft nach der Gaußschen Normalverteilung, gemäß derer die Häufigkeitsballungen als normal, die seltenen Fälle als abweichend vom Mittel betrachtet werden. Nach solcher N. etwa ist es »normal«, wenn ein Dreißigjähriger 2-3 plombierte Zähne hat. Daß sich dieser Normalitätsbegriff nicht mit dem der gesundheitlichen N. deckt, liegt auf der Hand. In der sozialwissenschaftlichen Diskussion taucht z. B. die Frage auf, ob gewisse Arten von Neurose für den Menschen der kapitalistischen Gesellschaft normal, d. h. statistisch sehr häufig anzutreffen sind, wie Besitzängste, Partnerschaftsprobleme und Konsumentenhaltung.

3. Die ethische N.: Pädagogische Ziele, z. B. Friedfertigkeit, Nächstenliebe und Treue werden zwar ethisch gefordert und als anzustrebende N. empfohlen, stehen jedoch im Widerspruch zu einer Realitätsnorm die durch Aggressivität, Konkurrenz und Verdinglichung des Menschen charakterisiert ist. Ethische Ziele erzwingen dadurch einen Widerspruch zur Realität, d. h. ideale N. steht unvereinbar gegen reale N.

4. Die N. als Beschreibungscharakteristikum von Gruppen: Die sozialwissenschaftliche Analyse von Populationen einer Gesellschaft oder aller Menschen überhaupt kristallisiert mit Hilfe verschiedener Merkmalsätze verschiedene Populationen heraus, z. B. alle Menschen mit 8 Jahren Schulbildung, keine abgeschlossene Berufsausbildung und einem Einkommen unter DM 800,– brutto ergibt die Schicht der unteren Unterklasse oder die Population der Hilfsarbeiter. Für einen Angehörigen dieser Schicht wäre es »normal«, autoritär Kinder zu erziehen, in höherem Grad kriminalitätsanfällig zu sein und häufig arbeitslos zu sein, weil letztgenannte Merkmale mit erstgenannten korrelieren. In unserer Gesellschaft bestimmen bürgerliche Mittelstandnormen den Grad des Erlaubten. Deshalb werden Angehörige unterer Schichten leicht in die Abwertung des Anrüchigen und des Kriminellen gedrängt. Besonders problematisch ist in diesem Zusammenhang die Chancenungleichheit in der Bildung, der Rechtssprechung und des individuellen Besitzstandes. Die Chancengleichheit ist aufgrund der anderen Normen der untersten Schichten nicht gegeben. Deshalb lehnt die marxistische Soziologie den Begriff der N. zur Beschreibung gesellschaftlicher Strukturen ab und postuliert qualitative Zustände als Kennzeichen der Klassenunterschiede: z. B. Besitz an Produktionsmitteln oder Ausbeutung, wobei der Grad des Besitzstandes bzw. der der Ausbeutung die Klassenverhältnisse grundsätzlich nicht ändert. *E. R.*

Obdachlosigkeit. Das Oberverwaltungsgericht Münster prägte 1958 in einem Beschluß die inzwischen klassische Definition von O.: Es ist der »Zustand, kein Dach über dem Kopf zu haben und Tag und Nacht auf der Straße zubringen zu müssen«. O. ist auch dann anzunehmen, »wenn eine Unterkunft derart unzureichend ist, daß sie keinen menschenwürdigen Schutz vor den Unbilden der Witterung bietet, oder sich in einem Zustand befindet, daß die Benutzung mit Gefahren verbunden ist«. Dieser Zustand ist nach herrschender Auffassung eine »Störung der öffentlichen Sicherheit und Ordnung«. Zur Beseitigung dieser Störung sind die Kommunen im Rahmen der Obdachlosenhilfe als eine Aufgabe kommunaler Selbstverwaltung verpflichtet, indem sie den betreffenden Menschen (Familie und Einzelperson) ein »einfaches Obdach« schaffen. Nach der Definition des Verwaltungsgerichtes genügt »das allereinfachste, was zum Schutz gegen Wind und Wetter unentbehrlich ist«. Das bedeutet oft jahrelange Unterbringung in sog. Schlichtwohnungen, hinter Bahnhöfen, zwischen den Gleisanlagen und Autobahnen, am Rande der Gesellschaft. Um diese räumliche Außenseiterposition der »Asozialen«, »Verwahrlosten«, »Problemfamilien«, »sozial Schwachen« (um nur einige der gängigen Bezeichnungen zu nennen) auch rechtlich deutlich zu machen, werden die Obdachlosen einem »besonderen Gewaltverhältnis« unterworfen, das vergleichbar dem Anstaltsrecht bestimmte Grundrechte einschränkt oder sogar aufhebt. Damit werden diese Menschen *Benutzer* der ihnen zugewiesenen Unterkünfte, der Mietvertrag ist durch eine *Satzung* ersetzt, statt Miete wird eine *Nutzungsgebühr* erhoben, der Schutz des Mietrechts entfällt. Die in den kommunalen Notunterkünften untergebrachten Personen sind im allgemeinen und rechtlichen Sprachgebrauch *Obdachlose*, in Abgrenzung zu den *Nichtseßhaften* (im Volksmund »Penn-Brüder«, Stadt- oder Landstreicher). Der gesamte Personenkreis umfaßt in der Bundesrepublik Deutschland ca. 1,2 bis 2% der Gesamtbevölkerung: ca. 600 000 bis 800 000 in kommunalen Notunterkünften und ca. 300 000 Nichtseßhafte. Von den durch O. auftretenden Problemen mittelbar oder unmittelbar bedroht sind noch zusätzlich die ca. 2 Mio., die in Kellern, Gartenhäusern, Behelfsheimen usw. ›wohnen‹. (Genaue statistische Angaben für die Bundesrepublik fehlen. Lediglich das Land Nordrhein-Westfalen führt seit 1964 regelmäßig statistische Erhebungen zum Problem O. durch.)
In baulicher Hinsicht entsprechen die Notunterkünfte in keiner Weise dem im sozialen Wohnungsbau beispielsweise üblichen Mindeststandard: Wärme-, Feuchtigkeit- und Schallisolierung sind mangelhaft, es gibt kaum oder keine sanitären Einrichtungen (Gemeinschafts-WC, Gemeinschaftsdusche oder -Bad.). Zu viele Personen sind auf zu engem Raum untergebracht. In München sah der bis 1973 gültige Belegungsschlüssel z. B. für 5-7 Personen nur 3 Räume vor. Die nach DIN 18011 geforderte Wohnfläche in qm/Person wird häufig um bis zu 50% unterschritten. – Der aktuelle Anlaß für eine Einweisung in eine Notunterkunft liegt meist im Verlust einer relativ billigen Wohnung aufgrund einer Kündigung wegen Mietschul-

den oder Eigenbedarf, wegen angemessener wirtschaftlicher Verwertung (sprich: gewerbliche Nutzung oder Abriß), aufgrund von Scheidung, dem Tod des Hauptverdieners, einer Haftstrafe etc. Überschlagsmäßig addieren ca. 50% wegen Mietschulden Gekündigten, ca. 20% wegen Eigenbedarfs des Wohnungsbesitzers Ausgeklagten und 10% planungsverdrängten Sanierungsmaßnahmen sich zu stattlichen 80%, die ohne besonderes subjektives ›Verschulden‹ in die Notunterkünfte eingewiesen wurden. Interessant und aufschlußreich sind auch die Daten der sozialen Herkunft Obdachloser. Dazu ein Beispiel aus einer Obdachlosensiedlung in Offenbach von 1970 (erfaßt wurden die erlernten Berufe):

Industrieberufe 6%, Handwerkliche Berufe 46%, Kaufmännischer und Verwaltungsbereich 6%, Landwirtschaftliche Berufe 1%, Ohne Beruf 39%.

Die Berufsausübung weist folgendes aus:

Arbeitslose 15%, Rentner 18%, Angelernte/Ungelernte 39%, Handwerker 5%, Selbständige (Kleinhändler und Kleingewerbetreibende) 12%.

Der relativ hohe Anteil der Handwerker und Selbständigen ist kein Zufall. Es handelt sich hier meistens um vorindustrielle Berufe, den selbständigen Klempner, den Schuster um die Ecke, den Händler aus dem »Tante-Emma-Laden«. Diese Menschen sind meist Sanierungsbetroffene und können einen Ortswechsel, den Verlust der wirtschaftlichen Existenz finanziell nicht verkraften; sie sacken immer häufiger in die Randständigkeit ab. – Soziodemografisch ist weiterhin festzustellen, daß ein großer Teil der von O. Betroffenen kinderreiche Familien sind. In einer Obdachlosensiedlung in München betrug beispielsweise 1971 der Anteil der Kinder und Jugendlichen unter 15 Jahren an der Gesamtbevölkerung der Siedlung 42%, der entsprechende Anteil dieser Gruppe an der Münchner Gesamtbevölkerung jedoch nur 16%. Der Anteil von Großhaushalten (4 und mehr Personen) ist häufig doppelt so hoch wie im Bundesdurchschnitt.

Diese wenigen Fakten lassen folgende Feststellung zu: a) Der ›Zufall‹ der O. bedroht nicht nur die Ärmsten der Armen, die Randgruppen und Außenseiter, sondern potentiell weite Teile der gesamten werktätigen Bevölkerung. Zu Obdachlosen werden in erster Linie die materiell und politisch unterprivilegierten Teile der Bevölkerung wie Rentner, Arbeitslose, Arbeiter und Handwerker. b) Die Gründe für die O. sind nur in den wenigsten Fällen in den individual-psychologischen Defekten zu sehen. Sie haben handfeste materielle Voraussetzungen, die nicht nur im Geldmangel des Einzelnen oder der Familie begründet sind. Der gemeinsame Nenner, der zur Einweisung in eine kommunale Notunterkunft führt, ist die Unmöglichkeit, eine finanziell tragbare Wohnung zu finden. O. erweist sich damit in erster Linie als ein Produkt des ›freien Wohnungsmarktes‹, dessen Bedingungsgefüge bestimmt wird durch steigende Mieten (hervorgerufen durch Verteuerung der Baukosten, der Finanzierung und der Grundstückspreise) einerseits, durch den Rückgang des sozialen Wohnungsbaus, der Aufhebung der grauen Kreise und einem Überangebot an teuren Luxuswohnungen andererseits. – Im Rahmen der kapitalistischen Produktionsweise werden immer mehr oder weniger Lohnabhängige aus dem Produktionsprozeß herausgeworfen und bilden so das in seiner Größe ständig sich verändernde Heer der Arbeitslosen. Diese sind jedoch nicht überflüssig, sondern müssen sich immer, quasi auf Abruf, bereithalten, um je nach konjunktureller Entwicklung wieder einsetzbar zu sein: Die industrielle Reservearmee. In ihr wiederum bildet sich ein ›Bodensatz‹ von solchen Arbeitern, die ihre Arbeitskraft nicht mehr oder noch nicht verkaufen können, die permanent am Rande des Existenzminimums leben.

J. Roth kommt 1972 in seiner Untersuchung über »Armut in der BRD« zu dem Ergebnis, daß mehr als 14 Mio. Menschen (einschl. der gefährdeten Kinder) heute in Armut leben, unter ihnen die Obdachlosen. Die derzeitige ökonomische Situation in der Bundesrepublik Deutschland gibt nicht zu Hoffnungen Anlaß, daß sich diese Zahl verringern wird. Bei Bewohnern von Notunterkünften treten zwar in der Regel Krankheiten, insbesondere Tbc, aber auch Psychosen, Neurosen, Alkoholismus, Suizidgefahr und Kriminalität etwas häufiger auf als im Bevölkerungsdurchschnitt (allerdings nicht so häufig, wie gesellschaftliche Vorurteile meinen). Vor allem sind jedoch die Kinder in ihrer Entwicklung erheblich gehemmt und gestört; in der Regel besucht über die Hälfte von ihnen die Sonderschule, ohne daß ihr Intelligenzquotient sich wesentlich von dem »normaler Kinder« unterscheidet. Trotzdem wäre es falsch, die Obdachlosen pauschal als »Lumpenproletariat« abzuqualifizieren. Die Mehrheit der Jugendlichen und Erwachsenen ist arbeitsfähig, und die meisten von ihnen arbeiten regelmäßig – soweit sie Arbeit finden, da der Anteil der saison- und konjunkturbedingten Arbeitslosen nicht von ungefähr unter ihnen besonders hoch ist. Nur eine Minderheit dagegen ist so krank und gestört, daß sie nicht mehr können und so resigniert, daß sie nicht mehr wollen. Die meisten versuchen, sich selbst und ihre Familie vor dem völligen Abgleiten in die Dissozialität zu bewahren. Folgende Differenzierung der Bewohner in drei Gruppen wird ihrer unterschiedlichen Ausgangssituation und den daraus resultierenden Perspektiven am ehesten gerecht und erlaubt auch mögliche Ansätze für sozialpädagogisches Handeln: 1. Die mittelschichtsorientierte Gruppe der Bewohner, die sich aktiv und individuell für eine Verbesserung ihrer Situation engagieren. Sie lehnen das Milieu der Siedlung ab und sind bemüht, so rasch wie möglich in normale Wohn- und Lebensverhältnisse zurückzukehren. 2. Die Gruppe der Bewohner, die sich mit den Wohn- und Lebensverhältnissen in der Obdachlosensiedlung abgefunden haben, weil sie realistisch einschätzen, daß aufgrund ihrer finanziellen Lage und ihrer Kinderzahl, oder ihrem Alter, eine Alternative in dieser Gesellschaft für sie nicht mehr besteht. 3. Die Gruppe der resignierten, der physisch und psychisch schwer Kranken. Sie gehören meist zu den am längsten in der Siedlung Wohnenden. Sie sind isoliert und apathisch und sehen keine Perspektive mehr, ihre Lebenssituation zu verändern. Die letzte Gruppe könnte als einzige als »Lumpenproletariat« bezeichnet werden. Hier könnten nur noch intensive sozialtherapeutische Betreuungsmaßnahmen eine neue Perspektive eröffnen. Die beiden anderen Gruppen dagegen sind als Werktätige oder als »Reservearmee« objektiv Teil der Arbeiterklasse, auch wenn ihre subjektive Desintegration aufgrund der eigenen durch die miserablen Wohnverhältnisse erzeugten und durch die Ablehnung seitens der Umwelt verstärkten Störungen mehr oder minder stark ist.

Die ursprünglich als Übergangslösungen gedachten Notunterkünfte erwiesen sich mit der Zeit als ›Dauerlösung‹ und damit für die Kommunen auch als Dauerproblem. Die zur Lösung eingeschlagenen Wege und Programme lassen sich grob wie folgt darstellen: 1. Die am Ordnungs- und Polizeirecht orientierten Programme der negativen Sanktionen: primitive Ausstattung, scharfes Anstaltsrecht, extrem ungünstige Verkehrslage, mangelhafte Ausstattung mit Bildungseinrichtungen. Dadurch sollte ein Anreiz bestehen bleiben, die Gettos möglichst schnell zu verlassen. Gleichzeitig war damit aber ›dieser Personenkreis‹ am besten kontrollier- und verwaltbar. 2. An Stelle der negativen Sanktionen traten Programme der abgestuften Gratifikation, bekanntgeworden als »Dreistufenmodell«: eine Erhöhung des Anreizes durch eine Art Bewährungsaufstieg innerhalb der Unterkünfte, von der schlechten zur einfachen Unterkunft, später dann zur ›Nobelunterkunft‹ und vielleicht auch in den sozialen Wohnungsbau. Bewährung bedeutet u. a. regelmäßige Zahlung der Nutzungsgebühren, ordentliches Verhalten . . . 3. Neuere Pläne lehnen diese beiden Konzepte ab. Ihnen gemeinsam ist der Versuch, das Problem O. ›umzudefinieren‹: – Übernahme von Mietschulden durch die Sozialämter und dadurch Verhinderung von Exmittierung, – Renovierung und Modernisierung von Unterkünften und dadurch Aufpolierung der Gettos, – Entwicklung von Spezialprogrammen zum Bau von Sozialwohnungen für kinderreiche Familien. Mehr oder weniger aufwendige sozialpädagogische Begleitprogramme sollen die Erfolgsgarantie dieser Maßnahmen erhöhen. Diese ›Resozialisierungsprogramme‹ können trotz besten Willens der ausführenden Sozialarbeiter allenfalls die Problemlage mildern, ihnen kann höchstens flankierende Bedeutung beigemessen werden. 4. Aufgrund der mehr oder minder deutlichen Erfolgslosigkeit der verschiedenen Konzepte entstanden (häufig in Zusammenarbeit mit engagierten Sozialarbeitern) Selbsthilfeinitiativen von betroffenen Obdachlosen auf lokaler oder regionaler Ebene, z. B. IGO Köln (Interessengemeinschaft O.) 1969, Landesarbeitsgemeinschaft soziale Brennpunkte Hessen, Frühjahr 1971. Diese Initiativen bringen zwar das Problem als Politikum ans Licht, haben neben den vielfachen organisatorischen und inhaltlichen Schwierigkeiten der Interessenorganisation aber vor allen Dingen gegen Diskriminierung und Diffamierung von seiten der Kommunalpolitiker und Behörden zu kämpfen. *M. Z.*

Öffentliches Gesundheitswesen. Definition: Staatliche und kommunale Einrichtungen, die der Erhaltung der Gesundheit der Bevölkerung dienen, insbesondere der Vorbeugung und Abwehr von Krankheiten und Seuchen. Durch Gesetze und Verordnungen ordnet es das Gesundheitswesen und überwacht ihre Durchführung oder führt sie selber durch. Eine grobe Einteilung läßt 4 Bereiche zu: 1. Gesetzgebung, 2. Gesundheitsvorsorge, 3. Gesundheitsfürsorge und 4. Gutachterwesen. Auf *internationaler* Ebene ist das G. in der Weltgesundheitsorganisation (WHO) organisiert. Auf der *Bundesebene* wird das Bundesministerium für Jugend, Familie und Gesundheit tätig. Es bereitet die Medizinalgesetzgebung vor. Ihre Durchführung liegt fast ausschließlich bei den Ländern und deren Behörden. Dem BuMi steht beratend der Bundesgesundheitsrat zur Verfügung. Er ist mit 80 Personen aus den verschiedensten gesundheitspolitisch bedeutsamen Bereichen besetzt. Als Bundesbehörde wurde das Bundesgesundheitsamt eingerichtet. Sein Aufgabengebiet ist u. a. Zweckforschung, Begutachtung, Beratung der Bundesregierung, Laboruntersuchungen und Rauschgiftbekämpfung. Das BuMi gibt eine Bundesmedizinalstatistik heraus und betreibt die Bundeszentrale für Gesundheitliche Aufklärung. Über Anregung und Finanzierungen kann es Forschungsarbeiten unterstützen. Auf der *Landesebene* findet sich die typische behördliche Dreigliederung: Das Landesministerium ist mit seinen Medizinalabteilungen legislativ und in geringem Umfang exekutiv tätig. Auf der Ebene der Regierungspräsidien sind Medizinaldezernate eingerichtet. Als Unterbehörde werden die Gesundheitsämter tätig. Mit dem Gesetz zur Vereinheitlichung des Gesundheitswesen vom 3. 7. 34 und seinen Durchführungsverordnungen sind ihre Funktionen bestimmt worden, die sich im wesentlichen auf Vorsorge, Fürsorge, Gesundheitsaufsicht und Gutachterwesen erstrecken. Soweit nicht kommunale Einrichtungen bestanden, waren staatliche Gesundheitsämter einzurichten. Fachlich unterstehen sie dem Regierungspräsidenten bzw. dem Landesminister, auch wenn sie kommunal betrieben werden. Der Leiter des Gesundheitsamtes heißt Amtsarzt (die übrigen Ärzte des GA können jedoch amtsärztlich tätig sein). Typischerweise gliedert es sich in mehrere Abteilungen, z. B. Verwaltung, amtsärztlicher Dienst, Tbc-Fürsorge, Geschlechtskrankenfürsorge, Hygieneaufsicht u. a. Eine Heilbehandlung findet nicht statt.

Die bekanntesten Arbeitsbereiche sind der schulärztliche und schulzahnärztliche Dienst, die Tuberkulosenfürsorge, die Kontrolle der Prostituierten, die Mütterfürsorge, die ärztlichen Aufgaben der Gesundheitspolizei, die Leichenschau, amtsärztliche Begutachtung, Seuchenbekämpfung und Pockenalarmplanung, die Fürsorge für körperlich und geistig Behinderte, Sieche und Süchtige sowie für Geisteskranke. Dazu wurden spezielle Beratungsstellen eingerichtet; sie arbeiten kostenlos. Im Bereich der Behindertenfürsorge legt § 126 BSHG die Mitwirkung der Gesundheitsämter bei Heil- und Eingliederungsmaßnahmen Behinderter fest.   *M. M.-S.*

Ökumenischer Rat der Kirchen, nach seiner englischen Bezeichnung World Council of Churches auch Weltrat der Kirchen oder Weltkirchenrat genannt. Der Ö. erstrebt den Zusammenschluß aller christlichen Kirchen (Denominationen) zur Wahrnehmung gemeinsamer Aufgaben im internationalen Maßstab. Er wurde 1948 in Amsterdam gegründet. Seine geistigen Antriebskräfte entspringen der evangelischen Weltmission des vorigen Jahrhunderts sowie der christlichen Jugend-, Friedens- und Sozialarbeit unserer Zeit. Für die soziale Arbeit des Ö., dem ca. 200 Länder (Mitgliedskirchen, die in der überwiegenden Mehrzahl von der Reformation herkommen) angeschlossen sind, ist dessen Abteilung für Zwischenkirchliche Hilfe und Flüchtlingsdienst von besonderer Bedeutung. Sie soll auf ökumenischer Basis die Erneuerung der Kirchen durch praktische Hilfe fördern und hat ein weitverzweigtes Programm, das vom Flüchtlingsdienst bis zum Gesundheitsdienst und zur Durchführung zahlreicher und verschiedenartiger Hilfsprojekte besonders in Asien, Afrika und Lateinamerika reicht.

H. M.

Operationalisierung (Operationalismus), Begriffe, Theorien und wissenschaftliche Sachverhalte müssen nach der Forderung des Physikers P. W. Bridgman so formuliert werden, daß die Verfahren (Operationen), mittels derer ein Sachverhalt untersucht wurde, in der Definition der Begriffe beschrieben werden, will man Unklarheiten und Mehrdeutigkeiten vermeiden. In diesem Sinn wäre etwa die Definition des Begriffes Kuchen ein Kuchenrezept. Bei abstrakten Überlegungen und komplizierten Vorgängen reicht jedoch die einfache Beobachtungssprache, die für die Definition gelten soll, nicht mehr aus und die Schwierigkeit des Operationalisierens bleibt bei der Verwendung von Metasprachen ungelöst. Dennoch behält die pragmatistische Definitionsweise namentlich bei der Untersuchung sozialer Vorgänge und Zustände ihren großen Wert.

H. M.

Organisation, soziale, die Prozesse oder die Resultate des Prozesses, die zur Koordination und Integration differenzierter und selbständiger Einheiten führen, so daß Korrelation, Interaktion, Kommunikation möglich sind. Eine derartige O. kommt beim Menschen formal oder informal zustande, aufgrund von Verhaltensweisen, die besonders festgesetzt oder vorgeschrieben werden oder den einzelnen überlassen bleiben, (institutionalisiert bzw. nichtinstitutionalisiert sind). Der Begriff O. wird oft gleichbedeutend mit sozialer Struktur, sozialer Ordnung gebraucht, auch um den Tatbestand fehlerhafter, verzerrter, schädlicher Desorganisation beschreiben zu können. Jedes Werte- und Normensystem, das in einer Gruppe vorherrscht, jede Art von gesellschaftlichem Konsensus, jegliche institutionalisierte Bewältigung des Daseins wäre ein Hinweis auf eine so und so geartete O.

H. M.

Partizipation (lat.: Teilhabe) Der Begriff P. wird für verschiedene Formen der Teilhabe an gesellschaftlichen Prozessen und Entscheidungen benützt, von bloßer Teilnahme über Mitwirkung bis zur Mitbestimmung. Er bestimmt also ein Verhältnis zwischen Entscheidungsträgern und Entscheidungsbetroffenen, die durch die P. zu Entscheidungsbeteiligten werden. Der Begriff P. umfaßt eine Vielzahl von Variationen; er kann z. B. eine Befragung, eine beratende Teilnahme, eine Bürgerinitiative, ein formalisiertes Anhörungsverfahren und die verschiedenen formalisierten Formen der Mitentscheidung und Mitbestimmung bedeuten. Die wesentlichsten gesellschaftlichen Bereiche, in denen zunehmend P. gefordert und durchgesetzt wird, sind der Arbeitsplatz und der Reproduktionsbereich. Die Entwicklung der Produktionsmittel und der gesellschaftlichen Organisation führen zu einer hohen Komplexität und Kompliziertheit der anstehenden Entscheidungsprobleme in allen gesellschaftlichen Teilbereichen. Probleme sind nicht mehr durch traditionelle autoritäre Entscheidungsstrukturen zu lösen. Zur Problemlösung bedarf es zunehmend »der aufgeklärten und verständigen Kooperationsbereitschaft der Bevölkerung (...) Reformen (sind) nur dort möglich, wo sie dem expliziten Interesse derjenigen entgegenkommen, die von ihnen betroffen sind (...) es bedarf komplementärer Verhaltenssteuerung bei den Adressaten (...) Die traditionellen Mittel, mit denen komplementäres Verhalten erzeugt wird, sind materielle Anreize und Bestrafungen. Das sind wirksame Mittel in Bereichen wie Wirtschafts- und Konjunkturpolitik. Aber in Bereichen wie Arbeitsmarkt-, Verkehrs-, Bildungs-, Gesundheits- und Wohnungsbaupolitik reichen diese Mittel nicht aus: jedenfalls auf einem relativ hohen Niveau der ökonomischen Prosperität und im Rahmen gesicherter Grundrechte läßt sich mit den Mitteln von Anreiz und Bestrafung keine expansive Bildungspolitik betreiben, lassen sich keine funktionierenden Städte aufbauen, lassen sich keine regionalen Mobilitätsprobleme einleiten und läßt sich kein strukturpolitischer Wandel der Landwirtschaft herbeiführen.« (Offe) Damit wird deutlich, daß dieser so weit gefaßte Begriff P. in sich widersprüchlich ist: er ist weder eindeutig als Strategie der Herrschenden zur Systemerhaltung noch ebenso eindeutig als Strategie der Entscheidungs-Betroffenen zur Durchsetzung ihrer Interessen zu definieren. Dies ist bei partizipativen Strategien der Sozialarbeit, wie z. B. der Gemeinwesenarbeit ebenso zu berücksichtigen wie bei der Diskussion um Mitbestimmungsmodelle in sozialen Institutionen (z. B. Elternmitbestimmung im Kindertagesstättenbereich etc.). Diese Widersprüchlichkeit läßt sich verdeutlichen, wenn man nach den Interessen fragt: Das Interesse der Betroffenen ist es, die Möglichkeit zur Artikulation und Durchsetzung eigener Interessen zu erhalten und zu erweitern. Dabei besteht gleichzeitig die Chance – da P. in der Regel Ergebnis politischer Auseinandersetzungen ist, also erkämpft werden muß – in diesen Auseinandersetzungsprozessen politisches, kollektives und solidarisches Handeln zu erlernen und zu entfalten. Man kann also mit Nevermann sagen, daß P. für die Betroffenen die Funktion der Interessenvertretung und Politisierung hat. – Sieht man P. nun aus der Sicht der Entscheidungsträger, also der Herrschenden, dann ist deren Interesse ebenfalls ein doppeltes. Zum einen ist deutlich geworden: Organisationsstrukturen nach dem Schema Befehl-Ausführung sind nicht mehr effektiv; sie blockieren Innovationen. Die Beteiligung der Betroffenen erhöht die Chance, effektivere Entscheidungen zu treffen. Gleichzeitig vermindert sie den Reibungswiderstand bei der Durchsetzung von Entscheidungen. »Entscheidungsfindung ohne die Betroffenen produziert Apathie oder Widerstand« (Gronemeyer). Nevermann spricht in diesem Zusammenhang von den Funktionen der Rationalisierung und der Loyalisierung (im Sinne von Anpassung durch Selbststeuerung). Es ist also jedesmal bei der Einschätzung von P.strategien zu fragen: wem nützt unter diesen Voraussetzungen P.?

Seit Mitte der sechziger Jahre – unter dem Einfluß studentischer P.forderungen und -strategien – ist ein neuer Strang der P.diskussion begonnen worden, der auf radikaldemokratischen Konzepten beruht. In diesem Zusammenhang wird P. verstanden als genuine, gleichberechtigte und kompetente Teilhabe an relevanten gesellschaftlichen Prozessen. Schlagwort dieser Bemühungen war der Begriff Demokratisierung«: »Die Revolution hat schon begonnen . . . Aber ihr Wolf im Schafspelz: Demokratisierung . . . Demokratisierung ist die Verwirklichung demokratischer Grundsätze in *allen* Bereichen der Gesellschaft – Demokratisierung als gesamtgesellschaftlicher Prozeß. Demokratisierung ist also der Inbegriff aller Aktivitäten, deren Ziel es ist, autoritäre Herrschaftsstrukturen zu ersetzen durch Formen der Herrschaftskontrolle von ›unten‹, der gesamtgesellschaftlichen Mitbestimmung, Kooperation und – wo immer möglich – durch freie Selbstbestimmung.« (Vilmar) In diesem Sinne sind P. und Emanzipation sich ergänzende Begriffe, d. h. P. könnte eine Möglichkeit der Operationalisierung des Emanzipationsbegriffs sein: Emanzipation kann sich nicht ohne gesellschaftliche Teilhabe realisieren. So verstanden erhebt P. einen unabweisbaren Bildungsanspruch, meint sie doch auf der kognitiven, motivationalen und Handlungsebene die Kompetenz zur Teilhabe an den entscheidenden gesellschaftlichen Prozessen. Diese Kompetenz beinhaltet Teilkompetenzen wie Problembewußtsein, Fähigkeit zum Erkennen und Artikulieren von Interessen, Soziale Sensibilität, Fähigkeit zur Kooperation, Entscheidungs- und Konfliktfähigkeit. Damit sind wesentliche Lernziele sozialarbeiterischer und sozialpädagogischer Ausbildung *und* Praxis benannt.

P. in ihrem vollen Umfang kann nicht Beschreibung eines bereits erreichten Zustandes sein, sondern bleibt noch immer Zielvorstellung und als solche pädagogisches und politisches Programm, denn 1. ist P. unter den gegenwärtigen Strukturen einer Klassengesellschaft nicht realisierbar. Vollständige, gleichberechtigte Teilhabe aller an gesellschaftlichen Entscheidungen setzt die Änderungen dieser Strukturen voraus. 2. Schließt partizipatorische Zielvorstellung, wie sie hier formuliert worden ist, es aus, für andere

Zwecke instrumentalisiert zu werden. Demzufolge ist es fraglich, zur Sicherung sozialer Herrschaft initiierte P.strategien tatsächlich unter diesen Begriff zu subsumieren. Aber die Widersprüchlichkeit der P.strategien in allen gesellschaftlichen Bereichen, wie sie oben aufgezeigt wurde, birgt doch die Dialektik von Integration und Subversion in sich. P. als staatlich veranstaltete Integrationsstrategie ist »schwerlich so an die Kette zu legen, daß Verhaltensalternativen ausgeschlossen sind: Ausweitungen nach dem Muster: wem man den kleinen Finger reicht, der will bald die ganze Hand. So gleicht der Versuch, den Status quo durch P. zu stabilisieren, immer auch der Quadratur des Kreises. Ein unlösbares Problem, ein Widerspruch wird eingehandelt, der durchaus nicht zugunsten der Herrschaftsgewohnheiten ausschlagen muß . . .« (Gronemeyer).   *D. Oe.*

Pflegekinderwesen. Neben der Adoption, der in der Regel ein Pflegeverhältnis vorausgeht (vgl. jetzt auch § 8 AdVermG: Adoptionspflege zur Eingewöhnung des Kindes), ist die Unterbringung eines Kindes oder Jugendlichen in einer Pflegefamilie bzw. auch bei einer einzelnen Pflegeperson wichtigstes sozialpädagogisches Instrument zur Sicherung des Rechts auf Erziehung (vgl. § 1 I JWG), wenn eine Fremdplazierung unerläßlich ist, eine Heimeinweisung aber vermieden oder beendet werden soll und kann (Vorrang der Familienerziehung). Es ist Aufgabe der Jugendwohlfahrtsbehörden und der anerkannten Vereinigungen der Jugendhilfe, geeignete Pflegefamilien zu gewinnen, auf ihre Aufgabe vorzubereiten, sie weiterhin zu beraten und zu unterstützen. In der Praxis kommt die Beratung – etwa durch gelegentliche Besuche der Familienfürsorgerin – häufig zu kurz. Eine Erweiterung und gewisse Konkretisierung der Beratungsaufgaben sahen der Diskussionsentwurf eines neuen Jugendhilfegesetzes und die beiden Referentenentwürfe aus dem Jahr 1974 vor. Unter dem Eindruck der Kritik an der Heimerziehung und aus der Überlegung heraus, daß die Heimerziehung erheblich teurer ist als die Zahlung von Familienpflegegeld geht man z. T. in Modellversuchen insofern neue Wege, als die Betreuung von Pflegekindern in Einzel- und Großpflegestellen (Berlin: 1 bis 3 bzw. 4 bis 6 Kinder) – als eine gesellschaftliche Aufgabe begriffen – insbesondere dann angemessen honoriert wird, wenn es sich um pädagogisch vorgebildete Pflegepersonen handelt, die sonst schwer zu vermittelnde verhaltensgestörte oder behinderte Kinder aufnehmen (heil- oder sozialpädagogische Pflegestellen, Erziehungsstellen des Landeswohlfahrtsverbandes Hessen für im Rahmen der Freiwilligen Erziehungshilfe und der Fürsorgeerziehung aufgenommene Jugendliche). Die Jugendämter schließen mit Pflegefamilien Verträge über die gegenseitige Zusammenarbeit ab und stellen so möglichst sicher, im Bedarfsfall auch kurzfristig Kinder unterbringen zu können.

Die Rechtsstellung des Pflegekindes und der Pflegepersonen ist in zahlreichen Bundes- und Landesgesetzen geregelt und kann hier nur kurz skizziert werden. Das einzelne Pflegekindverhältnis beruht bürgerlich-rechtlich auf einem Vertrag zwischen den Erziehungsberechtigten (Eltern, Mutter eines nichtehelichen Kindes, Vormund) und den Pflegeeltern, welchen lediglich die Ausübung der tatsächlichen Personensorge übertragen wird und auch dies jederzeit widerruflich. Ein vertraglicher Verzicht auf den Herausgabeanspruch ist nicht zulässig. Die §§ 27 bis 36 JWG betreffen den Pflegekinderschutz durch die Jugendämter, der durch Landesrecht erweitert werden kann. Nach § 28 JWG setzt die Aufnahme eines Minderjährigen unter 16 Jahren (§ 27 I, beachte den Negativkatalog des § 27 II JWG) eine (nur in Eilfällen unverzüglich nachzuholende) Erlaubnis voraus, die vom Jugendamt nur erteilt werden darf, wenn in der Pflegestelle das leibliche, geistige und seelische Wohl des Pflegekindes gewährleistet ist (§ 29 I JWG), und die widerrufen werden kann, wenn es das Wohl des Pflegekindes erfordert. Bei der Prüfung der Voraussetzungen steht dem Jugendamt ein gewisser Beurteilungsspielraum darüber zu, ob die Gewähr »eines ersprießlichen, für das Kind förderlichen Zusammenlebens« gegeben ist (Potrykus). Die Pflegestelle ist zu beaufsichtigen (vgl. §§ 31 ff. JWG), Befreiung von der Beaufsichtigung kann erteilt werden, wenn eine genaue und eingehende Prüfung der Pflegestelle ergibt, daß die Befreiung dem Kindeswohl dient. Nach einer gewissen Anlaufzeit (von etwa einem Jahr) wird die Befreiung praktisch wohl auch aus arbeitsökonomischen Gründen erteilt werden, wo dies vertretbar erscheint. Bei Gefahr im Verzug kann das Pflegekind sofort aus der Pflegestelle entfernt und vorläufig anderweitig untergebracht werden (§ 33 I JWG).

Entspricht der letztgenannte Fall der Beendigung eines Pflegeverhältnisses den Interessen des Kindes, so trägt die Tatsache, daß das Pflegeverhältnis, wie ausgeführt, auch in anderen Fällen jederzeit beendet werden kann, wenn der Personensorgeberechtigte dies will, sicherlich oft zu einer Verunsicherung von Pflegekind und Pflegeeltern bei (vgl. Fieseler, Rechtsgrundlagen sozialer Arbeit, Grundfall 1): durch das Pflegeverhältnis wird das Aufenthaltsbestimmungsrecht der Eltern nicht berührt, sie haben dementsprechend den Herausgabeanspruch (§ 1632 I BGB) gegen die Pflegeeltern auch dann, wenn sie sich jahrelang nicht um das Kind gekümmert haben. Um das Kind vor einer es u. U. schwer schädigenden Trennung von seinen Pflegeeltern zu bewahren, müßte das Vormundschaftsgericht mit dem Ziel eingeschaltet werden, den Eltern gemäß § 1666 BGB zumindest das Aufenthaltsbestimmungsrecht (im Eilfalle vorläufig) zu entziehen und auf das Jugendamt zu übertragen. Dieses hätte dann das Recht, das Kind bei den Pflegeeltern zu belassen. Reformvorstellungen gehen dahin, jedenfalls in Fällen einer Dauerpflege (geschlossen auf eine unbestimmte Zeit oder 6 Monate andauernd) den Pflegeeltern das Recht der Ausübung der Personensorge einschließlich der gesetzlichen Vertretung in dringenden Fällen zuzugestehen, die Beendigung (Kündigung) des Pflegeverhältnisses an bestimmte Voraussetzungen zu knüpfen und die Wirksamkeit der Kündigung durch den Sorgeberechtigten von der Einwilligung des (wenigstens 14-jährigen) Kindes abhängig zu machen. Auch soll in jedem Fall vertragswidriger

Herausnahme des Kindes aus der Pflegestelle das Vormundschaftsgericht anstelle des Landgerichts über die Rückgabe des Kindes an die Pflegeperson entscheiden (vgl. im einzelnen Barbara Lüdemann in ZBIJJ 1976, S. 22ff. und Thesen der AGJ in Forum Jugendhilfe 1977, Heft 2, S. 38ff.). Für eine generelle Beteiligung des Kindes über 10 Jahren (bei Einsichtsfähigkeit auch früher) an der Entscheidung über die Inpflegegabe, den Verbleib in der Pflegestelle oder die Beendigung des Pflegeverhältnisses sprach sich eine Arbeitsgruppe des Kongresses »Kinder in Ersatzfamilien« (November 1975) aus.

In verschiedenen Gebieten des öffentlichen Rechts (Kindergeldgesetz, Sozialversicherungsgesetze wie z. B. RVO, Steuergesetze, Beamtenbesoldungsrecht u. a.) ist das Pflegekindrecht, schon was den Begriff des Pflegekindes betrifft, aber auch hinsichtlich der Voraussetzungen und Wirkungen des Pflegekindverhältnisses höchst uneinheitlich geregelt. Einen Überblick gibt Gregor Feil in: RdJB 1976, S. 70–87.

Abschließend ist die hier nicht näher zu erörternde aber bedeutsame Frage zu stellen, ob Fremdplazierungen nicht (weitgehend?) vermieden werden könnten, wenn die ökonomische Situation leiblicher Eltern etwa durch die Zahlung eines Erziehungsgeldes verbessert würde, das es einem Elternteil (oder beiden Eltern anteilig) ermöglichen würde, sich den erziehungsbedürftigen Kindern intensiv zu widmen, und wenn das Netz der Erziehungsberatungsstellen ausgebaut würde. Es ist in diesem Zusammenhang darauf hinzuweisen, daß nach wie vor die in der Bundesrepublik Deutschland für den Familienausgleich aufgewendeten Mittel vergleichsweise gering sind. Nicht nur die Erziehung »fremder«, auch die Erziehung eigener Kinder müßte als eine gesellschaftliche Aufgabe verstanden werden, sollte hier ein entscheidender Wandel eintreten.   G. F.

Pflegschaft. Während die Vormundschaft grundsätzlich die gesamte Personen- und Vermögenssorge für den Mündel einschließlich seiner Vertretung umfaßt, hat der Pfleger nur für einzelne Angelegenheiten oder für einen genau begrenzten Kreis von Angelegenheiten des Pfleglings zu sorgen und ihn insoweit zu vertreten. Maßgebend für den Umfang ist dabei die Bestellung durch das Vormundschaftsgericht, das den Pfleger auch beaufsichtigt, berät und unterstützt. Die P. ist in den §§ 1909-1921 BGB geregelt. Die für die Vormundschaft geltenden Vorschriften des BGB sind weitgehend auch für die P. anwendbar (§ 1915 BGB). Gemäß § 45 JWG kann das Jugendamt zum Pfleger bestellt werden, wenn eine als Einzelpfleger geeignete Person nicht vorhanden ist. Es überträgt ggf. die Aufgabe auf einzelne seiner Beamten oder Angestellten.

Von den verschiedenen Arten der P. seien hier nur die Ergänzungspflegschaft und die Gebrechlichkeitspflegschaft erwähnt: Die *Ergänzungspflegschaft* (§ 1909 BGB) wird angeordnet, wenn die Eltern oder der Vormund verhindert sind, bestimmte Angelegenheiten zu besorgen, wie dies bei Interessenkollision (§§ 1795, 1796, 181, 1629 II BGB) und dort der Fall ist, wo das Vormundschaftsgericht den Eltern *Teile* der elterlichen Gewalt (etwa das Aufenthaltsbestimmungsrecht oder das gesamte Personensorgerecht) entzieht. Im letzten Fall bestellt das Gericht gleichzeitig einen Pfleger; so überträgt es etwa das Aufenthaltsbestimmungsrecht auf das Jugendamt, damit dies eine Fremdplazierung des zu Hause gefährdeten Kindes durchführt. Häufig kommt es auch zu Sorgerechtspflegschaften im Zusammenhang mit Scheidungen (§ 1671 V BGB). Ein weiterer Hauptfall der Ergänzungspflegschaft ist die Unterhaltsp., etwa wenn der Vater für seine Kinder keinen Unterhalt leistet (ein Elternteil kann Unterhaltsansprüche des Kindes gegen den Elternteil nur dann geltend machen, wenn die Eltern getrennt leben, § 1629 II; fühlt er sich dieser Aufgabe nicht gewachsen, so kommt auch eine Unterhaltsbeistandschaft nach § 1690 BGB in Betracht). Der Ergänzungsp. nahe steht die P. für das nichteheliche Kind nach § 1706 BGB (besonders die Feststellung der Vaterschaft und die Geltendmachung von Unterhaltsansprüchen betreffend; Pfleger ist meist das Jugendamt, § 1709 BGB), welche auf Antrag der Mutter aufzuheben oder zu beschränken ist, wenn dies dem Wohl des Kindes nicht widerspricht (§ 1707 BGB; umstritten ist, ob die Aufhebung möglich ist, wenn die Mutter den Namen des Vaters nicht nennt). Die *Gebrechlichkeitsp.* (§ 1910 BGB) kommt für Volljährige in Betracht, die nicht unter Vormundschaft stehen, aber infolge körperlicher oder geistiger Gebrechen ihre Angelegenheiten (ganz oder zum Teil, z. B. die Erledigung ihrer Rentenangelegenheit) nicht wahrnehmen können. Diese P. darf grundsätzlich nur mit Einwilligung des Gebrechlichen angeordnet werden und ist aufzuheben, wenn der Pflegebefohlene dies beantragt.   *G. F.*

Praxis. Das dialektische Gegenstück zur Theorie ist die P. Sozialarbeit zeichnet sich als eine Art angewandter Sozialwissenschaft besonders in ihrer P. aus: Ihr Ziel besteht in der Lösung oder mindestens Hilfe zur Lösung eines menschlich-sozialen Problems. Die P. besteht aus einer Fülle von Handlungsvollzügen. Letzere können als Komplexe von Aktivitäten verstanden werden, die sich von gewissen Aspekten her als Einheiten ausweisen. In jeder sozialarbeiterischen Projektarbeit gibt es verschiedene solcher Handlungsvollzüge die, obwohl theoretisch getrennt, praktisch den integrativen Zusammenhang wahren müssen. Sie können schwerpunktartig gewichtig ausfallen, was je vom Projekt oder den speziellen Fähigkeiten der Sozialarbeiter abhängt. Als Gliederung der Handlungsvollzüge bietet sich an: 1. *Handlungsebene:* Es gibt die ideelle, die auf die Bewußtseinsänderung von Menschen abzielt, und die materielle, die organisatorische und materielle Sachverhalte in Angriff nimmt. 2. *Handlungsstrategie:* Jedes soziale Problem und jede soziale Projektarbeit birgt Widersprüche in sich. Im psychologischen Bereich werden Widersprüche oft als Konflikte bezeichnet. Die Handlungsstrategien befassen sich mit der Art, wie solche Widersprüche angegangen werden. Sie können erstens gemäß ihrer Eigendynamik vorangetrieben werden, um sich in einen neuen qualitativen Zustand aufzulösen. (Prinzip des dialektischen Sprunges) Z. B. kann die gärende Unzufriedenheit der Arbeiter in einem Betrieb durch Sozialarbeit so weit vorangetrieben werden, daß es schließlich zu einem Streik kommt, der wesentlich verbesserte Arbeitsbedingungen schafft. Der Konflikt wurde sozusagen auf die Spitze getrieben. Zweitens kann der Sozialarbeiter im Falle eines Konfliktes zwischen Menschen eine klare Stellung für die eine Partei nehmen und dieser helfen, sich gegen die andere zu behaupten. Diese Strategie, die eine Komponente des Widerspruches stärkt, ohne auf eine beide Parteien verbindende Synthese abzuzielen, ist immer dann angebracht, wenn ein Konflikt durch ungleiche Machtverhältnisse zustande gekommen ist, z. B. beim Unabhängigkeitsstreben der Jugendlichen von der Bevormundung ihrer Eltern, oder der Arbeiter von der Ausbeutung ihrer Arbeitgeber oder der Randgruppen von der sie diffamierenden Bürgerlichkeit. Drittens ist die Verhinderung eines Widerspruches ein typisches Planungsproblem. Die möglicherweise aufkommenden Widersprüche und Konflikte müssen gedanklich vorausgesehen werden, um sie in der Verwirlichung zu vermeiden. Viertens kann es sich um die Sprengung eines abgekapselten Komplexes handeln, wenn stagnierende Prozesse vorliegen, in denen die Widersprüche latent oder unbewußt geblieben sind und die Eigendynamik abgestorben ist. Diese Strategie findet hauptsächlich im therapeutischen Bereich Anwendung, wo neurotische Komplexe oft zu einem unabänderbaren Verhaltensschema erstarrt sind. 3. *Handlungsschwerpunkte:* Die einander nicht ausschließenden Handlungsschwerpunkte konzentrieren sich je nach Projekt, Zielgruppe und speziellen Fähigkeiten der Sozialarbeiter auf die Aspekte: Therapie, Bildung, Planung, Administration und politische Aktion. Der Unterschied zwischen Bildung und Therapie liegt insbesondere zwischen Gesunden und Kranken, was natürlich einer jeweiligen Definition vorbehalten ist (vgl. »Norm«). Administration soll nicht die bloße Verwaltung von Akten oder unverbindliche Rechtsbelehrung bedeuten, sondern meint die organisatorische Zusammenfassung der Handlungsbezüge und die Auseinandersetzung mit den Kommunalbehörden. Sie steht deshalb mitten im gesellschaftlichen Konflikt von Bürokratie und Menschlichkeit. Politische Aktionen sind gezielte Interventionen in Richtung der Sozialgesetzgebung, publizistische Propaganda zugunsten der vom sozialen Elend Betroffenen und öffentliche Aufklärung sozialer Mißstände. 4. *Handlungsarten:* Es gibt therapeutische, pädagogische, diagnostische und prophylaktische Handlungsarten. Die therapeutischen greifen auf therapeutische Theorien zurück, wie z. B. psychoanalytische, gruppentherapeutische, logopädische u. ä. Pädagogische Methoden berufen sich auf didaktische Modelle. Die diagnostischen bedienen sich der Diagnosekriterien (vgl. »Diagnose«), insbesondere wichtiger anamnestischer Daten, der Exploration und der Analyse des sozialen Problems. Unter die prophylaktischen Methoden fallen die speziellen Planungsprobleme, z. B. zur Verhinderung einer Planung gegen die Bedürfnisse der Betroffenen werden die Bürger und Eltern beim Aufbau einer Kindertagesstätte mit einbezogen. 5. *Handlungsbereiche:* Einzelhilfe, Bezugsgruppenarbeit und Gemeinwesenarbeit werden in der traditionellen Sozialarbeit unterschieden. Diese Unterscheidung hängt davon ab, wie groß man das Feld eines sozialen Problems ansieht. Denn wohl gibt es den Einzelnen als Fürsorgefall, doch weil die Umgebung ihn zu einem sozialen Problem gemacht hat, muß diese Umgebung in das sozialarbeiterische Problemfeld mit eingeschlossen werden, wodurch sich die sogenannte Einzelhilfe zur Bezugsgruppenhilfe erweitert.   *E. R.*

Professionalisierung. Verstehen wir unter einer Profession einen für die Gesellschaft relevanten Dienstleistungsberuf, zu dessen Ausübung operationalisiertes und systematisiertes Wissen gehört und der dieses Wissen relativ autonom anwendet und dabei hohes Prestige und Einkommen genießt, dann ist P. die Entwicklung eines Berufes zu diesem Status der Profession. Die Sozialarbeit/Sozialpädagogik befindet sich auf diesem Wege, ist aber bisher nur wenige Schritte vorangekommen. Spricht man heute von Sozialarbeit, so ist noch immer eine Vielfalt sowohl sich ergänzender aber auch völlig unterschiedlicher Tätigkeitsfelder gemeint, deren gemeinsame Definition historisch erfolgt ist und nicht systematisch-inhaltlich. Hierin liegt auch ein Grund dafür, daß sie bei der Bewältigung ihrer beruflichen Praxis zurückgreift auf tradierte Erfahrung und den »gesunden Menschenverstand«. Die gesellschaftliche Entwicklung und die Entwicklung der Sozialarbeit zu immer komplexeren und immer spezielleren Tätigkeiten lassen eine solche eher handwerklich orientierte Berufsausübung nicht mehr zu. P. der Sozialarbeit ist zu einer historisch-gesellschaftlichen Notwendigkeit geworden. 1971 ist der »Klassiker« der P.debatte erschienen, der von Hans-Uwe Otto und Kurt Utermann herausgegebene Sammelband »Sozialarbeit als Beruf – Auf dem Weg zur P.«. Dem Vorwort der Verfasser ist der folgende Auszug entnommen, der den Versuch einer Definition des Begriffs P. macht: »P. ist unter anderem ein Prozeß, in dem die Deutung des Berufes im Zeichen von Berufung abgelöst wird durch eine rationale Interpretation. Mit der P. ist somit eine Umorientierung oder Neukonstruktion der Berufsidentität verbunden. Mit zunehmender P. bildet sich eine *Autonomie* in der beruflichen Entscheidung heraus; das bedeutet, daß der Praktiker auf der Grundlage des anerkannten Sachverstandes einen größeren Freiheitsraum erlangen sollte, seine Entscheidungen ohne externen Druck durch Anstellungsträger, Klienten und andere zu treffen und durchzusetzen. Die Basis der *Berufsrolle* verschiebt sich dabei idealtypisch von dem zugeschriebenen, mit der bürokratischen Organisation verbundenen Status hin zu einer eigenständigen Sachverständigkeit. Dieser neue Standard beruflicher Handlung kann mit dem Begriff der funktionalen *Autorität* (Hartmann) beschrieben werden.« Es läßt sich folgern, daß mit zunehmender P. für die Sozialarbeit die Chance steigt, Grundfragen, die mit dem Verhältnis zur Klientel, zu den Trägern der Sozialarbeit und zu den problemverbundenen und zum Teil konkurrierenden Professionen verknüpft sind, funktionaler, d. h. in einer neuen Sachlichkeit zu formulieren und zu beantworten. Dazu gehören auch das Erarbeiten von Leistungsmaßstäben unter Berücksichtigung einer horizontalen und vertikalen Differenzierung im eigenen Berufsfeld und das Problem eines eigenen, allgemeinen, vom Träger unabhängigeren Wertekataloges für das Handeln der Sozialarbeiter. P. ist auch *Statuspolitik*. Natürlich geht es einer Berufsgruppe in ihrem Kampf um die P. auch um das Ziel, über Statuserhöhung und Prestigezuwachs eine entsprechende soziale und ökonomische Niveauerhöhung zu erreichen.« (ebd., S. 10/11)

Sucht man Kriterien für die P., so finden sich in der Literatur übereinstimmend, wenn auch unterschiedlich beschrieben, die folgenden: 1. theoretische Fundierung der Berufsausübung; 2. gemeinsamer gleichhoher Qualifikationsanspruch, erworben in einer auf wissenschaftlicher Grundlage basierenden Ausbildung; 3. Lehr-, Lern- und überprüfbare berufsadäquate Methoden; 4. aufgrund abgrenzbarer Funktionsbeschreibungen klar formuliertes Berufsbild. 5. eine verpflichtende *Berufsethik* und Berufsordnung (dem Eid des Hippokrates vergleichbar); 6. eine funktionsgerechte, einheitliche *Berufsvertretung* mit hohem Organisationsgrad der Berufsgruppe. Wer die Wirklichkeit der Sozialarbeit und Sozialpädagogik in diesem Land kennt, weiß, daß bis zur Erfüllung dieser Kriterien noch ein weiter Weg zu gehen ist.

Wenn wir die P. auch als eine notwendige Entwicklung ansehen, muß doch auf Gefahren hingewiesen werden. Die in der Praxis stehenden Sozialarbeiter erwarten von der P. primär entlastende Auswirkungen; einerseits hoffen sie, dem Problem der Klienten professionalisiert besser gerecht werden zu können, zum anderen erwarten sie durch die P. größere Unabhängigkeit gegenüber den sie anstellenden Institutionen. Die Zuspitzung eines solchen individualistischen und berufsständigen P.verständnisses hat Reinhard Wolff den »Traum vom unabhängigen Sachverständigen« genannt. Zum anderen zeigen die realen Arbeitsbedingungen (Fallzahlen, materielle Ressourcen etc.) die Grenzen der P. auf. Professionelle Orientierung des Sozialarbeiters muß deshalb auch heißen: a) Einbezug der gesellschaftlichen und institutionellen Bedingungen beruflichen Handelns und Entwicklung von Strategien zur Veränderung dieser Bedingungen und b) Einbezug der objektiven Interessen der Klientel; damit Verzicht auf die Rolle des »autonomen Sachverständigen« zugunsten parteilichen professionellen und damit auch immer politischen Handelns.   *D. Oe.*

Psychoanalyse (P.) und Sozialarbeit. In Deutschland ist die P. als Heilbehandlung den Ärzten vorbehalten und kann von den Krankenkassen bezahlt werden. Ärzte können die Behandlung an analytisch ausgebildete Psychologen delegieren. Sozialarbeiter können als Psychagogen eine analytische Ausbildung erhalten, was sie berechtigt, als Kindertherapeuten tätig zu werden. Sozialarbeiter, die im Selbststudium oder im Ausland eine analytische Ausbildung erhielten, dürfen ihre Fähigkeiten zwar anwenden, jedoch ihr Handeln nicht als Therapie bezeichnen oder anpreisen. So besteht bezüglich der Berufsbezeichnung eines »psychiatrischen Sozialarbeiters« und seinen Kompetenzen noch eine weite Kluft.

Im wesentlichen haben die Trends, sich mit Klienten aus dem psychiatrischen Bereich zu beschäftigen und statt fürsorgerischer Hilfe Hilfe zur Selbsthilfe anzubieten, dazu geführt, daß Sozialarbeiter mehr psychiatrische und psychodynamische Fähigkeiten in ihre Arbeit einbringen. Neben den anderen psychotherapeutischen Techniken wie Gesprächs- und Verhaltenstherapie fand besonders nach angelsächsischem Vorbild die P. Bedeutung, um das Verhalten des Klienten zu verstehen und ein Behandlungskonzept zu entwerfen.

Die Annahme, daß unbewußte Prozesse im wesentlichen das Verhalten bestimmen, erbrachte eine neue Verstehensweise von sozialem Fehlverhalten und den Beziehungen Klient-Sozialarbeiter. In der persönlichen Begegnung wiederholt der Klient Einstellungen, meist aus der Kindheit, die eigentlich nicht dem Sozialarbeiter gelten (Übertragung), aber die Beziehung stören und persönlichkeitsspezifisch sind.

Nicht nur der Klient begegnet dem anderen mit unbegründeter Angst, Hoffnung, Liebe oder Haß, sondern auch der Sozialarbeiter dem Klienten (Gegenübertragung). Dieser persönliche Anteil des Betreuers sollte ihm bekannt sein oder in Supervision bekannt gemacht werden, damit ein sachgerechterer Umgang stattfinden kann. Die Gefühle, die ein Klient bei seinem Berater auslöst (Gegenübertragung), können zum diagnostischen Verständnis benutzt werden.

Bleiben Betreuungen erfolglos oder verlaufen sie quälend, so kann es daran liegen, daß der unbewußte Widerstand des Klienten nicht beachtet wird. Häufig kommt es deswegen zu Behandlungsabbrüchen.

Während die Deutung das wichtigste Behandlungsinstrument des Psychoanalytikers ist, tritt sie in der Sozialarbeit hinter sozialtechnische Maßnahmen zurück. Diese sind dann aber in ihrer tiefenpsychologischen Bedeutung für den derzeitigen Betreuungsstand reflektiert (Sozialtherapie). Davon unterschieden werden muß das Agieren, was bedeutet, daß unbewußte Prozesse wie Übertragung und Widerstand statt bewußtgemacht zu werden in Handlungen umgesetzt werden. Eine psychoanalytische Sozialarbeit nimmt an, daß soziales Verhalten großenteils durch unbewußte Prozesse gesteuert wird, verwertet die psychoanalytische Konzeption, um Verhalten und Fehlverhalten zu erklären, benutzt deren Techniken der Erkenntnisgewinnung und richtet ihre Interventionen danach aus.   *M. M.-S.*

Randgruppen, Bezeichnung für sichtbar unterprivilegierte, sozial und wirtschaftlich schlecht, gleichsam an der Peripherie der Gesellschaft eingeordnete oder auch einordenbare Gruppen (z. B. Obdachlose, Nichtseßhafte, ausländische Arbeitnehmer, Homosexuelle, etc.), auch nationale, religiöse, überhaupt alle sozial diskriminierten Minderheiten, die abgesondert von der übrigen Gesellschaft (sichtbare und unsichtbare Ghetti) leben.

Insofern Randständigkeit (Marginalität) eine Position zwischen Gruppen bedeutet, liegt die besondere Problematik peripherer Gruppen vornehmlich in einem unscharfen Identitätsbewußtsein, die ihnen als »Zwielichtigkeit«, »doppelte Loyalität«, Bindungs- und Beziehungslosigkeit ausgelegt wird. Zutreffender wäre es, von Rollenkonflikten, Statusunsicherheit und Desorientierung zu sprechen, die durch herrschende Vorurteile, Stereotypien und Stigmatisierungen verstärkt, wenn nicht verewigt werden. Die sozialen Randgruppen, in früheren Zeiten auch »Lazarusschichten« oder »Lumpenproletariat« genannt, haben zweifellos sowohl ein extrem reaktionäres als auch revolutionäres Potential, das allerdings auch oft delinquenten und kriminellen Aktivitäten zugute kommen kann.

Die Resozialisation solcher R. muß von den gesellschaftsimmanenten Ursachen der Randständigkeit ausgehen, die nicht lediglich als eine zufällige pathologische Reaktion einiger Außenseiter auf individuelle Lebenssituationen angesehen werden kann, sondern als eine komplexe Reihe strukturell verstehbarer Reaktionen auf einen Gesellschaftstypus unserer Zeit begriffen werden muß, der sich durch den rapiden Identitätsverlust seiner Angehörigen auszeichnet. Die symbolische und aktuelle Trennung der Randständigen von der übrigen Gesellschaft muß in den ersten Resozialisationsphasen dazu benutzt werden, Perspektiven zu gewinnen und menschliche Hilfskräfte mobilzumachen (Stadium der Protestbewegung), damit die Randgruppe und die Gesellschaft neu geschaffen werden kann und man sich ihr aus einer Position der sozialen (oder politischen) Stärke anschließen kann. Solche genuinen Resozialisationsbemühungen scheinen uns in den Bürgerinitiativen, Protestbewegungen, innerhalb jeglicher Gemeinwesenarbeit im Keim vorzuliegen. Die Randständigen haben auf die normale Gesellschaft so reagiert, daß sie sie verließen. Sie können nur als neugeformte Gruppe wieder zu ihr zurückkehren. Der Stolz auf eine solche Rückkehrfähigkeit kann die Motivationen und Aspirationen für eine Vielfalt in sich selbst resozialisierender Neuerungen abgeben. Eine solche Möglichkeit ist, daß Integration ein freiwilliger Prozeß wird, der von eigenen Statusgruppen organisiert wird, anstatt ein unfreiwilliger Prozeß zu bleiben, der auf der Vollstreckung der Gesetze beruht. In einer Gesellschaft, in der der Hauptort der sozialen und persönlichen Identität sich auf den erworbenen Status konzentriert, muß man bei der Resozialisation randständiger Gruppen ebenfalls auf solche Statusquellen (Erziehung, Beruf, Einkommen, etc.) abstellen.   *H. M.*

Rechtsschutz und Chancengleichheit. »Gleicher Zugang zum Recht für alle« ist laut Titel und Untertitel einer prozeßrechtlichen Abhandlung des Kölner Rechtsprofessors Gottfried Baumgärtel ein »Grundproblem des Rechtsschutzes«. Baumgärtel konstatiert eine »allgemeine Einigkeit darüber, daß die jetzige gesetzliche Regelung des Armen- und Kostenrechts nicht ausreicht, um für die sozial und wirtschaftlich schwächeren Bevölkerungsschichten die in Art. 3 GG verbürgte Chancengleichheit im Bereich

des Rechtsschutzes zu gewährleisten«. Die Aktualität des damit ange-
schnittenen Themas spiegelt auch die Frage des 51. Deutschen Juristentages
(1976): »empfehlen sich im Interesse einer effektiven Rechtsverwirklichung
für alle Bürger Änderungen des Systems des Kosten- und Gebühren-
rechts?« (dazu Gutachten von Grunsky und Trocker). Da die Klienten von
Sozialarbeitern meist Schichten angehören, von denen Rechtsanwälte selten
zu Rate gezogen werden, sind erste empirische Untersuchungen von be-
sonderem Interesse, die für Gerichtsverfahren über die Räumung von
Wohnraum eindeutig ergeben haben, daß bei anwaltlicher Vertretung eine
weitaus größere Erfolgschance besteht (Hartmut Hilden in: Zeitschrift für
Rechtspolitik, 1977, S. 41-44).
Die hohen Gerichts- und Anwaltskosten, bei niedrigem Streitwert oft höher als der Wert der Ansprüche, um welche die Parteien streiten, hat sich
als »Rechtswegsperre« erwiesen, denn der wirtschaftlich nicht gerade Be-
güterte verzichtet häufig aus Scheu vor dem Kostenrisiko darauf, sein Recht
vor Gericht geltend zu machen (Kostenbarriere). Zwar hat etwa nach der
Zivilprozeßordnung der Unterlegene im Regelfall für alle Kosten aufzu-
kommen, aber der Ausgang eines Prozesses ist aus tatsächlichen oder rechtlichen Gründen häufig kaum vorauszusehen, und jedenfalls ist zunächst
einmal ein Gerichtskostenvorschuß zu zahlen, ehe überhaupt ein gerichtlicher Termin bestimmt oder auch nur ein Zahlungsbefehl (Mahnbescheid)
erlassen wird. Auch der Rechtsanwalt kann einen angemessenen Vorschuß
verlangen. Zudem ist der Kläger, der den Prozeß gewinnt, zusammen mit
dem Beklagten Kostenschuldner gegenüber dem Staat. Er kann daher im
Fall erfolgloser oder ersichtlich aussichtsloser Zwangsvollstreckung gegen
den unterlegenen Prozeßgegner selbst in Anspruch genommen werden und
wird dann meist vergeblich versuchen, von diesem Kostenerstattung zu erlangen. Nur wer außerstande ist, ohne Beeinträchtigung des für ihn und
seine Familie notwendigen Unterhalts die Kosten zu bestreiten, was durch
eine behördliche Bescheinigung (»Armutszeugnis«) nachzuweisen ist, wird
vorläufig von den Prozeßkosten befreit, sofern die beabsichtigte Rechtsverfolgung »eine hinreichende Aussicht auf Erfolg bietet und nicht mutwil-
lig erscheint« – zweifellos zu enge Voraussetzungen mit denen das deutsche
Armenrecht (§§ 114-127 ZPO) weder dem Gleichheitsgrundsatz noch dem
Sozialstaatsprinzip gerecht wird, und mit denen es auch hinter Rechtshilfe-
regelungen anderer Länder eindeutig zurücksteht.
Während das Armenrecht dem Minderbemittelten nur zugute kommt,
wenn er einen Prozeß führt, sollen öffentliche Rechtsauskunftstellen (etwa
besetzt mit pensionierten Richtern) oder Rechtsberatungsstellen der An-
waltschaft kostenlos oder gegen geringe Gebühr Beratung im vor- und au-
ßergerichtlichen Bereich sicherstellen (verschiedene Modelle in den Bundesländern). Nicht genügend wird beachtet, daß für viele Bürger nicht
allein die Kostenfrage den Zugang zur Rechtspflege erschwert, sondern
auch die Unkenntnis der Rechtssituation und die Scheu, sich an einen Juristen als Rechtsberater zu wenden (»Schwellenangst«). Die mangelnde »Be-

reitschaft, eine rechtliche Aktion zu unternehmen« (Trocker) hängt sicher auch damit zusammen, daß die meisten Juristen mit den sozialen Problemen in Unterschicht und unterer Mittelschicht wenig vertraut sind, und daß sie sich selbst in den Rechtsfragen der Angehörigen dieser Bevölkerungskreise nicht genügend auskennen. Erst von Juristen, die das Recht nicht als ein Mittel der Herrschaftssicherung, sondern des Schutzes sozial Schwacher begriffen und die Sprach- und Verständigungsbarrieren als *ihr* Problem ansähen, wäre ein befriedigender Beitrag zur Herstellung von (größerer) Chancengleichheit zu erwarten.   *G. F.*

Resozialisation. Ihr liegt die Ansicht zugrunde, daß ein Mensch, wenn er eine Straftat beging, weil er nicht Herr seiner Handlungen war, diese Herrschaft über sich selbst auf dem Wege der R. wiedererhalten soll. Das macht es erforderlich, daß auch bei den sog. »Gewohnheitsverbrechern«, die früher von vornherein als unverbesserlich behandelt wurden, Erziehungsmaßnahmen einsetzen müssen und vor allem der Versuch einer Bewährungszeit einschließlich sozialtherapeutischer Behandlung unternommen werden sollte. Dazu ist freilich eine viel breitere und differenziertere Skala von Maßnahmen notwendig als bisher. Das betrifft namentlich die Nacherziehung jugendlicher Delinquenten. Vielleicht ist dieser Geist der Wiedererziehung und des Beistandes im Jugendstrafrecht sogar der bezeichnendste Aspekt der »Neuen Sozialverteidigung«, die hier einer neuen Kriminalpädagogik, aber vor allem einer neuen Kriminalpolitik gangbare Wege weist. Danach muß die Strafe selbst und alle mit ihr einhergehenden Maßnahmen sozial ausgerichtet oder qualifiziert und wissenschaftlich individualisiert werden. Nur diese individualisierende Anwendung der Strafen und Maßnahmen wird zum Wegbereiter einer echten R. werden, die das höchste Ziel der Sozialverteidigung ist. Nach diesen Konzeptionen geht es in der Tat um die Sicherung eines wirksamen Schutzes der sozialen Gemeinschaft mittels Abwägung der Bedingungen, unter denen das Delikt begangen wurde, der persönlichen Situation des Delinquenten, der Möglichkeiten und der Wahrscheinlichkeit seiner Wiedereingliederung und der moralischen und psychologischen Eigenschaften, auf die man bei ihm zurückgreifen kann, um im Einzelfall eine echte R.behandlung zur Anwendung zu bringen.

Das Individuum hat einen Anspruch auf Resozialisation, so wie man in früheren Zeiten bekräftigt hat, daß es ein Recht auf Freiheit und Sicherheit, auf Eigentum oder auf Arbeit hat. Im Bewußtsein der Realitäten und der Erfordernisse der modernen Welt betrachtet sie jedoch dieses Individuum als Teil jener sozialen Gemeinschaft, in der sich seine Aktivität als freier Mensch entfalten soll. Das ist der eigentliche Kern der Sozialhilfe, die nicht nur Straffälligen, sondern auch allen jenen, die nicht innerhalb der Gemeinschaft leben können, ohne sich und andere zu gefährden, Alkoholiker, Suchtkranke, Entwurzelte, Asoziale, Prostituierte, ihre Bemühungen zugute kommen läßt, die nicht zuletzt auch darin bestehen, daß in der »normalen« Gesellschaft Vorurteile gegen diese Menschengruppen abgebaut werden. Die R. beginnt heute bereits vielfach in den Strafanstalten selbst und findet ihre Fortsetzung in der spezifischen Gemeinwesenarbeit, die unter den Bewohnern von Obdachlosensiedlungen, Behelfsunterkünften und vernachlässigten Stadtbezirken geleistet wird.   *R. F.*

Rollentheorie ein namentlich von dem amerikanischen Soziologen Robert Merton ausgearbeitetes Konzept von Status und Rolle, den Rechten und Pflichten eines Individuums innerhalb einer Gruppe, die seine soziale Position in ihr festlegen. Diese Theorie geht unter anderem davon aus, daß das Verhalten einer Person von den Erwartungen geformt und beurteilt wird, die sie selbst sowie ihre kulturelle Umwelt der eingenommenen Position samt dazugehörigen Statuseigenschaften und Rollen unterstellt. Da sich die soziale Interaktion in der Rollenausübung widerspiegelt, dürfen wir annehmen, daß jemand im allgemeinen zum Klienten der Sozialarbeit wird, wenn er in einer für ihn lebenswichtigen Rolle versagt. Aufgabe der Sozialarbeit ist es hier, mit Hilfe von verhaltenspsychologischen Methoden (Rollenspiel, Modellnachahmung, Rolleneinübung, Psycho- und Soziodrama) geeignete Reaktions- und Verhaltensweisen im Klienten zu verankern.   *H. M.*

Schichtung, soziale, ein Differenzierungsprozeß, der vorwiegend in relativ großen und komplexen Gesellschaften zur Entstehung von Bevölkerungsgruppen führt, die nach solchen Merkmalen wie Macht, Reichtum, Privilegien, Status, Beruf, Erziehung, etc. hierarchisch aufgebaut sind. Die Zugehörigkeit zu den einzelnen Schichten (z. B. untere, mittlere, obere), läßt sich auf verschiedene Weise (z. B. aufgrund erworbener oder zugeschriebener Statuseigenschaften oder nach bestimmten Aufstiegsmöglichkeiten) beschreiben. Haupttypen solcher Schichtungsprozesse sind Kasten, Stände, Klassen. Die Schichtungsbildung hängt am greifbarsten mit den Produktions- und Verteilungsprozessen ökonomischer und kultureller Güter innerhalb einer Gesellschaft zusammen.   *H. M.*

Schwangerschaftsberatung, nach § 218 StGB. Durch die Strafgesetzänderung vom 21. 6. 76 ist unter bestimmten Voraussetzungen ein Schwangerschaftsabbruch straffrei geworden. Wird wegen einer ethischen Indikation oder einer Notlage ein Abbruch erwünscht, so muß mindestens drei Tage vor dem Eingriff eine Beratung durch einen Arzt oder eine anerkannte Beratungsstelle erfolgen. Diese Beratung unterliegt der Schweigepflicht. Eine Bescheinigung, daß die Voraussetzungen einer Indikation zum Abbruch gegeben sind, muß bei dieser Beratung nicht ausgestellt werden. Sie muß von einem Arzt, der den Abbruch nicht durchführt, bescheinigt werden. – Die S. soll vor allem auf die sozialen Hilfen hinweisen, um Möglichkeiten aufzuzeigen, die Notlage abzubauen und den Abbruch zu umgehen. Eine psychohygienische Beratung erfolgt meist nicht und die Zahl der

Frauen, die sich nach einem Schwangerschaftsabbruch wegen der häufig mobilisierten psychischen Probleme beraten lassen, ist äußerst gering. *V. M.-S.*

Selbstbestimmung des Klienten. Innerhalb der Grenzen der vorgegebenen Realität hat jeder Mensch das Recht, sein Leben selbst in die Hand zu nehmen und nach seinen Wertvorstellungen zu führen. Dies ist einer der Grundsätze, auf denen die berufliche Haltung des Sozialarbeiters in der Sozialen Einzelhilfe beruht. Das bedeutet, daß der Sozialarbeiter das Bedürfnis des Menschen, sich selbst zu verantworten, anerkennt und ernstnimmt. Oft wird er ihm freilich erst dazu helfen müssen, das S. wahrzunehmen, sei es, daß der Klient nie lernen konnte, eigene Entscheidungen zu treffen, sei es, daß diese Fähigkeit lange brach lag und verkümmerte. Der Gefahr, daß ein noch unselbständiger Klient den Sozialarbeiter zu seiner Autorität macht, muß dieser sich stets bewußt sein und deshalb jeden methodischen Schritt daraufhin prüfen, ob er geeignet ist, den Klienten selbständiger oder aber von sich abhängig zu machen. So wird er ihm Entscheidungen nicht abnehmen, sondern das Für und Wider mit ihm durchdenken, bis der Klient zu seiner eigenen Entscheidung imstand ist. Aus selbst getroffenen Entscheidungen gewinnt er Befriedigung, es ist ein Lernprozeß in Richtung verantwortlicher Selbständigkeit in Gang gekommen. *R. D.*

Selbsthilfe ist Ziel jeder methodischen Sozialarbeit, die ihrem Klienten nur so weit und so lange hilft, bis er sich wieder selbst helfen kann. Die Fähigkeit zur S. ist zu allen Zeiten Erziehungsprinzip und -ideal, wenn auch in wechselndem Grad der Einsicht und Intensität gewesen. Sie bedarf zu ihrer Weckung und Pflege einer Anzahl von Bedingungen, die weder gesellschaftlich noch individuell immer ausreichend gegeben sind und sich dann sowohl als objektiver als auch subjektiver Mangel (Defizit, Deprivation) darstellen. Die Kompensation solcher Mängel kann als Lernvorgang betrachtet werden, der durch geeignete gesellschaftliche Einrichtungen und materielle Hilfe- oder Sozialleistungen gefördert wird (Ausgleichung und Korrektur von Startbedingungen, größere Chancengleichheit). Die Bereitstellung solcher Sozialleistungen verstehen sich arbeitsteilig als sozialpädagogische und sozialpolitische Aufgaben des Wohlfahrtsstaates »westlicher« und »östlicher« Prägung und hängen letztlich von der Stärkung der produktiven Kräfte der bisher Benachteiligten ab. Gruppendynamische Erkenntnisse verweisen darauf, daß das wesentliche Moment gegenseitiger Ermutigung und das fruchtbare Erlebnis wechselseitiger Hilfe in eigenen für die Hilfebedürftigen überschaubar bleibenden S.gruppenvereinigungen oder -organisationen maximiert wird. Solche S.organisationen haben in ihrer historischen Gestalt als kooperative Gemeinschaften im Rahmen der sogenannten Genossenschaftsbewegung, aufgebaut auf den Grundsätzen der Selbstverwaltung und Selbstverantwortung, bereits seit dem frühen 16. Jahrhundert in Europa, vor allem aber Amerika eine wichtige Rolle gespielt (religiöse, utopische kooperative Gemeinschaften), solche, die eine Reform des gesellschaftlichen Daseins anstreben, solche, bei denen wirtschaftliche Erwägungen im Vordergrund stehen. Solche genossenschaftlich betriebenen, meist landwirtschaftlichen, aber auch handwerklichen »Kooperativen«, Kredithilfevereine, Verwertungs- und Absatzgemeinschaften aller Art, Verbrauchergemeinschaften, Wohnungsbaugenossenschaften liegen leider in der Bundesrepublik noch immer außerhalb jeder konstruktiven Sozialarbeit, obgleich sich gerade die gewerblichen und ländlichen Genossenschaften (zusammengeschlossen im Deutschen Genossenschaftsverband/Schultze-Delitzsch-Verband/bzw. im Raiffeisenverband) für alle Zwecke der beruflichen Rehabilitierung besonders gut eignen, da sie selbst wieder innerhalb ihrer Reihen wichtige Sozialarbeiterfunktionen ausüben. In diesem Zusammenhang seien die Kriegsopferverbände, die Verbände Geschädigter und Vertriebener, Heimkehrerverbände, Familienverbände (Deutscher Familienverband, Familienbund Deutscher Katholiken, die Evangelische Aktionsgemeinschaft für Familienfragen und der Bund der Kinderreichen Deutschlands, zusammengeschlossen in der Arbeitsgemeinschaft Deutscher Familienorganisationen) genannt. Wichtig sind auch zahlreiche Verbände der körperlich Behinderten, die selbst wieder Einfluß auf die Gesetzgebung nehmen und sich um die soziale und kulturelle Betreuung der Behinderten innerhalb zahlreicher S.- und Förderungsorganisationen kümmern. Eine Anzahl solcher Verbände hat sich auch auf Bundesebene zur Bundesarbeitsgemeinschaft »Hilfe für Behinderte« (BAG) mit Sitz in Düsseldorf zusammengeschlossen: Arbeitsgemeinschaft Spina bifida und Hydrocephalus (Menden), Verein Bekämpfung der Muskelkrankheiten – Helft dem muskelkranken Kind (Freiburg/Brsg.), Bundesverband der Eltern körpergeschädigter Kinder-Contergankinder-Hilfswerk (Köln), Bundesverband für spastisch Gelähmte u. a. Körperbehinderte (Düsseldorf), Bundesverband »Hilfe für das autistische Kind« (Lüdenscheid), Bundesverband zur Förderung Lernbehinderter (Münster/Westf.), Bundesvereinigung »Lebenshilfe für geistig Behinderte« (Marburg), Bund zur Förderung Sehbehinderter (Duisburg), Deutsche Gesellschaft zur Bekämpfung der Mucoviscidose (Erlangen), Deutsche Gesellschaft zur Förderung der Hör-Sprach-Geschädigten (Hamburg), Deutsche Haemophiliegesellschaft zur Bekämpfung von Blutungskrankheiten (München), Deutsche Ileostomie-Kolostomie-Vereinigung (Brekkenheim), Deutsche Multiple Sklerose Gesellschaft (Frankfurt/Main), Deutsche Sektion der Internationalen Liga gegen Epilepsie (Kork bei Kehl), Deutscher Blindenverband (Bonn-Bad Godesberg), Freundeskreis Camphill (Düsseldorf), Schutzverband für Impfgeschädigte (Hilchenbach/Allenbach), Sozialhilfe-Selbsthilfe Körperbehinderter (Krautheim/Jagst), Vereinigung der Kehlkopflosen der Bundesrepublik Deutschland (Heidelberg und Mannheim). Manche dieser S.vereine sind konfessionell begrenzte, z. B. die kirchliche Gehörlosenseelsorge oder die Vereinigung Beth-Or, Selbsthilfe der jüdischen Blinden und Gehörlosen in Deutsch-

land, gelegentlich auch Vereine der Kinderdorfbewegung und der Lebens-
abendbewegung.   *H. M.*

Selbstkontrolle (S.) des Sozialarbeiters. S. ist notwendige Voraussetzung
für methodisches Arbeiten. Denn: jeder Sozialarbeiter hat seine eigenen
Anschauungen, Wertvorstellungen, Neigungen, Abneigungen, die sich in
der Kindheit bildeten, stark vom Elternhaus geprägt, selbstverständlich
wurden, normalerweise unbefragt sind. Jeder hat auch eigene Bedürfnisse
– nach Bestätigung, Sicherheit, Erfolg, usw. Jeder erlebt Gefühle, auch negative: Unsicherheit, Angst, Ärger, Enttäuschung – wie jeder Mensch.
Seine Beziehungen zu anderen Menschen werden hierdurch beeinflußt.
Damit dies die berufliche Beziehung (vgl. »Soziale Einzelhilfe«) zum
Klienten nicht stört und seine Arbeit unwirksam macht, muß er lernen, seiner selbst gewahr zu werden und seine Gefühlsbeteiligung zu kontrollieren.
Das heißt nicht, daß er »keine Gefühle« haben sollte, das wäre unmensch-
lich, und er würde, wenn er sich um kühle Neutralität bemühte, tatsächlich
unwirksam, besteht doch seine Hilfe für den Klienten gerade darin, diesem
die Wahrnehmung negativer Gefühle und Strebungen zu ermöglichen in einer Atmosphäre der gefühlsmäßigen Anteilnahme (»Akzeptieren«, vgl.
»Soziale Einzelhilfe«). Es heißt, »sich und seinen Gefühlen gegenüber ehr-
lich zu sein« (Perlman, S. 102). Abzuleugnen, daß man Gefühle habe oder
ihren negativen Charakter zu verleugnen, heißt, sie aus dem Bewußtsein zu
verdrängen. Was aber verdrängt und verleugnet wird, ist einer bewußten
Analyse und Kontrolle nicht zugänglich. Gefühle, die erkannt und akzeptiert werden, können allmählich verändert oder zumindest beherrscht werden. – Ein wichtiges Instrument zum Erlernen von Selbstwahrnehmung
und Selbstkontrolle ist die *Supervision in der Praxis.*   *R. D.*

Selektion. (Auslese) Im Prozeß sozialer Kontrolle wird aus der Gesamtheit
strafbaren Verhaltens nur ein Teil angezeigt, nachdrücklich verfolgt und
abgeurteilt. Die moderne Kriminologie hat hierzu schichtspezifische Selektionsmechanismen zu Lasten der Angehörigen der unteren sozialen
Schichten auch empirisch nachgewiesen. So sind Unterschichtsangehörige
eher dem Verdacht und dem Zugriff der Strafverfolgungsbehörden ausgesetzt. Der Polizeieinsatz konzentriert sich auf bestimmte Gegenden, bestimmte Personen werden vornehmlich überprüft, ihnen gegenüber werden
die Zwangsmittel im Strafverfahren eher eingesetzt. So haben junge Menschen aus intakten Mittelschichtsfamilien eine größere Chance, straffrei
auszugehen, wenn sich ihre Eltern darum bemühen, daß von einer Strafver-
folgung Abstand genommen wird. Sozialselektive Faktoren spielen selbst
in der gerichtlichen Hauptverhandlung noch eine bedeutsame Rolle – so
etwa die Entkriminalisierung von Eigentumstätern aus höheren sozialen
Schichten (Freispruch, Einstellung wegen Geringfügigkeit). Diese ausge-
wählten Beispiele einer ungleichen Rechtsanwendung sind auf dem Hintergrund der Tatsache zu sehen, daß der Katalog der mit Strafe bedrohten

Handlungen im wesentlichen dem des Reichsstrafgesetzbuches von 1871 entspricht, einem »Gesetzbuch gegen die Armen und Dummen« (Jürgen Baumann), und daß noch heute – trotz anzuerkennender Intensivierung der Bekämpfung von »Weißen-Kragen-Tätern« – manches zweifelsfrei gesellschaftsschädliche Verhalten im Wirtschaftsleben nicht unter Strafe gestellt ist, sondern (wenn überhaupt) als Ordnungswidrigkeit mit Geldbußen sanktioniert wird.   *G. F.*

Sozialarbeit im Gesundheitswesen. In den letzten Jahren hat sich eine tiefgreifende Wandlung vollzogen: die Zeit, in der – nach H. Viefhues – das Gesundheitswesen zu denjenigen Berufsfeldern gehörte, »die ein künftiger Sozialarbeiter nach Kräften meidet«, sind vorbei. Es findet sich vielmehr ein reges Interesse unter Studenten des Sozialwesens für die Arbeit im Gesundheitswesen. Es wirken aber dennoch jene Vorstellungen nach, die einmal zur Ablehnung dieser Tätigkeit geführt hatten: die viel stärkere hierarchische Gliederung des Gesundheitswesens, die dominierende Stellung des Arztes, der gegenüber man keinerlei Chance zu haben glaubt, eigene Arbeit sinnvoll durchführen zu können, außerdem die fehlenden Abgrenzungen der beruflichen Tätigkeit in diesem Umfeld, das ja außerdem noch von den sog. ärztlichen Assistenzberufen (Schwestern, Pfleger, Arzthelferinnen, Gesundheitsinspektoren usw.) beherrscht wird.

Für das Berufsbild des Sozialarbeiters im Gesundheitswesen ist es deshalb wichtig, jede Ähnlichkeit mit bestehenden Berufen zu vermeiden, es nicht etwa am Arzt oder an der Schwester – wie den Diakon am Pfarrer – zu orientieren. Es kommt vielmehr darauf an, die eigenständigen Aufgaben zu gliedern und diejenigen zusammenzufassen und auf ihre sozialarbeiterische Relevanz zu prüfen, die in den bestehenden Strukturen weitgehend unbesetzt geblieben sind. Der Komplex der »sozialen Beratung« und der Bereich der »sozialen Therapie« gehören zu den Aufgaben, welchen ein optimales Gesundheitssystem in unserer Zeit gerecht werden müßte, für die es aber derzeit nicht genügend ausgerüstet ist. Man hat deshalb nachdrücklich Ausbildung in Psychologie, Soziologie, Psychotherapie und Sozialpsychologie und -psychiatrie in die Curricula des Sozialwesens eingefügt. Es ist aber zu berücksichtigen, daß es nicht genügt, die Sozialarbeiter einseitig nur mit den psychosozialen Aspekten vertraut zu machen, sondern daß sie, um gleichrangig neben den Ärzten und den ärztlichen Assistenzberufen arbeiten zu können, auch über Grundkenntnisse in der Medizin verfügen, die medizinische Terminologie sowie die wichtigsten ätiologischen und pathogenetischen Vorstellungen der Ärzte kennen müssen. Es wird demgemäß eine »Medizin für Nichtärzte« gefordert, die für die zweitausendjährige Geschichte der Medizin eine einschneidende Neuerung darstellt, da die Medizin bisher von einem einzigen Berufsstand, den Ärzten, monopolisiert war. Hierfür ist eine bloße »Verdünnung« oder anderweitig popularisierte Zubereitung nicht ausreichend, da für jeden einzelnen Aspekt zu fragen ist, wie er sich für die Sozialarbeit darstellen muß. So wird derjenige Sozialarbeiter, der Familienberatung übernimmt oder die Beratung im § 218 b-Fall über wesentliche gynäkologisch-geburtshelferische Kenntnisse verfügen müssen, verbunden mit solchen juristischer Art, orientiert aber nicht am individuellen Eingriff, etwa der Auskratzung, sondern an den Aufgaben der Konfliktberatung. *P. L.*

Sozialarbeit in der Psychiatrie. 1. Psychiatrische Klinik: Die Sozialarbeit in der Psychiatrie hat eine lange Tradition. Ihr Schwerpunkt lag immer im Fürsorgebereich, also z. B. bei der Entlassung für einen Arbeitsplatz und eine Wohnung zu sorgen, rechtliche und vor allem finanzielle Probleme, z. B. Kostenübernahmen zu regeln. Mit dem zunehmenden Mangel an Ärzten in den Landeskrankenhäusern und auf Grund der angelsächsischen Erfahrungen werden neue Aspekte der Sozialarbeit im Sinne der psychischen Beratung und Sozialtherapie (Teilnahme an der Stationsgruppe und Aufnahme ins therapeutische Team) praktiziert. Jedoch erscheint es nur ausnahmsweise möglich, daß Sozialarbeiter im stationären Bereich selbständig und eigenverantwortlich arbeiten, z. B. eine Station leiten, wobei der Arzt im Sinne eines medizinischen Konsiliarius zur Verfügung steht.
2. Poliklinischer Bereich: Ambulanzen und Polikliniken werden fast ausnahmslos von Universitätskliniken betrieben. Dort war man häufiger für neuere Arbeitsformen aufgeschlossen. So finden sich hier Sozialarbeiter als Gruppenleiter oder Co-Leiter, sie erheben die soziale Anamnese, arbeiten als Familientherapeuten und im fürsorgerischen Bereich. Im Sinne der kommunalen Psychiatrie beraten sie Einrichtungen im psychiatrischen Vorfeld.
3. Außerklinischer Bereich: Übergangswohnheime, Wohngruppen, Patientenclubs, Werkstätten für Behinderte etc. werden häufig von Sozialarbeitern geleitet. Oft fühlen sie sich dann aber von der Verwaltungsarbeit in ihrer eigentlichen Funktion blockiert. Die Arbeit in diesen Einrichtungen erfordert ein hohes Maß an psychiatrischer und therapeutischer Qualifikation. Meist fehlt die fachliche Unterstützung von außerhalb.
4. Beratungsstellen: Je nach der Aufgabenstellung überwiegt die Beratung oder die Therapie. Während von Sozialämtern z. B. mehr Beratung angeboten wird, so betreiben die Erziehungsberatungsstellen mehr Kinder- und Familientherapie. Andere Dienste sind stärker auf die Gemeinwesenarbeit ausgerichtet. Eine scharfe Abgrenzung der verschiedenen Arbeitsfelder ist jedoch nicht möglich. Beratungsstellen können sich an bestimmte Personengruppen wenden und dadurch bestimmte Arbeitsweisen entwickeln, z. B. Drogenberatung. *M. M.-S.*

Soziale Einzelhilfe ist die im deutschen Sprachgebrauch eingeführte Bezeichnung für die älteste der Methoden der Sozialarbeit, das in den USA entwickelte *Casework*, das nach dem Zweiten Weltkrieg nach Europa gebracht wurde. Hier wurde es, insbesondere in den Niederlanden (Marie Kamphuis) und der Schweiz (Doris Zeller) nicht nur aus dem Englischen übersetzt, sondern auch auf die anderen sozio-kulturellen Gegebenheiten Europas übertragen.

S. ist eine psychosoziale Behandlungsmethode mit direkter und indirekter Hilfe, je nach dem vorliegenden sozialen Problem. Ursprünglich entwickelt an der Arbeit mit Einzelnen, bezieht sie heute dessen näheres und weiteres Umfeld in Diagnose und Behandlung mit ein.

Indirekte Hilfe wird von außen herangebracht und besteht in einer Änderung des sozialen Milieus.

Direkte Hilfe setzt am Klienten selbst an in einem vom Sozialarbeiter bewußt eingeleiteten und gesteuerten Prozeß mit dem Ziel, den Klienten zu befähigen, mit seinen Problemen im sozialen Bereich besser fertig zu werden. S. basiert a) auf Wertsetzungen, die aus unserer westlichen Kultur hervorgegangen sind. Sie betonen insbesondere den Wert des Einzelmenschen, achten seine Einmaligkeit und sein Recht auf Selbstverwirklichung, eingegrenzt nur durch die gleichen Rechte seiner Mitmenschen; b) auf Theorieanteilen aus den Grundwissenschaften Psychologie, Anthropologie, Soziologie, Medizin; c) auf Wissen um die sozialen Hilfsquellen der Gesellschaft: Recht, Verwaltung, soziale Institutionen. Hieraus erwachsen die berufliche Haltung und das Können des Sozialarbeiters: *Akzeptieren* ist die gefühlsmäßige Anteilnahme am Klienten und seinem Wohlergehen, die Bereitschaft, sich seiner anzunehmen. Es teilt sich durch die Haltung des Sozialarbeiters dem Klienten mit. Das Akzeptieren hat einen therapeutischen Zweck: dem Sozialarbeiter hilft es, den Klienten zu verstehen, wie er wirklich ist; dem Klienten, seine Abwehrhaltungen zu verringern, sich sicherer, freier zu fühlen, woraus allein Veränderung möglich wird. Akzeptieren schließt eine Verurteilung des Klienten aus, bedeutet aber nicht Gutheißen von oder Gleichgültigkeit gegenüber dessen Fehlverhalten und nicht Aufgabe der eigenen Wertmaßstäbe des Sozialarbeiters. Im Gegenteil: er muß Einstellung und Wandlungen des Klienten beurteilen können, um ihm zu helfen, die Richtung auf konstruktivere Ziele einzuschlagen. – Grundlegend ist die Fähigkeit zur Herstellung einer guten wirksamen Beziehung zwischen Sozialarbeiter und Klienten, charakterisiert auf der Seite des Sozialarbeiters durch seinen Willen zur Hilfe, sein Einfühlungsvermögen, seine Zugewandtheit – auf der Seite des Klienten durch seinen Mut zu vertrauen und ein Stück Bereitschaft, seinen Teil an der zu leistenden Arbeit beizutragen.

Beziehung in diesem Sinne meint »eine Situation, in der zwei Personen mit einigem gemeinsamen Interesse, mag dies langfristig oder vorübergehend sein, . . . gefühlsmäßig aufeinander einwirken«, (Perlman, S. 84). Sie kann entstehen, wenn sich der Klient verstanden fühlt, weil der Sozialarbeiter ihm mit Interesse zuhört, seine Schwierigkeiten nicht bagatellisiert, seine Gefühle aufnimmt und teilt. Im Schutze der Beziehung kann ein Mensch es wagen, die eigenen Anteile an seinen Schwierigkeiten allmählich in den Blick zu nehmen, verleugnete Gefühle in sich wahrzunehmen, so daß Veränderung möglich wird. Neues Fühlen ist Voraussetzung für neues Denken und Handeln, damit auch für Veränderungen im Beziehungsgefüge um ihn. Eine berufliche Beziehung (»therapeutische Allianz«) ist asymmetrisch: die Bedürfnisse des Klienten stehen im Mittelpunkt. Damit nicht unvermerkt eigene Bedürfnisse des Sozialarbeiters den helfenden Prozeß stören, braucht dieser Kenntnis seiner selbst, seiner Bedürfnisse, Befürchtungen, Wertmaßstäbe und Vorurteile und die Fähigkeit zur Selbstkontrolle. Innerhalb und mit Hilfe dieser Beziehung arbeiten Sozialarbeiter und Klient zusammen an der Behebung der sozialen Schwierigkeiten. Dabei sind stets subjektive und objektive Schwierigkeiten zu unterscheiden.

Der Hilfeprozeß verläuft in verschiedenen Phasen mit unterschiedlichen Schwerpunkten: 1. Beobachten, Fakten sammeln: Fallstudie. Dies ist ein gemeinsamer Prozeß zwischen Sozialarbeiter und Klient. 2. Diese Fakten auswerten und eine Hypothese aufstellen, die die Bedeutung der Fakten klärt: psychosoziale Diagnose. 3. Aufgrund dieser Hypothese den Klienten bewegen und befähigen, zusammen mit dem Sozialarbeiter schrittweise sich der Problemlösung zu nähern: Behandlung. Diese drei Dinge sind im Hilfeprozeß ständig miteinander verwoben, immer gegenwärtig, doch mit verschieden starker Akzentuierung entsprechend den Stadien des Prozesses. Zu 1.: Vom Erstgespräch (Kontaktaufnahme, »Intake«) hängt viel für das Zustandekommen und den Ablauf des Hilfeprozesses ab. Es erfordert daher viel methodisches Können. Im Unterschied zu weiterführenden Beratungsgesprächen hat es eine gewisse Struktur: Art und Schwere des Problems müssen ersichtlich, Hoffnungen und Befürchtungen des Klienten angesprochen werden. Der Sozialarbeiter sollte Belastbarkeit und Fähigkeit des Klienten zur Mitarbeit einschätzen können. Er muß ihm die Hilfemöglichkeiten seiner Stelle zeigen und evtl. Bedingungen (Funktionsklärung), konkret und individuell dem Klienten und seinem vorgebrachten Problem entsprechend. Schließlich ist der »nächste Schritt« gemeinsam zu planen. Dies kann die Bereitschaft des Klienten zum weiteren Gespräch sein – mit Terminabsprache –, dies kann auch eine konkrete Hilfemaßnahme sein oder gegebenenfalls Überweisung an die zuständige Stelle. – Zu 2.: Im diagnostischen Prozeß formuliert der Sozialarbeiter, wie er *diesen* Klienten in *dieser* Situation sieht und wo Ansatzpunkte für Hilfeleistungen sind: Diagnose als Handlungsmodell. Es dreht sich um die drei Fragen: Was ist das Problem? Wie ist es dazu gekommen? Was kann man dagegen tun? Die Antworten auf diese Fragen sind nie endgültig, die Diagnose ist nie ganz abgeschlossen, der Sozialarbeiter muß stets zu Veränderung und Korrektur bereit bleiben. Ihr vorläufiger Charakter ist besonders deutlich zu Beginn; von daher rührt eine Scheu, sich »zu früh« festzulegen. Doch kann man nicht warten, bis man »alles« weiß. Wichtig ist, das Wesentliche zum Verstehen dieses Menschen mit diesem Problem in dieser Situation zu finden und den Anfang des Hilfeprozesses, und dies nicht auf Grund vager Eindrücke und impulsiver Vorschläge, sondern nach verantwortlicher Auswertung und mit begründbarer Zielsetzung. – Zu 3.: Im Zentrum der Bemühungen des Sozialarbeiters steht die Veränderung der täglichen sozialen

Realität des Klienten und der Faktoren, die sein Fehlverhalten aufrecht erhalten. Dabei ist der Sozialarbeiter bestrebt, so zu arbeiten, daß des Klienten eigene problemlösende Fähigkeiten angeregt oder verstärkt werden (»Hilfe zur Selbsthilfe«): a) Indirekte Hilfe: Schritte, die unternommen werden, um das physische oder soziale oder menschliche Milieu für den Klienten günstiger zu gestalten, den Druck, unter dem er leidet, zu verringern. Das können finanzielle Hilfen sein, manchmal völliger Wechsel der Umwelt (z. B. Heimunterbringung). Unter Umständen muß man das menschliche Milieu ändern, die Einstellung von Bezugspersonen zum Klienten: Lehrer, Arbeitgeber, die Familie eines Haftentlassenen usw. Von Umweltveränderungen verspricht man sich manchmal zu viel. Sie sollten nur vorgenommen werden, wenn sie nach eingehender Diagnose angezeigt sind. b) Direkte Hilfe geschieht in fortlaufenden Gesprächen zwischen Sozialarbeiter und Klient, die sich damit befassen, Verhaltensweisen und Gefühle des Klienten zu klären und zu verändern, soweit sie der Problemlösung im Wege stehen. Der Sozialarbeiter versucht, dem Klienten zu einem Verständnis seiner gegenwärtigen Situation zu verhelfen, bietet ihm in einer stützenden Atmosphäre Gelegenheit, über seine Probleme zu reden, sich durch Aussprechen zu entlasten, Gefühle der Angst und Schuld abzubauen. Er regt an, mögliche Schritte gemeinsam zu durchdenken und zu Entscheidungen für unmittelbares oder zukünftiges Tun zu kommen. Je mehr der Klient die Dinge selbst durchdenken kann, umso fähiger wird er, sein Leben selbst in die Hand zu bekommen und sich in neuen Situationen so zurechtzufinden, daß er unabhängig von Sozialarbeit seine soziale Rolle erfüllen kann. c) Die Beendigung des Hilfeprozesses – *Ablösung* – erfolgt, wenn der Klient instandgesetzt wurde, die noch vorhandenen oder neu entstehende Probleme selbst zu lösen. Sie sollte nicht *zu* früh geschehen, denn neues Verhalten einzuüben, braucht seine Zeit. Andererseits muß sich der Sozialarbeiter daraufhin kontrollieren, daß er das Ziel nicht zu absolut setzt: man kann nie alle Probleme lösen und den Klienten auch nicht vor künftigen Schwierigkeiten bewahren. Als Maßstab gilt: hat der Klient Problemlösungsmöglichkeiten entwickelt, mit denen er neue kritische Situationen besser bewältigen kann? Wenn Sozialarbeiter und Klient im auswertenden Gespräch gemeinsam diese Frage bejahen, ist die Ablösung auch ein Behandlungsschritt.   *R. D.*

Soziale Probleme gibt es zahllos, sie fallen aber im wesentlichen in zwei Kategorien: a) Schwierigkeiten, die Familien oder Einzelne bedrängen aus Mangel an materiellen Mitteln: Geld, Wohnung, Arbeit, Hilfen zur Gesunderhaltung, usw. Der Mensch ist das Opfer von Umständen, die er mit wechselndem Streß erlebt. b) Schwierigkeiten, die der Mensch ganz oder teilweise selbst schafft durch sein Verhalten, das seine Beziehungen zu anderen Menschen beeinträchtigt. Sie führen zum Leiden in ihm selbst und in seiner Umwelt. Oft kommen die beiden Arten von Schwierigkeiten zusammen vor, bedingen und verstärken sich gegenseitig. Der Sozialarbeiter hat immer beides anzusehen: die objektiven Tatbestände und den Grad ihrer subjektiven Bedeutung für den Klienten. Problematisch wird es, wenn die Umwelt oder die Gesellschaft als ganzes die Situation eines Menschen als »Notlage« definiert, von der er selbst nicht der Auffassung ist, daß sie ihn der Hilfe bedürftig mache. R. D.

Sozialforschung konzentriert sich, soweit soziale Arbeit im engeren Sinn damit befaßt ist, um Fall- und Problemstudien. Es kommt dabei auf die Überprüfung sämtlicher erreichbarer Informationen über eine Person, eine Gruppe oder eine Situation an, um zunächst einmal das jeweils vorliegende Problem zu verstehen. Dem Sozialarbeiter hier zu Gebote stehende Forschungsmethoden sind das Interview, der Fragebogen, der Hausbesuch, Lebensgeschichten, Meinungen, Wünsche, Ängste, Hoffnungen, überhaupt alle persönlichen Dokumentationen. Obzwar solche Datensammlungen keinen Anspruch auf Verallgemeinerung im Sinne reiner Sozialwissenschaft haben, sind sie für kurz- und mittelfristige Problemlösungen sehr wertvoll und unerläßlich. Die Fakten müssen aber in der Hand des Sozialarbeiters überschaubar bleiben, und es muß der Versuch gemacht werden, zwischen ihnen relevante Beziehungen herzustellen meistens kausaler, mitunter aber auch finaler Art. Der Sozialarbeiter wird dabei auf Probleme stoßen, die der Ausfluß bestimmter, oft, aber nicht immer, aktueller unmittelbarer Situationen und Probleme sind, in denen eine Intervention notwendig ist. Bei aller prinzipiellen Möglichkeit, soziale Situationen zu verändern und soziale Probleme zu beseitigen, geht ein solches Unternehmen doch weit über die Kräfte des einzelnen hinaus, um so mehr als an einem einzigen sozialen Problem nicht nur eine große Anzahl von Menschen zu leiden hat, sondern eine große Anzahl von Menschen und Gruppen aus eigenen Interessen auf dem bisherigen Zustand bestehen werden. Die soziale Forschung ist daher bestrebt, solche sozialen Probleme gleichsam in den Rang technischer Probleme zu erheben, für die dann ähnlich wie bei Naturkatastrophen helfende Interventionen leichter möglich sind. In diesem Zusammenhang sind neuerdings die bereits seit langem bekannten sozialen Reformbemühungen durch eine systematische soziale Planung abgelöst worden, die wissenschaftliche Ausarbeitung von Plänen und Programmen zur Lösung aktueller und/oder vorweggenommener menschlicher und sozialer Probleme. Hierbei spielen neben der wissenschaftlichen Methodik politische und sozialpolitische Faktoren eine überragende Rolle, da es sich dabei stets um fundamentale Veränderungen von Institutionen und Strukturen handelt, die nicht nur infolge ihrer »Großräumigkeit« hohe Kosten verursachen, sondern auch mit überkommenen Vorstellungen brechen. In bezug auf den engeren sozialen Sektor würden solche Sozialplanungen auf dem Gebiet der allgemeinen sozialen Hilfe etwa Alten- und Pflegeheime, ambulante Beratungseinheiten, Sozialisationszentren aller Art, auf dem Gebiet der Jugendhilfe die Schaffung von Spielplätzen, Jugendfreizeit-, Jugendbildungs- und Begegnungsstätten, Einrichtungen für behinderte Kinder und Jugendliche, etc. einschließen. Die Methoden moderner sozialer Planung (Bestandaufnahme, Bedarfsermittlung, Entwurf von Planungskonzepten, Finanz- und Investititionsplanung, Organisationsplanung und Ausbildungsplanung der sozialen Berufskräfte) sind selbst wieder Arbeitsgebiete der S. im weitesten Umfang. *H. M.*

Sozialhilferecht. Das S. ist im Bundessozialhilfegesetz (BSHG) vom 30. 6. 1961 geregelt. Materiell beinhaltet es die »nachrangige Grundsicherung für jeden. Das Gesetz geht dabei – in Durchführung des Sozialstaatsgebotes (Art. 20, 28 GG) – vom Bedarfsprinzip aus, die Ursachen der Notstände oder »Verschulden« bleiben grundsätzlich unbeachtet. Das Subsidiaritätsprinzip (Nachrang, »Generalausfallbürge«) des Gesetzes bedingt aber, daß keine Sozialhilfe erhält, wer sich selbst helfen kann oder die erforderliche Hilfe von anderen erhält. Faktisch im Vordergrund stehen die ökonomischen (monetären) Leistungen des Gesetzes aufgrund von Regelsätzen, die nicht bundeseinheitlich sind. Diese werden ergänzt durch einmalige Leistungen, sachliche und persönliche Hilfen. Empirische Untersuchungen haben ergeben, daß die Rechtsansprüche des Gesetzes von den »an sich« Berechtigten nicht voll oder gar nicht genutzt werden (»Dunkelziffer«). Die richtige Durchführung der vorgesehenen sachlichen und persönlichen Hilfen i. S. des Gesetzes ist auch eine Frage verbesserter Sozialarbeiterausbildung. Verwaltungsträger (und Kostenträger der Sozialhilfe sind i. d. R. die kreisfreien Städte und Landkreise §§ 96 I, 99 BSHG). Der tatsächliche Aufenthalt des Hilfeberechtigten bestimmt die örtliche Zuständigkeit (§ 97 BSHG). Die überörtlichen Träger (§ 96 II BSHG) sind für einige Hilfen in besonderen Lebenslagen zuständig.

Die Hilfen des BSHG lassen sich gliedern in 1. Hilfe zum Lebensunterhalt und 2. Hilfen in besonderen Lebenslagen. Die *Hilfe zum Lebensunterhalt* (HzLU) soll dem Hilfeempfänger die Mittel zur Verfügung stellen, die er benötigt, um seinen notwendigen Lebensunterhalt (§ 12 BSHG) zu bestreiten. Bei den Hilfen in besonderen Lebenslagen (HbLL) handelt es sich um Hilfen, die zur Überwindung qualifizierter Notlagen bestimmt sind, ihre Anspruchsvoraussetzungen sind entsprechend großzügiger gefaßt. Die Prüfung, ob ein Anspruch vorliegt, sollte nur anhand eines Gesetzeskommentars vorgenommen werden, der über Zweifelsfälle Aufschluß gibt. Im einzelnen muß dabei etwa wie folgt vorgegangen werden: 1. für HzLU und HbLL in gleicher Weise zu prüfen sind die formellen Voraussetzungen: a) Bekanntwerden der Hilfsbedürftigkeit (§ 5 BSHG) bei dem b) zuständigen Sozialhilfeträger (§§ 9, 96, 97ff. BSHG) oder bei beauftragter Stelle (§§ 10 V, 96 BSHG). Für HzLU und HbLL in verschiedener Weise zu prüfen sind die materiellen Voraussetzungen a) Hilfe zum Lebensunterhalt: Jeder Hilfesuchende hat nach dem BSHG einen eigenen Anspruch, davon weicht die Berechnungsvorschrift der »Bedarfsgemeinschaft« nur scheinbar ab (§ 11 I S. 2 BSHG). Die Hilfsbedürftigkeit (§ 11 I BSHG) ist zu prüfen, indem der anhand von Regelsätzen »normierte« laufende Bedarf (beachten, was dieser beinhaltet: siehe Regelsatzverordnung) – §§ 11 ff., §§ 21 ff. BSHG. – dem ermittelten Einkommen – §§ 76-78 BSHG) – gegenübergestellt wird. Diese Prüfung wird ergänzt durch die Ermittlung evtl. einzusetzenden Vermögens (§§ 88, 89 BSHG). Sofern der laufende Bedarf größer ist als das Einkommen bzw. das zu verwertende Vermögen, besteht grundsätzlich Anspruch auf laufende Hilfe zum Lebensunterhalt, die ergänzt werden muß durch einmalige Leistungen, die in den Regelsätzen nicht normiert sind. Sofern sich kein ungedeckter Bedarf ergibt, ist zu prüfen, ob nicht allein einmalige Leistungen gewährt werden müssen (§§ 11 ff. u. 21 II BSHG). Außerdem besteht die Möglichkeit, daß von den Regelsätzen abgewichen wird. Daneben sind dann zu prüfen: Aufwendungsersatz (§ 11 II BSHG), Maßnahmen nach §§ 18 ff. und evtl. Einschränkung der Hilfe nach § 25 BSHG (insbes. § 25 beachten). Die Höhe der Regelsätze und einzelner Mehrbedarfe« werden in den Staatsanzeigern der Bundesländer veröffentlicht. – *Hilfe in besonderen Lebenslagen:* Für die HbLL gelten besondere sachliche Voraussetzungen, deren Vorliegen im konkreten Einzelfall zunächst anhand der einzelnen Vorschriften zu prüfen ist (§§ 27 II, 30-75 BSHG). Die gesetzlichen Tatbestände müssen meist interpretiert werden, anhand der Kommentarliteratur ist zu ermitteln, welche Gerichtsentscheidungen mit welchen Auslegungen schon ergangen sind. Sind die sachlichen Voraussetzungen gegeben, wird die Höhe des zu deckenden Bedarfs (§§ 27-75 BSHG) ermittelt und unter Berücksichtigung des Nachrangs der Sozialhilfe (§ 2 BSHG) dem zumutbaren (§ 88 BSHG) Eigenanteil (§ 84 I BSHG oder §§ 85, 86, 84 II BSHG), der aus dem Vergleich zwischen Einkommen und Einkommensgrenze (§§ 79, 81 BSHG) resultiert, gegenübergestellt. Sollte der Bedarf den Eigenanteil übersteigen, setzt die Hilfe ein (§ 5 BSHG), wenn auch ein Vermögenseinsatz (§§ 88, 89 BSHG) nicht in Frage kommt. Daneben sind die Möglichkeiten der erweiterten Hilfe (§§ 29, 43, 58 BSHG) oder der Einschränkung der Hilfe (§ 29 a BSHG) zu prüfen.

Für die HzLU und HbLL gelten allgemeine Grundsätze, von denen der des Nachrangs (§ 2 BSHG) schon erwähnt wurde. Auf die Sozialhilfeleistungen besteht ein Rechtsanspruch »dem Grunde nach«, nicht nach »Form und Maß« der Leistung, soweit das BSHG bestimmt, daß Hilfe zu gewähren ist (§ 4 BSHG). Das bedeutet, daß der Hilfeberechtigte vom Hilfeträger verlangen kann, daß er überhaupt leistet, in vielen Fällen aber nicht, was und wieviel dieser leistet. Dieses gilt für die sog. Muß- oder Ist-Leistungen ebenso wie für die Soll-Leistungen (z. B. §§ 36 I, 70 I, 72 I, 75 BSHG), die im Regelfall zu gewähren sind. Auch dem Grunde nach besteht kein Anspruch auf die sog. Kann-Leistungen des Gesetzes. Ermessensleistungen sind meist im Kontext des Individualisierungsprinzips zu sehen, nach dem Sozialhilfe sich nach Art, Form und Maß der Besonderheit des Einzelfalles zu richten hat (§ 3 BSHG). Dieses kann für den Berechtigten vorteilhaft sein, andererseits verhindert die gesamte Individualisierungstendenz des Gesetzes seinen sinnvollen Einbau in sozialplanerische Maßnahmen. So

»sieht« das Gesetz nicht, daß die individuell erscheinenden Notlagen zugleich gesellschaftlich typisch sind, d. h. Gemeinwesenarbeit kann keine sozialrechtliche Hilfeart nach dem BSHG (etwa § 72 BSHG) sein, obwohl »zwischen persönlicher Hilfe und einer als Gemeinwesenarbeit verstandenen Integrationshilfe für Gruppen in besonderen Schwierigkeiten enge Wechselbeziehungen bestehen« (Kögler). Im übrigen sollen die besonderen Verhältnisse der Familie des Hilfesuchenden berücksichtigt werden (§ 7 BSHG). Aus § 5 BSHG folgt, daß die Sozialhilfe für die Zukunft zu gewähren ist: Schuldübernahme ist daher grundsätzlich ausgeschlossen, Ausnahmen sind evtl. möglich gemäß § 15 a BSHG. – Die Fragen der Ersatzansprüche (Verpflichtungen anderer, insbesondere Unterhaltspflichtiger) regeln der 5. und 6. Abschnitt des Gesetzes (§§ 90, 91, 92, 92 a, 92 c BSHG) und die §§ 1531, 1532, 1534, 1537, 1538 RVO i. V. mit § 140 BSHG. Rechtsschutz für die Hilfeberechtigten nach dem BSHG gegenüber dem Verhalten der Sozialhilfeträger gewährt gemäß § 40 I VwGo die allgemeine Verwaltungsgerichtsbarkeit, Gerichtskosten werden nicht erhoben (§ 188 VwGo). *F. T.*

Sozialisation ist der Prozeß, in dem der Mensch dazu erzogen wird, innerhalb seiner Gruppe und im Hinblick auf die von ihr gewährte Befriedigung seiner Bedürfnisse leben zu können. Durch die von ihm erfahrene S. wird er gleichsam Teil seiner Gruppe, handelt er entsprechend ihren Normen und Werten, macht er sich ihre Traditionen zu eigen und erwirbt er die sozial unerläßlichen Fähigkeiten der Interkommunikation und Kooperation mit den Angehörigen seiner Gruppe, die ihm ihrerseits das Gefühl der Zugehörigkeit und Geborgenheit vermitteln. Als S.instanzen gelten alle Einrichtungen, die den S.prozeß in Gang bringen und steuern, Familie, Kindergarten, Schule, Freundesgruppen, Berufsgruppen etc. samt der in ihnen verkörperten Werte und Normen. Die moderne S.forschung legt dabei besonderen Nachdruck auf die spezifischen Normen, Werte, Überzeugungen, zu vergebende Positionen und Rollen, die charakteristischen Sanktionen, mittels derer der Internalisierungs und – Integrationsvorgang beschleunigt oder verzögert wird (Kultur und Sprache der Gruppe), daß man schon aus heuristischen Gründen von einer schichtspezifischen S. sprechen muß. Ihr kritischer Ansatz liegt darin, daß die schichtspezifische S. wesentlich zur Permanenz der Schichtstrukturen beiträgt und so ihre Unterprivilegiertheit nicht aufheben kann. Der S.prozeß gilt heute auch im Erwachsenenalter nicht als abgeschlossen und seine Folgen werden von der einschlägigen Lernpsychologie und Psychoanalyse nicht als irreversibel angesehen, zumal sich die institutionalisierten Wertorientierungen selbst ändern lassen und auch geändert werden und damit Neubildungen der motivationalen und kognitiven Persönlichkeitsstruktur Auftrieb geben. Gegenüber dem Begriff Erziehung ist S., wie Günter Hartfield herausgearbeitet hat, als Oberbegriff aufzufassen, »denn er umschreibt neben den von speziellen Personen und Institutionen formal und intentional vorgenommenen pädagogischen Prozessen auch alle sonstigen Mechanismen der Beeinflussung und Persönlichkeitsbildung«. *H. M.*

Soziallehren, kirchliche. 1. *Katholische oder solidaristische Sozialarbeit:* Für die Theorie und Praxis der katholischen Sozialarbeit ist relevant, daß die obersten Wertprämissen des Katholizismus für einen Katholiken göttlichen Ursprungs sind, daß außerdem Sinn und Zweck des menschlichen Lebens durch die römisch-katholische Lehre klar definiert sind. Die katholische Sozialarbeit versteht sich ihrer Soziallehre entsprechend als »Gabe und Aufgabe« und verwirft bei ihren Klienten jede Trennung materieller, psychologischer, sozialer und spiritueller Komponenten. Sie kann die Grundfunktionen ihres Gemeinde- und Gemeinschaftslebens nicht anders als durch den Glauben, den Gottesdienst und die Bruderliebe definieren. Die Gleichsetzung von Nächstenliebe mit der Verpflichtung zur sozialen Arbeit, die sich in allen Definitionen katholischer Sozialarbeit zeigt, erfolgt im Katholizismus unter Bezugnahme auf das Solidaritätsprinzip, das die »Seinsverbundenheit« des Menschen dualistisch begreift, in einem irdischen, soziologisch erforschbaren und in einem überirdischen, soziologisch nicht erforschbaren Sinn. Der auf dem Solidaritätsprinzip fußende katholische Solidarismus und das mit ihm einhergehende soziale Ordnungsbild können natürlich durchaus bis zu dem Grad, in dem die katholische Soziallehre auf irdischer Erfahrung beruht, soziales Modell sein. In diesem Sinne sind die bekannten päpstlichen Enzykliken authentische sozialwissenschaftliche Beiträge, da sie reale Handlungsmöglichkeiten aufzeigen oder reale Handlungsweisen analysieren und kritisieren. Es ist wichtig, darauf hinzuweisen, daß man sich im Rahmen des katholischen Solidarismus, der auf einem überirdischen Handlungszusammenhang der Menschen mit Gott besteht, auf dem Boden des Normativen und nicht mehr auf dem Boden der Sozialwissenschaften bewegt. Der normative Charakter der Nächstenliebe läßt sozusagen einen zu großen »Sollensrest« zurück.
2. *Protestantische oder ethische Sozialarbeit:* Der Protestantismus besteht prinzipiell auf derselben unlösbaren Verbindung des Irdischen mit dem Überirdischen, wenn auch die Bedeutung, die die Theologen beider christlichen Konfessionen der diesseitigen und der jenseitigen Welt zugeschrieben haben, unterschiedlich ist. Die protestantische (diakonische) Sozialarbeit betrachtet die soziale Gefährdung prinzipiell als die mit jedem Menschenleben gegebene Möglichkeit, die von Gott gesetzte Bestimmung des Lebens zu verfehlen. Von dem Hintergrund dieser universellen Determinierung heben sich spezielle Manifestationen der sozialen Gefährdung ab. Sie werden erkannt als Auswirkungen negativer, d. h. zerstörerischer Kräfte, die sich weder auf Anlage noch auf Umwelt begrenzen lassen. Dem dauernden Ansturm dieser Mächte ist der Mensch nach der Erfahrung des Christentums nicht gewachsen, sondern er bleibt dabei auf Hilfe von außen und von oben angewiesen. Der christliche Glaube erkennt und erfährt die stärksten Hilfe- und Abwehrkräfte in der bergenden Vaterschaft Gottes,

in dem Sieg Christi über alle verführerischen Gewalten und in der täglich neuen Kraftausstattung durch das Gebet. Die Einsicht in die allgemeine und damit auch eigene Gefährdung verhindert jede Überheblichkeit gegenüber ihren speziellen und akuten Erscheinungen ebenso wie den richtenden Schuldspruch, es sei denn als pädagogisches Hilfsmittel (Leitsätze, verkürzt nach Herbert Krimm).

Katholische und protestantische Soziallehren befaßten sich seit der im 19. Jahrhundert aufgekommenen »sozialen Frage« (Arbeiterfrage) eingehend mit deren geistigen Ursachen. Mit der kapitalistischen Gesellschaft begann ein Umsturz der Werte, der in eine noch immer anhaltende Kulturkrise führte. Die eigentliche soziale Frage ginge weit über den rein wirtschaftlich-sozialen Bereich hinaus und müsse den geistig-kulturellen Bereich einbeziehen. Die christlichen Soziallehren befassen sich in der Hauptsache mit den Auswirkungen der wirtschaftlich-sozialen Entwicklung auf die gesamten gesellschaftlichen und kulturellen Lebensordnungen (Johannes Messner). Die christlichen Soziallehren und die von ihr geprägte christliche Sozialarbeit (Caritaswissenschaft, Diakoniewissenschaft) verstehen sich letztlich also als Entfaltung und Betätigung christlicher Glaubens- und Lebenskräfte. *H. M.*

Sozialmedizin. Als eine gewisse Abgrenzung zur klassischen Medizin, die sich rein organisch naturwissenschaftlich versteht, läßt sich die S. als der medizinische Bereich verstehen, der sich mit den Zusammenhängen zwischen Gesellschaft und Krankheit beschäftigt. Dies betrifft sowohl die Krankheitsursachen, die durch bestimmte gesellschaftliche Gegebenheiten entstehen (z. B. Streßfolgen), die Auswirkungen von Krankheiten auf die Gesellschaft (z. B. Grippe und Produktionsausfall), als auch die Bedeutung einer Krankheit für den einzelnen im gesellschaftlichen Rollenverhalten (z. B. Querschnittslähmung und Stadtplanung). Anders ausgedrückt versucht die S. über den naturwissenschaftlichen Rahmen hinaus, die gesellschaftlichen Ursachen und Folgen von Krankheiten zu erforschen und mit sozialen Maßnahmen Krankheiten zu bekämpfen und ihre Folgen zu verändern. (Man beachte die Parallele, aber auch die Abgrenzung zur psychologischen Medizin.) *M. M.-S.*

Sozialmedizinischer Dienst. Unter S. versteht man jene Angebote, die körperliche, geistige und seelische Störungen in ihren Auswirkungen mildern, aber keine ärztlichen Leistungen sind. Sie werden von Sozialarbeitern, Pflegekräften, anderen medizinischen Hilfskräften oder Laien innerhalb und außerhalb von Kliniken und anderen Einrichtungen erbracht. Dazu gehören z. B. Hauspflege, berufliche Rehabilitation, gesellschaftliche Eingliederung, Erholung oder Gesundheitserziehung. Die Träger solcher S. können Behörden wie das Sozialamt sein, es können öffentliche Träger wie Gebietskörperschaften, freie Wohlfahrtsverbände oder private Träger sein. Die Kosten werden unterschiedlich je nach Leistungsart erbracht, in der beruflichen Rehabilitation durch die Rentenversicherungsträger, in der Hauspflege durch Krankenkassen oder in der sozialen Eingliederung durch die Sozialhilfeträger.   *M. M.-S.*

Sozialpsychiatrie befaßt sich mit den Phänomenen der sozialen Desorganisation und behandelt die aus ihr entstehenden pathologischen Folgen. Dabei ist der theoretische Streitpunkt, ob die gesellschaftliche Organisation als gestört anzusehen ist, weil sich in ihr eine mehr oder minder große Anzahl sozial desorganisierter Individuen befindet, oder ob die betreffende Gesellschaft selbst als pathogen anzusehen ist, die gestörte Persönlichkeiten hervorbringt, nicht vollauf geklärt. Doch kann die große Anzahl neurotisch und psychoneurotisch gestörter Individuen kein Zufall sein, und zweifelsohne liegen enge Beziehungen zwischen sozialer und individueller Desorganisation vor. Auch vermittelnde Positionen sind möglich. Das Individuum scheitert an den kulturellen Forderungen, die die Gesellschaft an es richtet, die jedoch seinen biologischen und psychologischen Bedürfnissen widersprechen so daß alle möglichen Formen sozialer Desorganisation (Neurosen, Psychosen, Kriminalität) einsetzen. Die individuelle Desorganisation drückt dann die Divergenz zwischen individuellen Bedürfnissen und der sozialen Struktur, ihren Normen und Werten aus. Die Aufgabe der Sozialpsychiatrie besteht in der systematischen Herausarbeitung aller sozialen Faktoren, die für die Ätiologie seelischer und geistiger Störungen in Frage kommen könnten, und ferner darin, durch geeignete therapeutische Maßnahmen solche Faktoren zu eliminieren oder zu entschärfen. Die Schwierigkeiten sozialpsychiatrischer Praxis liegen auf der Hand und haben in neuester Zeit zu ganz neuartigen sogenannten gemeindpsychiatrischen Einrichtungen geführt, an denen auch psychiatrisch vorgebildete Sozialarbeiter mitwirken.   *H. M.*

Sozialpsychiatrischer Dienst. Unter S. fallen vor allem die von den Gesundheitsämtern betriebenen Beratungsstellen für psychisch Kranke und Süchtige. Mit dem Gesetz zur Vereinheitlichung des Gesundheitswesens und seinen Durchführungsverordnungen erhielten die Gesundheitsämter den Auftrag, zur Fürsorge von Siechen und Süchtigen und bei der Klinikaufnahme von Geisteskranken mitzuwirken. In einigen Ländern haben die Gesundheitsämter eine gesetzlich geregelte Funktion bei der Zwangseinweisung psychisch Kranker und Süchtiger und bei der Nachbetreuung. Insbesondere Großstädte und Stadtstaaten richteten spezielle Beratungsdienste ein, in denen Psychiater, Sozialarbeiter und Verwaltungsangestellte tätig sind. Gewöhnlich findet dort keine Krankenbehandlung statt. Das Leistungsangebot geht von der Übernahme von Pflegschaften über ärztliche Begutachtungen bei der Zwangseinweisung, über Kontrolle der Entlassenen, über Beratung in sozialen und finanziellen Notlagen, über Beratung in sozialen und finanziellen Notlagen bis zur sozialtherapeutischen Betreuung.

Als Beispiel sei hier die Tätigkeit der sozialpsychiatrischen Beratungsstelle des Stadtgesundheitsamtes Kassel dargestellt. Für 200 000 Einwohner arbeiten hier ein Psychiater, 4 Sozialarbeiter, 2 Praktikanten und 2 Schreibkräfte. Betreut werden psychisch Kranke, Süchtige, Personen mit seelischen Problemen, Angehörige, Betreuer von psychisch Kranken, etc. Ausgenommen sind Sieche, geistig Behinderte und Jugendliche. Die Betreuung erfolgt kostenlos und auf freiwilliger Basis. Sie unterliegt der Schweigepflicht.

Die Beratungen werden im Amt, am Arbeitsplatz oder zu Hause durchgeführt. Es wird mit psychotherapeutischen und sozialarbeiterischen Methoden im Sinne der Sozialtherapie gearbeitet. Dazu werden Einzelgespräche, Familientherapie und Gruppenarbeit angeboten. Es werden Supervision von Sozialarbeitern, die im psychiatrischen Vorfeld arbeiten, z. B. der Familienfürsorge, durchgeführt. Die Beratungsstelle wirkt an der Planung psychiatrischer Einrichtungen mit und bemüht sich um Koordination und Kooperation der psychiatrisch Tätigen. *M. M.-S.*

Sozialrecht. S. ist – nach der Definition von Helmar Bley – »das Recht des Ausgleichs individueller Güterdifferenzen durch transitive Leistungen eines Trägers öffentlicher Verwaltung«. In der Regel werden durch das S. die auf Defiziten beruhenden Bedarfe an Gütern oder Diensten durch Geld- oder Sachleistungen ausgeglichen. Durch das S. erfolgt die Feinsteuerung der Sozialpolitik: mit Hilfe von außerökonomischer, »sozialbedingter« Zuteilung von Rechtsansprüchen sollen die Personen, die nicht oder nicht ausreichend leistungsfähig sind, um am ökonomischen Handlungssystem der Gesellschaft mitzuwirken, wieder »voll« handlungsfähig werden. Der überwiegende Charakter der Leistungen, auf die ein Rechtsanspruch besteht, ist »wirtschaftlicher Natur: Bildung von Einkommen bei den Personen und in den Situationen, für die die Einkommensverteilung der arbeitsteiligen Wirtschaft ausfällt, obwohl ein anzuerkennendes Bedürfnis vorliegt: die Standardrisiken der Erwerbs- und damit der Einkommensunfähigkeit bzw. -minderung: Unfall, Krankheit, Alter, Arbeitslosigkeit, Verwitwung und Verwaisung, ökonomischer und sozialer Strukturwandel, dysfunktionale Wirkungen der Sozialstruktur, Katastrophen und Kriegsfolgen«. (Chr. v. Ferber)

Mit den Rechtsansprüchen der einzelnen gegenüber den staatlichen Einrichtungen, die mit der Sozialversicherung begannen, war ein historischer Fortschritt erreicht gegenüber den als Reflex des Polizeirechts sich verstehenden Armenunterstützungsleistungen. Mit der Feinsteuerung der Sozialpolitik durch Rechtsansprüche war andererseits aber verbunden, daß die sozialen Probleme individualisiert wurden: Geht man davon aus, daß eine ganze Skala von individuellen Güterdifferenzen zugleich sozial typisch und sozial verursacht ist, dann muß festgestellt werden, daß mittels individueller Rechtsansprüche prinzipiell nicht adäquat darauf reagiert werden kann. Die »Verrechtlichung« der Sozialpolitik war nun wiederum begleitet von der Entstehung und dem Wirken spezifischer formaler Organisationen (Institutionen), denen gegenüber der Klient strukturell unterlegen ist. Diese Sozialverwaltungen und ihre Verbände sind prinzipiell »rechtsprechungsorientiert«, d. h. sie haben einen umfangreichen Personal- und Sachbestand zur Erarbeitung und Verarbeitung von Gesetzen, Verordnungen und Rechtsprechung, demgegenüber fehlen aber weitgehend (vor allem in den zentral organisierten Insitutionen) entwickelte publikumsorientierte Subsysteme mit der Fähigkeit zur Rezeption von Informationen über die kognitiven, affektiven und bedürfnismäßigen Merkmale der Versicherten. Die Ferne der Entscheidungsinstanzen von konkreten Bedürfniskonstellationen der Lebens- und Gefahrensgemeinschaften und ihre »Fehldefinitionen« mit Realitätswirkung erschweren die Messung der Wirksamkeit der vom S. »gesteuerten« Sozialverteilung: Ausgabenrechnungen nach fiskalischem Muster und Verfahrenskontrolle durch Rechtsprechung »ersetzen« inhaltliche Effizienzkontrolle durch adäquate Sozialindikatoren. »Es geht nicht darum, ob unser System der sozialen Sicherung funktioniert; gewiß tut es dies und im großen und ganzen auch nicht schlecht. Es ist aber zu fragen, ob es optimal funktioniert, das heißt, ob alle Möglichkeiten der Rationalität ausgenutzt sind, ob bei diesem hohen Kostenaufwand, der sich überproportional zu unserem Wirtschaftswachstum entwickelt, die effektivste und gerechteste Form erreicht ist. Es bleibt die schlichte Frage, ob es besser, billiger und gerechter sein könnte«. (G. Wannagat).

Da das S. nicht aus einheitlichen Gesichtspunkten heraus entwickelt und fortentwickelt worden ist, ergeben sich für rechtswissenschaftliche Systematisierungsversuche besondere Schwierigkeiten. Das tradierte System unterscheidet – 1955 von Walter Bogs präzisiert – zwischen Sozialversicherung, Sozialversorgung und Sozialhilfe. Sozialversicherung ist keine reine Versicherung, sondern eine Mischform zwischen versicherungsmäßiger Selbsthilfe (Risikoausgleich durch Zusammenschluß gleichartig Bedrohter) und sozialem Ausgleich innerhalb der Selbstverwaltung der Versichertengemeinschaft (Beitragshöhe nach Einkommen und nicht nach individuellem Risiko oder Anzahl der Familienangehörigen gestaffelt). Die Sozialversorgung wird durch staatliche Verwaltungsbehörden durchgeführt und aus Steuermitteln (keine Beiträge) finanziert. Hierzu zählen rein sozialstaatlich motivierte Leistungen (Allgemeinversorgung z. V. Ausbildungsförderung, Wohngeld) ebenso wie Entschädigungen für ein der Allgemeinheit erbrachtes oder von ihr verursachtes Opfer (Sonderversorgung z. B. Kriegsopfer, Beamte). Die Sozialhilfe ist gekennzeichnet durch Finanzierung aus (überwiegend kommunalen) Steuermitteln und kommunale bzw. kommunalverbandsmäßige (»überörtliche«) organisatorische Durchführung. Sie ist »Generalausfallbürge« im Falle des Versagens anderer privater oder sozialer Sicherung und somit gekennzeichnet durch die Finalität der Leistungen sowie die Subsidiarität (»Nachrang«) und spezifische Individualisierung der Hilfeleistung. In jüngster Zeit haben Hans F. Zacher und Helmar Bley neue Systematisierungen vorgeschlagen. Hans F. Zacher differenziert nach Vorsorgesystemen, Entschädigungssystemen, Ausgleichssystemen. Vorsorgesysteme zielen auf kollektiv absicherbare Gefahren (etwa Sozialversicherung), Entschädigungssysteme sind auf den Ausgleich von Schäden gerichtet, für die die Allgemeinheit eine besondere Verantwortung trägt (etwa Bundesversorgungsgesetz); bei den Ausgleichssystemen geht es um die Garantie einer menschenwürdigen sozialen Existenz oder die notwendige Angleichung der sozialen Entfaltungsmöglichkeiten des einzelnen an seine Bedürfnisse (z. B. Sozialhilfe, Ausbildungsförderung). Helmar Bley unterscheidet zwischen schadensausgleichenden und nachteilsausgleichenden Systemen: »Beide Arten von Systemen gleichen individuelle Defizite aus, die auf Güterdifferenzen beruhen. Schaden ist die Differenz zweier intrapersonaler, d. h. auf die Person des Leistungsempfängers bezogener Güterlagen: der beim Leistungsempfänger bestehenden und derjenigen, die bestehen würde, wenn der Leistungsfall nicht eingetreten wäre. Nachteil ist die Differenz zweier interpersonaler Güterlagen: der beim Leistungsempfänger bestehenden und derjenigen beim (bessergestellten) vergleichbaren ›Durchschnittsbürger‹«. Die Systematik von Bley knüpft damit an die Unterscheidung zwischen interpersonaler und intrapersonaler bzw. intertemporaler Einkommensverteilung an.

Die einzelnen Sozialgesetze, die das S. ausmachen, können hier nicht genannt werden, ihre Aufzählung wäre sinnlos. Hingewiesen sei aber auf das Sozialgesetzbuch, das sich im Gesetzgebungsverfahren befindet und alle Sozialleistungsbereiche umfassen soll und dessen allgemeiner Teil am 1. Januar 1976 in Kraft getreten ist. Offizielles Ziel des Vorhabens ist es, das S. durch eine gewisse Vereinheitlichung zu vereinfachen und damit sein Vertrauen in den sozialen Rechtsstaat zu fördern, die Rechtsanwendung zu erleichtern und Rechtssicherheit zu gewährleisten. Da hierbei aber eine Sachreform vermieden wurde, dürfte eher das Gegenteil erreicht werden. Immerhin muß seit dem 1. 1. 1976 bei Rechtsfragen aus dem Leistungsrecht geprüft werden, ob die Vorschriften des Allgemeinen Teils des Sozialgesetzbuches auf die Vorschriften der einzelnen Sozialleistungsbereiche einwirken bzw. diese ergänzen. Dieses betrifft vor allem Gesetzesauslegung und Ermessensausübung, Entstehung und Fälligkeit von Sozialleistungen, Verjährung, Versagung, Entzug bei grundlos abgelehnter, zumutbarer Mitwirkung, Antragstellung und Handlungsfähigkeit. Durch diese absehbare Verkomplizierung des S. ergeben sich vermutlich zusätzlich Beratungsfunktionen bzw. -notwendigkeiten für entsprechend ausgebildete Sozialarbeiter.   *F. T.*

Sozialstationen sind Einrichtungen, die die wichtigsten gesundheits- und sozialpflegerischen Dienste zusammenfassen sollen. Es handelt sich insofern um eine Weiterentwicklung der Institution der Gemeindeschwester mit ihrer Gemeindeschwesternstation. Es war daran gedacht, ihre Arbeitsbedingungen der modernen Gesellschaft anzupassen, also Kfz. statt »Diakonissenfahrrad«, und auch die fürsorgerische Arbeit einzubeziehen. Die fürsorgerische Arbeit wurde dabei jedoch weniger im Sinne der Hinführung zu einer sozialen Diagnose und evtl. Therapie gesehen, sondern mehr als reine, dem Arzt nachgeordnete Gesundheitsfürsorge, wie sie in der Tuberkulosefürsorge, der Säuglingssprechstunde usw. bereits institutionalisiert war. Ein modernes, integriertes Modell, wie etwa das hessische Modellprogramm »Zentren für Gemeinschaftshilfe« (1974, bisher 8 Modellstationen), soll neben den herkömmlichen Aufgaben, wie: Gemeindekrankenpflege (ambulante Krankenpflege), Haus- und Familienpflege, Haus- und Dorfhilfe, Altenpflege, auch solche des psychosozialen Bereichs übernehmen, wie: Beratung im Sozialisationsbereich, Vorberatung für die Psychotherapie, konfliktaufklärende und stützende Gespräche, Sozialanamnese, Sozialdiagnose, Sozialtherapie, Mitarbeit bei der Rehabilitation und Resozialisierung, gesundheitliche Aufklärung. In diesen S. arbeiten Gemeindekrankenschwestern (gegebenenfalls: Kinderschwestern, psychiatrische Schwestern) mit Sozialarbeitern/Sozialpädagogen zusammen, Ärzte und Psychologen können zugezogen werden. *P. L.*

Sozialversicherung. Die S. ist das Kernstück der Sozialen Sicherung. Ihre Entstehung ist mit der des Deutschen Reiches und der Arbeiterfrage eng verknüpft. Mit der S. wurde versucht, die »sozialen Schäden« mittels des bisher bei natürlichen Schäden bzw. Risiken angewendeten Versicherungsprinzips aufzufangen und die Arbeitnehmerschaft in den Staat zu integrieren. Schon die ersten S.gesetze (1884 bis 1891) besaßen die Strukturprinzipien, die auch heute noch die S. von der Fürsorge (Sozialhilfe), der Versorgung und der Privatversicherung abgrenzen: Versicherungszwang und Vorleistung in Form von Zwangsbeiträgen, Rechtsanspruch auf Leistungen aufgrund dieser Beiträge (keine Bedürftigkeitsprüfung, kein Nachrang), Abhängigkeit der Beitragshöhe vom Bruttoarbeitsentgelt (sozialer Ausgleich) und nicht vom Risiko (bestimmte Krankheiten, Alter und Geschlecht), keine Rückzahlungsverpflichtung gewährter Leistungen, Träger der S. sind besondere juristische Personen des öffentlichen Rechts (Selbstverwaltung), und über Streitfälle entscheidet eine (besondere) Verwaltungsgerichtsbarkeit, die Sozialgerichtsbarkeit.
Die S. gliedert sich heute in Krankenversicherung, Unfallversicherung, Rentenversicherung und Arbeitsförderung. Gesetzliche Grundlagen sind die Reichsversicherungsordnung (RVO), das Angestelltenversicherungsgesetz (AVG), das Reichsknappschaftsgesetz (RKG), das Gesetz über die Krankenversicherung der Landwirte (KVLG), das Gesetz über eine Altershilfe für Landwirte (GAL), das Handwerkerversicherungsgesetz (HwVG) und schließlich das Arbeitsförderungsgesetz (AFG).
Die gesetzliche *Krankenversicherung* wird von rechtlich, organisatorisch und finanziell unabhängigen Versicherungsträgern mit Selbstverwaltung unter staatlicher Aufsicht durchgeführt. Man unterscheidet dabei gesetzliche Krankenkassen (Orts-, Betriebs- und Innungskrankenkassen) und berufliche Sonderkrankenkassen (Ersatzkassen, Seekasse, Bundesknapp-

schaft, landwirtschaftliche Krankenkassen) sowie die Abteilung Krankenversicherung bei den Landesversicherungsanstalten, die die sog. Gemeinschaftsaufgaben (insbesondere: Vertrauensarztaufgaben) durchführt. Die Aufgaben der Krankenversicherung sind: 1. Gewährung ausreichender Hilfe bei Krankheit und Unfall durch Ärzte, Zahnärzte und Krankenhäuser für die Versicherten und ihre Familienangehörigen, 2. Ersatz des durch Arbeitsunfähigkeit ausgefallenen Lohnes oder Gehaltes, 3. Gewährung von Leistungen einschließlich Vorsorgeuntersuchungen bei Mutterschaft, 4. Durchführung von Maßnahmen zur Früherkennung von Krankheiten, 5. Zahlung von Sterbegeld im Todesfall. Der Begriff Krankheit ist im Gesetz nicht definiert, nach der Rechtsprechung des Bundessozialgerichtes ist unter Krankheit ein regelwidriger körperlicher oder geistiger Zustand (Geisteskrankheiten) zu verstehen, der entweder lediglich die Notwendigkeit ärztlicher Behandlung oder zugleich (in Ausnahmefällen auch allein) Arbeitsunfähigkeit zur Folge hat. Keine Krankheiten im Sinne der Krankenversicherung sind Gebrechen, z. B. angeborene Leiden, die einen Dauerzustand darstellen und einer ärztlichen Behandlung nicht bedürfen, insbesondere bei Körperbehinderten, Blinden, Taubstummen, Schwerhörigen und Sprachgestörten werden vielfach das Bundessozialhilfegesetz und das Schwerbehindertengesetz die Rechtsgrundlagen für entsprechende Hilfen enthalten. Seit 1974 wurden die Krankenkassen in den Kreis der Rehabilitationsträger einbezogen und gehen seitdem verstärkt dazu über, auch Sozialarbeiter mit entsprechenden Kenntnissen einzustellen.

Die gesetzliche *Unfallversicherung* wird von gewerblichen Berufsgenossenschaften, landwirtschaftlichen Berufsgenossenschaften und der Seeberufsgenossenschaft durchgeführt; außerdem sind der Bund, die Bundesanstalt für Arbeit, das Land und einige Gemeinden Eigenunfallversicherungsträger. Die Aufgaben der Unfallversicherung sind: 1. Verhütung von Arbeitsunfällen und Berufskrankheiten, 2. Entschädigung des Verletzten, seiner Angehörigen oder seiner Hinterbliebenen bei Eintritt des Schadenfalles a) durch die Wiederherstellung der Erwerbsfähigkeit des Verletzten, durch Arbeits- und Berufsförderung (Berufshilfe) sowie durch Erleichterung von Verletzungsfolgen, b) durch Leistungen in Geld an den Verletzten, seine Angehörigen und seine Hinterbliebenen. Die Unfallversicherung hat gegenüber den übrigen Sozialversicherungszweigen einige grundsätzliche Besonderheiten: 1. Die Versicherungsleistungen sind kausal (und nicht final) bestimmt. Dieses ist u. a. der durch die Rechtsprechung entwickelten Unfalldefinition zu entnehmen: ein körperlich schädigendes, zeitlich eng begrenztes Ereignis, das mit einer versicherten Tätigkeit in rechtlich wesentlich ursächlichen Zusammenhang steht. Gefordert ist eine sog. doppelte Kausalität: a) es muß durch eine versicherte Tätigkeit ein Unfallereignis eingetreten sein (haftungsbegründende K.), b) es muß durch dieses Ereignis eine Körperverletzung, Tötung oder Beschädigung eines Körperersatzstückes usw. (haftungsausfüllende K.) herbeigeführt worden sein. (Ähnlich ist der Wegeunfall definiert als das plötzlich eintretende Ereignis während des Sichfortbewegens in Richtung Arbeitsstätte, um die Arbeit aufzunehmen; die Berufskrankheiten sind in der Berufskrankheitenverordnung aufgezählt). 2. Die Versicherungsleistungen haben »zwei Schutzfunktionen sehr verschiedener Art zu erfüllen: sie gleichen den – abstrakt berechneten – Schaden des Verletzten (insbesondere durch ärztliche Behandlung und Rentenzahlungen) oder der Hinterbliebenen (Rentenzahlungen) aus, und sie haben zur Folge, daß Unternehmer und Mitarbeiter von Schadensersatzansprüchen weitgehend befreit sind«. (W. Bogs).

Die gesetzliche *Rentenversicherung* wird – je nach Arbeitnehmer – bzw. Selbständigengruppen – von verschiedenen Körperschaften des öffentlichen Rechts durchgeführt: Landesversicherungsanstalten, Bundesversicherungsanstalt für Angestellte, Seekasse, Bundesbahnversicherungsanstalt, Bundesknappschaft und landwirtschaftliche Alterskassen. Die Rentenversicherung hat folgende Aufgaben: 1. Erhaltung, Besserung und Wiederherstellung der Erwerbsfähigkeit der Versicherten, 2. Gewährung von Rente an Versicherte wegen Berufs- oder Erwerbsunfähigkeit und von Altersrenten, 3. Gewährung von Rente an Hinterbliebene verstorbener Versicherter, 4. Übernahme der Beiträge zur Krankenversicherung der Rentner u. a. Am schwierigsten sind die durch Rechtsprechung entwickelten Tatbestände der Berufs- und Erwerbsunfähigkeit zu erfassen. Es ergeben sich etwa vier »Rentenmöglichkeiten« für einen Versicherten, der infolge von Krankheit oder anderen Gebrechen oder durch Schwäche seiner körperlichen oder geistigen Kräfte erwerbsgemindert ist: 1. er kann noch erwerbstätig sein, und zwar in seinem »bisherigen Beruf« selbst oder in einem ihm im Hinblick auf diesen zumutbaren Verweisungsberuf. Hierbei kann er noch mindestens die Hälfte eines ihm vergleichbaren Versicherten verdienen. In diesem Fall erhält er – trotz evtl. Lohnverlustes um 50 v. H. – keine Rente; 2. er kann noch eine ihm im Hinblick auf seinen »bisherigen Beruf« zumutbare Berufsfähigkeit ausüben, verdient aber weniger als die Hälfte eines ihm vergleichbaren Versicherten. In diesem Fall erhält er Berufsunfähigkeitsrente; 3. er kann noch erwerbstätig sein, nicht aber in einem ihm im Hinblick auf seinen »bisherigen Beruf« zumutbaren Beruf. In diesem Fall erhält er Berufsunfähigkeitsrente, und zwar grundsätzlich ohne Rücksicht darauf, ob er einen Lohn- oder Gehaltsverlust hatte oder nicht; 4. er kann auf nicht absehbare Zeit irgendeine Erwerbstätigkeit auf dem allgemeinen Arbeitsmarkt in gewisser Regelmäßigkeit nicht mehr ausüben oder nicht mehr als nur geringfügige Einkünfte durch Erwerbstätigkeit erzielen. In diesem Fall erhält er Erwerbsunfähigkeitsrente.

Im Hinblick auf die Altersrente gibt es vier verschiedene Altersgrenzen bei Erfüllung einzelner, hier nicht aufführbarer Voraussetzungen können Altersrenten bezogen werden ab Vollendung des 60. Lebensjahres: von Frauen und ein Jahr ununterbrochen Arbeitslosen in den letzten eineinhalb Jahren, des 62. Lebensjahres: von Schwerbeschädigten und Berufs- oder Erwerbsunfähigkeitsrentnern, des 63. Lebensjahres: von allen Versicherten (flexible Altersgrenze), des 65. Lebensjahres: von allen Versicherten.

Die Altersrente ist gleich hoch wie die »entsprechende« Erwerbsunfähig-keitsrente bzw. um ein Drittel höher als die »entsprechende« Berufsunfä-higkeitsrente. – Berufliche Möglichkeiten für Sozialarbeiter auf dem Gebiet der Rentenversicherung gibt es bisher kaum. Im Hinblick auf die genannten Regelleistungen wird der Sozialarbeiter den Versicherten vor allem auf die Beratungs- und Auskunftsstellen der Rentenversicherungsträger, auf die rechtzeitige »Sammlung« von Unterlagen und die Einhaltung der Fristen im Rentenverfahren hinweisen. Größere Möglichkeiten dürften sich zu-künftig evtl. im Rahmen der zusätzlichen Leistungen ergeben, für deren Ausgestaltung die einzelnen Rentenversicherungsträger verschiedene Richtlinien erlassen haben: 1. Maßnahmen oder Einzelmaßnahmen zur Er-haltung oder zur Erlangung der Erwerbsfähigkeit der Versicherten und ih-rer Angehörigen oder zur Hebung der gesundheitlichen Verhältnisse der versicherten Bevölkerung, 2. Aufwendung von Mitteln zum wirtschaftli-chen Nutzen der Rentenberechtigten, der Versicherten und ihrer Angehö-rigen, 3. Unterbringung von Rentenberechtigten mit ihrer Zustimmung in einem Altersheim, einem Kinderheim oder einer ähnlichen Anstalt.
Die *Arbeitsförderung* wird zentral durchgeführt von der Bundesanstalt für Arbeit, einer Körperschaft des öffentlichen Rechts, die Landesarbeitsämter bzw. regionale Arbeitsämter als unselbständige Dienststellen hat. Die Ar-beitsämter unterhalten teilweise örtliche Nebenstellen. Die Arbeitsförde-rung umfaßt 1. Sicherung von Arbeitslosigkeit und 2. Sicherung bei Ar-beitslosigkeit (Arbeitslosenversicherung). Daraus ergeben sich folgende Aufgaben der Arbeitsförderung: 1. Sicherung der Vollbeschäftigung durch Maßnahmen zur Erhaltung und Schaffung von Arbeitsplätzen, 2. Arbeits-vermittlung und Berufsberatung, 3. Sicherung optimaler Berufschancen durch Förderung der beruflichen Ausbildung, Fortbildung, Umschulung und Rehabilitation, 4. Schutz der beitragspflichtigen Arbeitnehmer vor so-zialem Abstieg durch Arbeitslosigkeit oder Kurzarbeit und Sicherstellung der Kranken-, Unfall- und Rentenversicherung der Leistungsempfänger.
Abschließend sei noch darauf hingewiesen, daß die Voraussetzungen und der Umfang der Versicherungs- (Beitrags-)pflicht, die in der Regel erst die späteren Leistungen der S. bewirken, ohne Rücksicht auf den Willen der Beteiligten an das Vorliegen bestimmter Tatbestände (gesetzliche Voraus-setzungen) geknüpft sind, d. h. Arbeitgeber und Arbeitnehmer können nicht »freiwillig« darauf verzichten, den Arbeitnehmer zu »versichern«. Sofern die Person zum versicherungspflichtigen Personenkreis gehört, sind folgende Tatbestände der Versicherungs- (Beitrags-)pflicht zu beachten: 1. Bestehen eines Beschäftigungsverhältnisses (persönliche Abhängigkeit – Weisungsgebundenheit – des Beschäftigten bzw. arbeitsmäßige Eingliede-rung« in den Betrieb und 2. Entgeltlichkeit der Beschäftigung (Ausnahme: Auszubildende). Über die Einzelheiten informiert jede gesetzliche Kran-kenkasse, die Einzugsstelle für den Gesamtsozialversicherungsbeitrag ist.

F. T.

Soziodrama, die konsequente Dramatisierung eines sozialen Themas durch eine Spielgruppe, die ihr Spiel selbst organisiert und verantwortet, mit dem Ziel, soziale Wirklichkeit sinnlich anschaubar und damit angreifbar und handhabbar zu machen. Dagegen sind bei Moreno S. und Rollenspiel seiner Theorie und Praxis des Psychodramas zugeordnet, wenn er schreibt: »Das wahre Subjekt des S. ist die Gruppe und nicht die verschiedenen Individuen. Das S. behandelt Gruppenbeziehungen und kollektive Ideologien, z̈. B. Konflikte zwischen Volks- und politischen Gruppen« (J. L. Moreno, *Gruppenpsychotherapie,* S. 91). Der »Held« des S. ist das soziale Thema, für das sich eine Spielgruppe entschieden hat. (Und das bedeutet auch: sich entscheiden konnte. Damit sind also nicht die individuellen, ganz persönlichen Probleme der Mitspieler gemeint, sondern eine speziale Thematik, der sich der Spieler zuwenden kann, weil sie ihm ein Problem ist, ihn interessiert und von der er betroffen ist.) Die Spielrollen sind demnach Lernrollen zum Thema, reflektierte und präsentierte Lernschritte. (Dadurch spielt jeder Spieler eine Hauptrolle. Jeder kann sich einbringen, risikolos, was das Blamieren betrifft, weil das Thema gemeinsam erarbeitet wird, und das an einem Spielort, wo der Umgang mit dem Thema interessanter ist als das Gewußt-wie: an einem Ort, wo es darum gehen kann »Wie fühlt sich das Thema an?«.) Die Frage nach der Ästhetik des Spiels wird beantwortet durch die Übereinkunft von Themenstellung und Themenbewältigung, durch das Ineinandergreifen von Erkenntnis, Aussage und Mitteilung (Aufführung des Spiels). Damit wird die formale Sprache oder die Kunst des Spiels zweitrangig. Kunst wäre bestenfalls die Ästhetisierung dessen, was die Gruppe verstanden hat und mitteilen kann. Die Wirkung des Spiels ist zu messen an dem, was es bei der Spielgruppe bewirkte, und nicht an der Relevanz durch die Aufführung (Bekanntheitsgrad, Presse usw.). Das S. ist also kein Laienspiel mit bereits vorliegenden Texten, vorgelegt durch einen Autor und ausgelegt durch einen Regisseur usw.; S. ist kein kleines, nachempfundenes Staatstheater. Das S. ist in allen Bildungsbereichen realisierbar (Schule, Jugend- und Erwachsenenbildung usw.). Es ist eine Spielform, in der sich unterschiedliche Begabungen engagiert einbringen können. Durch den langen Spielprozeß (3-7 Monate) sind Erfahrungen mit Gruppe, Thema und Spiel sehr intensiv und deshalb Übertragungen in die »Welt der Fakten« realistischer als durch andere Spielformen. Konflikte, Kommunikationsschwierigkeiten sind nicht mehr überspielbar, müssen aufgegriffen werden, wenn das Spielergebnis nicht gefährdet werden soll. In den Lernphasen können ganz unterschiedliche Erfahrungen gemacht werden, die sich folgerichtig weiter entwickeln lassen. Die Spielgruppe ist daher nicht auf gleiche Vorkenntnisse angewiesen, Egalisierung des Kenntnisstandes erfolgt im Verlauf des Spielprozesses.

Sozialarbeiter und Sozialpädagogen müßten in ihrer Ausbildung wenigstens zur Rolle des spielerfahrenen *Gruppenleiters* befähigt werden. Dabei wären folgende Lernfelder unter anderem zu berücksichtigen: eigene Spielfähigkeit erproben, Gruppenerfahrungen, Einschätzung der sozialisationsbedingten Determinationen der Spieler (Zielgruppen), Einschätzung der gesellschaftlichen Bedeutung des Spiels, Kommunikationstheorien und andere Thematiken. Die genaue Beschreibung für ein Teilcurriculum der Ausbildung für Sozialarbeiter/Sozialpädagogen stellt ein dringendes Anliegen dar.   *F. Sp.*

Soziometrischer Test, ein von J. L. Moreno und Helen H. Jennings entwickelter Test, aus einer Reihe von Fragen bestehend, die sich auf die Haupttätigkeiten der zu testenden Gruppe beziehen, deren zwischenmenschliche Beziehungen festgestellt und gemessen (Soziometrie) werden sollen. Die Teilnehmer werden (nach einem »Auftauversuch«) aufgefordert, für die jeweils vorgesehenen Tätigkeiten jeweils vier Personen zu nennen, die dafür in Frage kämen. Diese Vorschläge (Wahlentscheidungen) werden dann tabelliert und zwar so, daß sowohl die Anzahl der Stimmen, die jedes einzelne Mitglied auf sich vereinigt hat, wie auch die reziprok verlaufende Wahl ersichtlich ist. Die Anzahl der erhaltenen Stimmen zeigt den »undifferenzierten soziometrischen Status« eines Teilnehmers an, während die Anzahl der wechselseitig erhaltenen Stimmen einen Gradmesser für die soziometrische Integration darstellt. Die Anzahl der Stimmen wird nach einem statistischen Standardisierungsverfahren bewertet (»hervorragend«, »gut«, »durchschnittlich«, »mangelhaft«). Ein Vorwiegen der obersten und untersten Gruppe würde z. B. von einer unausgeglichenen Struktur zeugen, während eine stärkere Besetzung der Mittelgruppen auf eine besser gelungene Integration hinweist. Ein Vergleich des Stimmenergebnisses mit der Kombination der wechselseitig abgegebenen Stimmen gestattet eine differenzierte Interpretation, die sich graphisch aus dem sogenannten Soziogramm ablesen läßt.   *H. M.*

Stadtzeitungen. Im Gefolge der allgemeinen Tendenz zur Pressekonzentration sind ungefähr ab 1970 in vielen Städten S. entstanden. Sie verstehen sich einerseits als Gegengewicht zur monopolisierten Information der großen Presseunternehmen, legen andrerseits ihren Schwerpunkt auf lokale Berichterstattung. Hierbei nehmen Berichte über Bürgerinitiativen, Aktivitäten im Stadtteil, sowie über die Lage der Randgruppen in der betreffenden Stadt einen großen Raum ein. In der Bundesrepublik gibt es derzeit etwa 60 S. Ihre Auflage bewegt sich etwa zwischen 1000 und 15000 verkauften Exemplaren. Die Mitarbeit erfolgt häufig unentgeltlich. Die Bedeutung der S. für die Sozialarbeit liegt vor allem in ihrem Materialreichtum zur Gemeinwesenarbeit und zur städtischen sozialen Infrastruktur. Unbelastet von informellen Rücksichten auf finanzstarke Anzeigenkunden oder überkommene kommunale Machtstrukturen sind S. eher in der Lage, wesentliche Informationen zur Gemeinwesenarbeit und zu den Interessen der Bürgerinitiativen beizubringen. Auch legen viele S. Wert auf die umfassende Darstellung sozialpolitischer, sozialpädagogischer und sozialarbeiterischer Alternativen, die gerade von kleinen Trägern geleistet werden.   *R. S.*

Statistik für Sozialwesen. S. ist eine für die Forschung und Praxis in den Berufsfeldern des Sozialwesens zugeschnittene Anwendung der Methoden und Verfahren der Mathematischen Statistik sowie die Information über die Anlegung, Führung und Verwertung von Sozialstatistiken. Literatur über S. (Lehrbücher), die von den Problemen der Berufsfelder des Sozialwesens ausgeht, sie behandelt und auf sie begrenzt ist, hat sich bisher noch nicht entwickeln können, da die Sozialen Berufe erst seit wenigen Jahren einer Akademisierung zustreben und die Ausbildung für diese Berufe wissenschaftlicher wird. Wie die Forschung für diese Berufsfelder weitgehend von den Grundlagenwissenschaften Soziologie, Ökonomie, Psychologie, Pädagogik und ihren wissenschaftlichen Unterdisziplinen geleistet wird, so ist auch die Angewandte Statistik als Methode der empirischen Forschung auf die genannten Wissenschaften ausgerichtet.

Zur historischen Entwicklung der Statistik allgemein sei erwähnt, daß schon aus dem Altertum statistische Erhebungen bekannt sind, z. B. Volkszählungen in Ägypten (um 3000 v. Chr.) und China. Die Verwaltung und Lenkung von Staaten hat immer nach eindeutigen, zahlenmäßig formulierten Informationen verlangt. 1660 begründete Conring unter der Bezeichnung »Notitia rerum publicarum« die Sozialstatistik an deutschen Universitäten. Jedoch erst im 18. Jh. begann sich die Statistik – insbesondere durch Arbeiten Süssmilchs (Hauptwerk 1741 erschienen) mit der Entwicklung von Methoden der Beschreibenden Statistik – als selbständige Wissenschaft zu entwickeln. Sie diente dazu, die für einen Staat charakteristischen Merkmale zu beschreiben. Die Mathematische Statistik, die auf der Wahrscheinlichkeitsrechnung aufbaut, erhielt ihre wichtigsten Impulse durch C. F. Gauss mit seinen fehlertheoretischen Forschungen (1823) und G. Th. Fechner mit seiner Kollektivmaßlehre (1897). Die von ihnen gelegten Grundlagen bestimmen wesentlich noch heute die Methoden und Verfahren der Mathematischen Statistik, die in allen empirischen Wissenschaften Anwendung findet. In jüngster Zeit wird der Teil der Mathematischen Statistik, der zufallsbedingte Prozesse behandelt, auch unter dem Wissenschaftsbegriff Stochastik weiterentwickelt.

Die wichtigsten Teilgebiete der S. und ihre Aufgaben sind: 1. *Sozialstatistiken.* Diese werden heute in der Regel von Statistischen Ämtern des Bundes, der Länder und der Gemeinden, sowie statistischen Abteilungen öffentlicher und privater Organisationen und Einrichtungen angelegt, geführt und im allgemeinen regelmäßig veröffentlicht. Sie dienen öffentlichen Organen und privaten Einrichtungen und Verbänden als Grundlage für Entscheidungen und Planungen. Zur Erhebung und Darstellung der Sozialstatistiken werden hauptsächlich die Methoden und Verfahren der Beschreibenden Statistik verwandt. 2. *Beschreibende Statistik.* Sie ist ein wissenschaftliches Verfahren des Sammelns, der Gliederung, der Zusammenfassung, der Berechnung von Häufigkeitsverteilungen und Maßzahlen und der Darstellung sozialer Sachverhalte. Das Sammeln und Aufbereiten von Daten eines zu untersuchenden sozialen Sachverhaltes (durch Erhebung, Befragung, Beobachtung oder Messung) erfordert exaktes Vorgehen, insbesondere bezüglich der Meßbarkeit der durch die Daten repräsentierten Merkmale, um die der Realität der Merkmale angepaßten statistischen Verfahren auszuwählen. Merkmale (Variablen) sind die zu untersuchenden Eigenschaften von Merkmalsträgern (Objekten), die alle zusammen die Grundgesamtheit

bilden. Unter Maßzahlen (Parameter, Kennzahlen) versteht man Werte für Häufigkeitsmaße (absolute, relative, prozentuale und kumulative Häufigkeit), Lagemaße (Mittelwerte, Quartile u. a.), Streuungsmaße (Standardabweichung, Varianz, Mittlerer Quartilsabstand u. a.) und Korrelationsmaße (Maße für den Zusammenhang von Merkmalen, d. h. für Korrelation und Regression). Mit den Methoden der Beschreibenden Statistik kann der Zustand bestimmter gesamtgesellschaftlicher Verhältnisse wie auch der von Teilbereichen abgebildet werden. 3. *Stichprobentheorie.* Sie liefert Methoden zur Gewinnung repräsentativer Stichproben und untersucht die Beziehungen, die zwischen einer Stichprobe und der Grundgesamtheit, aus der die Stichprobe gezogen ist, bestehen. Jede repräsentative Stichprobe ist zufallsbedingt, d. h. zwei Stichproben aus ein und derselben Grundgesamtheit werden in der Regel verschiedene Maßzahlen haben, die aus der zufallsbedingten Zusammensetzung der Stichproben herrühren. Aufgabe ist es deshalb, jeweils zu entscheiden, ob für gefundene Unterschiede oder Zusammenhänge nur der Zufall allein verantwortlich ist, oder ob eine bestimmte Ursache oder Gesetzmäßigkeit angenommen werden kann oder muß. 4. *Statistische Schätztheorie.* Sie dient zur Schätzung der Maßzahlen einer Grundgesamtheit aus den Maßzahlen der aus der Grundgesamtheit gezogenen Stichprobe. Es wird berechnet, mit welcher Wahrscheinlichkeit (Sicherheit) die Maßzahlen der Grundgesamtheit innerhalb bestimmter Vertrauensgrenzen liegen (Intervallschätzung) oder welche Werte mit größter Wahrscheinlichkeit die Maßzahlen der Grundgesamtheit haben (Punktschätzung). Wichtige Kriterien dieser Theorie sind Erwartungstreue, Effizienz und Zuverlässigkeit. 5. *Statistische Entscheidungstheorie.* Sie dient zur Entscheidung, ob zwei Stichproben aus ein und derselben Grundgesamtheit stammen oder nicht (z. B. ob von zwei Erziehungsmethoden eine besser ist als die andere). Da methodisch von statistischen Hypothesen ausgegangen wird, nennt man die Entscheidungsverfahren Hypothesentests oder Signifikanztests. 6. *Statistische Prüfverfahren.* Mit ihr können z. B. Unterschiede zwischen beobachteten und erwarteten Häufigkeitsverteilungen eines Merkmals untersucht werden. Der bekannteste Test hierfür ist der Chi-Quadrat-Test. 7. *Varianzanalyse.* Sie dient zur Zerlegung einer Gesamtvarianz in Einzelvarianzen der verursachenden Faktoren. Es können die Einflüsse mehrerer bestimmter Faktoren auf Untersuchungsergebnisse bei komplexen Erscheinungen quantitativ bestimmt werden. 8. *Faktorenanalyse.* Mit ihr können aus einer Vielzahl von empirisch-statistisch gefundenen Zusammenhängen (Korrelationen) bestimmende Faktoren gefunden und ausdifferenziert werden.
Die Anwendung statistischer Verfahren vollzieht sich allgemein in folgenden Schritten: Formulierung des Problems (Fragestellung) durch zuständige Fachvertreter, Datensammlung und Datentransformation, Operationen der Statistik, statistische Ergebnisse, Interpretation der Ergebnisse durch Fachvertreter, Veröffentlichung und/oder Berücksichtigung der Ergebnisse bei Planungen oder bei Entscheidungen. *S. F.*

Stigmatisierung. Abgeleitet von Stigma, einem körperlichen Merkmal, das Ungewöhnliches, Schlechtes über seinen Träger offenbart. Brandmal der Sklaven im Altertum, Wundmal Christi in der Religionsgeschichte. Heute wird mit Stigmatisierung ein Prozeß sozialer Interaktion bezeichnet, der zur sozialen Abstempelung von Personen (etwa Jugendlichen, für die sich die Instanzen sozialer Kontrolle interessieren) und deren (weitere) Deklassierung führt. (Vgl. auch die Theorie des labeling approach bei »Kriminologie«.)   *G. F.*

Straffälligenhilfe. Inbegriff aller staatlichen und gesellschaftlichen Bemühungen, den Straftäter zu »resozialisieren«, ihn zu befähigen, sein Leben straffrei zu führen. Das Bundesverfassungsgericht hat wiederholt klargestellt, daß der Straftäter ein verfassungsmäßiges Recht auf solche Hilfe hat (Grundrechte aus Art. 1, 2 GG; Sozialstaatsprinzip). Das etwa seit der Mitte der sechziger Jahre dieses Jahrhunderts herrschende Reformverständnis gesteht moderner Sozialarbeit einen hervorragenden Stellenwert im Rahmen der Verwirklichung des Resozialisierungsaspektes zu (de With, S. 89), was freilich nicht dazu geführt hat, die sozialen Dienste so großzügig auszubauen, wie es dem kriminalpolitischen Anliegen entspräche. Das neue Strafensystem erfordert eine genauere Befassung mit Person und Lebensverhältnissen der einzelnen Täter, wofür nur die Vertreter sozialer Berufe ausgebildet sind. Nur sie können psychosoziale Anamnesen, Diagnosen und Prognosen erstellen. Dementsprechend sind in erster Linie Sozialarbeiter in den Institutionen der Sozialen Gerichtshilfe, Bewährungshilfe und des Sozialen Dienstes in den Justizvollzugsanstalten tätig. Die Kritik an ihrer Arbeit geht einerseits dahin, daß es sich hier um eine »Knochenerweichung« des Strafrechts handele – nur ein möglichst harter Umgang mit dem Straftäter könne die Gesellschaft vor ihm schützen (ein durch Erfahrung längst widerlegtes, aber nicht ausrottbares »Denken«) –, andererseits wird Sozialarbeit gerade im Bereich der S. nicht als Hilfe, sondern als Anpassung verstanden, die ohne Zustimmung des Betroffenen im Interesse einer »kleinen Gruppe der herrschenden Schicht in der Bundesrepublik« geleistet werde (Haferkamp/Meier).

Wenn Kriminalität auch auf alle Schichten verteilt ist, so bewirken verschiedene Selektionsmechanismen doch, daß es der in der S. tätige Sozialarbeiter meist mit Angehörigen der Unterschicht und unteren Mittelschicht zu tun hat. Ohne entscheidenden Einfluß auf die ungünstige soziale Situation dieser Menschen, die zumindest dazu beigetragen hat, daß sie straffällig geworden und Sanktionen ausgesetzt sind, bleiben die Möglichkeiten auch gezielter und methodengerechter Sozialarbeit (eng) begrenzt. Sie hängen außerdem entscheidend von der Mitarbeit des Klienten ab. Diese ist noch am ehesten zu erwarten, wenn der Klient die Gefahr weiterer Deklassierung (und damit verbundener Verschlechterung seiner Situation) im Falle der Rückfälligkeit erkennt und bereit ist, etwas dagegen zu tun. Der in der S. tätige Sozialarbeiter befindet sich in der Regel in dem Rollenkonflikt, einerseits den Klienten beraten und betreuen zu sollen – wozu er ein Vertrauensverhältnis aufbauen müßte –, andererseits aber über ihn berichten (und damit die Grundlage von Entscheidungen der Justiz geben) und (als Bewährungshelfer) ihn beaufsichtigen zu müssen. Von daher ist es verständlich, wenn ihm der Klient mit Mißtrauen begegnet, bzw. wenn er sich ihm nicht rückhaltlos anvertraut, zumal der Sozialarbeiter kein Zeugnisverweigerungsrecht hat. Umso bedeutsamer sind Bemühungen, die ehrenamtliche Mitarbeit im Bereich der S. zu fördern. Diese kann sozialberufliches Handeln zwar nicht ersetzen, wohl aber ergänzen und vielleicht dazu beitragen, daß sich die weitgehend noch reformfeindliche Einstellung der Öffentlichkeit wandelt, in der nicht zuletzt eine der ungünstigsten Rahmenbedingungen der S. zu sehen ist.

Die aus Raumgründen knappe Problementfaltung soll mit einem Hinweis auf die Entlassenenhilfe nach § 72 BSHG (nebst Durchführungsverordnung) als weiterem Teilbereich der S. (Schewe), und mit der subjektiven Einschätzung schließen, daß bei besserer Koordinierung aller Möglichkeiten schon heute bessere Erfolge in der Rückfallbekämpfung erzielt werden könnten. *Grundlegende* und nachhaltige Erfolge werden sich aber erst einstellen, wenn sich die Lebensverhältnisse der unteren Bevölkerungsschichten erheblich verbessern, wenn Elemente des Schuld- und Vergeltungsstrafrechts weiter abgebaut werden, zum (so weit wie möglich) offenen Vollzug übergegangen und das methodische Instrumentarium verbessert wird. Hinzukommen müßte eine erhebliche Stellenvermehrung im Bereich der sozialen Dienste (Herabdrücken der »Fallzahlen«, Ermöglichung *vorbeugender* Hilfen). G. F.

Strafvollzugsrecht. Begriff und Einordnung des S. innerhalb des Strafrechts sind umstritten (vgl. Müller-Dietz, S. 22 ff.). Hier wird darunter lediglich die Summe der Rechtsnormen verstanden, die den Vollzug der richterlichen Freiheits*strafe* regelt. (Zum Vollzug freiheitsentziehender Maßregeln der Besserung und Sicherung vgl. »Unterbringung«.) Am 1. 1. 1977 ist das Gesetz über den Vollzug der Besserung und Sicherung (StVollzG) in Kraft getreten, das - nach mehreren gescheiterten Reformversuchen in den letzten 100 Jahren – die Rechtsstellung der Gefangenen, die durch eine weitgehende Einschränkung ihrer Grundrechte gekennzeichnet ist, in der rechtsstaatlich gebotenen Weise (vgl. Gesetzesvorbehalt, Gesetzmäßigkeit des Verwaltungshandelns) durch ein Gesetz regelt. Bis dahin hatte die herrschende Meinung angenommen, wegen des »besonderen Gewaltverhältnisses«, das mit dem Strafantritt begründet werde, sei die von den Landesjustizverwaltungen 1961 vereinbarte Dienst- und Vollzugsordnung hinreichende Legitimation für Eingriffe in die Rechte der Gefangenen. Dieser Ansicht ist das Bundesverfassungsgericht mit Beschluß vom 14. 3. 1972 entgegengetreten. Danach waren Grundrechtseinschränkungen nur noch für eine Übergangszeit zulässig, *sofern* sie »unerläßlich« waren, »um den Strafvollzug aufrechtzuerhalten und geordnet durchzuführen« (so die Kontrolle, nicht aber das *Anhalten* eines beleidigenden Briefes: die Verfassungsbeschwerde eines Gefangenen hatte insofern Erfolg). Ist es einerseits wichtig zu betonen, daß der »Abschied vom besonderen Gewaltverhältnis« – in Rechtspraxis und -theorie noch nicht vollzogen – nicht auf den Strafvollzug beschränkt bleiben darf, so ist andererseits doch festzustellen, daß die Einführung einer *gesetzlichen* Regelung nur dann einen Rechtsfortschritt darstellt, wenn sie zur Verbesserung der Situation der Betroffenen beiträgt. Es ist umstritten, ob dies bei dem neuen StVollzG der Fall ist. Der Vergleich mit dem 1973 von deutschen und schweizerischen Strafrechtslehrern erarbeiteten Alternativentwurf, mit Kommissions- und mit dem Regierungsentwurf zeigt, daß das StVollzG nicht »bis an die Grenzen möglicher (durchaus systemimmanenter) Reform« (Fieseler, S. 155) geht. Die Forderung eines konsequent an therapeutischen Erfordernissen ausgerichteten Strafvollzuges ist nicht erfüllt worden. Gründe hierfür sind u. a. finanzielle Erwägungen (deshalb auch das nur stufenweise Inkrafttreten wichtiger Normen, vgl. §§ 198 II, III, 199-201 StVollzG), Konzession an die weitgehend reformfeindliche Öffentlichkeit, Ungewißheit hinsichtlich der Erfolgschancen umfassender Resozialisierungsbemühungen. Auch soll der Strafvollzug seine Abschreckungsfunktion behalten. So ist zu befürchten, daß die in § 2 StVollzG auf Wunsch des Bundesrates eingefügte (im Grunde selbstverständliche) Aussage, der Vollzug diene auch dem Schutz der Allgemeinheit, als Legitimation für ein Übermaß an Sicherung herhalten muß. Dabei sind die umfassenden Verwahrungs- und Sicherungsstrategien auf den »Typ des gefährlichen Ausbrechers« zugeschnitten (Schüler-Springorum). Sind sie insofern auch gerechtfertigt, so dürften sie nicht den Strafvollzug schlechthin bestimmen, zumal ein solcher Vollzug sich bei der Vielzahl (kleiner) Vermögenstäter als Übermaß darstellt. Wie die gegenwärtigen unzulänglichen »räumlichen, personellen und organisatorischen Anstaltsverhältnisse« dem neuen Gesetz den Stempel aufdrücken, wird z. B. an der Regelung über den offenen und geschlossenen Vollzug deutlich: Ein Recht auf Unterbringung im offenen Vollzug war nach dem Referentenentwurf für alle Gefangenen vorgesehen, die den besonderen Anforderungen dieses Vollzuges genügen und von denen nicht zu befürchten ist, daß sie sich dem Vollzug entziehen oder die Vollzugslockerungen zu Straftaten mißbrauchen. Das StVollzG (§ 10) enthält nun lediglich eine entsprechende Sollvorschrift, die durch die Übergangsvorschrift des § 201 Ziff. 1 bis zum 31. 12. 1985 zudem entwertet wird (aus dem Zusammenhang von §§ 10, 201 Ziff. 1 ergibt sich freilich ein *Anspruch* des Gefangenen (ab 1. 1. 1986). Sind unter den ungünstigen gesellschaftsstrukturellen und vollzugsspezifischen Rahmenbedingungen die Chancen von Resozialisierungsbemühungen ohnedies nicht allzu hoch einzuschätzen, so hängt im übrigen der Erfolg oder Mißerfolg sozialberuflichen Handelns in erster Linie davon ab, wie die grundlegenden Vorschriften der §§ 2-4 (Grundsätze für den Vollzug der Freiheitsstrafe) und §§ 5-16 (Planung des Vollzuges) in der Praxis gehandhabt werden. Eine an der Verfassung (Sozialstaatsgebot; Grundrechte der Gefangenen) orientierte Praxis hätte diesen programmatischen Normen reale Geltung zu verschaffen. Für den im Vollzug tätigen Sozialarbeiter sind die §§ 71-75 (Soziale Hilfe, das Gesetz formuliert hier ein *Recht* des Gefangenen, diese Hilfe, die ihn zur »Selbsthilfe« befähigen soll, in der Anstalt in Anspruch zu nehmen, und verpflichtet damit – recht verstanden – die entsprechenden Voraussetzungen zu *schaffen*) hervorzuheben sowie die §§ 154 I und II (Zusammenarbeitsklauseln), 155 II (die »erforderliche Anzahl ist vorzusehen«), 156 I S. 2 (Anstaltsleitung durch einen Beamten des gehobenen Dienstes), (Teilnahme an Konferenzen). Nach § 151 II StVollzG sind an der Aufsicht über die Sozialarbeit Fachkräfte zu beteiligen. *G. F.*

Subkultur. Der Begriff S. bezieht sich auf einen Kulturbegriff, der in den Zwanzigerjahren von der amerikanischen Kulturanthropologie (Anthropologie heißt die »Lehre vom Menschen«; sie betrachtet vorwiegend die von geschichtlichen Einflüssen (noch) wenig berührten Menschen) aufgebracht wurde. Im Gegensatz zum vorherrschenden Sprachgebrauch, der Kultur als ein Gemisch aus Kunst, Moral, Religion und Zivilisation betrachtet, verstanden Forscher, wie Malinowski, Mead und Ogburn unter »Kultur« die Gesamtheit der Lebensäußerungen der untersuchten Gruppe. Also die vollständigen Arbeits- und Lebenszusammenhänge sowie Wertsysteme, in denen dieser Stamm, dieses Volk etc. lebt. Dementsprechend heißt S. die Gesamtheit der Normen, Wertsysteme, Arbeits- und Lebenszusammenhänge einer Gruppe, die sich von jenen der jeweiligen Gesamtgesellschaft grundlegend unterscheidet. Ist dies nur hinsichtlich eines Teils dieser Zusammenhänge der Fall, wird von »Teilkulturen« gesprochen. (Zum Beispiel, wenn eine Gruppe in den Produktionsprozeß integriert ist, jedoch, und ohne weitergehende sozialkritische Interessen, ein ausgefallenes Hobby betreibt.)
Für die Praxis des Sozialarbeiters ist der Begriff der S. vor allem insoweit von Bedeutung, als er in seiner Arbeit zumeist gerade Gruppen mit Werthaltungen, Arbeits- und Lebenszusammenhängen begegnet, welche nicht den gesellschaftlich anerkannten Normen entsprechen. Sie werden zumeist als »Randgruppen« bezeichnet. Ich bin mit diesem Begriff unzufrieden, da er eine Minderheitenposition suggeriert, die in vieler Hinsicht geschichtlichen Wirklichkeiten widerspricht. So waren (und sind in vielen Ländern) das Proletariat, die Frauen, oder die durch Besatzer beherrschten Völker (etwa im 2. Weltkrieg die Polen) nach dieser Bestimmung Randgruppen, obwohl sie die Mehrheit der Bevölkerung darstell(t)en. Besser trifft meines Erachtens die Unterscheidung zwischen freiwilligen und unfreiwilligen S. zu. Nach Young sind freiwillige S. solche, die die gesellschaftlichen Standards »durch ihre normative Orientierung in Frage stellen und bekämpfen«, unfreiwillige solche, die diesen Standards nicht genügen können. (S. 179 ff.) Wenngleich die Praxis des Sozialarbeiters sich vor allem auf unfreiwillige S. bezieht, bleibt diese Unterscheidung in der täglichen Arbeit

oft akademisch. Freiwillige S. können zu unfreiwilligen werden (politische Gefangene, drogenabhängige Hippies), und umgekehrt (selbstorganisierte Patienten, Fürsorgejugendliche).

Es gibt mehrere Versuche zu erklären, nach welchen Mechanismen S. zustandekommen. (Da in den meisten dieser Versuche das abweichende Verhalten dieser Gruppen die wesentliche Rolle spielt, wird das Gebiet auch, nach dem lateinischen Wort dafür, »Devianzforschung« genannt.) Die größte Rolle spielt immer noch die individualistische Erklärung, die im Abweichen die Schuld des Einzelnen sieht, und der Abweichung durch teils wohlfahrtsstaatliche, teils polizeiliche Maßnahmen Herr zu werden sucht.

R. S.

Subsidiaritätsprinzip. Das *theoretisch-begriffliche Profil* des S. ist bis heute unscharf geblieben, seine praktisch-politische Bedeutung im Bereich von Sozialarbeit und sozialer Wohlfahrt dagegen weitreichend. Hinter dem Begriff der Subsidiarität verbergen sich gesellschaftstheoretische, verfassungsrechtliche und theologische Problemstellungen. Die positivrechtliche Ausgestaltung des S. in BSHG und JWG beinhaltet den Vorrang der »freien Träger« in Jugend- und Sozialhilfe. Mit dem S. sind also grundsätzliche Fragen der Organisation von Sozialarbeit und sozialer Wohlfahrt in unserer Gesellschaft und damit des Verhältnisses von Staat und Gesellschaft überhaupt thematisiert.

Subsidiarität als *Maxime gesellschaftlichen Handelns* besagt zunächst, daß die Sicherung der eigenen Existenz und des Fortkommens vornehmlich der Initiative und der freien Verantwortung des einzelnen Individuums selbst überlassen bleibt, die Verantwortlichkeit der Gemeinschaft, des Staates, dagegen auf Ausnahmesituationen beschränkt ist und nur eintritt, wenn die eigenen Mittel des Individuums und die seiner Familie nicht hinreichen. In diesem Verständnis ist das S. Ausdruck liberalen Gedankengutes, wie es sich in den liberalen Staats- und Gesellschaftstheorien des 18. und 19. Jahrhunderts niedergeschlagen hat. Diesen zufolge sollte die Gesellschaft nach dem Prinzip freier, selbstregulierter Konkurrenz organisiert sein. Aus dem System freier, ökonomischer Konkurrenz privater Individuen sollte sich das Gemeinwohl, die Befriedigung aller gesellschaftlicher Bedürfnisse gewissermaßen von selbst herstellen. Die Aufgaben des Staates waren nach diesen Vorstellungen auf die Herstellung und Gewährleistung der Rahmenbedingungen der freien Konkurrenz beschränkt. Nun hat die gesellschaftliche Realität auf keiner Stufe der Entwicklung bürgerlicher Gesellschaft ihrem klassischen Selbstverständnis völlig entsprochen. Schon seit den Frühphasen bürgerlicher Gesellschaft gibt es staatliche Interventionen zur Sicherung der privaten Reproduktion der Individuen, insbesondere im Bereich der Armen- und Jugendfürsorge. Die Organisation dieser öffentlichen Aufgaben folgte aber selbst dem liberalen Verständnis von Subsidiarität: Als »Angelegenheiten der örtlichen Gemeinschaft« waren sie der Selbstverwaltung der Gemeinden überlassen. Im Sinne liberalen Gesellschaftsdenkens ist das S. demnach zu verstehen als die Vorstellung einer historischen Epoche bürgerlicher Gesellschaft von der Organisation gesellschaftlichen Handelns auf der Linie Individuum-Familie-Gemeinde-Staat.

Als *Prinzip der katholischen Soziallehre* hat Papst Pius XI. das S. in der Enzyklika »Quadragesimo anno« 1931 formuliert:

». . . muß doch allezeit unverrückbar jener oberste sozialphilosophische Grundsatz festgehalten werden, an dem nicht zu rütteln noch zu deuten ist: wie dasjenige, was der Einzelmensch aus eigener Initiative und mit seinen eigenen Kräften leisten kann, ihm nicht entzogen und der Gesellschaftstüchtigkeit zugewiesen werden darf, so verstößt es gegen die Gerechtigkeit, das, was die kleineren und untergeordneten Gemeinwesen leisten und zum guten Ende führen können, für die weitere und übergeordnete Gemeinschaft in Anspruch zu nehmen; zugleich ist es überaus nachteilig und verwirrt die ganze Gesellschaftsordnung. Jedwede Gesellschaftstätigkeit ist ja ihrem Wesen nach subsidiär; sie soll die Glieder des Sozialkörpers unterstützen, darf sie aber niemals zerschlagen oder aufsaugen.« Das S. nach »Quadragesimo anno« hat eine negative und eine positive Komponente: Negativ dient es der Abwehr übermäßiger und unzulässiger Eingriffe der übergeordneten Gemeinschaft, positiv macht es den Anspruch des Einzelnen und der untergeordneten Gemeinwesen auf Schutz und Förderung durch die übergeordnete Gemeinschaft geltend. Das S. wurde als verbindliches Prinzip katholischer Glaubenslehre zu einem Zeitpunkt aufgestellt, zu dem die Realität mitteleuropäischer Gesellschaften bereits durch umfangreiche staatliche Interventionen in unterschiedlichste gesellschaftliche Teilbereiche bestimmt war; zu einem Zeitpunkt also, zu dem die »übergeordnete Gemeinschaft« zunehmend Aufgaben übernahm, die vormals den »untergeordneten Gemeinwesen« überlassen waren. Das S. nach »Quadragesimo anno« ist also nicht die aus den sozialen und politischen Zusammenhängen der Gesellschaft seiner Zeit gewonnene – begrifflich strukturierte Formulierung von Grundsätzen gesellschaftlichen Zusammenlebens, vielmehr eine programmatische Forderung, die gerade gegen die sich abzeichnende gesellschaftliche Entwicklung Front macht. Konnte das S. als Maxime gesellschaftlichen Handelns, wie sie in den liberalen Staats- und Gesellschaftstheorien enthalten ist, noch durchaus als Ausdruck frühbürgerlicher Verhältnisse, die sich wesentlich durch private Tauschakte und Konkurrenzverhältnisse konstituierten, begriffen werden, so gewinnt es in der Fassung von »Quadragesimo anno« eine Stoßrichtung, die auf das Zurückdrängen von – in Form sozialstaatlicher Interventionen – öffentlicher Verarbeitung gesellschaftlicher Probleme in private Machtsphären abzielt. In dieser Frontstellung drückt sich zugleich ein Verfallsprozeß christlicher Überlieferungszusammenhänge aus. Wenn die Allgemeinheit vorbürgerlicher Gesellschaftsformationen gerade durch ihren »christlichen Grundzug« konstituiert wurde, so wird durch den Prozeß der Säkularisierung, der die gesamte moderne Gesellschaftsentwicklung kennzeichnet, die christliche Überlieferung ihrer Allgemeinheit beraubt. Sie wird selbst zum partikularen Interesse. Das S. stellt – so besehen – den Versuch dar, christliche Traditionen als partikulare Interessen der öffentlichen Gewalt gegenüber zu behaupten. Es sanktioniert damit gleichsam den Prozeß der Säkularisierung. – Damit hat das S. – gegenüber den Subsidiaritätsvorstellungen liberalen Denkens – seinen Charakter grundsätzlich verändert: Von einem Grundsatz gesellschaftlichen Handelns, der die freie Konkurrenz und die private Initiative der einzelnen Individuen, die Konstituierung von Gesellschaft durch freie Tauschakte gewährleisten sollte, hat es sich zu einem formalen Zuständigkeitsprinzip gewandelt; zu einem Instrument von Verbandsinteressen, mit dem private Machtpositionen gegen weitergehende Vergesellschaftung abgesichert werden und ihnen zugleich die Möglichkeit gegeben wird, das eigene, partikulare Interesse durch Berufung auf ein Sozialprinzip mit dem Anspruch allgemeiner und übergeschichtlicher Geltung als allgemeines zu legitimieren und überhöhen. Schließlich zielt die positive Komponente des S. nach »Quadragesimo anno« auf die öffentliche Subventionierung privater Interessen und damit den Ausschluß des privaten Risikos, das als Kehrseite der Freiheit jedem liberalen Denken immanent war.

Die *praktisch – politische Bedeutung* des S. für Sozialarbeit und soziale Wohlfahrt ergibt sich vor allem aus der gesetzlichen Regelung des Rangverhältnisses von öffentlicher und privater Jugend- und Sozialhilfe durch JWG und BSHG. In ihrer historischen Entstehung in den Frühpausen der bürgerlichen Gesellschaft waren öffentliche Maßnahmen der Armen- und Jugendfürsorge weniger positiv an der Sicherstellung von bestimmten Standards individueller Lebensbedingungen, als vielmehr am polizeirechtlichen Grundsatz der Abwehr von Gefahren orientiert, die der öffentlichen Sicherheit und Ordnung aus individueller Armut oder der Unfähigkeit der Familie drohen, ihr zugedachte Erziehungsaufgaben zu erfüllen. Daneben konnte sich die Wohltätigkeit privater Hilfsorganisationen ungehindert entfalten. Ein Konflikt zwischen staatlicher Jugend- und Sozialpolitik und den freien Trägern sozialer Wohlfahrt ergab sich erst in dem Maße, wie Erziehungsaufgaben und die Gewährleistung wenigstens minimaler Reproduktionsbedingungen überhaupt als *gesellschaftliche* Probleme ins Bewußtsein rückten. Die mit der Anerkennung dieser Probleme als gesellschaftlich einhergehende Tendenz zur Verstaatlichung von Fürsorge und Jugendhilfe rief einen verstärkten Widerstand der freien Träger unter Berufung auf das S. hervor. Das RJWG von 1922, das erstmalig die staatlichen Aufgaben im Bereich der Erziehung in einem Gesetz zusammenfaßte, beließ den Konflikt noch in der Schwebe. Das Gesetz betont die Subsidiarität öffentlicher gegenüber der familiären Erziehung, § 1 II, III. Es billigt den freien Trägern ein eigenständiges Recht auf Betätigung in der Jugendhilfe zu, §§ 1 III, 4 I, ohne indes einen eindeutigen Vorrang festzulegen. Eine ähnliche Regelung beinhalten die zu dieser Zeit neugeschaffenen Rechtsgrundlagen der öffentlichen Fürsorge (Verordnung über die Fürsorgepflicht vom 13. 2. 1924, Reichsgrundsätze über Voraussetzung, Art und Ausmaß öffentlicher Fürsorge vom 4. 12. 1924): Auch sie legten den Nachrang öffentlicher Fürsorge gegenüber individueller und familiärer Selbsthilfe fest, §§ 1, 5, 7, 8 RGr, und gewährten den freien Trägern das Recht auf freie Tätigkeit in der Fürsorge, § 5 III RFV. Auch hier wurde aber kein eindeutiges Rangverhältnis von öffentlicher und privater Fürsorge festgeschrieben. Eine grundsätzliche Veränderung im Verhältnis von öffentlichen und freien Trägern wurde erst durch die Neuregelungen des BSHG und des JWG von 1961 vollzogen, §§ 5 III, 7 JWG; §§ 8 II, 10, 93 I, 95 I BSHG. Nicht nur da, wo ausreichende und geeignete Einrichtungen und Maßnahmen privater Träger bereits bestehen, soll die öffentliche Sozial- und Jugendhilfe nunmehr untätig bleiben, sondern auch da, wo diese erst geschaffen werden sollen. Der Gesetzgeber hat die öffentliche Jugend- und Sozialhilfe durch diese Regelung also mit einer Funktionssperre zugunsten der freien Träger sozialer Wohlfahrt belegt. Andererseits erlegt das JWG den öffentlichen Trägern in §§ 5 II, 7, das BSHG in § 10 III eine Verpflichtung zur Unterstützung und Förderung der freien Träger auf. Die öffentlichen Träger sind also zu einer Subventionierung der freien Verbände verpflichtet, ohne daß sie Verwendung der Mittel an bestimmte Zwecke oder für bestimmte Maßnahmen binden könnten. Eine solche Kontrolle würde der gesetzlich garantierten Eigenständigkeit der freien Träger zuwiderlaufen.

Die Verfassungsmäßigkeit der Stellung, die BSHG und JWG den freien Trägern sozialer Wohlfahrt einräumen, war schon während des Gesetzgebungsverfahrens heftig umstritten. Nach dem Inkrafttreten beider Gesetze führten Zweifel an der Vereinbarkeit der Regelung mit dem Grundgesetz zu einem Verfahren vor dem Bundesverfassungsgericht, das von dem Land Hessen und mehreren Gemeinden angestrengt wurde. Das BVerfG (E 22, 180 ff.) hat die Verfassungsmäßigkeit der angegriffenen Regelung im wesentlichen bejaht. Im Vordergrund seiner Entscheidungsbegründung standen jedoch Probleme der bundesstaatlichen Kompetenzverteilung und der grundgesetzlich gewährleisteten kommunalen Autonomie. Die Frage sozialstaatlicher Verantwortung für die Regelung gesellschaftlicher Probleme, des Verhältnisses von Staat und Gesellschaft überhaupt, wurde nur am Rande gestreift, das hinter der Entscheidung stehende Verfassungsverständnis also nicht ausdrücklich offengelegt.

Die Verfechter eines Vorranges der freien Träger im dargestellten Sinne hatten sich schon während des Gesetzgebungsverfahrens zur Legitimation der geplanten Regelung auf das Gesellschaftsbild des Grundgesetzes berufen, wie es insbesondere in den Art. 2 I, 6 II, 9 I zum Ausdruck komme. Art. 9 GG gewährt allen Deutschen das Recht, Vereine und Gesellschaften zu bilden. Es beinhaltet also zunächst ein Abwehrrecht gegen unzulässige Eingriffe in die freie Vereinigungsbildung, garantiert den gebildeten Vereinigungen aber damit nicht schon ein gesellschaftliches Betätigungsfeld, in dem sie mit Absolutheitsanspruch, also frei von staatlicher Konkurrenz agieren können. Art. 6 II GG gewährleistet das elterliche Erziehungsrecht, kann also nur für den Bereich der Jugendhilfe Bedeutung haben. In diesem Zusammenhang gewährt auch er ein Abwehrrecht der Eltern gegenüber unzulässigen staatlichen Einmischungen in ihre Erziehung, beinhaltet also die Subsidiarität öffentlicher gegenüber der familiären Erziehung. Über das Verhältnis von öffentlichen und privaten Trägern der Jugendhilfe besagt er dagegen unmittelbar nichts. Für dieses Verhältnis kann Art. 6 II GG nur Aussagekraft gewinnen, wenn die freien Verbände der Jugendhilfe als »verlängerter Arm« der Familie verstanden werden. Damit wird aber wiederum eine bedeutsame Umdefinition der Problemlage vorgenommen. Art. 6 II GG wird dann nicht mehr verstanden als Grundrecht zur Gewährleistung individueller Erziehungsautonomie der Eltern gegenüber der öffentlichen Gewalt, sondern als Ordnungsnorm, die eine bestimmte Organisation von Erziehung gewährleistet, in der der Staat auf eine neutrales »Wächteramt« beschränkt wird, die Erziehung selbst aber dem Spektrum gesellschaftlicher Kräfte – und das heißt hier: verbandlich organisierter Interessen – überlassen bleiben muß. – Die Auffassung, daß die im GG garantierten Grundrechte nicht nur individuelle Freiheitsrechte beinhalten, sondern darüber hinaus eine objektive Wertordnung festlegen, ist in der Tat fester Bestand bundesrepublikanischer Verfassungsinterpretation, insbesondere in der Auseinandersetzung mit Art. 2 I GG. In diesem Verständnis werden die Grundrechte zu normativen Garanten einer nach den Prinzipien des Pluralismus organisierten Gesellschaft. Die in Art. 2 I GG garantierte freie Entfaltung der Persönlichkeit – historisch entstanden als formale Rechtsposition zur Gewährleistung individueller Freiheit und Autonomie – wird zur substanzhaften Wertordnung, die die Existenz und Unantastbarkeit verbandlich organisierter, privater Interessen verfassungsrechtlich absichert. – Für die Diskussion um das S. im Bereich von Sozialarbeit und sozialer Wohlfahrt bedeutet dieses Verfassungsverständnis, daß das S. nicht mehr – als Maxime gesellschaftlichen Handelns – auf der Linie Individuum – Familie – Gemeinde – Staat angesiedelt wird, sondern – als formales Zuständigkeitsprinzip – zum Garanten einer Organisation sozialer Wohlfahrt denaturiert, die private Verbandsmacht staatlichem Zugriff entzieht. Das S. gewährleistet nun nicht mehr die individuelle Freiheit privater Reproduktion gegenüber einer übermächtigen Bürokratie, sondern private Machtsphären vor Interventionen der formaldemokratisch legitimierten öffentlichen Gewalt. Wenn das liberale Verständnis von Subsidiarität gerade die Zuständigkeit der Gemeinden in Jugend- und Armenfürsorge forderte, so wird das S. nunmehr zu einem Instrument, mit dem private Verbände die Gemeinden im Bereich der sozialen Wohlfahrt blockieren können. Der Funktionswandel, den das S. als Postulat der katholischen Soziallehre in der Fassung von »Quadragesimo anno« durchgemacht hat, wird hier in säkularisierter Form nachvollzogen.

Die gesetzliche Festschreibung dieses gewandelten Verständnisses des S. in BSHG und JWG steht unter dem eigentümlichen Widerspruch, daß durch die gesetzliche Befassung mit den infrage stehenden Reproduktionsproblemen diese einerseits als gesellschaftliche, öffentlich zu bewältigende anerkannt werden, andererseits aber die Durchführung der Problemverarbeitung in Form des Vorrangs der freien Träger privatisiert bleibt. Diese »Entstaatlichung« öffentlicher Aufgaben muß aber in Widerspruch geraten mit dem in Art. 20, 28 GG festgelegten Sozialstaatsprinzip, das die staatliche Verantwortung für die Gestaltung der Sozialordnung beinhaltet und damit private Machtpositionen zur Disposition der demokratisch legitimierten Öffentlichkeit stellt. Das Sozialstaatsprinzip des Grundgesetzes – Ausdruck der Notwendigkeit und der verfassungsrechtlichen Zulässigkeit weitergehender Vergesellschaftung – verbietet die Verabsolutierung privater Rechtspositionen. Demgegenüber ist die Forderung nach einer »Subsidiarität« staatlichen Handelns keineswegs hinfällig. Sie kann aber in einem sozialstaatlichen Verfassungsverständnis nicht auf Aufrechterhaltung oder Wiedereinführung privater Autonomiebereiche *gegenüber* der öffentlichen Gewalt gerichtet sein, sondern muß die demokratische Mitwirkung und Teilhabe an der *Ausübung* öffentlicher Gewalt anstreben, also Basisdemokratie und Partizipation.

Nachdem offenkundige Dysfunktionalitäten im Bereich der öffentlichen Ersatzerziehung seit dem Ende der sechziger Jahre eine breite Reformdiskussion im Bereich der Jugendhilfe hervorgerufen haben, mußte auch das Verhältnis öffentlicher und privater Träger jedenfalls für die Jugendhilfe erneut zum Problem werden. Der Diskussionsentwurf 1973 für ein neues Jugendhilfegesetz behielt zwar das eigenständige Recht der Freien Träger auf Betätigung in der Jugendhilfe bei, die Funktionssperre zu Lasten der öffentlichen Träger war aber nicht mehr vorgesehen, § 14 DE. Bereits in den Referentenentwürfen von 1974 wurde sie jedoch nach massiven Interventionen der freien Träger in modifizierter Form wiedereingeführt, §§ 10 II RE März 1974, 11 II RE August 1974. Daneben zeichnet sich jedoch ein weiterer Entwicklungsstrang ab. Bereits das JWG 1961 führte – ganz im Gegensatz zur Grundtendenz der »Entstaatlichung« der Jugendhilfe – die generelle staatliche »Heimaufsicht« des § 78 JWG ein, die dem RJWG 1922 noch unbekannt war. Aus dem DE 1973 und den RE 1974 ergibt sich deutlich die Absicht, die staatliche Aufsicht über die freien Träger weiter zu verstärken, §§ 97 DE, 94 ff. RE März 1974, 102 ff. RE August 1974. Wenn also auch die Jugendhilferechtsreform einen Frontalangriff auf die Rechtsposition der freien Verbände nicht beabsichtigte, so wird doch die öffentliche Jugendhilfe angestrebt. Schließlich bleibt noch darauf hinzuweisen, daß auch von der steigenden Bedeutung, die die staatlichen Ausbildungsinstitutionen im Zuge der Verwissenschaftlichung von Ausbildung für und Tätigkeit in sozialen Berufen für Sozialarbeit und soziale Wohlfahrt erhalten, langfristig inhaltliche Einwirkungen auf die formal fortbestehende Autonomie der freien Verbände nicht auszuschließen sind. Die aktuellen Entwicklungstendenzen des S. sind also gekennzeichnet durch – über »Aufsicht« und »Professionalisierung« gesteuerte – zunehmende inhaltliche Anbindung der freien Träger an staatliche Vorgaben unter Aufrechterhaltung ihres formalen Vorrangs, m. a. W. durch eine »Vergesellschaftung auf Umwegen.«   *Ch. S.*

Suchtkrankenhilfe. Wegen ihrer spezifischen Problematiken unterteilt man die Suchtkranken in zwei große Gruppen, denen meist auch getrennte Hilfsangebote gemacht werden: *Suchtkranke* wie *Alkoholiker* und *Tablettensüchtige* einerseits und *Drogenabhängige* (Jugendliche) (Opiate, Haschisch) andererseits. Als Hilfsangebote kommen Beratung, Entgiftung, Entziehung und Selbsthilfegruppe in Betracht. Die *Beratungsstellen für Süchtige*, meist von Karitativen Organisationen getragen, bieten Informationsgespräche und Literatur über die Suchtgefahren und Entwicklungsabläufe der Suchten an, sie informieren über Behandlungsmöglichkeiten und vermitteln sie und helfen bei der Kostenregelung. Für die Drogensüchtigen entwickelten sich vielfach unabhängige Selbsthilfeeinrichtungen wie z. B. release. Wird eine ambulante Suchtbehandlung angestrebt, ist es oft notwendig, eine *körperliche Entziehung* vorausgehenzulassen. Sie wird in Kliniken oder Selbsthilfeeinrichtungen durchgeführt. Bei länger bestehenden Suchten ist meist eine mehrmonatige (in der Regel 6 Monate) *Entziehungskur* (psychische Entziehung) notwendig, die psychotherapeutisch, arbeitstherapeutisch oder ähnlich ausgerichtet ist. Hierzu gibt es speziell eingerichtete Kurkliniken. Die Behandlung wird von den Rentenversicherungsträgern bezahlt. Für Drogenabhängige gibt es außerdem Einrichtungen wie daytop, therapeutische Bauernhöfe u. a. auf der Basis der Selbsthilfe mit sehr straffen Behandlungskonzepten. – Für die ambulante Betreuung, insbesondere die Nachbehandlung, haben sich die Selbsthilfegruppen wie Anonyme Alkoholiker (AA), Blaukreuz u. a. besonders bewährt. Sie weisen die positivsten Behandlungserfolge auf.   *M. M.-S.*

Supervision. S. ist eine Form der Beratung von Einzelnen oder Gruppen, die sich auf Konflikte und Probleme beruflicher Interaktion bezieht. Sie ist in ihrer Entstehungsgeschichte durch zwei Impulse gekennzeichnet: 1. durch die Entwicklung sozialpsychologischer Beratungsangebote zur Effektivierung der Arbeit (etwa seit Ende der zwanziger Jahre, ausgehend von den USA); 2. durch die in der psychoanalytischen Ausbildung institutionalisierte systematische Reflexion und Kontrolle des therapeutischen Handelns der Auszubildenden. Gegenwärtig erfährt S. in den sozialen, pädagogischen und therapeutischen Berufen eine starke Ausweitung, die aus der Krise traditioneller Formen sozialer Interventionen resultiert. S. vollzieht sich als regelgeleitete Interaktion in einem umschriebenen Setting. In Einzel- und Gruppens. thematisieren Supervisor und Supervisand schwierige, vom Supervisanden oft als unlösbar erfahrene Konstellationen des Berufsalltags und versuchen, gemeinsam die Ursachen der Probleme zu verstehen, um so die Handlungskompetenz des Supervisanden zu verbessern. Die Intention von S. besteht also darin, am Leitfaden der Erfahrungen des Berufsalltags einen Lernprozeß zu organisieren, in dem das professionelle Handeln und die Bedingungen, unter denen es stattfindet, systematisch reflektiert werden. Sie wäre dabei nicht auf die psychischen Anteile der Interaktion zwischen Supervisand und Klient zu beschränken, sondern hätte ebenso die institutionellen und gesellschaftlichen Bedingungen, die in einem konkreten Fall eine Rolle spielen, zu berücksichtigen. Gleichwohl wäre am Anspruch des doppelten funktionalen Bezuges festzuhalten, weil nur so innovative Impulse bei gleichzeitiger Kompetenzerweiterung der Berufspraktiker konzeptualisierbar sind. Dieser Anspruch hat Folgen für Methoden und Technik der S.: – 1. Wenn die professionellen Probleme des Supervisanden weder auf ihr psychisches Substrat reduziert, noch auch im Namen eines gesellschaftlichen Determinismus verleugnet werden sollen, sondern als gesellschaftlich konstituierte, institutionell verfestigte subjektive Deformationen begriffen werden, folgt daraus, daß der Vermittlungsprozeß subjektiver Strukturbildung, institutionelle Fixierung und gesellschaftliche Determination in der »besonderen Gesprächssituation« (Argelander), d. h. in Setting und Interventionen des Supervisors zur Geltung gebracht werden müssen. Daraus folgt, daß das Arbeitsbündnis von Supervisor und Supervisand, stärker als in der Therapie, ein gewisses Maß an psychischer Stabilität und professioneller Kompetenz zur Voraussetzung hat, das nicht zur Disposition steht. In diesem Zusammenhang wären z. B. regressive Prozesse, auch wenn der Supervisand sie aus eigenen Therapiewünschen anbietet, nur begrenzt zu bearbeiten. Andererseits darf sich der Supervisor aber auch nicht in theoretisierende Sachdebatten, sofern sie Abwehrcharakter haben, verstricken lassen. Während ein zu starkes Eingehen auf die regressiven Tendenzen die Arbeitsfähigkeit der Supervisanden möglicherweise auf lange Zeit blockiert, führt das Ausweichen in theoretische oder strategische Debatten dazu, daß die Entwicklung konkreter Handlungsspielräume zugunsten abstrakter Perspektiven verschoben wird. Bisher existiert noch kein hinreichend elaboriertes Modell einer Supervisionsmethode, mit der Supervisor und Supervisand sich sowohl über den subjektiven Anteil wie auch die institutionellen Zwänge in professionellen Handlungssituationen aufklären könnten. Eine der Hauptaufgaben der – zu entwickelnden – S.forschung wird es sein, Möglichkeiten für eine methodisch-technische Umsetzung des doppelten funktionalen Bezugs von S. zu erforschen. – 2. Der S.prozeß entfaltet sich auf der Grundlage einer besonderen Beziehung von Supervisor und Supervisand, die durch Übertragung und Gegenübertragung gekennzeichnet ist. Die Übertragung entsteht durch die Asymmetrie der Beziehung der Interaktionspartner. Während der Supervisand als Lernender seine beruflichen Probleme eingehend darstellt, gibt sich der Supervisor nicht ebenso in die Gesprächsituation ein. Dadurch entsteht eine Distanz, die dazu beiträgt, daß vom Supervisanden Phantasien und Wünsche auf den Supervisor projiziert werden. Im Gegensatz zur analytischen Psychotherapie kann im pädagogisch bestimmten Arbeitsprozeß der S. jedoch nicht von einer durchgehaltenen Abstinenz gesprochen werden. Um das Handlungsspektrum des Supervisanden zu verbessern, interveniert der Supervisor z. B. durch Hinweise auf alternative Verhaltensmöglichkeiten, institutionelle Zwänge oder politische Zusammenhänge, die in die beruflichen Probleme determinierend mit eingehen. Diese pädagogischen Interventionen orientieren sich jedoch immer am Erfahrungszusammenhang des Supervisanden. Insofern werden in der S. exemplarisch die kognitiven und emotionalen Anteile des Lernprozesses berücksichtigt. Die Distanz ist ein wesentliches Unterscheidungsmerkmal von S. und Beratungen in der Kollegengruppe. Während hier die Übertragungsprozesse systematisch nicht zu kontrollieren sind, werden sie in der S. zum Mittel, Verstehens- und Veränderungsprozesse des Supervisanden einzuleiten. Übertragung, Gegenübertragung und Distanz sind aber nicht die einzigen technischen Voraussetzungen des S.prozesses. Analog zur analytischen Psychotherapie gibt es so etwas wie eine Grundregel, die sich als Aufforderung an den Supervisanden, problemzentriert zu assoziieren und auch unangenehme Details nicht zu verschweigen, darstellen läßt. Nur wenn der Bereich der aus der Kommunikation ausgeschiedenen leidvollen Erfahrungen im Zusammenhang mit der Berufstätigkeit vom Supervisanden langsam zur Sprache gebracht werden kann, wobei der Supervisor sowohl auf Insuffizienzgefühle als auch auf Omnipotenzvorstellungen zu achten hat, läßt sich das individuelle Handlungsspektrum des Supervisanden und oft auch ein Stück beruflicher Erfüllung langsam entwickeln. – 3. Die Distanz als methodisches Instrument des S.prozesses darf nicht mit Interesselosigkeit des Supervisors für den Supervisanden verwechselt werden. Ebensowenig enthält sie »an sich« Hinweise auf eine unpolitische Haltung des Supervisors zu den Problemen des sozialen Systems und des Berufsfeldes. Allerdings wäre zu konzedieren, daß normative – bzw. technokratische S.konzepte, die mit verschiedenen Verbrämungen, z. B. der Ideologie der Hilfe in der Bundesrepublik vermutlich vorherrschend sind, bewußt die politische Dimension der S. ausklammern. Politisches Engagement der S. ist weder notwendig aus dem Setting ausgeschlossen noch immer schon vorhanden. Es muß sich vielmehr durch den Kommunikationsprozeß, vor allem durch die Interventionen des Supervisors ausweisen. Die Politikhaltigkeit sozialer Praxis wäre aus den Sedimentierungen von Herrschafts- und Gewaltformen in Beziehungen und Institutionen zu entfalten. Die politische Funktion von S. gewinnt praktische Bedeutung, die über Bewußtwerdungsprozesse des Supervisanden hinausgehen, wenn institutionelle Veränderungen – seien sie auch noch so begrenzt – zugunsten der Klienten durchgesetzt werden können. – 4. Die Sozialarbeit hat bisher keine eigenständigen S.methoden entwickelt, sondern mehr oder weniger eklektizistisch auf psychoanalytische, verhaltenstherapeutische, institutionsanalytische oder andere modische Ansätze zurückgegriffen. Das mag mit mangelndem systematisierten Methodenbewußtsein der Sozialarbeit zusammenhängen, die erst langsam beginnt, ein wissenschaftlich abgesichertes Selbstverständnis zu entwickeln. Der Eklektizismus steht zur Kritik, weil er von der Illusion ausgeht, daß die einzelwissenschaftlich entwickelten Ansätze aus ihrer Systematik herausgelöst sich komplementär zu einer optimalen Methode verdichten ließen. Stattdessen wäre S. als systematische Reflexion der Bedingungen und Probleme sozialarbeiterischen Handelns sowohl aus der Kritik des psychoanalytischen Modells als auch aus dem der Institutionsanalyse zu entwickeln. Beide Typen stellen jeweils in ihrem Bereich die am weitesten entwickelten Formen betroffener Praxis dar. Die Dimensionen der Kritik wären dabei aus der Struktur des Berufsfeldes und den Erfahrungen der S.praxis zu gewinnen. Von hierher wäre eine »transdisziplinäre« (Moscovici) Theorie und Technik der S. zu entwickeln, die nicht den einzelwissenschaftlichen Bornierungen aufsitzt. Eine solche Methode setzt die genaue Kenntnis des Berufsfeldes, das in die Beratung eingeht, beim Supervisor voraus. Anders ließe sich der Zusammenhang von Individuellem, Institutionellem und Gesellschaftlichem kaum reflektieren. In diesem Zusammenhang ist vor zu großen Hoffnungen auf S. zu warnen. Die Realität der Supervisanden und vor allem der Klienten zeigt, daß S. vor dem Hintergrund der strukturellen Probleme der Gesellschaft im besten Fall ein kleines Stück Aufklärung und praktische Veränderungen leisten kann.   *A. G.*

Supervision – Praxis, eine für den sozialen Beruf spezifische Methode des Lehrens und Lernens zur Befähigung des Sozialarbeiters bzw. -studenten zum beruflich-methodischen Umgang mit Klienten. Im einzelnen dient sie zur a) bewußten Umsetzung und Anwendung des theoretischen Wissens aus den Grundlagen- und den methodischen Fächern in praktisches Tun; b) Reflexion über Organisation und Arbeitsweise der jeweiligen sozialen Institution und der Berufsrolle; c) Sicherung der Belange der Kl. durch Stützen und Beraten des Sozialarbeiters bei der Diagnostizierung der Schwierigkeiten und Erarbeitung möglicher Lösungen; d) Erweiterung der Selbstwahrnehmung des Sozialarbeiters; e) Kontrolle und Steuerung der eigenen gefühlsmäßigen Beteiligung des Sozialarbeiters an seinen Klienten (vgl. Selbstkontrolle), soweit sie auf die konkrete Arbeit bezogen hinderlich sind; f) Bearbeitung von Fehlschlägen und Mißerfolgen, um die Frustrationstoleranz des Sozialarbeiters für den Beruf zu erhöhen. S. ist die fachliche Begleitung der selbständigen Arbeit des Sozialarbeiters und erfolgt als kontinuierliche Zusammenarbeit von Supervisor und Sozialarbeiter nach bestimmten vorher abgesprochenen Spielregeln. Über jeden Kontakt des Sozialarbeiters mit seinem Klienten (Einzelner, Familie, Gruppe) schreibt der Sozialarbeiter ein Gedächtnisprotokoll, das er dem Supervisor vor der für die Besprechung festgesetzten Zeit zustellt. Beide bereiten sich auf das gemeinsame Durcharbeiten des Protokolls vor. Dem Sozialarbeiter werden beim Protokollieren manche Dinge deutlicher, er sieht Zusammenhänge besser, kommt zu einer vorläufigen Diagnose und zu Vorschlägen für die weitere Arbeit. Der Supervisor bereitet sich auf das Gespräch vor unter folgenden Gesichtspunkten: a) Diagnostizierung der aktuellen sozialen Gegebenheiten, b) Analyse der Interaktionen zwischen Sozialarbeiter und Klienten, c) methodische Vorüberlegungen für die weitere Fallbearbeitung, d) methodische Vorüberlegungen zum Lernprozeß des Sozialarbeiters, e) gezieltes Einbringen von Fachliteratur zur Ergänzung des theoretischen Wissens des Sozialarbeiters. In der Supervisionssitzung geht es um die gleichen Punkte. Das Gespräch dreht sich in erster Linie um den Klienten und seine Situation. Anhand der Gesprächsaufzeichnungen stellen Supervisor und Sozialarbeiter gemeinsam Überlegungen zur Diagnose und zum weiteren Vorgehen an.

Die Wirkung von S. beruht darauf, daß der Supervisor emotionell nicht so stark in den Fall einbezogen ist und aus dem größeren Abstand (plus seiner beruflichen Erfahrung) Konstellation und Verlauf objektiver beurteilen kann. S. heißt aber nicht, Ratschläge zu erteilen, sondern auf Zusammenhänge aufmerksam zu machen, durch weiterführende Fragen dem Sozialarbeiter zu seinem eigenen Vorgehen zu verhelfen. Der Supervisor ist zusammen mit dem Sozialarbeiter für den Fall verantwortlich, doch sein Hauptaugenmerk richtet sich auf den Lernprozeß des Sozialarbeiters, den er anzuregen, zu begleiten und zu verdeutlichen hat. Das bedeutet Stützung für den Sozialarbeiter, seine anfängliche normale Unsicherheit wird geringer, er lernt mehr und mehr zu erkennen, was sich zwischen ihm und dem Klienten abspielt, welche Wirkungen er mit seinem Verhalten erzielt und warum und wie das, was er tut, hilfreich oder auch nicht hilfreich ist. Über dieses Verstehen lernt er seine soziale Wirkung besser zu erkennen und bewußter einzusetzen. »S. ist eine Verbindung von nüchterner Kontrolle und aufmerksamer Zuwendung.« (Hapke, S. 279) S. heißt nicht, persönliche Problematik des Sozialarbeiters durchzuarbeiten. Sie wird vielleicht ins Gespräch kommen, wenn Blockierungen, Vorurteile und Einstellungen der Arbeit mit dem Klienten im Wege stehen, aber der Supervisor wird sich meist darauf beschränken, dem Sozialarbeiter zu einer gewissen Selbsteinsicht zu verhelfen. S. ist keine Psychotherapie.

S. für den sozialen Beruf kann nur von entsprechend ausgebildeten Sozialarbeitern erteilt werden. »Vertreter aus den Gebieten der psychologischen und soziologischen Wissenschaften können zwar dem Sozialarbeiter wertvolle Hilfe im Hinblick auf das diagnostische Erfassen des Klienten geben, in der Regel sind sie aber gerade mit den berufseigenen Methoden der Sozialarbeit wenig vertraut. Sie stehen auch in der Gefahr der einseitigen Betrachtungsweise und Überbetonung derjenigen Aspekte, für die sie als Spezialisten zuständig sind.« (Zeller, S. 8) Ihre Mitarbeit ist eine punktuelle Beratung = Konsultation. Der Supervisor dagegen bleibt fortlaufend für den Prozeß verantwortlich. Auch die Auseinandersetzung mit den Funktionen und Zielsetzungen der Sozialen Arbeit und die daraus erfolgende Identifikation mit dem eigenen Beruf kann in der Regel nur erfolgen, wenn der Supervisor selbst Sozialarbeiter ist. *R. D.*

Symptom, äußeres Anzeichen oder Kennzeichen einer physischen oder psychischen Störung, die als seine Ursache gilt. Die Gesamtheit aller im Zusammenhang mit der Störung beobachteten Symptome wird auch Syndrom genannt. In diesem Sinn kennt z. B. der Sozialarbeiter S. der Verwahrlosung (Verwahrlosungssyndrom), die er auf eine oder auch mehrere Ursachen zurückführt. Insofern diese S. jedoch nicht unmittelbar aus den vorausgesetzten Ursachen hervorgehen, sondern sich vielmehr im Verlaufe zahlreicher gestörter Interaktionsprozesse herausbilden, auch nicht unbedingt das äußere Bild der Verwahrlosung zeigen müssen, spricht man besser von Reaktionen, die ganze emotionale und verbale Handlungsabläufe umfassen und durch den Einsatz von »Vermeidungsreaktionen« auf bestimmten Ebenen unter Kontrolle gebracht bzw. beseitigt werden können.

H. M.

Telefonseelsorge bietet meistens 24stündig vereinsamten Menschen die Möglichkeit des Anrufens, um bei psychischen und physischen Krankheiten, Schicksalsschlägen aller Art, Familien- und Sexualproblemen, Selbstmordgedanken, aber auch religiösen und weltanschaulichen Zweifeln, Rat einzuholen. Die im allgemeinen ehrenamtlich von 3-4000 Personen in derzeit (1977) rund 60 »Anlaufstellen« vorwiegend in Großstädten geleisteten Dienste (evangelische, katholische und ökumenische Träger) unternehmen selbst keinerlei Behandlung, tragen jedoch zweifellos zu ihrer Einleitung durch geeignete Stellen, über die sie Auskünfte geben, bei. Die Zahl solcher Anrufe betrug in der Bundesrepublik und in West-Berlin im Jahre 1976 420 000.

H. M.

Test. Jedes Prüfverfahren zur Ermittlung eines psychologischen Sachverhaltes kann als T. bezeichnet werden. In der Psychologie gelten als T. spezielle standardisierte (d. h. an einer Stichprobe auf Objektivität, Zuverlässigkeit, Gültigkeit, Vergleichbarkeit, Zulänglichkeit, Ökonomie und Nützlichkeit geprüfte) Verfahren zur Ermittlung bestimmter psychologischer Merkmale, wie z. B. Intelligenz, Neuroseanfälligkeit, Berufstauglichkeit, Schulreife u. ä. Da ein T. grundsätzlich die zu testende Person in ein manipuliertes Objekt verwandelt, verfälscht er das wahre Bild des Menschen. Wer z. B. bei einer Intelligenzmessung Angst hat, kann »weniger Intelligenz« zeigen, als er sonst im angstfreien Zustand »besitzt«. Zudem kommt noch die Quantifizierung der meisten T.daten als gültigkeitsminderndes Moment, denn in der Quantität verlieren die qualitativen Merkmale ihre komplexen und vielseitigen Aspekte. Sprachliche Intelligenz ist z. B. nicht nur am schnellen Auswendiglernen von einer Liste von Wörtern zu ermitteln, sondern schließt sprachlichen Ausdruck, Verbildlichung – Realität, Rhythmus der Lautfolgen, Anpassung an den situativen Kontext, ja sogar Schweigen im richtigen Augenblick unter vielem anderen ein. Ebenso kritisch ist anzumerken, daß die T. gewöhnlich an einer Stichprobe standardisiert worden sind, die ein vorab definiertes Maß gesellschaftlicher

Normalität repräsentiert: Schulreifetests z. B. bestimmen den Grad der Schulgeeignetheit einer bürgerlichen Mittelstandsgesellschaft. Schichtspezifische Unterschiede der Intelligenz bleiben unberücksichtigt, ebenso die erst noch zu prüfende Wertung, ob die in unserer Gesellschaft gängige Schule tatsächlich »intelligente« und nicht etwa bloß »gehorsame« Kinder aufzunehmen in der Lage ist.

Ein weiteres Faktum zur Ablehnung von T. liegt darin, daß jede Messung von der Zufälligkeit der aktuellen T.situation verfälscht werden kann. Es ist deshalb zu raten, T. nur im Rahmen mehrerer Gesamteindrücke und Anamneseverfahren heranzuziehen. *E. R.*

Theorie der Sozialarbeit. Unter einer Theorie versteht man eine geordnete Menge von Aussagen und Gesetzen über einen abgegrenzten Objektbereich. Der Objektbereich für Sozialarbeit erstreckt sich vom einzelnen Individuum bis zum gesamtgesellschaftlichen Gefüge. Gesetze und Aussagen über diesen Objektbereich werden jedoch meist sozialwissenschaftlichen Einzeltheorien entnommen, z. B. der Psychoanalyse, der Gruppendynamik, der Politökonomie u. a. Die Geordnetheit der Aussagen und Gesetze erstreckt sich somit nicht über den ganzen, sondern nur jeweils von den Einzeltheorien erfaßten Objektbereich. Deshalb gibt es keine T. an sich, obwohl viele Autoren theoretische Erörterungen oder metatheoretische Aussagen oft als Theorie bezeichnen. Dennoch bedarf es einer systematischen und theoretischen Vorklärung, welche Einzeltheorien für theoretische und praktische Fragen der Sozialarbeit tauglich sind. Z. B. kann es fraglich sein, ob eine Theorie der Krebsursachen in das Gebiet der Sozialarbeit fällt. Die Entscheidung darüber kann nur durch Aussagen erfolgen, deren Objektbereich alle sozialwissenschaftlichen und anthropologischen Einzeltheorien einfaßt. Demnach gibt es also eine Metatheorie der Sozialarbeit. In dem Sinne, wie jede Theorie nur ein relativ abgeschlossenes System ist, ist es auch die Metatheorie, d. h. ihre Aussagen sind gemäß praktischer Erfahrungen zu verändern und zu erweitern. Ein Gesetz solcher Metatheorie der Sozialarbeit ist z. B.: »Alle Theorien, die den Zusammenhang zwischen individuellem Verhalten und gesamtgesellschaftlicher Struktur (ökonomisch, rechtlich, kulturell) herstellen, sind wichtig für die theoretischen Grundlagen der Sozialarbeit«. Oder ein anderes Gesetz: »Alle Aussagen über Verhaltensänderung von Menschen sind für die Sozialarbeit relevant«. Welche der Theorien oder Aussagen auch praktisch angewandt werden sollen, entscheidet die ebenfalls zur Metatheorie gehörende Wertbasis. Z. B. sind nur solche Aussagen über Verhaltensänderung von Menschen praktisch anzuwenden, die den Menschen emanzipierter, selbstbewußter und solidarischer machen (letztere Begriffe bedürfen natürlich angemessener Abklärung). Bezüglich der Wertbasis unterscheiden sich Metatheorien der Sozialarbeit einmal dadurch, daß sie die grundsätzliche Wertung ihrer Aussagen ausschließen, ein andermal dadurch, daß sie unterschiedliche Klassenstandpunkte vertreten. *E. R.*

Therapeutische Kette. Seit 1945 hat in der Psychiatrischen Versorgung eine allmähliche Abkehr vom Prinzip der Langzeitunterbringung begonnen. Ausgehend von Konzepten der Gemeindepsychiatrie (der Patient soll im ihm vertrauten gesellschaftlichen Umfeld versorgt werden) und der Sozialpsychiatrie (der Einfluß gesellschaftlicher Faktoren, z. B. der Familie, bewirkt das Entstehen psychischer Krankheiten) soll ein abgestuftes Angebot von Einrichtungen die Versorgung der Patienten gewährleisten. Dieses wird als T. verstanden. Die T. verbindet intramurale (= »innerhalb der Mauern) liegende Einrichtungen (Kliniken, Abteilungen an Allgemeinkrankenhäusern, auch Anstalten) mit extramuralen (= »außerhalb der Mauern«). Extramurale Einrichtungen beinhalten etwa Ambulanzen, Beratungsstellen, Tages- und Nachtkliniken, Übergangswohnheime, beschützende Werkstätten, therapeutische Wohngemeinschaften und Patientenclubs. Sie umfassen auch die Arbeit von Laienhelfern und Selbsthilfeorganisationen der Patienten. Dies stellt eine einschneidende Änderung für die zukünftige Praxis von Sozialarbeit in diesem Bereich dar. Ist der Sozialarbeiter in der Krankenanstalt schwerpunktmäßig für die Beschaffung von Arbeitsplätzen und Wohnungsmöglichkeiten des zu entlassenen Patienten zuständig, so verlagert sich sein Wirkungsbereich in der T. wenigstens teilweise zu Beratungstätigkeit und sozialtherapeutischen Ansätzen. Die T. bildet auch die Grundlage der Psychiatrie-Enquête, d. h. des Berichts einer Untersuchungskommission zur Lage der Psychiatrie in der BRD an den deutschen Bundestag, der 1974 fertiggestellt wurde.

R. S.

Unterbringung. Die U. in geschlossenen Anstalten (Straf- und Arrestanstalten, Heil- und Pflegeanstalten, Entziehungsanstalten, psychiatrischen Krankenanstalten, usw.), auch in abgeschlossenen Teilen und Zimmern solcher Anstalten, gegen den (natürlichen) Willen des Betroffenen bzw. seines gesetzlichen Vertreters in persönlichen Angelegenheiten, stellt eine Freiheitsentziehung dar, die nur aufgrund eines Gesetzes erfolgen und über deren Zulässigkeit und Fortdauer nur der Richter entscheiden darf (Art. 104 I S. 1, II S. 1 GG). Der Vorbehalt richterlicher Entscheidung gilt für alle Arten der U., mögen sie auf strafrechtlichen, polizeirechtlichen oder sozialpädagogisch-fürsorgerischen Erwägungen beruhen. Soweit in »Eilfällen«, bei »Gefahr im Verzug«, Verwaltungsbehörden (Polizei, Ordnungsbehörde) eine sofortige U. vornehmen, ist die gerichtliche Entscheidung unverzüglich nachzuholen, der Untergebrachte andernfalls mit Ablauf des folgenden Tages freizulassen (z. B. § 17 Gesetz über Hilfen und Schutzmaßnahmen bei psychischen Krankheiten von Nordrhein-Westfalen). Das gerichtliche Verfahren ist teils durch Bundesgesetze (hier ist insbesondere das Bundesgesetz über das gerichtliche Verfahren bei Freiheitsentziehungen zu nennen, in dessen Bereich U. nach dem Bundesseuchengesetz, dem Gesetz zur Bekämpfung von Geschlechtskrankheiten und nach § 16 Ausländergesetz fallen, nicht aber U. im Rahmen von Strafverfahren, hierzu vgl. §§ 63 ff. StGB, §§ 81, 126 a StPO, 71 II, 73 JGG: einerseits U. als Sanktionen, andererseits zu Ermittlungszwecken), teils durch die Landesu.gesetze geregelt. Die letzteren haben überwiegend den Charakter von Polizeigesetzen, stellen den Schutz der öffentlichen Sicherheit und Ordnung, den Gesichtspunkt der Fremd- oder Selbstgefährdung (Beispiel für Selbstgefährdung: die Gefahr der Begehung einer Selbsttötung), die von dem Unterzubringenden ausgeht, in den Vordergrund und betreffen in erster Linie die Anstaltsu. von »geisteskranken, geistesschwachen, rauschgift- und alkoholsüchtigen Personen« bzw. (modernere Formulierung) von psychisch Kranken, »die an einer Psychose, einer psychischen Störung, die in ihrer Auswirkung einer Psychose gleichkommt, einer Suchtkrankheit oder an Schwachsinn leiden« (§ 1 Nr. 3 des Nordrhein-Westfälischen Landesgesetzes aus dem Jahr 1969). Landesrechtlich verschieden sind nicht nur Zuständigkeiten und Verfahren, einschließlich Rechtsschutz des Betroffenen (z. T. ist ihm ein Rechtsanwalt beizuordnen) geregelt, sondern auch die Tatbestände, die eine U. rechtfertigen. Oft entbehren sie das rechtsstaatlich erforderliche Maß an Bestimmtheit, das von den Voraussetzungen derart einschneidender staatlicher Eingriffe zu fordern ist, und begründen damit die Gefahr von Freiheitsentziehungen auch bei bloßer »Gemeinlästigkeit«, zumal auch die Gefährlichkeit der in Betracht kommenden Personen (z. B. sog. Geisteskranker) oft überschätzt wird. Der Rechtsgrundsatz der Verhältnismäßigkeit staatlicher Eingriffe wird nicht immer gewahrt. Die Beweisanforderungen sind unterschiedlich, je nachdem ob es sich um eine vorläufige Unterbringung (etwa mit dem Ziel der Beobachtung) oder um eine endgültige (von Zeit zu Zeit auf die Fortdauer des U.grundes hin zu überprüfende) U. handelt.

Während in den bisher genannten Fällen die *Anordnung* der U. durch den Richter erfolgt, bedarf es bei U., die der Vormund oder Pfleger aufgrund seines Aufenthaltsbestimmungsrechtes im »wohlverstandenen Interesse des Mündels« vornimmt (wobei nicht etwa der Tatbestand eines landesrechtlichen Unterbringungsgesetzes erfüllt sein müßte), der vormundschaftsgerichtlichen *Genehmigung* (§ 1800 II BGB, der einer oft kritisierten, aber zu Recht ergangenen Entscheidung des Bundesverfassungsgerichts Genüge tut). Für die Eltern sieht zwar das geltende Recht eine solche Beschränkung ihres Aufenthaltsbestimmungsrechts nicht vor, doch macht der Entwurf eines Gesetzes zur Neuregelung des Rechts der elterlichen Sorge die U. eines Kindes in einer Heil- oder Pflegeanstalt von der vormundschaftsgerichtlichen Genehmigung abhängig – als Abbau rechtsfreier Herrschaft und damit eines Restes feudaler Rechts- und Gesellschaftsordnung ein begrüßenswertes Vorhaben. Die daran geäußerte Kritik des Berichts über die Lage der Psychiatrie (BT-Dr. 7/4200, S. 370) verkennt die Bedeutung rechtsstaatlicher Garantien auch für »dringend behandlungsbedürftige, aber krankheitsuneinsichtige Patienten« in allen Fällen »zivilrechtlicher« U. (durch Eltern, aber auch durch Vormünder). Zu rechtlichen Überlegungen kommen Überlegungen hinzu, welche die Fragwürdigkeit von stationären Maßnahmen betreffen, die gegen den Willen der Betroffenen durchgeführt werden. *G. F.*

Utopie, soziale. Im Gegensatz zur Ideologie, die die realen Verhältnisse in entstellter Form beschreibt, um sie unantastbar zu machen, stellt sich die U. die Aufgabe, die Welt, die sie noch nicht wirklichkeitsgetreu beschreiben kann, weil sie noch gar nicht existiert, im Sinne von Kriterien, die sie den als mißlich erkannten Zuständen der gegebenen Welt entnimmt, kritisch vorzubereiten. In dem Maße, in dem solche U. ernst genommen und modellhaft mit Erfolg verwirklicht werden, sind sie im Sinn der Selbsterfüllung ein Agens des sozialen Wandels und eine wichtige Quelle sozialer Innovationen. Der Ausdruck »Utopie« (griechisch: Nirgendwo, nach einem Zukunftsroman von Thomas More über die perfekte Nation) verliert so seine ursprüngliche Bedeutung und sollte vor allem nicht mehr in seinem herabsetzenden Sinn gebraucht werden, da eine ganze Reihe von nach solchen »Utopien« geschaffenen Gemeinschaften noch Jahrhunderte nach ihrem Entstehen existieren (z. B. die Hutterischen Brüdergemeinschaften). Die literarische Utopie könnte sehr wohl als ideelles Versuchsmodell und die »utopische« Gemeinschaft als dessen materielles Gegenstück betrachtet werden. Insofern sich die U. mit den Beweggründen menschlichen Handelns, seiner Notwendigkeit und den ihm zugrundeliegenden Bedürfnissen befaßt und von einer als unbefriedigend empfundenen Situation zu einer befriedigenderen Situation, sei es fiktiv oder aktiv, fortschreitet, kommt der U. geradezu der Charakter eines sozialen Experiments zu. *H. M.*

Verkehrsrecht. Die Übertragung der elterlichen Gewalt auf einen Elternteil im Scheidungsverfahren (§ 1671 BGB) führt nicht zu einer gänzlichen Auflösung der rechtlichen Bindung des Kindes an den anderen Elternteil. Diesem verbleibt vielmehr ein Recht auf persönlichen Umgang mit seinem Kind. Dieses V. oder Umgangsrecht ist in § 1634 BGB geregelt. Es wird teils als Rest des früheren Personensorgerechts, teils als natürliches Elternrecht verstanden. Dem sorgeberechtigten Elternteil steht die Befugnis zu, den persönlichen Verkehr des anderen Elternteils mit dem Kind näher zu regeln. Er muß dabei den Zweck des V. beachten: der nichtsorgeberechtigte Elternteil soll die Möglichkeit erhalten, »mit dem Kind in persönliche Berührung zu kommen, sich von dem körperlichen und geistigen Befinden des Kindes und seiner Entwicklung laufend zu überzeugen sowie die verwandtschaftlichen Beziehungen zu dem Kind aufrechtzuerhalten und zu pflegen und einer Entfremdung vorzubeugen, aber auch dem Liebesbedürfnis beider Teile Rechnung zu tragen« (Bundesgerichtshof). Können sich die Eltern nicht in diesem Sinne über eine Verkehrsregelung einigen, so kann das Familiengericht nach Anhörung des Jugendamts (§ 48 a I Ziff. 4 JWG) entscheiden. Oberste Richtschnur seiner Entscheidung sollte das Kindeswohl sein (Bundesverfassungsgericht, Beschluß vom 15. 6. 1971). Zu Inhalt und Durchsetzung von Entscheidungen nach § 1634, zur

Kritik daran und zu einem gewissen Tendenzwandel in der Rechtsprechung (Berücksichtigung des Willens älterer Kinder) vgl. Fieseler, Rechtsgrundlagen sozialer Arbeit, S. 110 f. Das V. ist auch nach einem Entzug der elterlichen Gewalt gemäß § 1666 BGB gegeben, kann aber gemäß § 1634 II Satz 2 BGB durch Gerichtsbeschluß ausgeschlossen werden, wenn dies zum Wohle des Kindes erforderlich ist.

Der Vater eines nichtehelichen Kindes hat dagegen kein gesetzliches Recht auf persönlichen Umgang mit seinem Kind. Er ist insofern von der Entscheidung der Mutter abhängig, doch kann ihm das Vormundschaftsgericht ein V. einräumen, wenn dies dem Wohle des Kindes dient (§ 1711 BGB). Das Jugendamt soll zwischen den Eltern vermitteln (so ausdrücklich § 1711 II BGB). Es kann mit der Ausführung gerichtlicher Anordnungen betraut werden (§ 48 c JWG). – Zu beachten ist, daß die gerichtlichen Beschlüsse nach §§ 1634, 1711 BGB nicht rechtskräftig werden wie Urteile, die im Verfahren nach der Zivilprozeßordnung ergehen, sondern daß sie jederzeit abänderbar sind, wenn dies im Interesse des Kindes angezeigt ist. Das Jugendamt kann ein solches Abänderungsverfahren anregen, und es muß hier unter allen Umständen auch erneut angehört werden.   *G. F.*

Versorgungsamt. Das V. ist eine Unterbehörde, die dem Landessozialministerium untersteht. Als Mittelbehörde gibt es das Landesv. Neben der Leistungsabteilung hat der ärztliche Dienst eine wesentliche Bedeutung, da er den Grad einer Behinderung beurteilt. (Dieser Grad gilt jedoch nicht für die Renten- und Unfallversicherungen bei der Bemessung der Erwerbs- oder Berufsfähigkeitsminderung.) Das Amt ist zuständig für Renten, Kuren, Heilkuren, Heilbehandlung, Ausweiswesen, arbeitsrechtliche und steuerliche Vergünstigungen nach dem Schwerbehinderten-, Bundesversorgungs-, Kriegsopfer-, Soldaten-, Heimkehrer-, Kriegsgefangenschaftsentschädigungsgesetz, sowie für die Heimüberwachung nach dem Heimgesetz.   *M. M.-S.*

Vertrauensarzt. Nach § 369 b der Reichsversicherungsordnung sind die Krankenkassen verpflichtet, einen Arzt (Vertrauensarzt) zu bestellen, der die Verordnungen von Versicherungsleistungen überprüft, Arbeitsunfähigkeit nachprüft, um Maßnahmen der Sozialleistungsträger zur Wiederherstellung der Arbeitsfähigkeit einzuleiten, oder einen Gesamtplan der Rehabilitation erstellt. Die früher gefürchtete Aufgabe, die vom Hausarzt bescheinigte Arbeitsunfähigkeit zu überprüfen, ist seit der Einführung der Lohnfortzahlung zugunsten der Rehabilitationsplanung zurückgedrängt worden: die fürsorgliche Beratung des Kranken zur Umsetzung am Arbeitsplatz, die Vermittlung von Heilverfahren und Kuren. Um die Unabhängigkeit der V. von den Kassen zu erreichen, wurde der vertrauensärztliche Dienst den Landesversicherungsanstalten (LVA) angegliedert, die dazu Beamte einstellen können.   *M. M.-S.*

Verwahrlosung. Das Jugendwohlfahrtsgesetz (JWG) sieht für einen Minderjährigen bis zum Eintritt der Volljährigkeit (heute 18. Lebj.) gerichtlich anzuordnende Fürsorgeerziehung vor, wenn ein Minderjähriger »verwahrlost ist oder zu verwahrlosen droht . . .«. Der Begriff V. selbst bleibt durch das Gesetz undefiniert und muß daher stets in jedem Einzelfall nach solchen Gesichtspunkten wie »erheblicher Mangel an denjenigen körperlichen, geistigen oder sittlichen Eigenschaften, die unter sonst gleichen Verhältnissen als Ergebnis einer ordnungsgemäßen Erziehung vorausgesetzt werden müssen« neu bestimmt werden. In jedem Fall ist bei V. eine Abweichung von sozialen Verhaltenserwartungen, ein anhaltender Verstoß gegen die sozialen Normen gemeint, der sich äußerlich und innerlich (Unordnung, Unzuverlässigkeit, Unehrlichkeit, Arbeitsscheu, Trunkenheit, etc.) kundtut. Es handelt sich jedoch offenbar nicht nur um eine anhaltende Dissozialität, das Verhalten, das sich hierin grundsätzlich vom kriminellen Verhalten unterscheidet, muß auch die deutliche Tendenz zur Durchdringung sämtlicher sozio-psychischer Bereiche zeigen. *H. M.*

Verwaltungsrecht. Unter dem Begriff V. werden alle Rechtsregeln verstanden, an die die Tätigkeit des Staates und aller anderen Träger öffentlicher Vollzugsgewalt – also nicht Gesetzgebung und Rechtsprechung – gebunden ist. Da Sozialarbeit zunehmend Teilaufgabe der öffentlichen Verwaltung wird bzw. mit dem Spannungsfeld zwischen Klienten und öffentlichen Einrichtungen konfrontiert ist, gehört das V. zu den wichtigsten Rahmenbedingungen der Sozialarbeit. Sie ist wesentlich Leistungs- und Planungsverwaltung, wird aber vielfach noch mit den Mitteln traditioneller Ordnungsverwaltung (vgl. Polizeirecht) betrieben. Das V. soll die in der Verfassung verankerten Grundprinzipien konkretisieren (= moderne Interpretation) oder den reibungslosen Ablauf des Verwaltungshandelns unter Einhaltung der Grenzen regeln, die die Verfassung setzt (= konservative Interpretation). Das V. läßt sich also als Mittel zur Demokratisierung des Verwaltungshandelns oder als Machtinstrument einer hierarchischen, öffentlichkeitsfeindlichen Verwaltungsbürokratie verstehen.
Die Rechtsnormen öffentlichen Verwaltungshandelns beruhen auf sehr verschiedenen Grundlagen. Sie sind Folge der komplizierten Zuständigkeitsverteilung in der föderalistisch aufgebauten und dem Grundsatz der Gewaltenteilung folgenden Verfassung der BRD. Entsprechend den rechtssetzenden Instanzen und dem Geltungsumfang der Rechtsregeln öffentlicher Verwaltung sind unterscheidbar a) *Verfassungsgesetze*; neben der geschriebenen Verfassung – u. a. Prinzip der Gesetzmäßigkeit der Verwaltung (Art. 20 Abs. III GG), Gleichbehandlungsgebot (Art. 3 GG) – hat die Rechtsprechung Grundsätze entwickelt, die verfassungsmäßige Bindungswirkung haben und deshalb von der öffentlichen Verwaltung beachtet werden müssen – u. a. Verhältnismäßigkeit der Mittel aus dem Preußischen Polizeirecht, Selbstbindung der Verwaltung im Ermessensgebrauch aus Art. 3 GG. Sie sind für die Sozialarbeitspraxis von großer Bedeutung, weil

die Einhaltung dieser Grundsätze im Einzelfall zugunsten des Klienten gerichtlich überprüfbar ist. b) Gesetze, die im förmlichen Gesetzgebungsverfahren zustandegekommen sind; dies können *Bundesgesetze* für das ganze Bundesgebiet (z. B. Ausländergesetz, Bundesbeamtengesetz, internationale Verbrechensbekämpfung), *Landesgesetze* mit auf ein Bundesland begrenzter Geltung (z. B. Hochschulrecht, Jugendbildung, Gemeindeordnung) oder *kommunale Satzungen* als Ausdruck der Selbstverwaltung und Bürgernähe (z. B. Bauplanung, Haushaltsrecht, Energieversorgung) sein. Um die Gesetze trotz dieser zersplitterten Kompetenzen zu finden, gibt die Gesetzgebungskompetenzverteilung in den Art. 70 ff. GG erste Orientierungshilfen. c) *Rechtsverordnungen,* zu deren Erlaß die Verwaltung in Gesetzen oder aufgrund von Gesetzen ermächtigt wird (vgl. Art. 80 Abs. 1 GG). Gegenüber den Gesetzgebungsverfahren ist der Verordnungsweg unkompliziert und erlaubt als sozialtechnologisches Mittel, schnell auf neue Entwicklungstendenzen in der Gesellschaftspolitik zu reagieren. Die Rechtsverordnungen spielen im Sozialarbeitsbereich eine große Rolle, weil gesellschaftspolitische und ökonomische Veränderungen hier unmittelbar sichtbar werden und auf sie umgehend reagiert werden muß (z. B. Jugendarbeitslosigkeit, Ausbildungssektor, Polizei- und Ordnungsrecht). d) *Verwaltungsvorschriften* als Sammelbegriff für Organisationsregeln, Auslegungserlasse, Ermessensrichtlinien, Verhaltensrichtlinien, die den Innenbereich der Verwaltung ausgestalten und insbesondere Ausdruck des Kontrollrechts der übergeordneten Instanzen in der Verwaltungshierarchie darstellen. Sie grenzen die Handlungsspielräume für die praktische Sozialarbeit in öffentlichen Institutionen merkbar ein und tragen vielfach zur Bürokratisierung der Sozialarbeit bei. e) *Sonderverordnungen* zur Regelung sogenannter »besonderer Gewaltverhältnisse« im Anstaltsbereich (z. B. Strafvollzugsordnungen, Prüfungsordnungen, Zulassungsordnungen). Sie haben die Regelung und Sicherung der Anstaltsverhältnisse zum Gegenstand und sind deshalb »Gewalt«-Verhältnisse. Erst langsam setzt sich die Auffassung durch, daß auch in diesen Bereichen das V. gelten muß und nur insoweit eingeschränkt werden kann, als der Anstaltszweck dies unbedingt erfordert (vgl. z. B. den Schutz der Persönlichkeit bei Willkürmaßnahmen in Gefängnissen). f) *Satzungen,* die – neben der kommunalen Rechtssetzungsgewalt – die autonome Wahrnehmung von Selbstverwaltungsaufgaben in öffentlichen Institutionen ermöglichen (z. B. Sozialversicherungsträger, Berufsverbände, Hochschule). Sie sind zumeist Körperschaften des öffentlichen Rechts und Resultat der Tendenz, Macht und Verantwortung zu dezentralisieren. Die Satzungsrechte sind durch die Aufgabenstellung der entsprechenden Körperschaft begrenzt.

Für den Sozialarbeitsbereich gewinnt das Verhältnis zwischen V. und Privatrecht eine wachsende Bedeutung, weil die öffentlichen Institutionen ihre sozialpolitischen Aufgaben vielfach gemeinsam mit privaten Trägern (Kirchen, Wohlfahrtsverbänden etc.) zu erfüllen suchen. Sie können dabei die Organisationsformen des Privatrechts benutzen und die Klientenbeziehungen privatrechtlich ausgestalten (z. B. Trägervereine, Stiftungen). Gestützt auf das Subsidiaritätsprinzip erlaubt ihnen dies, sozialpolitische Verantwortlichkeiten auf solche Einrichtungen überzuwälzen und sich den strengeren Maßstäben des Verwaltungsrechts zu entziehen; allerdings entziehen sie sich damit selbst die direkte politische Kontrolle über die Einrichtung. Unter den Gesichtspunkten der Zumutbarkeit für die Klienten, der Grundrechtsgeltung im privaten Bereich und der Unter- bzw. Gleichordnungsbeziehung zwischen Institution und Betroffenen lassen sich hier Grenzen der Verantwortungsentlastungsstrategien der öffentlichen Institutionen ziehen. *H. F.*

Verwaltungsverfahren. Das Verfahren der öffentlichen Verwaltung beruht auf zwei Grundprinzipien des Verwaltungshandelns: dem Grundsatz der Gesetzmäßigkeit der Verwaltung, demzufolge die Verwaltungsbehörden gegenüber dem Bürger nicht im rechtsfreien Raum tätigwerden, sondern an die bestehenden Gesetze gebunden sind, und dem Grundsatz der Justizförmigkeit der Verwaltung, der dem Bürger die Möglichkeit der gerichtlichen Überprüfung des ihn betreffenden Verwaltungshandelns eröffnet. Das V. soll mithin der Rechtssicherheit und dem umfassenden verwaltungsgerichtlichen Rechtsschutz gegenüber den Verwaltungsbehörden dienen. Da aus Gründen der Gesetzgebungskompetenz ein einheitliches V.gesetz in Bund und Ländern nicht erzwungen werden kann, wurde ein Modellentwurf eines V.gesetzes erarbeitet. Er ist als Bundesgesetz 1977 in Kraft getreten und soll der Vereinheitlichung des V. dienen.
Das V. ist – entsprechend dem Sinn des Gesetzes – die rechtliche Regelung des Handelns der öffentlichen Verwaltung gegenüber dem Bürger und bestimmt die Voraussetzungen, die Vorbereitung und den Erlaß von Verwaltungsakten bzw. den Abschluß öffentlich-rechtlicher Verträge. Demnach handelt es sich hier um formelle Regelungen zur Verwirklichung der von den allgemeinen Gesetzen festgelegten materiellen Rechtsverhältnisse.
Neben der Festlegung von Zuständigkeiten, Fristen und Terminen sind für die Praxis institutioneller Sozialarbeit vor allem diejenigen Vorschriften des V.gesetzes wichtig, die das Tätigwerden der Behörden regeln. Hierher gehört zunächst das Offizialprinzip als Normalfall, d. h., die Verwaltungsbehörde kann nur tätigwerden, wenn der Betroffene einen Antrag stellt (z. B. auf Sozialversicherungsleistungen, auf Wohnhilfe, auf Einschulung, auf Aufenthaltsberechtigung); das Sozialrecht kennt aber auch Ausnahmen von diesem Offizialprinzip, z. B. die Gewährung von Sozialhilfe (§ 5 BSHG). Die Ausnahmen sind aus den gesetzlichen Bestimmungen jeweils zu entnehmen. Hierher gehören auch die Beratungspflicht der Behörden, das Recht auf Gehör und auf Akteneinsicht der betroffenen Bürger. Die Beratungspflicht der Behörde schließt den Hinweis auf Rechte des Betroffenen und auf die diesem obliegenden Pflichten im V. ein, kann also bei entsprechender Wahrnehmung durch die Behörde entscheidende Hilfestellung für den ratsuchenden Bürger leisten. Das Recht auf Gehör soll dem

Betroffenen die Möglichkeit geben, vor der endgültigen Entscheidung der Behörde nochmals Stellung zu nehmen; damit kann sich die Behörde mit der Auffassung des Betroffenen auseinandersetzen und möglicherweise verwaltungsgerichtliche Verfahren überflüssig machen. Das Recht auf Akteneinsicht betrifft alle Vorgänge, die die Geltendmachung der rechtlichen Interessen des Betroffenen berühren, ist aber durch mehrere Grenzen durchlöchert (z. B. wegen entgegenstehender Behördeninteressen). Allerdings ist umgekehrt die Behörde verpflichtet, Dritten gegenüber keine Auskunft zu erteilen. Schließlich ist hier noch die Verpflichtung der Behörden zu gegenseitiger Amtshilfe zu erwähnen, die für die Arbeit in den sozialen Institutionen unentbehrlich ist.

Das V.recht regelt auch den Prozeß der eigentlichen Entscheidung der Behörden, also das Zustandekommen von Verwaltungsakten und öffentlich-rechtlichen Verträgen. So können Verwaltungsakte »schriftlich, mündlich oder in anderer Weise« erlassen werden, müssen aber hinreichend bestimmt sein, um auch die gerichtliche Überprüfung zu ermöglichen. Demselben Zweck dient auch die Verpflichtung zur Begründung der Entscheidungen der Behörden; d. h. auf die Begründung darf nur verzichtet werden, wenn auf andere Weise (z. B. die Veröffentlichung von Allgemeinverfügungen) die Gründe für die Entscheidung der Behörde ersichtlich werden. Fehlende Rechtsmittelbelehrung hat nur Folgen für Rechtsmittelfristen.

Gegenüber dem Normalfall des V. gibt es besondere, in einigen Gesetzen vorgeschriebene »förmliche« V.-vorschriften. Hier gelten besondere Anforderungen an die Form der Anträge, an die Abhaltung eines mündlichen Verhandlungstermins und die Mitwirkung von Zeugen und Sachverständigen (z. B. Prüfung jugendgefährdender Schriften, Anerkennung als Asylsuchender). Der weitere Sonderfall des Planfeststellungsverfahrens mit eigenen Verfahrensregeln spielt im Bereich der Sozialverwaltung keine Rolle. Eigene verfahrensrechtliche Regelungen sind in den Verwaltungsvollstreckungsgesetzen und in zahlreichen Einzelgesetzen zu finden, u. a. im Fremdenrecht und Sozialhilferecht.   *H. F.*

Vormundschaft. Minderjährige (junge Menschen bis zur Vollendung des 18. Lebensjahres), die nicht unter elterlicher Gewalt stehen oder deren Eltern sie weder in persönlichen noch in Vermögensangelegenheiten vertreten dürfen (Tod oder Verwirkung, Entzug, Ruhen der Elternrechte) und entmündigte Volljährige erhalten einen Vormund, weil ihnen die (volle) Geschäftsfähigkeit fehlt und sie einen gesetzlichen Vertreter benötigen, der Rechtsgeschäfte für sie abschließt. Das V.gericht, eine Abteilung des Amtsgerichts, ordnet die V. an, wählt – nach Anhörung des Jugendamtes – eine geeignete Person aus (Übernahmepflicht § 1785 BGB, Ablehnungsrecht § 1786 BGB) und bestellt diese zum Vormund. Im einzelnen ist die Begründung der V. in den §§ 1773-1792 BGB geregelt. Zum Vormund bestellt werden kann auch das Jugendamt, das die Ausübung der Aufgaben auf einzelne seiner Beamten oder Angestellten überträgt, die dann den Mündel vertreten (§ 37 JWG). Der Vormund hat in etwa die gleichen Rechte und Pflichten wie sonst die Eltern, sein Amt unterliegt auch weitgehend den gleichen Beschränkungen (allerdings ist der Kreis der Rechtsgeschäfte, die der Genehmigung des V.gerichts bedürfen, erweitert, und auch eine mit Freiheitsentziehung verbundene Unterbringung des Mündels bedarf der Genehmigung dieses Gerichts, § 1800 II). *Neben* dem Vormund kann auch den Eltern oder einem Elternteil das Personensorgerecht (u. U. auch das Vermögensrecht) zustehen, so z. B. wenn die elterliche Gewalt der allein-stehenden Mutter ruht, weil sie noch minderjährig ist oder einen Gebrech-lichkeitspfleger erhalten hat (§ 1673 II S. 1 BGB). Während in solchen Fäl-len (vgl. auch § 1679 BGB) sonst bei Meinungsverschiedenheiten die Meinung des Vormunds vorgeht, hat die Meinung der minderjährigen Mutter in Angelegenheiten der Personensorge den Vorrang. Sie bestimmt also letztlich z. B. den Aufenthalt des Mündels, nicht der Vormund. Ob entsprechendes auch für den alleinstehendenden Vater gilt, ist unklar (vgl. Bienwald, NJW 1975, S. 978). Die Konfliktregelung des § 1673 II S. 3 (2. Halbsatz) hätte mit dem Volljährigkeitsgesetz geändert werden müssen. Der gegenwärtige Wortlaut trägt der Tatsache, daß nunmehr auch (allein-stehende) Väter minderjährig sein können, keine Rechnung. Die Aufgaben des Vormundes ergeben sich im übrigen aus den §§ 1793 bis 1836 BGB, welche die Führung der Vormundschaft detailliert regeln. Die gesamte Tä-tigkeit steht unter der Aufsicht des V.gerichts (§§ 1837-1848). Das *Jugend-amt* wirkt hierbei mit (§§ 1849-1851 BGB): Es schlägt geeignete Personen vor, wacht nach deren Bestellung durch das Gericht darüber, daß sie das Personensorgerecht zum Wohl des Mündels ausüben (§ 1850 I BGB, § 47 a JWG) und unterstützt das V.gericht auch durch Anzeigen (§ 1850 II BGB, §§ 47 a, 48 Satz 2 JWG) und Mitteilungen (vgl. § 1851 BGB, § 47 b JWG). Es überwacht den Vormund aber nicht nur, sondern es berät und unter-stützt ihn auch (§ 47 d JWG), denn die Führung der V. »erfordert im prak-tischen Leben erzieherische Fähigkeiten, Gesetzeskenntnisse und eine Ge-schäftsgewandtheit, die vielen Vormündern fehlt, die aber beim Jugendamt vorausgesetzt werden kann und die das Jugendamt, einschließlich seiner größeren Erfahrungen, den Einzelvormündern vermitteln sollte« (Potry-kus, Anm. 2 zu § 47 d JWG). Zulässig ist die Übertragung dieser Aufgaben auf die freien Vereinigungen der Jugendwohlfahrt. Sozialarbeiter, die in diesem Rahmen tätig werden, werden (und sollten, Danzig, S. 258) sich eher als Helfer in Erziehungsfragen denn als Kontrolleure verstehen. Ihre Zu-sammenarbeit mit den Vormündern liefert auch die Grundlage für die Be-richte über die Entwicklung der Mündel, die das Jugendamt dem V.gericht vorlegt. Handelt der Vormund allerdings pflichtwidrig und erfordern es die Interessen des Mündels, so wird das Jugendamt dem V.gericht berichten, das geeignete Ge- und Verbote aussprechen, die anderweitige Unterbring-ung (dies freilich auch *mit* Willen des pflichtgetreuen Vormundes) anord-nen und nötigenfalls den Vormund entlassen kann. Mit der Entlassung (vgl. §§ 1886-1889 BGB) ist einer der Beendigungsgründe der V. genannt. Andere Gründe sind das Erreichen der Volljährigkeit bzw. die Aufhebung der Entmündigung, der (Wieder-)Eintritt der elterlichen Gewalt, Tod, Todeserklärung des Mündels oder des Vormundes u.a.m. Vgl. §§ 1882-1895 BGB, wo auch die Folgen der Beendigung geregelt sind. – Keiner Darstellung bedürfen die §§ 1858-1881 BGB, welche den heute nur noch selten eingesetzten Familienrat (Rest der früheren Sippenvormundschaft deutschen Rechts) betreffen. Hinsichtlich der Vormundschaft über Volljährige sind die von den allgemeinen Vorschriften abweichenden §§ 1898-1908 BGB hier nur zu erwähnen. *G. F.*

Wandel, sozialer, betrifft jede sichtbare oder unsichtbare Veränderung gesellschaftlicher Tatbestände (Institutionen, Denkweisen, Produktionsweisen, Lebensweisen, etc.). Der Begriff ist wertfrei zu verwenden, also nicht mit Fortschritt oder Rückschritt gleichzusetzen, die ja selbst wiederum Ausdruck eines sozialen Wandels wären. Soziale, kulturelle, politische, technische etc. Veränderungen stoßen im allgemeinen auf gesellschaftlichen Widerstand, schon weil die Veränderungen den sogen. wohlerworbenen Interessen zuwiderlaufen könnten, aber auch aus Gründen seelischer und geistiger Trägheit. Sie lassen sich daher nur in der Form gesellschaftlicher Auseinandersetzungen auf dem Wege von Konfliktlösungen durchsetzen. Wesentliche Veränderungen, die nachhaltige Folgen für die Gesellschaft haben können, kommen überhaupt nur zum Zuge, wenn bisherige Zustände unhaltbar geworden oder »überholt« sind. Ihre Notwendigkeit setzt sich jedoch im Bewußtsein der Menschen nur sehr allmählich durch. So kommt es dazu, daß viele Menschen faktisch eingetretenen Veränderungen unvorbereitet ausgesetzt sind. Diese Diskrepanz ist von W. Ogburn als *cultural lag*, als kulturelles Zurückbleiben, beschrieben worden und stellt eine Hauptquelle sozialer Probleme dar. Wenn sich die verschiedenen eng miteinander verknüpften Aspekte der sozialen Gegebenheiten in unterschiedlichem Tempo ändern, kommt es zu allerlei funktionalen Störungen und Streßsituationen, kann die notwendige Anpassung an neue Situationen mißlingen und Dysfunktionalität, Dissozialität, Delinquenz und Kriminalität oder jedenfalls ein sozialer Abstieg, seelische und materielle Verelendung eintreten und muß soziokulturelle Anpassungshilfe im Sinne der methodischen Sozialarbeit (Casework) angeboten werden. Vollzieht sich der W. zu rasch und abrupt, kommt es zu einem Zustand, den der französische Soziologe E. Durkheim als Anomie bezeichnet hat, einem Zustand mit charakteristisch gehäuftem regelwidrigen Verhalten, in dem charakteristischerweise das Vorhandensein einander widersprechender Normen und Werte (der alten und der neuen) für das Individuum eine große seelische Belastung darstellt, der es nicht immer gewachsen ist. *H. M.*

Werte, soziale. Das geistige Interesse, das man an sozialen Phänomenen nimmt, der ideelle Nutzen, den man ihnen beimißt, der befriedigende Sinn, den man ihnen verleiht, so daß man eine positive Einstellung zu ihnen gewinnt, sie für erwünscht hält (auch das Gegenteil ist möglich). W. sind handlungsweisend und -fördernd und haben Aufforderungscharakter. Von Überzeugungen, Anschauungen und Normen sind sie insofern abzugrenzen, als diese weitaus präziser formuliert werden und situationsspezifisch sind, während Werte eine mehr allgemeine Leitbild- und Motivationsfunktion haben, was auch ihre Unterscheidung von Vorurteilen ermöglicht. Eine Wertvorstellung von Sozialarbeitern könnte lauten: Es ist besser zu helfen als nicht zu helfen. Das Wesen der Sozialarbeit besteht nun darin, daß sie bei ihren Klienten als brauchbar vorausgesetzte gesellschaftliche Werte zu reproduzieren versucht, um den schlecht angepaßten Klienten zu integrieren, was im Widerstreit von Unter- und/oder Überanspannung nur in der Form einer autonomen Anpassung gelingen kann. Der Klient muß nicht nur lernen, sich selbst zu helfen, sondern auch ein Stück, oft fruchtbarer, Nichtanpassung in Kauf nehmen, ohne daran zugrunde zu gehen oder seine Mitmenschen zugrunde zu richten.   *H. M.*

Wohlfahrtspflege hat es ganz allgemein mit Anomalien des gesellschaftlichen Körpers (Staat, Gesellschaft) zu tun, die ganze Gruppen von Menschen betreffen, also Massenerscheinungen sind. Insofern zu ihrer Ausübung bestimmte gesetzliche Voraussetzungen erfüllt sein müssen, trägt die W. öffentlichen Charakter, ist sie in der Tat »öffentliche Selbsthilfe«, die auf der Grundlage sozialpolitischer und wohlfahrtspolitischer Tatbestände soziale Notstände und Mängel zu beseitigen trachtet. In diesem Sinn erfaßt die W. die gesamte Bevölkerung eines Staates. Nur wo diese öffentliche Selbsthilfe versagt, weil bestimmte Gruppen von sich aus nicht mehr in der Lage sind, die Behebung des Mangels zu betreiben, nimmt die allgemeine W. den Charakter einer (staatlichen) Fürsorge an. Eine »private W.« gibt es nicht, wohl aber eine private Fürsorge, die auch keinerlei rechtlicher oder gesetzlicher Verankerung bedarf, sondern allein auf dem Bewußtsein der sozialen humanitären Verantwortung oder religiösen Pflichtausübung von Einzelpersonen (gewöhnlich in Vereinen zusammengeschlossen) beruht. Im Fall der öffentlichen W. (und der öffentlichen Fürsorge) kann die eigentlich staatliche Aufgabe auch an private Personen oder Vereinigungen delegiert werden. Was jeweils der Gegenstand oder Inhalt der W. ist, kann begrifflich nicht allgemein gefaßt werden, da der jeweils empfundene Mangel einer so und so bestimmten Vorstellung vom »guten Leben« entspringt und sich nicht nur auf das konstatierbare materielle, gesundheitliche oder wirtschaftliche Wohl, sondern auch auf das geistige und kulturelle Wohl beziehen kann. Die in der Bundesrepublik aus historischen Gründen an freie Vereinigungen (vorwiegend die Spitzenverbände der freien Wohlfahrt) delegierte wohlfahrtspflegerische Tätigkeit wird vornehmlich, wenn auch nicht ausschließlich, durch die Bereitstellung öffentlicher Mittel ermöglicht. Eine Beschränkung der W.-Fürsorge auf Personen, die örtlich, beruflich nach Stand, Religionsbekenntnis oder mehreren dieser Merkmale abgegrenzt sind, ist möglich und gilt als öffentlich, wenn diese Personen bei Nichtvorhandensein der betreffenden W.organisation vom Staat (Land, Gemeinde oder Gemeindeverband) betreut werden müßten. Die von Einrichtungen der öffentlichen (und privaten) W. (Fürsorge) ausgeübte besondere fachliche, bezahlte oder ehrenamtliche Tätigkeit wird seit den 1950er Jahren auch amtlich als Sozialarbeit bezeichnet. *H. M.*

Wohlfahrtsstaat seit Beginn des industriellen Zeitalters aufkommende und wachsende Tendenz des Staates, die Verantwortung für das materielle Wohlergehen des Menschen (Daseinsvorsorge) durch die verschiedenartigsten Systeme der sozialen Sicherheit selbst zu übernehmen, um allen Bürgern wenigstens ein Minimum an sozialer Wohlfahrt zu gewähren. In dem Maße, in dem die sozialen Leistungen eines Staates den Bürgern kostenlos oder kostendeckend zur Verfügung gestellt werden (z. B. Wohnungen, Krankenhäuser, Altersheime), spricht man auch von einem Versorgungsstaat. Abgesehen von dem Einwand, daß der W. die Initiative des einzelnen unterbinde, wurde zutreffender argumentiert, daß die prinzipiell allen Bürgern zugedachten Leistungen eher jenen zugute kommen, die sie noch am wenigsten benötigen, während die unteren Schichten infolge ihrer Unwissenheit von ihnen oft ausgeschlossen bleiben. Die Zugänglichmachung der möglichen sozialen Leistungen nach dem Bedarfsprinzip an ihre Klientel ist eine Hauptaufgabe der allgemeinen Sozialarbeit.
Der Begriff des W. hängt eng mit dem Begriff des Sozialstaates zusammen (Art. 20, Abs. I des Grundgesetzes), der durch zahlreiche sozialpolitische Eingriffe und Maßnahmen im Wirtschafts- und Finanzwesen, der Arbeitsbeschaffung, auf dem Familien-, Bildungs-, Kultursektor geprägt wird. Als sozialer Rechtsstaat versteht sich der W., insofern die von ihm geschaffenen und die durch Art. 19 und 20 des Grundgesetzes garantierten größeren rechtlichen und sozialen Sicherheitsgrundlagen auch ein größeres Maß an politischer Demokratie und Freiheit erlauben. *H. M.*

Zentralwohlfahrtsstelle (ZWST) der Juden in Deutschland, unter dem Namen Zentralwohlfahrtstelle der deutschen Juden mit Sitz in Frankfurt ursprünglich 1919 als Zusammenschluß der gesamten jüdischen Wohlfahrtspflege in Deutschland für offene Wohlfahrtspflege (Organisation und Finanzierung), für Gefährdeten- und Tuberkulosenfürsorge, Heilkuren, Studentenhilfe, Erholungsfürsorge, Beratung und Rationalisierung der Anstalten gegründet und 1939 von den Nazis aufgelöst. Zentralisiert und berät seit 1952 die Sozialarbeit der ca. 60 jüdischen Gemeinden der Bundesrepublik (12 Landesverbände) mit Schwergewicht auf Altenbetreuung, Wanderfürsorge, Erholungsfürsorge, Studentenhilfe, Straffälligkeitshilfe, Zusammenarbeit m. jüd. Darlehenskassen, Jugendarbeit (Henrietta-Szold-Ferienheim in Wembach Schwarzwald), fördert methodischen Ausbau jüdischer Sozialarbeit auf Kursen und Tagungen. Die Z. ist einer der sechs Spitzenverbände der freien Wohlfahrtspflege in der Bundesrepublik. *H. M.*

Zeugnisverweigerungsrecht. In den Verfahrensgesetzen geregelte Befugnis, vor Gericht eine Aussage zur Sache zu verweigern (vgl. §§ 52-53 a StPO, §§ 383-389 ZPO, § 98 VwGO, § 118 SGG, § 84 FGO). Im Strafverfahren kann ein Z. auf persönlichen oder beruflichen Gründen beruhen. Im ersten Fall (z. B. Verlöbnis, Ehe, nahe Verwandtschaft mit dem Beschuldigten, vgl. § 52 I StPO; »mangelnde Verstandesreife« oder »Verstandesschwäche« i.S. des § 52 II S. 1 StPO) entsprechende Belehrungspflicht: § 52 III S. 1 StPO. Ein Verzicht auf das Z. kann noch während der Vernehmung widerrufen werden (§ 52 III S. 2 StPO). Dadurch wird die gesamte Aussage unverwertbar (vgl. auch § 252 StPO). Wer im Strafverfahren als Zeuge geladen wird, ist grundsätzlich verpflichtet, vor Gericht (für die Vernehmung durch die Staatsanwaltschaft vgl. jetzt § 161 a StPO) zu erscheinen, als Zeuge über persönliche Wahrnehmungen auszusagen und seine Aussage zu beeidigen. Bleibt der ordnungsgemäß geladene Zeuge aus oder verweigert er das Zeugnis oder die Eidesleistung ohne gesetzlichen Grund, so werden ihm grundsätzlich (vgl. aber § 51 II StPO) die hierdurch verursachten Kosten auferlegt und es wird ein Ordnungsgeld – ersatzweise Ordnungshaft – gegen ihn festgesetzt (§ 51 I bzw. § 70 I StPO). Auch kann der ausgebliebene Zeuge zwangsweise vorgeführt (§ 51 I S. 3 StPO) und zur Erzwingung des Zeugnisses Haft (Höchstdauer: 6 Monate) angeordnet werden (§ 70 II, vgl. auch § 70 IV StPO). – In § 53 I StPO sind die »Berufsgeheimnisträger« abschließend aufgezählt, die ein Z. haben. Dazu gehören u. a. Geistliche, Verteidiger des Beschuldigten, Rechtsanwälte, Wirtschaftsprüfer, vereidigte Buchprüfer, Steuerberater und Steuerbevollmächtigte, Ärzte, Zahnärzte und Hebammen. Hinsichtlich deren Berufshelfer vgl. § 53 a StPO. Sozialarbeiter und Sozialpädagogen haben dagegen kein Z. Der im öffentlichen Dienst tätige Sozialarbeiter/Sozialpädagoge darf allerdings über Umstände, auf die sich seine Pflicht zur Amtsverschwiegenheit bezieht (nach den Beamtengesetzen bzw. nach § 39 BAT) nur im Falle einer entsprechenden Genehmigung seines Dienstherrn aussagen. Dieser darf aber die Genehmigung nur versagen, wenn die Aussage »dem Wohle des Bundes oder eines deutschen Landes Nachteile bereiten oder die Erfüllung öffentlicher Aufgaben ernstlich gefährden oder erheblich erschweren würde«.

Hat der Sozialarbeiter/Sozialpädagoge kein Z., so macht er sich andererseits gemäß § 203 I StGB strafbar (Verfolgung nur auf Antrag: § 205 StGB), wenn er »unbefugt ein fremdes Geheimnis, namentlich ein zum persönlichen Lebensbereich gehörendes Geheimnis oder ein Betriebs- oder Geschäftsgeheimnis, offenbart, das ihm als staatlich anerkanntem Sozialarbeiter oder staatlich anerkanntem Sozialpädagoge anvertraut oder sonst bekanntgeworden ist«. Für Praktikanten vgl. § 203 III S. 1 StGB. Eine Befugnis zur Offenbarung im Sinne eines strafrechtlichen Rechtfertigungsgrundes besteht »innerhalb derselben Behörde (hinsichtlich) jede(r) Mitteilung, die sich aus der ordnungsgemäßen Behandlung einer Sache ergibt« (Dreher Anm. 6 A d zu § 203), also etwa im Team (strittig). Die Zustimmung des Klienten, der rechtfertigende Notstand i.S. des § 34 StGB, die gesetzliche Pflicht zur Mitteilung gegenüber dem Vormundschaftsgericht (§ 1694 BGB) und die Zeugnispflicht nach der Strafprozeßordnung sind ebenfalls Erlaubnisgründe für eine Offenbarung. – In einem für Sozialarbeiter überaus bedeutsamen Beschluß vom 19. 7. 1972 (im vollen Wortlaut veröffentlicht in NDV 1972, S. 331–334) hat das Bundesverfassungsgericht entschieden, daß § 53 I Nr. 3 StPO, soweit er Sozialarbeitern ein Z. nicht einräumt, mit dem Grundgesetz vereinbar ist. Nur im Einzelfall »ausnahmsweise und unter ganz besonders strengen Voraussetzungen« könne eine Begrenzung des Zeugniszwangs aus der Verfassung folgen, so etwa bei bloßen »Bagatelldelikten« und Ordnungswidrigkeiten. Aus der Begründung: Der Sozialarbeiter übe keinen Beruf aus, für dessen »Gesamtbild die Begründung höchstpersönlicher, grundsätzlich keine Offenbarung duldender Vertrauensverhältnisse kennzeichnend wäre«. Die Erwartung, der Sozialarbeiter werde Tatsachen aus der Privatsphäre des Betreuten gegenüber jedermann in der Regel verschweigen, sei »mit dem Berufsbild des Sozialarbeiters nicht verbunden«: Uneinheitliches Berufsbild, keine allgemeine Berufsordnung, keine »ungeschriebenen Regeln standesgemäßen Verhaltens«. Auf Gebieten wie der Bewährungs- und Jugendgerichtshilfe sowie der Familienfürsorge sei der Sozialarbeiter »Helfer des Gerichts, der sein in dieser Funktion erlangtes Wissen von Amts wegen weiterzugeben« habe. Auch in anderen Bereichen wie der Ehe- und Jugendberatung unterliege das, was der Sozialarbeiter vom Klienten erfahre, »zwangsläufig der Verfügungsbefugnis seines Dienstherrn oder Arbeitgebers«. Dieser bestimme, »ob und welcher Gebrauch von solchem Wissen gemacht werden soll, und er hat es auch in der Hand, seinen Willen mit Richtlinien, Anordnungen und Weisungen durchzusetzen«. Da der Sozialarbeiter die institutionelle »Hilfe der Gemeinschaft« zu vermitteln habe, begegne er seinem Klient anders als die Angehörigen der in § 53 I Nr. 3 StPO genannten Berufe »nicht nur als persönlicher Helfer und Berater, sondern immer zugleich auch als Repräsentant von Gesellschaft und Staat«. Demgegenüber bescheinigt das Bundesverfassungsgericht den Vertretern der wirtschafts- und steuerberatenden Berufe, sie böten »nach ihrer Ausbildung, der für sie geltenden Berufsregelungen, der durch Kammern wahrgenommenen Standesaufsicht und der disziplinarischen Überwachung durch Berufsgerichte eine gewisse Gewähr dafür, daß sie von der ihnen eingeräumten Aussageverweigerungsbefugnis keinen unangemessenen Gebrauch machen«. Im Gegensatz zu dem Vorlagebeschluß (gemäß Art. 100 I GG) des Amtsgerichts Lüneburg verkennt das Bundesverfassungsgericht die überragende Bedeutung einer Vertrauensbeziehung zum Klienten für jede moderne, dem gesetzlichen Auftrag (persönliche Hilfe, Beratung) verpflichtete Sozialarbeit. Hinweise auf Dienstrecht und Berichtspflichten verfehlen den Entscheidungszusammenhang (vgl. Fieseler, Rechtsgrundlagen sozialer Arbeit, Grundfall 8). Zum Teil sind die Ausführungen ausgesprochen lebensfremd (der Klient vertraue nicht dem Sozialarbeiter, sondern »der Institution«), zum Teil unzeitgemäß (Hinweis auf die Rolle der Kammern).

218

Besonders befremdet, daß »die Privatsphäre« der Klienten im Gegensatz zu den wirtschaftlichen Interessen der Mandanten wirtschafts- und steuerberatender Berufe ungeschützt bleibt. Bedenklich ist auch die Relativierung von Art. 3 GG: jeder »einleuchtende Grund« rechtfertigt eine Ungleichbehandlung. Der Beschluß ist ein Lehrstück darüber, was einem konservativen Verständnis einleuchten mag, was aber dem Grundgesetz (sozialer Charakter der Grundrechte – hier Art. 1, 2, 3, 12 – und Sozialstaatsprinzip) nicht entspricht. Indem das Bundesverfassungsgericht lediglich ein Bild der gegenwärtigen unbefriedigenden Berufsrealität zeichnet und daraus Rechtsfolgerungen ableitet, wird es seiner Aufgabe, über die Verwirklichung der Verfassung zu wachen, nicht gerecht. In einer Art Morgenstern'scher Logik schließt es aus dem, was ist, auf das was sein soll.

Aufgrund massiver Kritik an dem Beschluß und der gegenwärtigen Fassung des § 53 I StPO hat die Bundesregierung in der vorigen Legislaturperiode einen Gesetzesentwurf vorgelegt, der ein Z. vorsieht für »staatlich anerkannte Sozialarbeiter, staatlich anerkannte Sozialpädagogen . . . über das, was ihnen bei der Ehe-, Erziehungs- und Jugendberatung sowie bei der Beratung in Suchtfragen in einer Beratungstelle, die eine Behörde oder eine Körperschaft, Anstalt oder Stiftung des öffentlichen Rechts anerkannt oder bei sich eingerichtet hat, anvertraut worden oder bekannt geworden ist und was nicht auf Grund gesetzlicher Vorschriften der Mitteilung an Gerichte oder Staatsanwaltschaften unterliegt« (Bundestags-Drucksache 7/2526). Zur Kritik an diesem Entwurf (bei den genannten Beratungsstellen handelt es sich um »typische Mittelschichtinstitutionen«) vgl. Barabas, Blanke u. a., S. 325-329. 					G. F.

Zwangseinweisung. Unter diesem Schlagwort subsumiert man all jene Einweisungen in geschlossene psychiatrische Kliniken oder ähnliche Einrichtungen, die zwar auf gesetzlicher Basis, aber gegen den Willen des Süchtigen, Geisteskrankheiten, Geistesschwachen, psychisch gestörten Gesetzesbrecher oder sonstigen allgemeingefährlichen Kranken, die sich einer Behandlung entziehen, erfolgen. 1. Im engeren Sinne versteht man unter Z. die Einweisung von Geisteskranken, Geistesschwachen oder Süchtigen in geschlossene psychiatrische Abteilungen. Sie muß durch ein Gericht angeordnet werden. Aufgrund der Länderhoheit hat jedes Bundesland sein eigenes Unterbringungsgesetz, das nur in diesem Land gilt. Je nachdem, ob die Ordnungsfunktion oder der Fürsorgecharakter überwiegt, unterscheidet sich die Anwendbarkeit. Im wesentlichen haben sie jedoch gemeinsam, daß bei einem Geisteskranken, Geistesschwachen oder Süchtigen eine Fremd- oder Selbstgefährdung bestehen muß. 2. Einweisung eines unter Pflegschaft oder Vormundschaft stehenden Erwachsenen. Die Einweisung nach § 1800 BGB in eine geschlossene Abteilung eines Krankenhauses muß durch ein Gericht angeordnet sein. Sie kann jedoch auch schon erfolgen, wenn es im wohlverstandenen Interesse des Betroffenen ist. 3. Personen, die an einer übertragbaren Krankheit (z. B. Pocken oder Tuberkulose) oder an einer Geschlechtskrankheit leiden, können durch ein Gericht nach dem »Gesetz über das gerichtliche Verfahren bei Freiheitsentziehung« in Verbindung mit dem Bundesseuchengesetz u. a. in eine geschlossene Abteilung eines Krankenhauses eingewiesen werden. 4. Ein Gericht kann zur Begutachtung des Geisteszustandes einen Beschuldigten in eine öffentliche Heil- und Pflegeanstalt bringen und dort beobachten lassen (§ 81 StPO). 5. Nach § 126 a StPO kann ein Gericht die einstweilige Unterbringung in eine öffentliche Heil- und Pflegeanstalt anordnen, wenn anzunehmen ist, daß eine Unterbringung erfolgt, weil die Tat im Zustand verminderter Zurechnungsfähigkeit begangen wurde. 6. Wurde eine Straftat im Zustand verminderter Schuldfähigkeit (§§ 20, 21 StGB) begangen, so ordnet ein Gericht die Unterbringung in einem psychiatrischen Krankenhaus oder in einer Erziehungsanstalt an, wenn die Gefahr weiterer Rechtsbrüche vorliegt (§§ 63, 64 StGB). *M. M.-S.*

Zwangssterilisation. Nach den schrecklichen Erfahrungen, die man mit der Z. während der NS-Herrschaft gemacht hatte, war es in der Bundesrepublik bis 1960 strafbar, eine Sterilisation, auch mit Einverständnis des Betroffenen, auszuführen. Heute ist die Sterilisation straffrei und kann auch bei Personen, die unter Pflegschaft oder Vormundschaft stehen, erfolgen, wenn die Vormundschaftsgerichte es anordnen (vgl. Kastration). *M. M.-S.*

Sachregister

(Hauptstichwörter des Lexikons sind durch Fettdruck hervorgehoben.)

Wissenschaft + Soziale Praxis

Alfred Bellebaum
Soziologische Grundbegriffe
Eine Einführung für Soziale
Berufe
6., verbesserte Auflage
224 Seiten. Kart. DM 18,80
ISBN 3–17–002955–X

Hansjosef Buchkremer
Verständnis für Außenseiter
Identifikationsbarrieren und ihre
Überwindung
128 Seiten. Kart. DM 17,80
ISBN 3–17–002200–8

Gerhard Fieseler
**Rechtsgrundlagen sozialer
Arbeit**
176 Seiten. Kart. DM 19,80
ISBN 3–17–001974–0

Dietrich Kühn
Kommunale Sozialplanung
176 Seiten. Kart. DM 22,–
ISBN 3–17–002091–IX

Hannelore Narr
Soziale Probleme des Alters
Altenhilfe – Altenheim
156 Seiten. Kart. DM 19,80
ISBN 3–17–001441–II

Reinhard Schmitz-Scherzer
Alter und Freizeit
103 Seiten. Kart. DM 16,80
ISBN 3–17–002281–4

Ursula Koch-Straube/Hans-
Bernd Koch/Reiner Leisner
Alternsforschung
Ein Lernprogramm für die
soziale Praxis
388 Seiten. Kart. DM 9,80
ISBN 3–17–210051–0

Harry Maòr
Soziologie der Sozialarbeit
168 Seiten. Kart. DM 19,80
ISBN 3–17–001878–VII

Walter Schlangen (Hrsg.)
Politische Grundbegriffe
192 Seiten. Kart. DM 19,80
ISBN 3–17–002818–9

Marita Verres-Muckel
Lernprobleme Erwachsener
Befunde und Konzepte für die
praktische Arbeit
160 Seiten. Kart. DM 19,80
ISBN 3–17–001523–0

Andrea Weingarten/Siglind
Willms
**Umgang mit aggressiven
Verhaltensweisen**
144 Seiten. Kart. DM 19,80
ISBN 3–17–002377–2

Bitte fordern Sie unser Gesamt-
verzeichnis »Sozialpädagogik/
Sozialarbeit« an.

Verlag W. Kohlhammer
Stuttgart·Berlin·Köln·Mainz